Jason Elliot
Unerwartetes Licht

SERIE PIPER

Zu diesem Buch

Afghanistan: seit Jahren ein umkämpftes, gemartertes Land. Osama bin Laden, reaktionäre Taliban, verschleierte, unterdrückte Frauen – die Terrorzelle des Orients. Aber wie ist dieses Land wirklich? Was ist mit seinen wunderbaren Kulturschätzen, seiner ehrwürdigen Geschichte, seinen Menschen? Jason Elliot bereiste Afghanistan Mitte der neunziger Jahre, in einer Zeit des Umbruchs, als die Sowjets sich zurückgezogen hatten und die Taliban vor den Toren Kabuls standen. Äußerst spannend und stimmungsvoll erzählt er von atemberaubenden Landschaften, von Begegnungen mit stolzen Mudschaheddin, von hochgebildeten Sufis, von der legendären Gastfreundschaft der Afghanen und dem Leid eines Volkes mit einer großen Vergangenheit und einer unsicheren Zukunft. Und Afghanistan erscheint plötzlich in einem ganz anderen Licht ...

Jason Elliot, geboren 1965 in England, bereiste Afghanistan, das Land seiner Träume, mehrere Male. Zuletzt 1996, als die Taliban an die Macht kamen. Für »Unerwartetes Licht«, sein erstes Buch, erhielt er den begehrten Thomas Cook Travel Book Award. Jason Elliot lebt als Schriftsteller in London.

Jason Elliot
Unerwartetes Licht

Reisen durch Afghanistan

Aus dem Englischen von
Anja Hansen-Schmidt

Mit 8 Seiten Farbbildteil

Ein MALIK Buch
Piper München Zürich

Die Zitate aus fremdsprachigen Büchern besorgte Anja Hansen-Schmidt, sofern nicht in einer Fußnote anders vermerkt.

Für meine Mutter und meinen Vater,
die mir den Weg des Oxus zeigten.

Ungekürzte Taschenbuchausgabe
November 2003

Titel der englischen Originalausgabe:
»An Unexpected Light. Travels in Afghanistan«, Picado,
London 1999

erschienen im Verlagsprogramm Malik
Umschlagkonzept: Büro Hamburg
Umschlaggestaltung: Birgit Kohlhaas
Foto Umschlagvorderseite: R & S. Michaud / FOCUS
Satz: Dr. Ulrich Mihr GmbH, Tübingen
Druck und Bindung: Clausen & Bosse, Leck
Printed in Germany ISBN 3-492-23993-5

www.piper.de

Der gewöhnliche Mann bereut seine Sünden, die Auserwählten bereuen ihre Unachtsamkeit. Dhu'l-Nun al-Misri (gest. 859)

Kannst du auf dem Wasser laufen?
Dann bist du nicht besser als ein Strohhalm.
Kannst du in der Luft fliegen?
Dann bist du nicht besser als eine Mücke.
Erobere dein Herz – erst dann wirst du vielleicht etwas werden.
Chodscha Abdullah Ansari (1005 – 1090)

Mullah Nasruddin: *Ich habe den König getroffen, und er hat mit mir gesprochen!*
Dorfbewohner: *Unglaublich!*
Der Dorfnarr: *Was hat er gesagt?*
Mullah Nasruddin (flüsternd):
Er sagte: »Geh mir aus dem Weg!«

Eine Anmerkung zu den Sprachen

Die Lingua franca in Afghanistan ist Dari, die afghanische Version des Persischen (manchmal auch Farsi genannt), obgleich über ein Drittel der Bevölkerung, hauptsächlich im südlichen Teil des Landes, Paschtu spricht. Beide gehören zur Familie der indoeuropäischen Sprachen. Innerhalb des Landes werden noch rund vierzig weitere Sprachen gesprochen.

Das Persische verwendet eine abgewandelte Form der arabischen Schrift sowie eine große Zahl assimilierter arabischer Wörter. In diesem Buch kommen eine Reihe persischer Wörter und auch einige arabische Begriffe vor, deren Aussprache sich nicht immer akkurat wiedergeben läßt. Da es sich hier nicht um ein wissenschaftliches Werk handelt, wurde darauf geachtet, die Transkription möglichst einheitlich vorzunehmen, so daß diejenigen, die mit der Sprache vertraut sind, die Worte erkennen, und die anderen keine Schwierigkeiten bei der Lektüre haben. Die Umschrift folgt den Gepflogenheiten der deutschen Rechtschreibung.

Wiltshire, England

Lieber Ropate,

inzwischen ist in jenem Teil der Welt, wo wir uns zum ersten Mal begegnet sind, so vieles geschehen, daß mir unser Zusammensein dort und die Zeit damals fast wie eine Insel vorkommen, die schon lange im Meer versunken ist.

Das mag für jede Reise gelten, wenn man aus der Ferne der Erinnerung auf sie zurückblickt. Obwohl die Ereignisse jener Tage aus der Distanz den Beigeschmack eines Traums erhalten, bleibt das grundlegende Dilemma erhalten: Ist die Falle erst einmal zugeschnappt, so wird man sich – wie du selbst am besten weißt – niemals wieder zur Gänze lösen können; ein Teil des Herzens bleibt für alle Ewigkeit mit dem Land verbunden.

Hier also wie versprochen der Bericht von jener Reise, auf der wir uns damals kennenlernten, auch wenn die folgenden Zeilen lediglich einen mangelhaften Versuch darstellen, dieser Zeit gerecht zu werden. Aufgrund des Charakters meiner Reise ist eine sehr persönliche Geschichte daraus geworden. Mag das nun Folgende aufgrund der Plumpheit meiner Beschreibung auch etwas unbeholfen wirken, so steckt dahinter doch eine frische und liebevolle Erinnerung. Ich muß wohl nicht betonen, wie gern ich an unsere mitternächtlichen Spaziergänge durch die mondhellen Straßen der Hauptstadt zurückdenke oder an jene lichterfüllten Tage, die wir damit verbrachten, von den unbezwungenen Gipfeln im Wachan-Korridor zu träumen. Nicht nur, weil es im Moment so undenkbar wäre, derartige Vergnügungen zu wiederholen, sondern weil ich damals mit einer enormen Befriedigung feststellte, daß ich nicht der einzige Ausländer war, der sich mitten unter lauter Fremden so zu Hause fühlte oder so in Frieden, trotz der eigentümlichen Umstände des Krieges.

Du hast mich gefragt, wie dieses ganze Abenteuer überhaupt begann. Ich weiß nicht genau, ob es richtig oder überhaupt möglich ist, mit dem Anfang zu beginnen. Dafür gibt es zwei Gründe: Zum einen zögere ich, den Vorgang durch das Gewicht der Erinnerungen zu verlangsamen. Zwar bin ich ebenso neugierig wie du herauszufinden, wodurch die Sache ursprünglich in Gang kam, aber nun, da der Vogel flügge geworden ist, scheint es keine große Bedeutung mehr zu haben. Der andere Punkt ist der: Ein Same, der zu wachsen beginnt, befreit sich von der Schale, die ihn umgibt, und verschwindet anschließend – und so ist es sehr schwer, eine bleibende Spur von ihm zu finden. Daher bin ich zu dem Schluß gekommen, daß der Anstoß zu Reisen durch kleine und unvorhersehbare Begebenheiten zustande kommt – winzige Dinge, die außerhalb des Rationalen liegen. Sie warten still, bis sich eine passende Gelegenheit ergibt, und danach spielen Liebe oder Geld keine Rolle mehr.

Hast du je Wilfred Thesiger gelesen, der aus purem Vergnügen durch den Hindukusch und das afghanische Hasaradschat wanderte, wenn ihm die Wüstensommer des Irak zu heiß wurden? Er führte seine Wanderlust auf den Nervenkitzel zurück, den er als Dreijähriger empfand, als sein Vater eine Oryxantilope schoß.

Ich habe noch nie eine Oryxantilope gesehen und muß zugeben, daß ich vor meinem ersten Besuch noch nicht einmal Kipling entdeckt hatte. Ich hatte überhaupt so gut wie gar nichts über Afghanistan gelesen, weshalb der Impuls zu dieser ersten Reise ein wenig unverständlich erscheinen mag. Ein anderes Buch jedoch kannte ich, und damit komme ich nun zu dem Ochsen.

Ich weiß nicht, ob ich dir je davon erzählt habe. Dazu muß ich bis zu jener Zeit zurückgehen, da ich zwölf Jahre alt war und ein Bericht aus der Jahrhundertwende in meinem Kopf herumspukte, den ich eben erst gelesen hatte, nämlich über die Reisen eines Forschers durch das damalige Turkestan, zu dem auch der nördliche Teil des heutigen Afghanistan gehörte. Die Namen sagten mir zu dieser Zeit nicht sehr viel, dennoch beschwor ihr Klang ein Bild in mir herauf, und ich sehnte mich danach, herauszufinden, ob die Beschreibungen des Buches der Realität entsprachen. In dieser Stimmung fragte ich meinen Vater, ob er wisse, wo diese Orte lägen.

»Vielleicht«, überlegte er und fügte dann rätselhaft hinzu: »Ich kenne den Weg der Ochsen.«

Meine Phantasie schlug bei dieser merkwürdigen Andeutung Purzelbäume: *die Ochsen!* Und ein Mann, der beobachtete und wartete …

Von diesem Moment an war es leicht, mir vorzustellen, wie irgendwo in einem hohen und verzweigten Nebenausläufer des Paropamisus-Gebirges ein Mann unter der strahlendblauen Kuppel des zentralasiatischen Mittagshimmels in Lauerstellung lag und von seinem Versteck aus einen schimmernden Pfad im Tal weit unter ihm beobachtete. Ich war ihm im Geiste dorthin gefolgt, heimlich, von den sandigen Gestaden des Amudarja bis zu den Wäldern Kafiristans, auf einem Weg voller Entbehrungen, Gefahren und unermeßlicher Einsamkeit. Er führte über sturmgepeitschte Pässe, wo kein Laut zu hören war außer dem Flattern der Gedenkwimpel an den verdorrten Ästen, durch hallende Schluchten auf einem Floß, das von aufgeblasenen Tierhäuten über Wasser gehalten wurde, und über Holzbrücken, gerade so breit wie ein Mensch, die beängstigend hoch über reißenden Gebirgsströmen hin und her schwangen.

Er besaß weder Landkarte noch Kompaß, sondern wartete auf das Donnern der Hufe, das ihn zu seinem Ziel führen würde; er wartete auf das Geräusch der Ochsen. Bei ihrem Anblick würde er dem Verlauf ihrer jährlichen Wanderung zu einem geheimen Paarungsort folgen und von dort zu einem in den Bergen verborgenen Tempel. Dort würden seine Strapazen belohnt werden durch Geheimnisse, die kaum ein anderes Lebewesen je erfahren hatte …

Mehrere Jahre dachte ich nicht mehr daran, bis ich eines Tages die Fährte etwas gewissenhafter wiederaufnahm und dabei feststellte, daß ich meinen Vater falsch verstanden hatte. Wie du weißt, gibt es keine Ochsen in Zentralasien. Es gibt Yaks, Kamele, Fettschwanzschafe, Steinböcke, Schneeleoparden, Bären, Karakale, Steppenfüchse, Rhesusaffen, Schraubenhornziegen, Wildschweine, Großohrigel und dreizehige Springmäuse, aber keine Ochsen. Mein Vater hatte vom *Oxus* gesprochen – so lautete der antike Name des Amudarja, der dem Pamirplateau entspringt und nach langem Weg schließlich in den kränkelnden Aralsee fließt, wobei er etwa 1500 Kilometer lang eine natürliche Grenze zu Afghanistan bildet. Sein Lauf mochte dem einsamen Reisenden eine gewisse Orientierung bieten, ähnlich wie das Wissen, daß es immer heißer wird, je näher man dem Äquator kommt; eine Landkarte und ein Kompaß wären ihm jedoch von größerem Nutzen gewesen. Hätte mein imaginärer Forscher sich nur mit dem Wissen um den Lauf des Oxus auf den Weg zu seinem Tempel gemacht, so wäre es eine sehr beschwerliche Reise geworden. Doch darum geht es hier nicht. Es geht darum, daß der Same bereits gesät worden war.

Um kurz zusammenzufassen, was dann geschah: Die Russen waren schuld. Sie marschierten wenige Jahre später in Afghanistan ein, und ich erinnere mich, daß ich davon erfuhr, als ich noch zur Schule ging. Die Afghanen schienen zu einer anderen Welt zu gehören, nach der ich eine schwer in Worte zu fassende Sehnsucht entwickelte. Ein würdevolles Volk mit biblischen Gesichtszügen, dessen Angehörige mit Gewehren, die fast so alt waren wie sie selbst, recht erfolgreich auf modernste Kampfhubschrauber schossen. Den Schilderungen jener Zeit ließ sich nur schwer entnehmen, wo die Wahrheit lag: ob es sich bei den Afghanen einfach um geborene Kämpfer handelte, die an Blutvergießen gewöhnt waren und denen es irgendwie gelang, ganze bewaffnete Divisionen fernzuhalten, oder ob die Sowjets mehr oder weniger jeden niedermetzelten, der sich zur Wehr setzte.

Die Tatsache, daß fast ein Drittel der Bevölkerung ins Exil ging, deutete düster auf letzteres hin. Doch die Vorstellung, daß eine moderne Armee in dieses arme und staubige Land einmarschierte, mißfiel mir ganz erheblich (ich habe ältere Brüder und empfand daher stets ein gewisses Mitgefühl für die Unterdrückten), und es keimte der Wunsch in mir auf, dieses Land mit eigenen Augen zu sehen.

Damals war ich neunzehn. Als du mir erzählt hast, wie du im gleichen Alter versuchtest, Che Guevara ausfindig zu machen, wußte ich sofort, daß du auch von jener unbeirrbaren Zuversicht gekostet hattest, die im Rückblick ziemlich rätselhaft erscheint. Sobald ich das Ziel meiner Sommerferien selbst bestimmen konnte, führte mich dieser Wunsch nach Peschawar nahe der afghanischen Grenze. Den Antrag für mein Universitätsstudium füllte ich im Nachtzug von Lahore nach Pakistan aus.

Mein Leben hatte sich noch nie so rasend schnell verändert, und ich spürte damals schon, daß es niemals mehr so sein würde wie vorher. Wenige Monate zuvor bestand meine größte Angst noch darin, nach dem Unterricht die Stühle zusammenstellen zu müssen. Und nun versuchte ich, mich irgendwie in ein Land zu schmuggeln, das zu einem der unzugänglichsten Staaten der Welt geworden war. Innerhalb einer Woche hatte ich die Bekanntschaft von Masud Chalili gemacht und dem amüsierten und freundlichen Mann mein Anliegen vorgetragen. Er hatte damals die schwierige Aufgabe, jene Ausländer, die auf ein »Picknick« mit den Mudschaheddin hofften, zu durchleuchten und die verrückteren unter ihnen möglichst sanft von ihrem Vorhaben abzubringen. Ich war unbeschreiblich glücklich und aufgeregt, als er meine erste Reise genehmigte. Er war ein großer Charmeur und sagte: »Wer weiß? Vielleicht schreibst du eines Tages ein Buch über Afghanistan.«

Das Peschawar jener Tage hätte dir sicherlich gut gefallen; es war zwar schrecklich, aber niemals langweilig. So wie ein neuer Konflikt einen alten Söldner aufrüttelt, hatte die Stadt aufgrund des Krieges einen widerwärtigen Gipfel der Niedertracht erklommen. Fünf Jahre Krieg auf der anderen Seite der Grenze hatten die verschlafene Grenzstadt völlig verändert. Der Ort war überfüllt von afghanischen Flüchtlingen, um die herum sich eine Ansammlung ehrloser Außenseiter niedergelassen hatte wie Geier um ein verwundetes Tier. Einige kamen, um zu spielen, andere, um zu beobachten, und wieder andere, um zwielichtige Geschäfte abzuwickeln. Der Ruch des Krieges zog einen steten Strom von Journalisten, Fotografen, wirren Weltverbesserern, Schmugglern, Betrügern unterschiedlichster Couleur, Waffenhändlern, Missionaren, Söldnern und Spionen an sowie eine Handvoll Menschen mit aufrichtigen Absichten. Über die Jahre hatten sich die wenigen modernen Hotels der Stadt in Theater verwandelt, in denen raffinierte Ränkespiele und Possen aufgeführt und Träume verwirklicht und zerstört wurden.

Ich wohnte im berüchtigten Hotel Green's, wo konspirative Geschäfte mittlerweile an der Tagesordnung waren. Bedient von zwei nachtwandlerischen Kellnern, versammelten sich die Ausländer in dem unsäglich düsteren Restaurant des Hotels und ergingen sich in endlosen Tiraden über den Krieg. Gerüchte und ihre Dementis flogen über die Tische hin und her, und man diskutierte hitzig mit der unbekümmerten Gewißheit der Nichteingeweihten. Betraten unbekannte Gesichter den Raum, so legte sich eine fast lustige Stille über die Versammlung, die allmählich wieder von einer Welle geflüsterter Mutmaßungen zerstreut wurde.

Niemand sprach offen über seine Pläne oder Geschäfte; jeder verfolgte die Absicht, soviel wie möglich über die anderen herauszufinden und sowenig wie möglich von sich selbst preiszugeben. Es war Teil der morbiden Etikette jener Tage, nicht zu tief in die Angelegenheiten der anderen einzudringen und untereinander häppchenweise Informationen auszutauschen. Geflüsterte Botschaften wurden auf dämmrigen Korridoren oder in schlecht gelüftete, nach Verschwörung riechende Räume weitergetragen. Nachts hörte man ab und an dumpfe Schläge, Telefongespräche wurden auf unerklärliche Weise von Dritten unterbrochen, und wenn man sich in einer fremden Sprache unterhielt, war die Leitung plötzlich tot – so lange, bis der Lauscher einen Dolmetscher aufgetrieben hatte. Briefe wurden geöffnet und dann wieder nachlässig zugeklebt, oder sie erreichten ihren Adressaten überhaupt nicht (das galt zumindest für das Geld, das meine Familie mir schickte), und Nachrichten wurden unter Türen durchgeschoben: meist Warnungen von völlig fremden Menschen, sich vor einem gewissen X zu hüten. Die lustigsten Gestalten waren die wenigen »echten« Touristen, die sich für den Krieg nicht interessierten und durch ihren Mangel an zwanghafter Geheimniskrämerei am meisten auffielen.

Ich schlug die Zeit tot, indem ich bei einem afghanischen Teppichhändler namens Dschamal Backgammon lernte, nicht ohne die Hälfte meiner Besitztümer an ihn zu verlieren. Eines Tages kam der beklommene Moment, in dem ich mit zahlreichen meiner Habseligkeiten auf dem Arm in seinen Laden trat und sie vor ihm ausbreitete. Erst da wurde mir klar, wie leidenschaftlich gern die Afghanen spielen.

Er lachte und sagte, er sei nicht an meinen Sachen interessiert, sondern an meiner Freundschaft. Dann schüttelte er die Würfel für ein neues Spiel. Als ich ihm von meiner Reise nach Afghanistan erzählte, fand er, ich bräuchte dafür einige afghanische Kleidungsstücke. Er zog sein Hemd aus – einen seidenbestickten Schalwar, an dem seine Frau drei Monate genäht hatte – und wollte es mir geben. Ich dachte: Wenn alle Afghanen so sind, wird mir das Land bestimmt gut gefallen.

Afghanistan lag nur knapp fünfundsechzig Kilometer entfernt. Gerüchte vom Krieg pfiffen wie Gewehrkugeln durch die Straßen, und der Ort zog mich unwiderstehlich an. Ich lernte die ersten Afghanen in den Gassen der Altstadt kennen, wo kräuselnde Rauchschwaden zum Himmel zogen – Mudschaheddin, die nach Pakistan gekommen waren, um auf Waffenlieferungen zu warten oder ihre Verwandten unter den dreieinhalb Millionen Afghanen zu besuchen, die dort Zuflucht gefunden hatten. Sie waren ein strenger, aber wunderschöner Menschenschlag. Auf den ersten Blick wirkten sie fast unnahbar, aber nachdem ich entdeckt hatte, wie überraschend umgänglich sie waren, hatte ich schnell das Gefühl, unter Freunden zu sein. Sie entblößten ihre Kriegsverletzungen mit der ausgelassenen Freude von Schuljungen, die mit ihren zerschrammten Knien angeben. Ich werde den paschtunischen Kämpfer nie vergessen, der fast zwei Meter groß war und mir drei olivenförmige Narben von russischen Geschossen zeigte: einen sauberen Durchschuß zwischen den Knochen am Handgelenk, eine Narbe im Oberschenkel und eine weitere Wunde, kaum verheilt, von einer Kugel, die auf Taillenhöhe seine Seite glatt durchschlagen hatte. Er legte Daumen und Finger auf Eintritts- und Austrittswunde und brüllte vor Lachen, als ich fragte, ob er keine Angst habe, wieder ins Gefecht zurückzukehren.

Außer den gelegentlichen Explosionen, den Drogenhändlern, den Spionen und dem Hotelessen war da noch ein weiteres Risiko, das ich nicht hatte vorhersehen können und das ich meiner hellen Haut und meinen unverbrauchten Gesichtszügen zu verdanken hatte. Ein einäugiger Kebab-Verkäufer, an dessen Laden ich regelmäßig vorbeikam, äußerte seine Absichten regelmäßig mit einer abstoßenden Geste. Ein anderer hoffte, mich mit Hilfe eines Whiskeyvorrats zu sich nach Hause zu locken – doch nichts in der Welt hätte mich weniger reizen können. Ein extrem dicker Mann aus den Stammesgebieten, mit einem Stiernakken und Echsenaugen, der gemeinsam mit einigen unterwürfigen Untergebenen in der Lobby des Hotels lauerte, bedrängte mich täglich, doch eine »örtliche Spezialität« in seinem Zimmer zu probieren. Ich gab ihm den Spitznamen

»König der Eidechsen«, während ich mich fortan mit besonderer Vorsicht durch das Haus und die Straßen bewegte und mich nicht mehr rasierte. Bedauerlicherweise erregte ich durch mein ausweichendes Verhalten nur noch mehr Aufmerksamkeit, ebenso wie mein spärlicher Bartwuchs den Eifer meiner Verehrer zusätzlich steigerte.

Am Tag war es zu heiß zum Spazierengehen, und nachts ertrank ich in Schweiß. Die Luft über der Stadt war drükkend, windstill und stank nach Dieselabgasen und menschlichem Unrat. Obwohl ich nicht eine Wolke sah, war der Himmel niemals blau, vielmehr wurde er von einem fast greifbaren gelben Dunst verdeckt. Im Restaurant entdeckte ich eine in mein Frühstücksomelette einbalsamierte Kakerlake, und abends spielten ihre lebenden Artverwandten Fangen um meinen Teller. Ich erkrankte an der Ruhr und bekam hohes Fieber, während mein Inneres einem hohlen Wasserschlauch immer ähnlicher wurde. Mehrere Tage lag ich im Bett, gelegentlich an einem Keks knabbernd, und starrte hinauf zu dem Ventilator, der an bloßen Drähten über mir rotierte – in dem Wissen, daß ich mich nicht von der Stelle rühren konnte, falls er auf mich herabstürzen sollte.

Es war eine schreckliche Zeit. Mein ganzes Leben schien im Rhythmus des gräßlichen Ventilators mit dem Schweiß aus mir herauszusickern, und mit ihm rannen all mein Ehrgeiz und meine Tatkraft, Tropfen um Tropfen, Stunde um Stunde, in das feuchte Laken. Ich konnte es kaum erwarten, über die Grenze zu kommen, egal, welche Risiken dort auch auf mich warten mochten.

Am Vorabend meiner Abreise wankte ich in die Lobby, um einen Telefonanruf entgegenzunehmen. Durch das Rauschen der Leitung hörte ich eine bekannte Stimme sagen: »Geh nicht!«

Der Anrufer war ein wohlmeinender Freund aus England. Er hatte kurz zuvor in den Nachrichten gehört, daß ein französischer Fernsehreporter, der es gewagt hatte, die Grenze zu überqueren, von Fallschirmjägern gefangen und zu fünfzehn Jahren Haft in einem schrecklichen Kabuler

Gefängnis verurteilt worden war. Als man den sowjetischen Botschafter in Pakistan zu diesem Vorfall befragte, warnte er, daß »Banditen und sogenannte Journalisten«, die versuchten, mit den Mudschaheddin nach Afghanistan vorzudringen, von den sowjetischen Streitkräften getötet würden. Aber mein Entschluß stand fest.

»Ich gehe«, sagte ich, ohne zu wissen, welche Konsequenzen dieses tollkühne Unterfangen für mein Leben haben würde.

Nun gab es kein Zurück mehr; sie kamen am nächsten Morgen. Zwei strenge, bärtige Guerillakämpfer in Stiefeln tauchten an meiner Tür auf, überreichten mir eine Nachricht und gingen wortlos wieder. Mit schlaftrunkenen Augen las ich: »Dies sind die Brüder von Kommandant A. Sie werden heute nachmittag um fünf Uhr wiederkommen. Halte dich bereit.«

Ich schrieb hastig einige Abschiedsbriefe und schmierte mich mit Kaliumpermanganat ein, bis mein Gesicht die Farbe einer Walnuß hatte, in der Hoffnung, daß das Zeug sich nicht löste, wenn ich anfing zu schwitzen. Dann zog ich die afghanischen Kleider über, die ich auf dem Basar gekauft hatte, und trat meine Reise an.

Auf dem Weg von der Stadt zur Grenze wurde ich mehrmals weitergereicht wie ein menschlicher Stab in einem Staffellauf und schlief jede Nacht in einem anderen Haus, in Obhut von Männern, die ich nicht kannte und niemals wiedersehen würde. Wir schienen uns rückwärts durch die Zeit zu bewegen – bei jedem weiteren Abschnitt wurde das Beiwerk der modernen Welt weniger und die Landschaft wilder, und die Gestalten, die sich darin bewegten, schienen immer weniger von den Bürden des zwanzigsten Jahrhunderts belastet.

Gerade als wir die letzten Kontrollpunkte der Polizei passiert hatten und auf unseren letzten Halt in Tari Mangal zuholperten, brach ein heftiger Sturm los. Ich hörte die ersten Explosionen in den Hügeln widerhallen, und die Gegenwart des Krieges war plötzlich fühlbar wie elektrischer Strom. Der Himmel wurde gelb und füllte sich mit Staub, während sich die Wolken über uns öffneten. Ich kann immer noch die lächelnden Gesichter der Männer vor mir sehen, als der Regen über ihre Augenbrauen tropfte. Solchen Menschen war ich noch nie begegnet. Am nächsten Tag überquerte ich mit einem wortkargen afghanischen Führer die Grenze, in der Tasche einen Brief von Chalili, in dem er mich anwies, ganz und gar auf Gott zu vertrauen. Diesen Teil hatte er unterstrichen.

Und so begann der Same zu wachsen.

Die Entscheidung, in den dazwischenliegenden Jahren zweimal zurückzukehren, erwuchs unmittelbar aus dieser ersten Reise. Während jener späteren Besuche meinte ich zu sehen, wie nicht nur der Krieg seine Unschuld verlor, sondern, parallel dazu, auch ich.

Dieses letzte Mal war am schwierigsten – längst wieder hatten mich Bequemlichkeit und Entfernung fest in ihrem Griff –, und ich schlug mich eine Ewigkeit damit herum. Ich war durch die üblichen Fesseln des Alltags gebunden, und der Flirt mit der Gefahr hatte längst seinen Reiz verloren. Da der Krieg vorüber war, fragte ich mich zudem, ob das Land überhaupt genug Stoff bieten würde, um darüber zu schreiben. Zudem plagte mich die Angst, daß meine Gefühle dem Land gegenüber, das nun kein verbotener Ort mehr war, den man nur unter Lebensgefahr erreichen konnte, entsprechend abgestumpft sein könnten.

Moderne Flugreisen haben etwas an sich, vor dem mir mittlerweile fast graut. Ihnen fehlt das aufregende Gefühl, sich auf eine weite Reise zu einem Ziel zu begeben, und, damit verbunden, der Blick auf eine sich langsam verändernde Landschaft entlang der Strecke, die einem zu Bewußtsein bringt, wo man am Ende ankommen wird. Die Distanz, die man zurücklegt, verliert dadurch an Bedeutung, und Kilometer werden zu winzigen Maßeinheiten, wenn man in einem einzigen, riesigen Satz über die natürlichen Barrieren springt, die schon seit Menschengedenken die Wege der Zivilisation lenkten.

Schließlich machte ich mich doch noch einmal auf den Weg, so daß ich zehn Jahre später abermals in Peschawar eintraf. Der König der Eidechsen strich längst nicht mehr in der Lobby des Green's umher, in den Straßen war eine Fülle von Jeeps unterwegs, mein Zimmer verfügte über Kabelfernsehen, und jedermann trug ein Handy in der Hosentasche. Es waren kaum Afghanen zu sehen, und so wanderte ich die staubigen, von Menschen wimmelnden Straßen entlang, in der vagen Hoffnung, einige befreundete Mudschaheddin zu treffen. Natürlich waren sie alle verschwunden, und ich konnte mich einer leichten Sehnsucht nach der elektrisierenden Atmosphäre jener fernen Kriegstage nicht erwehren.

Einige Dinge hatten sich jedoch nicht verändert. Die Luft stank immer noch nach Abgasen, und die Taxifahrer boten einem mit demselben fröhlichen Lächeln wie früher Heroin an. Nach wie vor hielt sich ein merkwürdiges Sammelsurium an ausländischen Besuchern in der Stadt auf, die alle darauf hofften, über die Grenze zu kommen. Im Hotel lernte ich eine wunderschöne junge Japanerin namens Keiko kennen, die Wüstenblumen in Afghanistan fotografieren wollte, und geriet kurz in Versuchung, meine Pläne über den Haufen zu werfen und sie ins Land zu schmuggeln. Außerdem traf ich zwei polnische Filmemacher auf der Suche nach einem jungen Landsmann, der während des Kriegs in Nuristan verschwunden war, des weiteren einen hinkenden ehemaligen Fallschirmspringer der britischen Armee, der mit den kläglichen Überresten der afghanischen Luftwaffe einen Sprung wagen wollte, sowie einen niederländischen Journalisten, der mich im Morgengrauen auf dem Dach in die Kunst des japanischen Schwertkampfes einführte.

Bald schon entwickelten sich die Dinge wie von allein, und zwei meiner größten Sorgen – wie ich ins Land kommen und wo ich dort wohnen sollte – waren rasch gelöst.

Mit der freundlichen Erlaubnis von Peter Stocker, dem damaligen Direktor des Internationalen Roten Kreuzes in Afghanistan, durfte ich mich einem Flug mit Hilfsgütern nach Kabul anschließen. Im Flugzeug lernte ich einen amerikanischen Fotografen kennen, der in die Hauptstadt versetzt worden war und mir anbot, mich im Quartier seiner Agentur unterzubringen.

Wenige Tage später, an einem wunderschönen Novembermorgen, verließ ich Peschawar in gehobener Stimmung und flog mit dem Roten Kreuz zum Flughafen bei Bagram nördlich von Kabul. Und das ist nun der Beginn der Geschichte. Es war wirklich sehr merkwürdig, aber sobald wir aus dem kleinen Flugzeug auf afghanischen Boden traten, durchströmte mich das Gefühl, als würde auf einmal eine innere Uhr, die seit meinem letzten Besuch stehengeblieben war, wieder zu ticken anfangen. Ich hatte das Gefühl, einen Raum betreten zu haben, der jahrelang verschlossen gewesen war, während der Rest des Hauses bewohnt wurde. In diesem Moment spürte ich mit einer vertrauten Mischung aus Sehnsucht und Erleichterung, daß ich viel nachzuholen hatte.

Liebe Grüße
J.

Asien ist ein lebender Körper,
und Afghanistan ist sein Herz.
Versagt das Herz, so stirbt auch der Körper.
Doch solange das Herz frei ist, bleibt auch
der Körper frei.
Wenn nicht, wird er zu einem Blatt im Wind.
Muhammad Iqbal

Von Anfang an zog uns das Licht in seinen Bann. Schon beim ersten Schritt in die ungewohnte Helligkeit schien es mir, als hätten wir eine Welt betreten, die auf eine bestimmte Weise verzaubert war und für die uns ein angemessenes Urteilsvermögen fehlte.

Wir hatten uns bald verlaufen, ohne darüber allzu unglücklich zu sein. Über eine Stunde wanderten wir durch ein Netz breiter, von schlanken Pinien und Platanen gesäumter Straßen und hofften, ein Wahrzeichen zu entdekken, an das wir uns erinnern würden. Die Strahlen der Wintersonne drückten wie eine warme Hand gegen die Brust. Unsere Bündel waren schwer, und wir schwitzten unter ihrem Gewicht, auch ein wenig außer Atem von der ungewohnten Höhe. Bei jedem Schritt spürten wir den aufregenden Kitzel einer fremden Umgebung.

Das Licht war durchscheinend wie ein Kristall; ich hatte seine Listen schon ganz vergessen. Es befreite fernab liegende Formen und Farben von der üblichen Verschwommenheit der Entfernung und spielte Katz und Maus mit dem Raum, indem es die Berge jenseits der Stadt auf Armeslänge heranholte und die Mienen der Gesichter, die noch zweihundert Meter entfernt waren, direkt vor unsere Nase katapultierte. Unter seinem Zauberbann schien die Landschaft an der äußersten Grenze des Stofflichen zu tanzen. Zu diesem Licht gesellte sich noch eine balsamgeschwängerte Luft, die in den Blättern über unseren Köpfen flüsterte. Schon beruhte unser Erleben allein auf der

Leuchtkraft unserer Umgebung, die die Grenzlinie zwischen den einzelnen Dingen allmählich schwinden ließ; schon schien die übliche Ordnung der Dinge nicht länger gültig zu sein.

An diesem ersten Morgen war es ruhig, und ich fühlte mich der Hektik und dem Lärm meiner Heimat weit entrückt. Auf den Straßen fuhren ein paar Fahrräder und, nur wenig schneller, eine Handvoll alter Taxis. Einige ältere Männer mit Turbanen auf dem Kopf schlenderten gemächlich die Straße entlang, die Hände hinter dem Rücken gefaltet, und passierten uns in entgegengesetzter Richtung. Bei dem ungewohnten Anblick zweier schwerbepackter Fremder, die sich nach dem Weg erkundigten, legte sich ein höfliches Lächeln auf ihre Gesichter. Wir hörten die Rufe der Händler, die in ihren Karren neben der Straße Obst feilboten, und von jenseits der hohen Mauern rechts und links drangen die üblichen Geräusche des Familienlebens herüber: schimpfende Frauen und Kinderlachen. Durch den azurblauen Himmel sausten Dutzende winziger, selbstgebastelter Drachen, die von ihren geschickten Besitzern auf Mauern und Häuserdächern mit Feuereifer gelenkt wurden. Gelegentlich dröhnte von den umliegenden Bergen ein gänzlich unpassendes Grollen herüber, das wie Donnerhall klang, bei dem wir jedesmal innehielten, Atem holten und unter dem Vorwand, die Last auf unseren Schultern zurechtzurücken, versuchten, die Reaktion des anderen auf dieses unnatürliche Geräusch zu beurteilen.

Eine Woche zuvor hatte ich den afghanischen Botschafter in London aufgesucht und ihn um Rat gefragt, wie ich nach Afghanistan einreisen könnte. Für einen Mann, dessen Heimat in Trümmern lag und dessen Regierung sich in einer Hauptstadt an die Macht klammerte, die von ihren Feinden belagert wurde, wirkte er erfrischend fröhlich. Wir tranken eine Tasse Tee in seinem sechs Meter hohen Büro und unterhielten uns über die ferne Schönheit des Tals, aus dem er stammte. Draußen vor dem Fenster dröhnte unterdessen der Verkehr am Hyde Park entlang.

An der Wand hing eine große gerahmte Karte von Afghanistan. Wir traten zu ihr und entzifferten wie zwei Generäle gemeinsam die Namen und Straßen. Unter unseren Fingerspitzen erwachten für einen kurzen Moment Orte zum Leben, die zu sehen ich kaum je zu träumen gewagt hatte.

Ich entdeckte die berühmte kreisförmige Route, auf der in glücklicheren Zeiten eine frühere Generation von Besuchern das Land bereist hatte. Sie verband die Hauptstadt Kabul mit Masar-i Scharif im Norden, Herat im Westen und Kandahar im Süden. Dabei spielte es kaum eine Rolle, daß die Straße an vielen Orten längst nicht mehr existierte.

Dann fiel mein Blick auf eine gepunktete Linie, die von der Hauptstadt in Richtung Nordosten nach Badachschan führte: Es handelte sich um den Weg, den Alexander der Große bei seinem brillanten Umfassungsangriff auf Bessos, den achämenidischen Satrapen, zurückgelegt hatte. Die Linie wurde nach Norden hin immer dünner, in Richtung Faisabad und Kischm: Marco Polos Weg nach China. Dort würde ich ein Pferd brauchen und einen Führer.

»Das ist kein Problem«, erklärte der Botschafter sachlich.

Eine weitere rote Linie zog sich westwärts zu den gigantischen Buddhastatuen von Bamjan, den türkisblauen Seen von Band-i Amir, dem einsamen Minarett von Dscham und den Quellen und Grabstätten von Tschescht-i Scharif – die Strecke war mit einem Jeep zu schaffen, wenn die Straßen nicht durch Schnee blockiert waren.

»Sie werden dort ohne Probleme ein Fahrzeug finden«, versicherte er.

Ein großer, dunkler Gebirgskeil erstreckte sich von der einen Seite der Karte zur anderen, und ich dachte an den Winter, der eben erst begonnen hatte.

»Es wird bestimmt nicht zu kalt sein.«

An diese Bemerkung sollte ich noch denken. Der Botschafter beschrieb nun mit einer großen, wohlwollenden

Handbewegung einen Bogen über den Norden und Westen seines Landes.

»Hier ist alles in Ordnung«, sagte er mit einem breiten Lächeln. »Sie können gehen, wohin Sie wollen! Und hier ist auch alles in Ordnung. Hier«, er zögerte und deutete dann mit liebevoller Geringschätzung auf den südlichen Teil des Landes, »hier gibt es nur ein paar kleine Probleme, etwas – Widerstand.«

Das war die afghanische Bezeichnung für Bürgerkrieg.

Ich stellte mir ein eher unaufgeregtes Abenteuer vor, wie man es heute kaum noch kennt – keine perfekt durchgeplante Expedition, sondern eine Fahrt, die von den Ereignissen gelenkt werden sollte. Denn die Verhältnisse änderten sich rasch, und Pläne, die von langer Hand vorbereitet worden waren, konnten sich leicht als undurchführbar erweisen. Dies schien angesichts der Launen des Winters und des Krieges die einzig vernünftige Herangehensweise zu sein. Ich hatte meine früheren ehrgeizigen Vorhaben aufgegeben und war darauf vorbereitet, mich auf jene Ungewißheit einzulassen, die so häufig mit dem Glück Hand in Hand geht. Ich hoffte zudem, dadurch einer Art Vision treu zu bleiben, die während meines ersten Besuchs im Land zehn Jahre zuvor entstanden war. Diese Vision hatte schon vor langer Zeit eine beunruhigende Dynamik angenommen, die sich meiner Kontrolle zu entziehen schien. Um die dieser Erfahrung entspringende Sehnsucht zu stillen, schien mir eine lange und einsame Reise nötig, mit sämtlichen dazugehörigen Gefahren – eine Reise, bei der ich mich vergewissern konnte, daß es sich bei meiner Vorstellung von diesem Land nicht nur um eine subjektive Täuschung handelte, aus der es endlich einmal herauszuwachsen galt. Doch meine Pläne entfalteten sich bereits mit einer unerwarteten Leichtigkeit und bestätigten dadurch meine Überzeugung, daß eine Reise, wenn man sich auf sie einläßt, vom ersten Moment an ein Eigenleben entwickelt, das im Vorfeld nicht absehbar ist, egal, wie sehr man sich auch den Kopf darüber zerbrechen mag.

Der Botschafter hatte sich mit seiner Sekretärin Schirin besprochen, welche Reiseroute ins Land wohl die wenigsten Risiken berge. Schirin stammte aus dem Iran; ihr Name bedeutete »Süße«, und in ihrer Stimme schwang der bezaubernde Rhythmus des Gebirges von Chorasan mit. Sie versuchte nach Kräften, mich von meinem Vorhaben abzubringen, und wies darauf hin, daß im Norden ein Bürgerkrieg mit Tadschikistan tobe, daß die westliche Grenze zum Iran für Ausländer geschlossen sei und daß es sich bei der östlichen Grenze zu China um eine gefrorene Einöde in 4500 Meter Höhe handle. Ich fragte nach dem Landweg aus dem Süden, aus Pakistan.

»Es wäre besser, direkt nach Kabul zu fliegen«, sagte der Botschafter. »Manchmal ist die Straße ein wenig –«, er zuckte unmerklich zusammen, »problematisch.« Die Straße aus dem Süden führte, wie ich bereits wußte, durch die gesetzlosen Gebiete der Widerstandskämpfer, und auch die Berichte von Reisenden aus der Region waren alles andere als ermutigend. Dort bestand die große Gefahr, zumindest überfallen und ausgeraubt zu werden.

»Wenn man Sie dort entdeckt, wird man Sie –«, begann Schirin, wurde jedoch sogleich von einem mahnenden Blick des Botschafters unterbrochen.

»Wir fühlen uns nun einmal für Sie verantwortlich«, erklärte der Diplomat mit einem gütigen Lächeln.

»Wir möchten, daß Sie wieder zurückkehren«, fügte Schirin hinzu.

»Das ist sehr freundlich von Ihnen«, erwiderte ich.

»Warum fahren Sie nicht irgendwohin, wo es sicherer ist, zum Beispiel nach Bosnien?« schlug Schirin mit einer seltsamen, aber bezaubernden Logik vor. »Oder warum warten Sie nicht wenigstens bis zum Frühjahr?« Sie erhob sich hinter ihrem Schreibtisch, als ich mich zum Gehen wandte.

»Was Sie auch tun: *Gehen Sie nicht in die Berge*!«

An dieser Stelle trat der Botschafter zwischen uns und beendete diese für afghanische Verhältnisse äußerst ungewöhnliche Demonstration von Sentimentalität. Schließlich stammte er selbst aus den Bergen. Mit einem freundlichen Lächeln brachte er mich zur Tür. Ich dankte ihm, und wir reichten uns die Hände.

»*Safar-i chusch*«, sagte er. Das bedeutete: »gute Reise«.

Von Anfang an spürten wir die Anwesenheit des Krieges. Er lag wie ein Schatten über uns und brach immer wieder auf unerwartete Art und Weise in unser Leben ein. Durch ihn sahen wir alles viel schärfer, durch ihn wirkte die Gegenwart so unmittelbar, daß uns das Leben in der Heimat zeitweise wie ein ferner Traum vorkam. Unter seinem Eindruck stießen unsere Emotionen in bislang unerforschte Bereiche vor, und auch unsere Alltagslogik wurde auf eine Art und Weise herausgefordert, die zu ignorieren manchmal einfacher gewesen wäre. Auf einmal schienen wir das ganze Leben viel intensiver zu spüren, sowohl in seinen Freuden als auch in seinem Leid. Wir entdeckten, welcher Luxus in kleinen Dingen steckte, und schlossen Freundschaften, die unserem Gefühl nach ein ganzes Leben halten würden. Über alldem lag jedoch auch eine gewisse Bitterkeit, nicht über das, was wir dort vorfanden, sondern darüber, daß wir es am Ende wieder hinter uns lassen mußten.

Wir waren fast zwei Kilometer im Kreis marschiert, ehe wir erkannten, daß wir uns wieder an der Stelle befanden, von der wir aufgebrochen waren; mein neuer Freund Craig hatte keinen besonders guten Orientierungssinn. Jedesmal, wenn wir in eine neue Straße einbogen, sagte er: »Ich glaube, wir sind gleich da.« So trotteten wir stundenlang dahin, ehe wir schließlich in eine Straße mit zwei Meter hohen Mauern zu beiden Seiten einbogen, hinter denen sich moderne Villen verbargen. Hier klopften wir an ein Tor. Gegenüber sonnte sich ein Wachposten mit einem Maschinengewehr auf dem Schoß.

Das Tor schwang auf. Ein hagerer Mann mit hellen Haaren und einer goldgeränderten Brille auf der Nase tauchte dahinter auf und führte uns über eine kleine gelbe Rasenfläche zu einer Veranda. Wir legten unser Gepäck ab und ließen uns auf die niedrigen Rohrstühle fallen.

»Dschan«, rief der Mann ins Haus, »bringst du uns bitte einen *tschai*?«

Dann stellte er sich mit einem nachlässigen Händedruck vor. Er hieß Tim Johnston und war einer von nur drei Reportern, die noch in der Hauptstadt lebten. Ein strohblonder Bart bedeckte sein müde wirkendes Gesicht, und seine kurz angebundene, wortkarge Art verriet seine Erschöpfung. Ich kannte diesen Blick. Im Schein der Nachmittagssonne tauschten Tim und Craig, die beide für die gleiche Agentur arbeiteten, einige Neuigkeiten aus. Dann wandte sich der Hausherr an mich und sagte, es gebe ein freies Zimmer im Haus, wenn ich es wolle, allerdings müsse er mir dafür etwas berechnen. Ich verfügte nur über ein winziges Budget und fragte nach dem Preis.

»10000 Afghanis am Tag.«

Das hörte sich nach einer riesigen Summe an, und mein Herz sank. Ich hatte Angst, auf einen einsamen Exilanten gestoßen zu sein, der widerwillig in einer fremden Kultur gestrandet war und allen Besuchern, die ein persönliches Interesse daran zeigten, mit Verachtung begegnete. Doch darin täuschte ich mich sehr.

»Das sind etwa fünfzig Pence«, fügte er hinzu. »Für das Essen.«

Es gebe keine Hotels, erklärte er, und daher auch keine Touristen, keine zufälligen Besucher, außer dem kümmerlichen Rinnsal an Korrespondenten oder Fotografen, die für einen kurzen Auftrag in die Stadt kamen. Die einzige Ausnahme, so erzählte er, sei eine fettleibige Amerikanerin im Jahr zuvor gewesen. Mit einem Bündel fotokopierter Seiten aus einem längst vergriffenen Reiseführer war sie in Kabul angekommen, nicht ahnend, daß das Land sich in seinem siebzehnten Kriegsjahr befand. Als man sie darüber aufklärte, reagierte sie hysterisch und wütend, weil sie sich hinters Licht geführt glaubte. Sie wurde schließlich von erstaunten Regierungsbeamten außer Landes befördert und verschwand auf Nimmerwiedersehen. Es kursierten auch Gerüchte über zwei Engländer, die kürzlich zu Pferd von China ins Land gereist waren. Man munkelte, sie seien im Norden von Soldaten verhaftet und ins Gefängnis gesteckt worden, da man dort zwei Ausländern in einheimischem Gewand mit einem tragbaren Satellitennavigationsgerät gegenüber nicht allzu freundlich gesinnt war.

Wir tauschten Neuigkeiten und Geschichten aus, zumeist über Ereignisse, bei denen man mit knapper Not davongekommen war – die typischen Visitenkarten von Kriegsberichterstattern in jeder umkämpften Hauptstadt der Welt. Die Fenster des Hauses waren durch eine Detonation zerstört worden, und einmal war eine Kugel in die Wand hinter Tims Stuhl eingeschlagen. Im Moment sei es aber relativ ruhig, meinte er.

Seine dreiköpfige Belegschaft bewunderte ihn augenscheinlich und schien gut mit ihm befreundet zu sein. Sie saßen mit uns draußen in der Sonne und lauschten andächtig Tims Worten. Dschan war ein stämmiger, gutaussehender Pandschiri von unverwüstlicher Fröhlichkeit, ein einstiger Guerillakämpfer, der sich zum Hausmeister gewandelt hatte. Raschid, ein hagerer, mürrischer Tadschike mit abgebrochenen Zähnen und einem zynischen Lächeln, war ein ehemaliger Soldat der afghanischen Armee und arbeitete nun als Tims Fahrer und Übersetzer. Und dann war da noch Aman, der Koch, ein mondgesichtiger Hasara mit den typischen hohen Wangenknochen und schmalen Augen seines Volksstamms, eins achtzig groß und sanft wie ein Lamm. Sie waren alle in den Dreißigern, wirkten aber zehn Jahre älter.

Allmählich wurde ich auch mit ihrem eigenbrötlerischen Arbeitgeber warm. Die Afghanen waren ein Volk, das man nur schwer kennenlernte, und er sprach mit einer spaßigen und respektlosen Vertrautheit von ihnen. Es war offensichtlich, daß er sie sehr bewunderte. Als Journalist wurde er von den Regierungsbeamten geschätzt und arbeitete eng mit ihnen zusammen; mit vielen war er darüber hinaus auch privat befreundet. Sein Auftreten kaschierte, mit welch enormem Fleiß er seine Arbeit erledigte, und das unter Bedingungen, vor denen die meisten Berichterstatter zurückschrecken würden. Er liebte Afghanistan, war mittlerweile jedoch, wie er selbst zugab, ausgebrannt; er befand sich seit achtzehn Monaten in Kabul und hatte sich kaum einen Tag richtig ausruhen können. Die Besuche an der Front seien das Schlimmste, erklärte er, und es war ihm anzumerken, wie sehr ihn die schwere Verletzung eines Kollegen wenige Wochen zuvor erschüttert hatte. Wenn er die Front aufsuchte, trug er weiße Hosen, in der Hoffnung, dadurch selbst in der Hitze des Gefechts als Unbeteiligter erkannt zu werden.

»Natürlich ist es die falsche Farbe, wenn die Ruhr einsetzt«, fügte er hinzu.

Noch während er diese Worte sprach, erschütterte eine Explosion den Boden, als wäre im Garten eine Kanone abgefeuert worden. Craig und ich duckten uns instinktiv auf unseren Stühlen. Die Plastikplane vor dem Fenster beulte sich unter der Druckwelle nach innen. Als wir wieder aufsahen, grinsten uns die anderen breit an. Tim stellte gelassen sein Glas wieder auf den Tisch und deutete dann gleichmütig über seine Schulter auf den Berghang hinter dem Haus.

»Panzerfeuer«, sagte er. »Auf dem Hügel. Ist höllisch laut, kommt aber nicht so oft vor.«

Die ganze Zeit über hatten wir eine Vielzahl grollender Geräusche von den Hügeln im Süden vernommen. Es krachte und knallte in unterschiedlicher Intensität: gedämpft, scharf, in einzelnen Schüssen oder schnellen Salven. Manchmal hörte es sich wie langgezogener, dröhnender Donner an, nur daß der Himmel wolkenlos war. Jedesmal bebte der Boden oder vibrierte wie das Fell einer Trommel, und unsere Körper erzitterten. Ich spürte, wie diese Geräusche uralte Gefühle wachriefen, Gefühle des Staunens und der Überraschung und einer merkwürdigen Sehnsucht, die ich mir nicht genau erklären konnte – vor allem aber ein Gefühl der Angst. Tim übersetzte für uns aus diesem Sammelsurium ungewöhnlicher Geräusche, wobei er zwischendurch immer wieder den Kopf zur Seite neigte, um zu lauschen.

»Das kommt aus der Stadt ... das ist die Artillerie ... das hört sich an wie ein Panzer ... keine Ahnung, was das ist.«

Gelegentlich ertönte irgendwo in der Stadt eine Maschinengewehrsalve, und ich überlegte, ob in den Straßen wohl gekämpft wurde.

»Vermutlich eine Hochzeit«, meinte Tim grimmig und zündete sich eine weitere Zigarette an. Wir alle rauchten. Es war unmöglich, hier nicht zu rauchen.

Er machte uns mit der Situation vertraut. Es war ein Puzzle, das wir erst allmählich zusammenzusetzen imstande waren, während wir die einzelnen Teilchen hin und her drehten und versuchten, unsere neue und beunruhigende Umgebung zu begreifen. Noch vor einer Woche hatten diese Namen und Orte zu einer scheinbar weit entfernten Welt gehört, von der man nur selten etwas in den Nachrichten erfuhr und deren Nennung ferne und verstörende Bilder von Gewehren, Turbanen und Bergen heraufbeschwor. Und nun waren diese Bilder auf einmal lebendig geworden.

Kabul stand unter Belagerung. Im Norden und Westen hatten sich die Regierung und ihre Rivalen um die Vorherrschaft in einer unsicheren Pattsituation ineinander verkrallt. Doch in der Hauptstadt waren aller Augen auf die Schlachtfelder im Süden gerichtet, wo die Regierung sich täglich mit ihren neuesten Herausforderern Gefechte lieferte.

Im Jahr zuvor hatte eine rätselhafte Miliztruppe die südlichen Provinzen erobert und Frieden sowie eine relative Stabilität in Gebiete gebracht, die zuvor von Banditen und Gesetzlosigkeit geprägt waren. Ihre Anführer hatten schurkische örtliche Kommandanten exekutiert oder sie mit großen Geldsummen dafür bezahlt, Frieden zu wahren. Zudem hatten die Truppen mit den schwarzen Turbanen die Straßen von Minen geräumt und den ausländischen Hilfsorganisationen ihre geraubten Fahrzeuge zurückgegeben. In den Städten, die sie entwaffnet und unter ihre Kontrolle gebracht hatten, waren Recht und Ordnung wiederhergestellt worden. Man sagte, daß die Bevölkerung – müde der Anarchie nach all den Jahren – sie freudig begrüßt habe.

Diese Siege waren ebenso erstaunlich wie beunruhigend. Denn mit dem Frieden brachten die neuen Herrscher einen islamistischen Eifer mit sich, den es im traditionell eher gemäßigt religiösen Afghanistan zuvor nicht gegeben hatte. In den Regionen, die unter ihrer Kontrolle standen, mußten sich die Männer die Köpfe rasieren und die Bärte wachsen lassen, gemäß einer äußerst strengen Auslegung der islamischen Gesetze. Diebe bestrafte man durch Amputationen, und Frauen durften nicht mehr arbeiten und sich nicht mehr in der Öffentlichkeit zeigen. Eine religiöse Polizeitruppe unter Leitung des Ministeriums für die Förderung der Tugend und die Bekämpfung des Lasters setzte einen immer umfangreicher werdenden Vorschriftenkatalog durch, der den Afghanen ebenso fremd war wie einst die Rhetorik der Kommunisten. Sie hängten Fernseher an Laternenpfählen auf und verboten das Drachensteigen, Sport und Musik.

Sie bezeichneten sich selbst als die Taliban, was soviel bedeutete wie Religionsschüler. Ihr Anführer war angeblich ein einäugiger Mullah, den eine göttliche Stimme dazu aufgefordert hatte, zur Waffe zu greifen. Kein Mensch konnte jedoch erklären, wie die jungen Männer, jene vorgeblichen Koranschüler, zwischen ihren Lektionen gelernt hatten, Panzer zu fahren und Jets zu fliegen, oder woher das Satellitentelefon stammte, das in ihrem neuen Hauptquartier installiert worden war.

Wenige Monate zuvor hatte diese stürmische Miliz Herat erobert, die größte Stadt im Westen des Landes, fast ohne einen Schuß abzugeben, da ihre Verteidiger auf einmal spurlos verschwunden waren. Durch den unerwarteten Sieg ermutigt, griffen die Taliban nun auch die Randgebiete der Hauptstadt an, wo sie von den kriegserfahrenen Kämpfern der Regierung gewaltsam zurückgedrängt wurden. Der

Kommandant der Regierungstruppen, der charismatische Veteran des Guerillakriegs Ahmad Schah Masud, hatte keineswegs die Absicht, zuzulassen, daß die Stadt, in der zum ersten Mal seit Jahren Frieden herrschte, in die Hände der Eiferer fiel.

Nur wenige in Kabul glaubten, daß die schlecht ausgebildete Truppe aus zumeist jungen und idealistischen Männern die gut verteidigte Hauptstadt tatsächlich erobern könnte. Vielen war es mittlerweile allerdings auch völlig gleichgültig. Doch diese neueste Entwicklung im Bürgerkrieg führte zu neuen Spannungen im Gefüge der Region. Die Glut der ethnischen Rivalität hatte sich von neuem entfacht, und die Beziehungen zum benachbarten Pakistan waren inzwischen schlechter denn je. Die afghanische Regierung behauptete, daß ihr Nachbar die Taliban unterstütze, um sich dadurch einen alten Traum zu erfüllen: einen gefügigen Verbündeten Pakistans in Kabul zu haben und damit die Kontrolle über die lebenswichtigen Landwege zu den zentralasiatischen Republiken im Norden zu erlangen.

In den jüngsten Scharmützeln waren pakistanische Militärberater gefangengenommen worden, zusammen mit den Kämpfern, die sie ausgebildet hatten. Die übrige Welt jedoch schien diesem eindeutigen Vergehen keine Beachtung zu schenken. Beide Seiten warfen sich gegenseitig Anschuldigungen an den Kopf. Eine lokale Zeitung brachte eine Karikatur, in der sich Pakistans Premierministerin Benazir Bhutto über einen jungen Talibankämpfer beugte und ihm ein Gewehr reichte. Darunter standen die Worte: »Und nun, liebe Taliban, geht und tut eure Pflicht für Pakistan.«

Vor kurzem erst hatten die Kämpfe auch die östlichen Vororte erreicht, so daß man in den Hügeln täglich den Widerhall der Artilleriekämpfe hören konnte. Die Taliban verteidigten erfolgreich die Straßen zur südlichen Grenze und konnten diese Lebensader ins Land nun nach Belieben abdrücken oder gar ganz durchtrennen. Die Lebensmittelpreise waren bereits um das Fünffache gestiegen, Heizöl war ebenfalls rar geworden; das Geld dafür konnte ein durchschnittlicher Haushalt schon längst nicht mehr aufbringen. In dieser Situation kam es zu fieberhaften Verhandlungen zwischen der Regierung und den anderen einstigen Rivalen, die nun die Wachsamkeit vor diesem neuen und rätselhaften Gegner versuchsweise zusammenführte.

Ich hatte den Süden, das Kernland der Taliban, noch nie besucht und fragte mich, ob die Berichte über ihren Radikalismus nicht vielleicht übertrieben waren. Schließlich ist es ein leichtes, ein solches Phänomen außerhalb seines kulturellen Kontextes zu dämonisieren. Ich erkundigte mich bei Tim, ob sie wirklich so rückständig waren, wie diese Geschichten es nahelegten.

»Im Gegenteil«, entgegnete er sarkastisch. »Man könnte sie ohne weiteres als die klügsten Köpfe des vierzehnten Jahrhunderts bezeichnen.«

Inzwischen sprachen alle darüber, ob es den Taliban wohl gelingen würde, Kabul einzunehmen und zu halten. Als wahrscheinlichstes Szenario galt ein Bündnis zwischen der Regierung und den Streitkräften aus dem Norden – obwohl kein Mensch vorhersagen konnte, wie lange ein solcher faustischer Pakt wohl halten würde.

In der Zwischenzeit hatten sich die Machthaber in der Hauptstadt auch außerhalb des Landes nach Hilfe umgesehen: Iran, Indien und – welche Ironie – die ehemaligen Besatzer aus Rußland zeigten sich nur zu gern bereit, sich in den Kampf einzumischen und die Taliban in ihre Schranken zu weisen. Von den wichtigsten Mitspielern wollte offenbar nur Amerika, dessen Einfluß in Pakistan als zentral für die Vermeidung weiteren Blutvergießens gewertet wurde, auf Nummer Sicher gehen. Die Amerikaner hatten sich nach dem Rückzug der Sowjets nicht weiter für Afghanistan interessiert, wodurch sich damals schon weite Teile der afghanischen Bevölkerung im Stich gelassen fühlten. Nun glaubten sich die Afghanen auch von Pakistan verraten, dessen Behauptung, man würde keine der Konfliktparteien bevorzugen, einen immer schaleren Beigeschmack bekam. Unser Zynismus hielt sich jedoch noch in Grenzen, da wir damals nichts von den geheimen Verbindungen der Amerikaner ahnten.

Während sich die Gerüchte über eine bevorstehende Offensive der Taliban verdichteten, wartete die müde, ausgelaugte Stadt und wappnete sich für den Winter. Allerdings war es nicht gelungen, die Belagerer so weit zurückzudrängen, daß ihre Raketen und Artillerie, die mit erschreckender Unberechenbarkeit täglich neue Todesopfer forderten, die Stadt nicht mehr erreichten. Sprengbomben und Granaten schlugen nach wie vor auf Märkten und belebten Straßen ein oder flogen durch Fenster in Häuser, wo sie auf einen Schlag ganze Familien auslöschten. Ohne Vorwarnung verteilten die Geschütze ihre kleinen, tödlichen Ladungen an die schwergeprüften Opfer in der ganzen Stadt. Mir schien dies eine etwas extreme Methode zu sein, um die Bevölkerung für sich zu gewinnen.

Doch Tim meinte: »Eigentlich halten sie sich ja noch zurück.«

Aus den Hügeln hörten wir es in schneller Folge dreimal krachen, wie weitentferntes Türenschlagen. Tim richtete sich in seinem Stuhl auf, sagte in verändertem Ton: »*Das* ist jetzt feindlicher Beschuß«, und stellte sein Glas auf den Tisch.

Instinktiv begann ich zu zählen. Sieben Sekunden lang passierte gar nichts. Dann ertönte ein Geräusch, das sich uns gut einprägen sollte – ein dröhnendes, knirschendes Krachen wie vom Fällen eines riesigen Baumes, das ein versprengtes Echo nach sich zog.

»Das war drüben beim Präsidentenpalast«, sagte Tim und griff nach seiner Tasche. »Raschid, hol das Auto. Dschan – das Tor, bitte.« Und während Craig und ich verwundert zusahen, schossen die anderen hoch wie Feuerwehrmänner beim Schrillen der Alarmglocke. Tim drehte sich an der offenen Autotür zu uns um. »Wollt ihr mitkommen?«

Wir brausten durch die Straßen; Raschid rief den Passanten aus dem Fenster etwas zu, und man wies uns die Richtung der Detonation.

»Wir müssen möglichst schnell dort sein«, erklärte Tim, »sonst bringen sie die Toten weg. Das erspart uns hinterher die Tour durch die Krankenhäuser.«

Doch als wir auf den Bürgersteig holperten und das Auto in der Nähe des Einschlags parkten, sahen wir keine Menschenmenge, nur eine Handvoll lethargischer Zuschauer, die schon lange an den Anblick der wahllosen Angriffe gewöhnt waren. Ein einzelner Mann beugte sich an der Stelle, wo eine der Raketen detoniert war, über einen flachen Krater. Wie durch ein Wunder war der Einschlag auf einem leeren Grundstück in einer ruhigen Straße nahe des Präsidentenpalastes erfolgt.

Gelassen und mit einem Notizbuch in der Hand ging Tim zu den Männern, die in den Schrapnellsplittern herumstocherten, und ließ sich durch seinen Übersetzer bestätigen, daß es keine Verletzten gegeben hatte. Craig marschierte zum Krater und fotografierte ihn. Ich blieb beim Auto. Unter freiem Himmel fühlte ich mich extrem verwundbar und hatte mit der Angst vor einem zweiten Einschlag am gleichen Ort zu kämpfen. Mein Mund wurde ganz trocken, während meine Phantasie Purzelbäume schlug. Durch den Verkehrslärm würden wir doch nie das Donnern weiterer Raketen hören ... Ich sah mich nach einem Graben um, in den ich mich noch im letzten Moment werfen konnte, und hörte meinen flachen Atem. Es war ein Gefühl, als würde man über einen Parkplatz gehen, in dem Bewußtsein, daß irgendwo in einem der Autos eine Bombe tickt.

Doch der Moment ging vorüber. Wir fuhren zurück zum Haus, wo Tim einen Bericht über den Angriff verfaßte. Sein Büro war ein unordentliches Zimmer im oberen Stock mit einem Computer und einem Satellitentelefon, in dem überall Bücher, Papiere und Filmrollen herumlagen. Von hier aus hielt er eine schwache Verbindung zur Außenwelt aufrecht. Uns allen war klar, daß nur wenige Menschen von den Nachrichten, die er verschickte, je erfahren würden, und aus diesem Gefühl der Isolation heraus entwickelte sich eine freundschaftliche Komplizenschaft. Seine Computertastatur klemmte, und er fluchte über den Staub, während er seinen Bericht tippte.

»Warum machst du nicht das Fenster zu?« schlug ich vor.

»Dann kann ich die Raketen nicht mehr hören.«

Er hatte mir das Zimmer nebenan gegeben. Ich trat hinein, um meine Habseligkeiten zu ordnen, und öffnete das Fenster.

Es war ein beunruhigender Beginn für meine Reise. Schließlich war ich nicht gekommen, um mich dem Krieg zu widmen, dessen mörderische Wut sich früher oder später irgendwann erschöpfen würde, sondern um Kultur und Menschen zu erforschen, soweit dies möglich war. »Kultur?« hatte mich die Sekretärin des Botschafters damals in London gefragt. »Was soll denn von der Kultur noch übriggeblieben sein?« Genau das wolle ich ja herausfinden, hatte ich ihr geantwortet. Ich war davon überzeugt, daß es mir gelingen würde, jenseits dieses grausamen Konflikts Zeugnisse des alten Afghanistan zu finden, das die ersten Reisenden so bezaubert hatte; Zeugnisse der Heimat eines edlen und ritterlichen Volkes, das die Bedürfnisse des Körpers und der Seele kannte und sich darüber hinaus nach wenig mehr sehnte.

Die Erforschung des Landes gestaltete sich immer noch schwierig. Selbst in der Antarktis traf man weit mehr Touristen als hier. Seit mittlerweile zwanzig Jahren schon war Afghanistan atlantisgleich jenseits des Horizonts des modernen Reisenden versunken.

Darin lag eine gewisse Ironie. Denn hundert Jahre zuvor, als das Land unbestritten ein weitaus gefährlicheres Reiseziel war, kartographierte eine ganze Schar europäischer Forscher mit der typischen Pedanterie jener Zeit still seine Seen und Gebirgspässe, ohne daß ihre einsamen Entbehrungen durch Daunenjacken und Antibiotika gemildert wurden. Mittlerweile jedoch reiste niemand mehr zum Vergnügen in dieses Land. Vielleicht hat sich ja dank der allgemein verbreiteten Überzeugung, es gäbe keine weißen Flecken mehr auf der Weltkarte, eine Unbeständigkeit ins moderne Reisen eingeschlichen, die den Entdeckerdrang hemmt. Vielleicht bleibt deshalb das Fenster, durch das man einen Blick auf weitentfernte Orte erhascht, so schmal wie bisher, obwohl man heute viel größeren Zugang zu Informationen hat.

Ich hatte die jüngsten Nachrichten aus Afghanistan verfolgt; sie zeichneten kaum mehr als das Bild eines zerstörten und anarchischen Ortes, der von fanatischen Kriegsherren verwüstet worden war. Selten wurden solche Eindrücke durch Einblicke ins Alltagsleben relativiert. Doch selbst wenn Nachrichten faktisch richtig sind, können sie doch verzerrt wirken; schließlich sind sie ein Produkt der Art und Weise, wie sie zusammengetragen werden. Länder im Kriegszustand werden von Korrespondenten beschrieben, die an gefährlichen Orten dazu neigen, sich wie Herdentiere zu verhalten und gehäuft über Einzelereignisse zu berichten. In Kabul bitten Fernsehteams auf der Durchreise ausnahmslos darum, in die am schlimmsten getroffenen Gebiete der Stadt gebracht zu werden; ein Journalist schrieb einmal sogar, Kabul sei »zu neunzig Prozent zerstört«.

Der Krieg hat eine faszinierende Seite, von der die weniger spektakulären Nachrichten allzuleicht verdrängt werden. Kriege sind denn auch berüchtigt dafür, daß sie sich nur schwer korrekt vermitteln lassen. Kämpfe flackern auf und legen sich wieder; vor allem moderne Konflikte können sich als widerspenstig und launenhaft erweisen, gelenkt von ihrer eigenen, unvorhersehbaren Logik. Zentrale Gefechte werden unversehens über Nacht ausgetragen und anschließend einfach vom Erdboden verschluckt. Selbst ein sogenanntes Kriegsgebiet muß daher nicht unbedingt ein gefährlicher Ort sein; nur selten ist ein Krieg so allumfassend, wie die Mehrzahl der Berichte darüber es nahelegt. Länder und Kulturen kommen in Zeiten des Konflikts nicht einfach zum Stillstand; es gibt Momente des Granatbeschusses, aber es gibt auch Momente der Ruhe dazwischen.

Der Erforschung des Landes stellte sich aber darüber hinaus ein noch größeres Hindernis in den Weg: Afghanistan als solches existierte eigentlich nicht. Vielmehr war es ein Juwel, in dem sich das Licht in einem Spektrum brach, welches so breit oder so eng war wie der Blick des Betrachters selbst. Sogar in Friedenszeiten war Afghanistan nur für ein kurzes Kapitel in der modernen Geschichte für Fremde zugänglich gewesen, und zwar von den sechziger Jahren bis zum Desaster der sowjetischen Besatzung. Auf Außenstehende hatte das Land daher lange Zeit eher wie ein Märchenschauplatz gewirkt denn als ein realer Ort; es hatte nie eine homogene Einheit dargestellt, sondern bildete historisch gesehen ein kaum mögliches Gemenge aus Rassen und Kulturen, jede mit ihrem eigenen Schatz an Sitten, Sprachen und Weltvorstellungen, eigenen Heiligen, Helden und Geächteten – ein Land also, das sich unmöglich als Ganzes begreifen ließ.

Für die Generation der sandalenbewehrten Wanderer in Batikhemden, die damals die Vorhut der Reisenden bildeten, war Afghanistan der abgelegenste Ort der Erde, ein spottbilliges Reiseziel ohne Reglementierungen, in dem man sich mit Hilfe eines unerschöpflichen Vorrats des reinsten Haschischs und Opiums der Welt berauschen konnte – für immer, wenn man das wollte –, ohne daß es jemanden zu stören schien.

Archäologen bot das Land ebenso eindrucksvolle Möglichkeiten: Ganz Afghanistan war eine unerforschte Schatzkammer. Zerstörte griechische Städte wurden entdeckt, weit jenseits der zuvor vermuteten Grenze der hellenistischen Welt, und man grub Tausende von kostbaren, bunt durcheinandergewürfelten Artefakten aus, die ehemals abwegige Verbindungen und Kontakte zwischen verschiedenen Kulturen plötzlich nahelegten. Das Land blickte auf eine einzigartige Geschichte zurück. Griechische, persische, indische und zentralasiatische Gottheiten hatten hier ihre Anhänger gefunden, und selbst noch die prähistorischen Werkzeugmacher Afghanistans wurden als wahre Michelangelos der Steinzeit gepriesen.

Vor der rauhen und wunderschönen Kulisse dieses Landes verfolgten Historiker die einzelnen Stationen der antiken Reichsgründer und derjenigen, die diese Imperien wieder zerstörten, während die Philologen über die Fülle an geheimnisvollen Sprachen und Dialekten staunten, von denen viele bis heute noch nicht entschlüsselt sind.

Auch Ratsuchende, egal, ob ernsthafter oder naiver Natur, erforschten die Lehren der Sufi-Mystiker oder ihrer Nachahmer. Afghanistan war das geistige Herz Asiens, ein historischer Knotenpunkt, an dem die verschiedenen Ströme mystischen Wissens zusammenliefen – gleichgültig, ob sie dem Buddhismus, Islam, Zoroastrismus oder Schamanismus entstammten. Das Land hatte einen jenseitigen Charakter, der sich in der wohltuenden Anarchie des Lebens dort widerspiegelte, in der mittelalterlichen Höflichkeit seiner Bewohner und in ihrer verlegenen, aber ungekünstelten Reserviertheit gegenüber der modernen Welt. Die Landschaft wirkte urgeschichtlich und ungezähmt und wie erleuchtet von einem reinigenden Licht – eine Welt, die dem Lauf der Zeit entwischt war.

Getreu seiner unruhigen Vergangenheit blieb Afghanistan ein Spielball äußerer Kräfte. Der Freiheitsliebe seiner Bevölkerung zum Trotz wurde das Land in den fünfziger Jahren eine Schachfigur im Kalten Krieg und wurde von den Supermächten hofiert. Die Sowjets, deren Republik im Norden auf einer Länge von 1600 Kilometern an Afghanistan angrenzte, wünschten sich einen loyalen Verbündeten in ihrer stetig größer werdenden kommunistischen Einflußsphäre und umwarben Afghanistan mit Rohstofflieferungen zu Wechselkursen, die sich kein kapitalistisches Land leisten konnte. Amerika dagegen plante Basen zum Auftanken seiner mit atomaren Langstreckenraketen bestückten

Kampfjets und finanzierte im Gegenzug umfangreiche Hilfsprojekte. Während die Sowjets Fabriken und Brücken im Norden bauten, errichteten die Amerikaner im Süden Flughäfen und Staudämme.

Nach altehrwürdiger Sitte spielten die Afghanen mit beiden Seiten: Ein riesiger Weizensilo in Kabul, ein Symbol der sowjetischen Freundschaft, war mit amerikanischem Weizen gefüllt, und auf den Straßen, die man mit Zement aus sowjetischen Fabriken gebaut hatte, fuhren amerikanische Autos.

Unter der konstitutionellen Monarchie von König Sahir Schah unternahm man einige vielversprechende Experimente mit der Demokratie, doch sein eigener Cousin und Schwager war unzufrieden mit dem langsamen Tempo der Veränderungen und stürzte ihn, um 1973 die Republik Afghanistan zu errichten. Aber wie ein Fluß, der die Grundfesten einer alten Stadt unterspült, war bereits eine neue Kraft emsig am Werk. Sie brachte eine mittlerweile längst überholte Ideologie mit sich, die sich unauffällig unter einer kleinen, aber ehrgeizigen Gruppe städtischer Politiker ausbreitete, die nach Veränderung und Macht gierten.

Von ihren nördlichen Nachbarn ermutigt, putschten sich ihre Anführer 1978 blutig an die Regierung und riefen eine neue Demokratische Republik aus, wobei sie beteuerten, sich nicht der Kontrolle der sowjetischen Mentoren beugen zu wollen. Viele Einwohner Kabuls begrüßten zunächst den Niedergang des alten, autoritären Regierungssystems und das Ende der Herrschaft der Mohammadsai. Doch die Begeisterung verflog schnell.

Die neuen Machthaber des Landes sprachen die überhebliche und ungewohnte Sprache der Revolution, und ihre ungestümen Reformen kamen für die zutiefst traditionell denkende Bevölkerung viel zu schnell. Die neue rote Landesflagge wirkte wie eine drohende Prophezeiung des bald darauf einsetzenden Blutvergießens. Und auch die rüden Strategien von Parteianhängern aus den Städten, die aufs Land gingen, um dort die Traditionen zu bekämpfen, zeigten fatale Folgen, während die Regierung der verbreiteten Aufsässigkeit unter der ländlichen Bevölkerung mit brutaler Gewalt begegnete. In Kabul wurden Gegner des Regimes entführt und exekutiert, und die Gefängnisse der Stadt platzten bald aus allen Nähten. Zehntausende Menschen verschwanden spurlos. Die Führungsmitglieder waren untereinander zutiefst zerstritten und begingen Fehler um Fehler, während sich der bewaffnete Widerstand gegen das neue Regime in Windeseile ausbreitete.

Die kränkelnde Staatsmacht blickte hilfesuchend gen Norden. Im Frühjahr 1978 befanden sich rund 350 sowjetische Militärberater im Land; innerhalb eines Jahres wuchs ihre Zahl auf 3000 an. In den afghanischen Ministerien und zentralen Verteidigungs- und Sicherheitsorganisationen tauchten plötzlich sowjetische Mitarbeiter auf. Neue Vorräte an Waffen und Ausrüstung wurden nach Kabul gekarrt, in dem Bemühen, den anwachsenden Widerstand in den ländlichen Gebieten einzudämmen. Monat um Monat verstärkte sich dieses militärische Engagement, während die Opposition immer mehr Zulauf hatte.

Die Sowjets zeigten sich verärgert und zutiefst beunruhigt über die Entwicklung ihres südlichen Satellitenstaats, der immer gefährlicher außer Kontrolle zu geraten drohte. Die Unzuverlässigkeit der Regierung erfüllte sie ebenso mit Sorge wie die wachsende Gefahr einer ausländischen Intervention. So stellten die Sowjets die größte Militärstreitmacht seit dem Zweiten Weltkrieg zusammen und ließen sie unverzüglich gegen Afghanistan marschieren, ohne an das Schicksal früherer Invasoren zu denken. In einer brillanten Nacht-und-Nebel-Aktion wurde Kabul erobert, die afghanische Armee entwaffnet und der ungehorsame (und im Geiste Amerikas erzogene) Präsident ermordet. Dann holte man rasch einen ehemaligen afghanischen Minister aus seinem osteuropäischen Exil in die bestürzte Hauptstadt und setzte ihn als neues Staatsoberhaupt ein. Das war Weihnachten 1979. Doch das neue Jahr läutete nicht wie versprochen den Beginn einer neuen Ära sowjetisch-afghanischer Freundschaft ein, sondern die Tragödie eines zehn Jahre währenden Krieges. Es sollte der letzte Krieg des sowjetischen Großreichs werden.

Afghanistan wurde durch die zunehmend brutaler und raffinierter agierende Besatzungsmacht rasch von allen Einflüssen von außerhalb isoliert. Bereits vom ersten Tag an sahen sich die Sowjets jedoch von einer Widerstandsbewegung bedrängt, die eine völlig unerwartete Entschlossenheit an den Tag legte. 1980 verkündete der Führer des militärischen Geheimdienstes der Sowjetunion »die endgültige und unwiderrufliche Niederlage der konterrevolutionären Banditen«. Sowjetische Zeitungen berichteten, wie herzlich die sowjetischen Soldaten von der notleidenden Bevölkerung empfangen würden und wie ehrbar diese internationale Mission ihrer Armee sei. Es folgten trotzdem noch neun Jahre Krieg, in dessen Verlauf sich fünf Millionen Menschen in ein elendes Exil jenseits der Grenzen des Landes flüchten mußten. Während es für die Afghanen ein Befreiungskrieg war, bot sich den Feinden des Kommunismus eine einmalige Gelegenheit: Enorme Waffenmengen, finanziert mit amerikanischen, nahöstlichen, europäischen und chinesischen Geldern, flossen über ein weitverzweigtes Netz von Widerstandsgruppen heimlich ins Land. CIA-Mitarbeiter schworen, »bis zum letzten Afghanen gegen die Sowjets zu kämpfen«, und in so weit voneinander entfernten Ländern wie China und Schottland wurden afghanische Guerillateams von ausländischen Ausbildern gedrillt. 1989 konnte die Invasion schließlich zurückgedrängt werden, nachdem sie mindestens 50000 sowjetischen Soldaten das Leben gekostet hatte.

Als die afghanischen Kommunisten, von der auseinanderbrechenden Sowjetunion im Stich gelassen, drei Jahre später aus der Regierung verjagt wurden, waren mindestens zwei Millionen Menschen umgekommen. Die Amerikaner rollten ihre Landkarten zusammen und ließen die Afghanen den Rest unter sich ausmachen. Das Land lag in Schutt und Asche, während seine neue Regierung sich in einer Hauptstadt, die von rivalisierenden Machtanwärtern zerfleischt wurde, an die Herrschaft klammerte.

Ich hatte Afghanistan während der sowjetischen Besatzung zum ersten Mal erlebt. Mit neunzehn faszinierte mich die rauhe und atemberaubende Schönheit des Landes ebenso wie die verblüffende Zähigkeit seines Volks. Allerdings war es mir unmöglich, in den freundlichen Menschen, die mir in ihren Häusern Unterschlupf gewährten, jene gewalttätigen, drogenbenebelten Söldner wiederzuerkennen, gegen die die Sowjets angeblich kämpften. Ich erlebte sie vielmehr als beherrschte und würdevolle Männer, deren ausgeprägter Freiheitsdrang sich weder in Fanatismus äußerte noch in jener furchtlosen Kampfeslust, die man ihnen allgemein nachsagte. Sie schienen eher von einer stillen und bitteren Ungläubigkeit angesichts des Hochmuts der russischen Eindringlinge erfüllt. Dic Mudschaheddin waren ganz normale Afghanen: Bauern, Geschäftsleute, Händler, Universitätsdozenten, Hirten oder desertierte Soldaten, reich oder arm, gebildet oder Analphabeten. Der Name bedeutete ursprünglich »jene, die kämpfen«, wurde in den westlichen Medien aber ausnahmslos und irreführend mit »heilige Krieger« übersetzt.

Von diesem langen und erbittert geführten Krieg ahnte die russische Öffentlichkeit zunächst nichts. Der Konflikt in Afghanistan wurde als Kreuzzug gegen eine drohende ausländische Intervention dargestellt. Man verbreitete Bilder von lächelnden Soldaten, wie sie mit freundlichen Dorfbewohnern Bäume pflanzten oder der Eröffnung einer Schule beiwohnten. Das »begrenzte Kontingent« von 100000 sowjetischen Soldaten erfüllte angeblich lediglich seine »völkerrechtliche Pflicht« in Afghanistan, indem es das Land vor britischen, chinesischen und amerikanischen Söldnern schützte. Doch die Leichen der neunzehnjährigen Wehrpflichtigen wurden in versiegelten Särgen zurück in die Heimat gebracht, und ihre Grabsteine schwiegen sich über die Ursache ihres Todes aus.

Auch andere Teile der Welt erreichten nur lückenhafte Nachrichten über den Krieg; für die Mehrheit der Journalisten war das Land einfach zu gefährlich. Die Sowjets hatten einen Preis auf die Köpfe von Ausländern ausgesetzt, die mit Hilfe der Mudschaheddin nach Afghanistan einreisten. Selbst die Hauptstadt hatte man vor fremden Blicken abgeriegelt. Eine Geheimpolizei unter sowjetischer Führung rekrutierte Kinder, um sie in Mudschaheddin-Gruppen einzuschleusen und über die Anwesenheit von Ausländern informiert zu werden. Wer illegal einreiste, ging ein großes Risiko ein. Etwa dreißig Ausländer, die über den Krieg berichten wollten, wurden getötet, weitere wurden festgenommen und zu langen Haftstrafen in den berüchtigten Kabuler Gefängnissen verurteilt. Es handelte sich bei ihnen fast ausnahmslos um junge freie Journalisten, die hofften, sich in diesem Konflikt, über den nur wenige »alte Hasen« zu berichten wagten, ihre Sporen zu verdienen.

Ich war in den letzten Tagen einer Ära nach Afghanistan gekommen, die Außenstehende manchmal auch als das »goldene Zeitalter« des Krieges bezeichneten. Die Afghanen waren zwar mittlerweile durch den Konflikt verroht, zeigten sich aber immer noch überzeugt von ihrem Sieg. Sie feierten die unglaublichsten Helden in ihrem Kampf, darunter auch Frauen und Kinder, und zogen nach wie vor mit spitzbübischem Trotz ins Gefecht. Selbst ihre militärische Hierarchie war von einer wohltuenden Anarchie durchdrungen. Dagegen hatten sie kaum Interesse an den blutigen Streitereien der Politiker in der Hauptstadt oder der Rhetorik ihrer sogenannten Vertreter im Ausland. Für einen Krieg des zwanzigsten Jahrhunderts waren sie mitleiderregend schlecht ausgerüstet und ausgebildet, so daß ihre Situation hoffnungslos schien. Doch ihre fast schon bedingungslose Begeisterung für den Widerstand im Angesicht der furchteinflößenden Feuerkraft ihres Feindes wird jenen, die dies einmal miterleben konnten, unvergeßlich bleiben.

Für einen ehrgeizigen, mutigen Kriegskorrespondenten

war Afghanistan vermutlich das romantischste Reiseziel der Welt. Doch wenn man mit den Mudschaheddin einmal den Nervenkitzel und den Schrecken ihres Lebens geteilt und aus erster Hand die Zerstörungen und die offenkundige Not der Bevölkerung miterlebt hatte, wußte man nicht mehr, was schwerer zu ertragen war: die Gefahren und Entbehrungen des Krieges oder die allgemeine Gleichgültigkeit gegenüber dieser Situation im Ausland. Ich gehörte zu den vielen Außenstehenden, bei denen das Land während jener Jahre einen unauslöschlichen Eindruck hinterlassen hatte. Wir alle blieben mit dem Gefühl zurück, an einer heroischen und geheimen Schlacht teilgenommen zu haben, an der die restliche Welt ein unbegreifliches Desinteresse zeigte. In Afghanistan spielte sich eine gewaltige Tragödie ab, über die praktisch nicht berichtet wurde. Nach meiner Heimkehr vergrub ich mich aus diesem Grund in meine ganz persönlichen Trauer und kehrte zweimal wieder zurück, wenn der Abstand zu groß zu werden drohte.

Die Zeiten hatten sich jedoch geändert; im gleichen Maß, wie die Bedrohung durch eine brutale fremde Besatzungsmacht schwand, verlor der Konflikt seine Faszination und moralische Klarheit von einst. Verschwunden war auch die heroische Sicherheit der Mudschaheddin. Der Dschihad endete, als die Sowjetunion 1989 ihre demoralisierte Armee abzog und ein zerstörtes Land sowie eine Unzahl Tote zurückließ. Die etwas abgelegeneren Stützpunkte der Kommunisten fielen wie Dominosteine, und der Krieg verlagerte sich in die Städte – vor allem nach Kabul, wo sich die Kommunisten hartnäckig noch weitere drei Jahre behaupteten und dadurch alle Hoffnungen auf einen raschen Frieden zunichte machten.

Nachdem die Stadt den zehn Jahre dauernden Konflikt relativ unbeschadet überstanden hatte, standen ihr nun größere Prüfungen bevor. Als Wahrzeichen der Rechtmäßigkeit der Regierung wurde Kabul nach der Flucht der Kommunisten im Jahr 1992 von rivalisierenden Mudschaheddin-

Gruppen heftig umkämpft. Die Stadt war zunächst von Masuds Streitkräften erobert worden, jenem gefeierten Befehlshaber, dessen Soldaten im Pandschir-Tal zehn große Offensiven der Sowjets abgewehrt hatten. Doch nun kämpfte auch der berüchtigte Gulbuddin Hekmatjar um die Stadt – Masuds Erzrivale, dessen Truppen den südlichen Abschnitt des Landes kontrollierten und der mit seinen Raketen ganze Stadtteile in Schutt und Asche legte –, ebenso wie Raschid Dostum, ein ehemaliger General unter den Sowjets, der einen eigenen Miniaturstaat im Norden errichtet hatte. Dazu gesellte sich eine mächtige schiitische Mudschaheddin-Streitmacht aus dem Landesinneren, und nun mischten sich auch noch die Taliban in die Kämpfe ein.

Daß die Stadt all dies überhaupt überlebt hatte, war ein reines Wunder.

Es war unser erster Tag in Kabul, und trotz der bekannten Gefahren konnten wir es kaum erwarten, auf Erkundung zu gehen. Wir wollten ein Gefühl für die Stadt bekommen und uns, soweit dies möglich war, einen Eindruck von der Bevölkerung verschaffen. Um uns aufzumuntern, rissen Craig und ich über die lauernden Gefahren Witze und machten uns, innerlich auf alles gefaßt, auf den Weg zum Stadtzentrum nahe beim Fluß, den zu überqueren man uns abgeraten hatte.

Im milden Licht der Nachmittagssonne erschien uns diese Warnung unnötig streng. Bald passierten wir die imposanten und aufgrund ihrer europäischen Anmutung ein wenig deplaziert wirkenden Ministerien mit ihren einst äußerst gepflegten Gärten: Relikte einer glücklicheren Zeit. Französische und deutsche Architekten hatten in den zwanziger Jahren zahlreiche offizielle Gebäude der Stadt entworfen. Der prunkvolle neoklassizistische Bau der britischen Botschaft beispielsweise hatte zu den luxuriösesten Vertretungen des Empire gezählt. Wir sahen am anderen Ende eines gelben Rasens ein weiteres Ministerialgebäude, das einem Rathaus an der Côte d'Azur ähnelte, und ein anderes, das an einen bayerischen Gutshof erinnerte.

In einer der langen Straßen der »Neustadt« in der Nähe des Präsidentenpalastes kamen wir an einem robusten Metalltor vorbei, das von Schrapnelleinschlägen durchsiebt war und oben durch Stacheldraht geschützt wurde. Durch einen Spalt erspähten wir ein verlassenes Gebäude in einem überwucherten Garten – es war die amerikanische Botschaft. Die chinesische Botschaft befand sich nur eine Straße weiter und sah nicht viel besser aus.

Wir passierten eine Kreuzung, auf der ein Verkehrspolizist in einer abenteuerlichen Uniform die Lastwagen zwischen Absperrungen hindurchlotste, die aus bemalten Artilleriehülsen bestanden. Er winkte uns grinsend zu und verursachte dabei fast einen Unfall.

Bald hatten wir eine der lebhaftesten Gegenden Kabuls erreicht, nahe beim Fluß. Die Gebäude hier sahen etwas bescheidener aus, wie in einer Provinzstadt aus den sechziger Jahren. Sie waren jahrelang vernachlässigt worden und vermittelten nun durch ihr heruntergekommenes Aussehen den Eindruck, als hätte man sie erst kürzlich ausgegraben. Eine Ausnahme bildete das zementfarbene Postamt, das einzige höhere Gebäude der Stadt; mit seinen fünfzehn Stockwerken ähnelte es einer kleineren Ausgabe der Kaserne von Knightsbridge. Es war ebenfalls von Raketenangriffen getroffen worden, und nun hingen aus den Löchern in der Fassade große Zementbrocken an metallenen Sehnen herunter wie abgetrenntes Fleisch.

Vor dem Gebäude wurden die Straßen von offenen Märkten gesäumt – ein wahres Meer aus Handkarren und vollgestopften Verkaufsbuden. Wir schlenderten durch die Menge, begeistert von so viel Leben und Betriebsamkeit an einem Ort, den wir völlig verlassen geglaubt hatten.

Dennoch war dies eine Hauptstadt ohne Strom, fließendes Wasser oder jene üblichen Annehmlichkeiten, die anderswo so lebenswichtig schienen. Es gab keine Wolkenkratzer oder quietschenden Züge, keine U-Bahnen oder

Aufzüge, keine Ampeln oder Verkehrsstaus, Parkuhren, Anzeigetafeln, Reklamebanner oder sonstige Werbung. Auf uns wirkte dies seltsam aufmunternd. Man hatte den Eindruck, sämtliche Errungenschaften der westlichen Moderne seien zu Belanglosigkeiten reduziert, ohne daß der Alltag dadurch im mindesten gestört würde.

Uns durchströmte plötzlich die Erkenntnis, daß selbst in einem Land, das sich im Krieg befindet, das Leben weitergeht. Die Menschen kauften nach wie vor ein, bepflanzten ihre Gärten, sammelten Feuerholz, ließen Drachen steigen, schickten ihre Kinder in die Schule und führten ihre Geschäfte. Das gesamte Spektrum menschlichen Strebens kämpfte um seinen legitimen Fortbestand, selbst wenn die Fenster beim Einschlag der Granaten klirrten.

Es gab nichts, was das Auge langweilen konnte, kein Einerlei an Formen und Farben, das die Sinne abstumpfen ließ. Jedes Gesicht sah anders aus. Uns begegneten nirgends jene leeren Blicke, die man von den Straßen »normaler« Städte so gut kennt, keine neurotischen Simulanten, keine Spur von den Heimsuchungen urbaner Trägheit. Craig trug Jeans und fotografierte, und ich hielt insgeheim Ausschau nach möglichen Anzeichen des Unmuts über dieses doppelt fremdartige Gebaren. Schließlich war Kabul von einem jahrelangen Krieg traumatisiert und an Besucher nicht gewöhnt. Wir erregten tatsächlich viel Aufmerksamkeit, doch sie wirkte niemals feindselig.

Männer schritten zielsicher in alle Richtungen, tatkräftig und wachsam, in eine verwirrende Vielfalt von Kleidungsstücken gehüllt. Auch Frauen gingen durch die Straßen – noch ein Anblick, den wir nicht erwartet hatten, so gewöhnt waren wir an die Bilder von ängstlichen, von Kopf bis Fuß verschleierten Kreaturen, die im Schatten der Häuser umherhuschten. Auf den westlichen Betrachter wirkten diese Frauen sehr sittsam gekleidet, doch viele von ihnen trugen Schuhe mit hohen Absätzen und ziemlich durchsichtige Kopftücher. Sie waren groß und schlank, mit ernsten Augen, und – nicht zu übersehen, trotz des leichten

Anflugs von schlechtem Gewissen, wenn man sie ansah – häufig sehr schön.

Überall spürte man eine ansteckende Lebensfreude, die auch uns mit einem Glücksgefühl erfüllte. Der Geräuschpegel des Treibens um uns herum wiegte uns in Sicherheit, auch wenn es nur eine trügerische Behaglichkeit war, weil der Straßenlärm die Geräusche der feindlichen Artillerie übertönte. Ermutigt überquerten wir also den Fluß auf der Pul-i Chischti-Brücke beim Basar der Geldwechsler am Südufer und wanderten noch ein Stückchen weiter, obwohl man uns davor gewarnt hatte.

Ich hoffte die Straße der Teppichhändler zu finden. Mit einer leichten Übelkeit im Bauch erkannte ich schließlich, daß dort, wo sich der Teppichmarkt einst befunden hatte, eine Lücke klaffte – der Markt existierte nicht mehr. Wir marschierten weiter, weil wir glaubten, wir hätten uns vielleicht im Ort geirrt, während sich hinter uns eine kleine Schar lächelnder Kinder versammelte, die sich gegenseitig dazu anstachelten, sich uns zu nähern. Dann kamen wir an eine lange Straße, die von Osten nach Westen führte, die Dschade-ji Maiwand.

Vor etwas mehr als hundert Jahren hatten britische Truppen auf einer brennenden Ebene, nicht weit von der Stadt Kandahar entfernt, eine der verheerendsten Niederlagen in der Geschichte des Empire erlitten. Tausend Männer und zweihundert Pferde wurden von afghanischen Stammesangehörigen getötet, die der Legende nach eine paschtunische Heldin namens Malalai angeführt hatte. Sie hatte ihren Schleier als Kriegsstandarte benutzt und jene mit Schimpf und Schande überzogen, die Angst vor dem Sterben zeigten. Die Straße war nach dem Ort der Schlacht Maiwand genannt worden und bis vor kurzem eine der lebhaftesten Einkaufsstraßen der Stadt gewesen. Doch als wir nun um die Ecke bogen, bot sich uns ein Bild der Zerstörung.

Wie sich später herausstellte, wollten sämtliche Fotografen und Kamerateams stets hierhergeführt werden; im Ausland standen daher häufig Bilder von dieser Straße für

Kabul. Der Anblick erinnerte an Hiroshima nach dem Abwurf der Atombombe: Nicht ein einziges Gebäude war stehen geblieben. Wir hatten zwar beide schon davon gehört, aber diese Zerstörung leibhaftig vor Augen zu haben war doch etwas anderes.

Mittlerweile war es schon spät am Nachmittag. Die Sonne schickte lange, schräge Lanzen goldenen Lichts durch die Türöffnungen, die nutzlos in den Reihen eingestürzter Mauerreste klafften. Wir gingen schweigend und wie betäubt weiter, während die Verwüstung um uns herum immer schlimmer wurde, vorbei an einem Gebäude, das einst ein Kino gewesen war und vor dem das verkohlte Gerippe eines zerstörten Panzers in einem bizarren Winkel an einem Haufen Schutt lehnte. Ein paar Männer zogen Karren hinter sich her, vollgepackt mit kostbarem Feuerholz oder mitleiderregend hoch gestapelten Säcken, und bewegten ein Gewicht, für das man normalerweise ein Zugtier benötigte. Entlang der knapp einen Kilometer langen Straße waren die Skelette der einstigen Häuser und Läden aufgereiht; jeder Zentimeter ihrer Oberfläche war von den Einschlägen der Kugeln und Schrapnellgeschosse durchsiebt. Nicht einmal die schmalen metallenen Telefonmasten waren der Zerstörung entgangen: Sie waren verbogen, abgebrochen, durchlöchert, und ihre durchtrennten Kabel schaukelten sanft im Wind. Dahinter befanden sich einstmals ausgedehnte Straßenzüge, die sich in schlammiges Ödland verwandelt hatten; scharfkantige Ziegelsäulen ragten nun daraus empor wie Algen vom Grund eines vergifteten Sees. Zwischen den Ruinen rannten Kinder auf gewundenen Trampelpfaden herbei und begrüßten uns mit Lachsalven; wir fühlten uns beide seltsam bedrückt durch ihre Fröhlichkeit.

Ein kalter Wind kam auf und trieb den Staub die Straße entlang, und wie Tiere, die sich zu weit von ihrem Bau entfernt haben, wußten wir instinktiv, daß man sich hier nach Sonnenuntergang besser nicht aufhalten sollte. Ein Gefühl von Gesetzlosigkeit lag in der Luft. Die Schatten wurden dichter, während das goldene Licht allmählich schwand; schließlich entfloh der Schein nach oben und zog sich erst von der Stadt und dann auch von den Bergen dahinter zurück.

In einer dunklen Türöffnung erblickten wir einen einbeinigen Mann, der sich bei unserem Anblick auf seine Krücken stemmte. Er war noch jung, etwa dreißig, mit einem schwarzen Vollbart, und winkte uns mit einer fast schon unheimlichen Munterkeit herbei, um uns zu einem Glas Tee einzuladen.

Wir folgten ihm in einen halbzerstörten Raum hinter Haufen zusammengefallener Ziegelwände. Darin kauerten drei arme Seelen um eine süß duftende Wasserpfeife. Der betäubende Rauch hatte sich über den ganzen Raum gelegt; die Männer wurden von einem quälenden Husten geplagt, erhoben sich aber dennoch, und wir begrüßten sie mit der üblichen Umarmung. Wir tauschten die traditionellen afghanischen Höflichkeiten aus, die noch fremd in unseren Ohren klangen, wie die Sprache eines anderen Zeitalters.

»Friede sei mit euch, Brüder«, sagte ich.

»Und mit euch. Willkommen.«

»Ich danke euch. Geht es euch gut?« Es war ganz offensichtlich, daß sie völlig mittellos waren.

»Gott sei gedankt, es geht uns gut. Und ihr – ist eure Seele glücklich?«

»Wir sind glücklich. Und ihr?«

»*Fasl-i chuda*. Durch Gottes Gnade. Bitte setzt euch und seid unsere Gäste.«

Wir hätten niemals erwartet, daß in diesen Ruinen Menschen lebten. Doch irgendwie gelang es ihnen selbst hier, sich unter unvorstellbaren Schwierigkeiten durchzuschlagen. Der Einbeinige nahm seinen Umhang ab und breitete ihn, auf einem Bein balancierend, auf dem staubigen Boden aus, damit wir uns darauf setzen konnten.

»Setzt euch und macht es euch bequem.«

Er verschwand und kehrte kurz darauf wieder zurück,

um uns aus einem schwarz angelaufenen Kessel Tee einzuschenken, während er uns die ganze Zeit über freundlich anlächelte. Wir unterhielten uns einige Minuten auf persisch, und er erkundigte sich, woher wir kämen.

»England«, antwortete ich.

»Und ist es dort friedlich?« fragte er. »Oder herrscht dort Krieg, so wie hier?«

Im Hintergrund des Raumes bewegte sich etwas. Aus der Dunkelheit tauchte ein alter Mann mit einem Turban auf und setzte sich neben uns.

»*Inglestan*«, murmelte er, als würde sich das Wort bis in seine Erinnerung vorarbeiten. »*Inglestan*. Die Engländer, ja. Sie sind nach Afghanistan gekommen«, sagte er langsam und starrte uns dabei mit einem Blick an, der an den alten Seemann aus Coleridges Gedicht erinnerte, »und wir haben gegen sie gekämpft. Mann gegen Mann!« Seine Hand schoß unvermittelt in die Höhe und beschrieb einen Bogen, als würde er ein Schwert ziehen. Bei dieser heftigen Bewegung erschraken wir unwillkürlich. Seine Augen blickten ganz irr vor Trauer, und auf seiner Stirn zeigten sich tiefe Falten wie ein Ornament des Elends.

»Nicht wie die Russen! Die wollten uns auch unsere Freiheit nehmen …«

In der Ferne donnerte die Artillerie, und wir zuckten instinktiv zusammen, aber der alte Mann hielt seinen Blick, ohne zu blinzeln, auf uns gerichtet. Er beschrieb mit wachsendem Trotz die Not, die sein Volk erdulden mußte, die Hilflosigkeit der Menschen gegenüber den Raketen und ihre Freiheitsliebe, die niemals sterben würde … Bald schon konnte ich seinen Worten nicht länger folgen, während er mit jedem Schlag seines imaginären Schwerts in immer größere Verzweiflung geriet, bis seine Rede schließlich voll Bitterkeit in einer flehentlichen Bitte gipfelte und dann versiegte, als er auf die Zerstörung jenseits der Türöffnung deutete.

»Seht her!« Seine Stimme verstummte kläglich. »Seht, was sie getan haben. Afghanistan ist zerstört.«

Seine Worte wirkten alles andere als theatralisch; es war offensichtlich, daß er alles verloren hatte. Man konnte wohl eine zerstörte Straße fotografieren, doch nicht diesen zerstörten Menschen.

Mittlerweile war die Sonne untergegangen, und wir wagten es nicht, noch länger zu bleiben.

»Wenn ihr erlaubt ...«

Unser Gastgeber sprang mit erstaunlicher Behendigkeit auf und führte uns zurück zum Eingang dieses trostlosen Raumes. Er bat uns dringlichst, ein anderes Mal wiederzukommen und mit ihm zu essen.

»Wir sind zwar arm, aber ihr sollt unsere Gäste sein«, sagte er mit einem offenen und aufrichtigen Lächeln. Gleichzeitig lag in seinem Blick eine solche Trauer, daß ich es kaum ertragen konnte.

»Wir haben euch Umstände gemacht«, sagte ich.

»Im Gegenteil.«

Meine Augen begegneten den seinen, als wir uns umarmten, und einen Moment lang schwebte eine Brücke zwischen unseren beiden Welten. »Gott schütze dich, Bruder«, sagte er und brachte uns zurück auf die zerstörte Straße.

»Er möge auch euch beschützen.«

Wir marschierten los, zugleich erleichtert und erschüttert über die Intensität dieser Begegnung. Doch wenn ich nach vorn schaute, sah ich immer nur die traurigen Augen des Mannes vor mir.

Afghanistan bedeutet einfach »das Land der Afghanen«, obwohl die wahre Identität und Herkunft der afghanischen Bevölkerung selbst nach wie vor ungeklärt ist. Bevor das Wort »Afghane« sich als Bezeichnung für diejenigen einbürgerte, die innerhalb der Grenzen des Landes leben, wurde es von Außenstehenden verwendet, um jene ethnische Gruppe zu beschreiben, die heute grob ein Drittel der Bevölkerung des Landes stellt: die berühmten Paschtunen oder Pathanen. Diese »echten« Afghanen sind schon seit mehreren Jahrhunderten als eigenes Volk bekannt, obwohl sie nur als eine von vielen Volksgruppen auf dem Gebiet des heutigen Aghanistan leben.

Die Legenden der Paschtunen führen ihren Ursprung auf Bani Israel zurück, einen Stamm wandernder Israeliten, die von Nebukadnezar aus Jerusalem vertrieben wurden und im siebten Jahrhundert den islamischen Glauben annahmen, weil sie ihn als verbesserte Erweiterung ihrer eigenen Religion betrachteten. Doch es existiert nur eine Handvoll Hinweise auf das afghanische Volk in schriftlichen Quellen, und auch die Etymologie des Namens trägt nur wenig zur Klärung dieser Frage bei.

Daneben gab es noch zahlreiche andere Völker, aus denen sich das Mosaik der afghanischen Bevölkerung zusammensetzt. Der hellhäutige, blauäugige Bauer aus den abgelegenen Bergen Nuristans und seine auffallend schöne Frau, die einen schwarzen, mit winzigen Kaurimuscheln bestickten Filzhut trägt, betrachten sich ebenso als Afghanen wie der Turkmene von der Grenze im Norden. Ihn sieht man oft mit einem Hut mit langen, gedrehten Wollzöpfen wie bei einem Schafsfell, während seine Frau, deren Augen über den stolzen Wangenknochen leicht schräg gestellt sind, eine kegelförmige Kreation auf dem Kopf trägt, einen halben Meter hoch und mit Silbermünzen und Zöpfen aus Metalldraht geschmückt. Sie sind ebenso Afghanen wie der Behsud-Hasara aus dem zentralen Hochland mit seinem flachen und glattrasierten Gesicht und den schmalen Augen, zwischen denen eine breite Nase sitzt. Dasselbe gilt für den Nursai-Paschtunen aus dem Flachland, dessen Augen wie schwarze Oliven aussehen und von langen lockigen Zöpfen und einem wallenden Bart umrahmt sind.

Innerhalb des Landes änderte sich die Unterscheidung zwischen den Völkern – linguistisch, ethnisch, religiös und den Stamm betreffend – im Laufe der Zeit. Doch jenseits der Grenzen wurden all diese Stämme schon immer unter der Bezeichnung »Afghane« zusammengefaßt, die daher eher eine geistige denn eine ethnische Herkunft benennt.

Die Grenzen des Landes wurden nie richtig definiert, was zum Teil auch die Schuld der Briten war. Afghanistan selbst ist ein relativ neuer Begriff, den das Britische Weltreich aus Bequemlichkeit einführte, und wird seit höchstens hundert Jahren von den Afghanen selbst verwendet. Der afghanische König Abd ur-Rahman, der von 1900 an in Kabul regierte, nannte sein Land Jaghistan, »Land der Rebellen«. Es war der Überrest von dem, was Mitte des achtzehnten Jahrhunderts das größte muslimische Weltreich nach den Osmanen gewesen war, und erstreckte sich von Meschhed im heutigen Iran bis nach Agra (Delhi eingeschlossen) sowie vom Fluß Amudarja bis zum Arabischen Meer – Pundschab, Kaschmir, Belutschistan und Sind standen allesamt unter der Herrschaft Kabuls.

Doch zu Beginn des neunzehnten Jahrhunderts hatten sich die Russen im Norden schon große Gebiete davon einverleibt, während sich die Briten mit einem ähnlichen Heißhunger über den Süden hermachten – bis sich die beiden Weltreiche schließlich um den Hindukusch zankten wie um einen alten Knochen. Es stand viel auf dem Spiel, und so wurden die russischen wie auch die britischen Streitkräfte mobilisiert. In einem bitteren imperialen Patt und bezeichnenderweise ohne Rücksicht auf die schon lange bestehende Logik der ethnischen und linguistischen Grenzen machten sich die anglo-russischen Kommissionen in London und Moskau ans Werk und zogen Grenzen, die bis auf den heutigen Tag Bestand haben.

Davor – vor diesen verhaßten und umstrittenen Grenzen, die gelegentlich mitten durch einzelne Dörfer verliefen und die traditionellen Migrationsmuster der Völker verletzten – hatten die Afghanen ihr Land in drei oder vier verschiedene Provinzen unterteilt. Südlich des gewaltigen Hindukusch-Gebirgsmassivs befand sich Kabulistan, das dem heutigen Pakistan entspricht und zu dem auch die Hauptstadt und das Gebiet bis hin zum Indus gehörten. Die Gebiete weiter im Süden und Westen entlang der Grenze zum Iran nannte man Sabulistan oder Chorasan. Turkestan war die Bezeichnung für die Gegend östlich der Stadt Herat, zusammen mit den nördlichen Ausläufern des Hindukusch und der Ebene, die sich vom Fuß des Gebirges bis zum Amudarja an der Grenze zu Rußland erstreckt. Bis zum Zweiten Weltkrieg waren diese alten Namen noch allgemein gebräuchlich; ja, sie hallen bis in die Gegenwart hinein nach, zusammen mit den zahlreichen Problemen, die mit ihnen verknüpft sind.

Dieses kriegerische Tauziehen zwischen Rußland und England war nicht das erste seiner Art, und so entwickelte sich Afghanistan über die Jahre hinweg zu dem, was es heute ist: einem Flickenteppich aus ethnischen Gruppen und Stammesgebieten, verstrickt in ein Netz der Geschichte, dessen Fäden sich in alle Richtungen ziehen.

Kein anderes Gebiet war in der Vergangenheit so umfassend zerteilt worden, und kein anderes auf der Welt entwickelte sich zu einem derartig komplexen Schmelztiegel der Kulturen. Slawisches, indisches, persisches, türkisches, arabisches, zentralasiatisches und europäisches Blut wurde großzügig auf afghanischer Erde vergossen und vermischte sich dort, und so hinterließen zahlreiche Kulturen – hochentwickelte wie auch barbarische – hier ihre Spuren.

Immer wieder kam es in den Tälern und auf den Pässen des Landes zu heftigen Auseinandersetzungen, die manchmal in einem harmonischen Miteinander endeten, während ein anderes Mal wiederum die Völker durch solche Kriege in kaum zugängliche Berggegenden versprengt wurden. Über Generationen der Völkerwanderung und Rassenmischung hinweg verwoben sich die alten und neuen Stämme zu einem komplexen Teppich aus Kleinstländern. Zwanzig Sprachen aus vier großen Sprachgruppen und eine Vielzahl an Nebendialekten sind darunter vertreten; viele von ihnen wußten lange nicht von der Existenz der anderen, obwohl sie alle innerhalb der Grenzen dieses relativ kleinen Landes lebten.

Der Grund dafür liegt in der Geographie des Landes: Das heutige Afghanistan war seit Beginn der schriftlichen Aufzeichnung ein natürlicher Knotenpunkt zwischen der explosiven Vielzahl der fernöstlichen, indischen, zentralasiatischen und persischen Hochkulturen. Der erste überlieferte Name für die Region stammt aus dem sechsten Jahrhundert vor Christus, als Afghanistan zu den östlichen Ländereien des achämenidischen Reiches unter Dareios dem Großen gehörte.

Griechische Autoren wie Eratosthenes, die ihre Werke zwei Jahrhunderte vor Christus verfaßten und ihr Wissen von den Persern bezogen, kannten das Land unter dem Namen Ariana. Obwohl seitdem 2000 ereignisreiche Jahre vergangen sind, spiegelt sich die klassische Einteilung der Region in sieben Provinzen in bemerkenswerter Genauigkeit auch im heutigen Afghanistan wider: Baktrien, dem grob die heutigen Provinzen Balch und Badachschan entsprechen; Margiana, der nordwestliche Teil des Landes um Murghab, heute vertreten durch die Provinzen Badghis und Farjab; Aria, die Gegend um Herat (möglicherweise das Hairawa aus dem *Awesta*, der heiligen Schrift des Zoroastrismus) und das westliche Ende des Paropamisus-Gebirges; Ghandara, das Kabul, Dschalalabad und Peschawar mit einschließt; Sattagydia, das von Ghasni bis zum Indus reicht, und Drangiana und Garosie, die das heutige Belutschistan und Sistan umfassen und sich bis in den Süden erstrecken, zur Heimat der »Ichthyophagen« – der Fischesser – in den Küstengebieten um Makran.

In dieser Hinsicht scheint die Zeit fast stehengeblieben zu sein. Die Namen der europäischen wie einheimischen Stämme, die vor 2500 Jahren von Herodot beschrieben wurden, haben sich hartnäckig gehalten oder waren zumindest nicht dem sonst üblichen Wandel unterworfen. Die heutigen Afridis (die den britischen Truppen so sehr zusetzten) muten wie ein fernes Echo von Herodots Aparytern an, den antiken Bewohnern der siebten Statthalterschaft in der Region um die heutige südöstliche Grenze – ebenso wie die Hytenner zweieinhalb Jahrtausende hinter sich bringen mußten, um zu den heutigen Chugiani zu werden. Daneben finden sich – gleichsam wie Fliegen konserviert im Bernstein der Geschichte – die Thamanaier der Antike in den heutigen Taimani wieder, die Saranger in den Sarangai und die Sattagyden in den Schatak; vielleicht ist ja sogar das Dorf Barakai (68° O, 34° N) mit jenem baktrischen Ort identisch, den Dareios den barakaianischen Sklaven überließ, welche er in den libysch-griechischen Gebieten während seines Ägyptenfeldzugs aufgegriffen hatte …

Ich war über der Lektüre von Louis Duprees umfassendem Werk über Afghanistan eingenickt. Nun war es kalt geworden; es gab keine Heizung. Daher ging ich nach unten in das Zimmer, in dem Dschan einen aus einem alten Ölfaß gefertigten Ofen eingebaut hatte, den er nun tassenweise mit Dieselöl heizte. Tim sichtete einen Stapel gräßlicher Fotos, die er kürzlich bei einem Besuch an der Front geknipst hatte, wobei er die Bilder immer wieder drehte und wendete, um einzelne Körperteile erkennen zu können. Craig kauerte neben dem Ofen und sprach Sätze aus einem Sprachführer, den ich ihm geliehen hatte, vor sich hin.

»*Tschutur hasti*? Wie geht es dir?«

»Es heißt nicht *tschutur*«, verbesserte ich ihn, »es heißt *tschetur*. Die Leute könnten sonst denken, du sagst *schutur*, was soviel heißt wie ›Du bist ein Kamel‹.«

Persisch ist an sich keine schwierige Sprache, aber er hatte doch einige Mühe damit.

»*Bad ast* – es ist schlecht. *Hub ast* – es ist gut.«

»Es heißt nicht *hub*, sondern *chub*. Aber die Afghanen sagen *cho*.«

So vertrieben wir uns die Zeit, bis wir uns auf den Weg zu einer Party in der türkischen Botschaft machten, zu der wir eingeladen waren.

Ab neun Uhr abends herrschte eine strenge Ausgangssperre, aber die Straßen lagen meist schon um acht Uhr leer und verlassen da. Nur Regierungsfahrzeuge und Ausländer waren von dieser Vorschrift ausgenommen. Ausländer nutzten diese ungewöhnliche Freiheit, um so manchen privaten Alkoholausschank in der Stadt aufzusuchen. Der

Preis für derartige Ausflüge war die rituelle Konfrontation mit den nächtlichen Kontrollposten. Diese wurden auf- und abgebaut, je nachdem, wie es die Situation erforderte, und bestanden aus provisorischen Wachhäuschen an großen Straßenkreuzungen, die mit kahlgeschorenen Wehrpflichtigen besetzt waren; ihnen sagte man nicht gerade große geistige Beweglichkeit nach.

Man mußte also in der Dunkelheit des eigenen Gefährts stets auf den lauten Anruf eines Soldaten gefaßt sein, der regelmäßig das Blut in den Adern gefrieren ließ; dem folgte der Anblick eines Maschinengewehrs, das drohend im Scheinwerferlicht vor einem auftauchte und sich auf die Köpfe der Insassen richtete.

Bei Tage hatten wir uns schnell an den Anblick von Gewehren gewöhnt; sie wirkten schon weit weniger bedrohlich auf uns als zu Anfang. Doch geradewegs in einen Gewehrlauf zu blicken war eine andere Sache – vor allem nachts, wenn der Soldat, von dessen Reaktion das eigene Leben abhängt, nur das Licht der Scheinwerfer sehen kann. Ein italienischer Kameramann, den ich flüchtig gekannt hatte, war durch einen Kopfschuß getötet worden, weil sein Fahrer es versäumt hatte, an einem solchen Kontrollposten anzuhalten. Aus diesem Grund hörte niemand nachts Musik in seinem Auto oder fuhr auch nur mit erhöhter Geschwindigkeit. Ich selbst mußte stets gegen den Drang ankämpfen, mich zu ducken, wenn wir uns einer Kreuzung näherten.

Ich hatte einmal eine Geschichte aus dem gewaltigen Arsenal traditioneller Erzählungen über den schusseligen Weisen und Mullah namens Nasruddin gehört. Die Possen des Mullah, die man sich nicht nur in der gesamten islamischen Welt erzählt, schienen oftmals geradewegs dem afghanischen Alltag entsprungen. Die Geschichte, die ich gehört hatte, muß infolge des Krieges entstanden sein, denn hier verbreitet der Mullah seine Weisheiten vor einem modernen Hintergrund: Nasruddin ist Soldat in Kabul und muß eines Abends – es ist Viertel vor neun – die Einhaltung der Ausgangssperre kontrollieren. Einige Meter entfernt sieht er einen Mann die Straße überqueren, und zur großen Überraschung der anderen Soldaten erschießt er diesen Mann.

»Bist du verrückt«, protestieren die anderen. »Die Ausgangssperre beginnt doch erst um neun Uhr.«

»Ach«, erwidert der Mullah mit einem zufriedenen Grinsen. »Ich kannte diesen Mann und wußte, wo er wohnt. Deswegen war mir sofort klar, daß er sein Haus unmöglich vor Beginn der Ausgangssperre erreichen würde. Darum habe ich ihn erschossen.«

Ich tröstete mich, indem ich mich auf eine psychologische und nicht auf die wörtliche Interpretation der Geschichte konzentrierte. Doch sie zog erneut in erschreckender Lebendigkeit durch meinen Kopf, als wir zur türkischen Botschaft aufbrachen und durch die unbeleuchteten Straßen fuhren.

Und tatsächlich vernahmen wir wenige Minuten von unserem Haus entfernt einen langen, hohen Ruf, der wie ein Kampfschrei klang. Ein Soldat mit einem dicken Fellmantel stürmte in den Lichtkegel der Scheinwerfer, entsicherte sein Gewehr und richtete es in einer furchtbar plötzlichen Bewegung auf unsere Köpfe. Tim saß am Steuer; allerdings war es ein geliehenes Auto, und so nestelte er mit seiner freien Hand hektisch am Armaturenbrett herum, während die Scheinwerfer den Soldaten vor uns blendeten.

»Ich kann den verfluchten Abblendschalter nicht finden«, murmelte er. Es war ein denkbar ungünstiger Augenblick für eine solche Nachricht.

Aus der Dunkelheit neben uns tauchte erst eine Kalaschnikow am Fenster auf, dann ein graues Gesicht, dessen Augen plötzlich erleichtert aufleuchteten, als sie die bleichen und ängstlichen Gesichter im Innern des Wagens erblickten.

»*Salam*. Friede.«

»Mit dir auch.«

»Ausländer, ja? Fahren Sie weiter ...«

Ein Arm hob sich. Der Soldat verkündete in einer ohrenbetäubenden Lautstärke, daß alles in Ordnung sei, und das Gewehr vor uns, das nicht eine Sekunde lang von unseren Köpfen gewichen war, wurde wieder über die Schulter des Soldaten geschwungen. Beide, Soldat und Gewehr, verschwanden in der Nacht, und wir atmeten auf.

Wie die meisten offiziellen Gebäude war auch die Botschaft durch eine Mauer zur Straße hin verborgen; wir hämmerten so lange an das Tor, bis ein Wachposten erschien. Das Ganze ähnelte einem mittelalterlichen Ritual. Im Schein einer Öllaterne führte man uns über einen Hof zu einer Tür, die von hoch aufgestapelten Sandsäcken flankiert wurde. Nach der kalten und aufregenden Autofahrt hatte ich bei meinem Eintritt das Gefühl, wieder einmal durch einen magischen Vorhang zu treten.

Livrierte Bedienstete nahmen unsere Hüte und Handschuhe und glitten lautlos über die dicken Teppiche, während sie uns auf Silbertabletts Gläser mit Wein anboten. Auf einem Tisch türmten sich dampfende Speisen, und wir nahmen uns von den türkischen Spezialitäten, die auf goldgerändertem Porzellangeschirr serviert wurden.

Ich war ursprünglich davon ausgegangen, während meines Aufenthalts in Kabul in einem schäbigen Hotel zu logieren, und daher auf einen solchen Luxus nicht vorbereitet. Der schneidige junge Botschafter begrüßte jeden einzelnen Gast persönlich und sagte, er freue sich stets über neue Gesichter. Ich fragte mich, wer die anderen Gäste wohl waren, und lauschte den Gesprächen der kleinen Schar aus Diplomaten, Mitarbeitern der Vereinten Nationen und den Mitgliedern der wenigen privaten Hilfsorganisationen, die sich dafür entschieden hatten, die Unruhen in der Stadt über sich ergehen zu lassen. Außerdem war noch ein australischer Korrespondent anwesend, der über die Geschichte des Krieges recherchierte und mit einem umfassenden Wissen über die verschiedenen Gefechte, ihre Chronologien und Befehlshaber glänzte; ferner waren da noch ein Engländer, der eine Landrover-Filiale in Kabul eröffnen wollte, sowie ein amerikanisches Mitglied eines wenig bekannten

Ritterordens, der in Afghanistan nach Spuren von sowjetischen Soldaten suchte, die als vermißt galten.

Hier hatte ich – nicht zum ersten Mal – Schwierigkeiten, meine eigenen Absichten zu erklären. Die Erwähnung meines Vorhabens, ein Buch über Afghanistan zu schreiben, veranlaßte einige dazu, skeptisch die Augenbrauen zu heben.

»Sind Sie sicher, daß Sie nicht noch etwas – Sie wissen schon – *anderes* hier vorhaben?« fragte jemand mit verschwörerischer Stimme. Kein Mensch reiste zum Vergnügen durch Afghanistan, und an einsamen Orten schlägt die Phantasie noch mehr Purzelbäume (das gilt allerdings nicht für die Afghanen selbst, die stets sehr entzückt waren von dem Gedanken, in ihrer Mitte könne sich ein ausländischer Spion befinden). Es fiel mir nicht leicht, meinen Plan im Rahmen der Konversation so einfach wie möglich zu erläutern. Ich hatte keinen Sponsor für die Reise; ebenso fehlte meinem Vorhaben ein Motiv, auf dem man eine Erzählung aufbauen konnte: der Seidenstraße durch Afghanistan zu folgen beispielsweise oder die östlichen Feldzüge von Alexander dem Großen nachzuzeichnen. Oder – ein in meinen Augen weitaus interessanteres Thema – auf den Spuren von Asiens rätselhaftestem König zu wandeln, dem kuschanischen Herrscher Kanischka, dessen antiker Sommersitz sich nördlich von Kabul befunden hatte, oder vielleicht die versunkene Metropole Firuskuh in der buchstäblichen *terra incognita* der Hochlandes von Ghor aufzuspüren.

Afghanistan war immer noch ein dankbares Territorium für jede Art von unwahrscheinlicher – und dennoch nicht ganz aussichtsloser – Mission; so wußte man aus der Zeit vor dem Krieg von der Suche nach baktrischem Gold und vergrabenen zoroastrischen Schätzen zu berichten, nach Ärzten, die noch fünfundzwanzig Jahrhunderte später die Heilkunde von Alexanders Leibärzten praktizierten, nach den legendären spirituellen Schulen auf den Höhen des Hindukusch, auf die Gurdjieff angeblich seine einflußreiche Lehre gründete, und nach den geheimen christlichen

Gemeinschaften, die glaubten, Jesus sei nach der Wiederauferstehung stillschweigend nach Afghanistan gegangen, wo seine Lehren unter den Einheimischen, die an gottesfürchtige Eremiten gewöhnt waren, weniger Aufsehen erregten. Doch im Moment vereitelte der Krieg derlei Vorhaben praktisch völlig.

Die Gäste brachen allmählich auf, nicht zuletzt angetrieben von Sorgen um ihre eigene Sicherheit, die sich mit dem ersten Tageslicht in Luft auflösen würden. Tim hegte keine derartigen Befürchtungen, und darin hielt ich mich an ihn. So waren wir irgendwann die letzten Gäste. Reichlich Wein hatte unsere freundschaftlichen Gespräche so in die Länge gezogen, daß es bereits ein Uhr morgens war, als uns der Botschafter hinaus ins eisige Mondlicht begleitete. Unser Atem dampfte in Wolken um uns herum, während die Zypressen prächtig im silbernen Dämmer funkelten.

Zurück sollte es nicht mit dem geliehenen Wagen gehen, sondern mit Tims Motorrad, einer unverwüstlichen Hinterlassenschaft des russischen Militärs. Es wartete – noch von einem früheren Besuch – im Garten auf uns; der Beiwagen war von einer Frostschicht überzogen. Es wollte nicht anspringen, so daß der Botschafter uns anschieben mußte; er rutschte in seinen glänzenden Straßenschuhen über den Beton, bis der Motor endlich wieder zum Leben erwachte. Er rief uns ein atemloses Lebewohl hinterher, während wir mit einem Lärm durchs Tor knatterten, der Tote aufgeweckt hätte.

Diese Fahrt wird mir unvergeßlich bleiben. Die Straßen, die vor vierzig Jahren von den Sowjets aus Zementblöcken zusammengefügt worden waren, brachen mir fast das Rückgrat. Innerhalb weniger Minuten waren unsere Gesichter taub vom Fahrtwind: Tim raste so schnell um die Kurven, daß der Beiwagen vom Boden abhob. Die Straße flog im Licht der Scheinwerfer wie ein graues Band dahin; die Welt um uns herum war geisterhaft und lautlos.

Es schien, als hätten wir die Grenzen der Erde hinter uns gelassen und seien in einen Traum vom Mond hineinkatapultiert worden, in dem alles Leben von einem geisterhaften Weiß verschlungen wurde. Ich klammerte mich an den Rand des schlingernden Beiwagens und blickte hinauf zum leuchtenden Sternenzelt hoch über den vorbeieilenden Pinienwipfeln. Ich dachte darüber nach, wie fremd das Leben plötzlich geworden war, und fragte mich, wie wohl meine Familie die Nachricht von meinem Tod aufnehmen würde – nicht durch die Hand eines rebellischen Afghanen, sondern durch einen Motorradunfall neben einem englischen Landsmann.

Dann schien es plötzlich wahrscheinlicher, daß wir erschossen würden. Vor uns befand sich ein Kontrollposten, und ich freute mich schon auf die Gelegenheit, dort mein Gesicht aufzutauen. Doch anstatt zu bremsen, drückte Tim auf den Gashebel, schaltete abrupt in einen niedrigeren Gang und ließ den Motor auf Höchstleistung laufen.

Verwundert sah ich zu ihm hinüber. Seine Haare und sein Schal flatterten wie wild hinter ihm her, während er Kopf und Schultern der eiskalten Luft entgegenstemmte. Er wirkte wie besessen, aber es war unmöglich, bei diesem Lärm dagegen zu protestieren. Wir sausten in hohem Tempo durch den Kontrollposten, und irgendwie enttäuscht über die Aussicht, an diesem meinem ersten Tag in Kabul so zu sterben, sah ich vor meinem geistigen Auge, wie die Soldaten hinter uns auf die Straße stürzten und ihre Gewehre auf unsere Rücken richteten. Ich fragte mich kurz, ob sich meine Chancen wohl erhöhten, wenn ich mich duckte und ob in der Dunkelheit die erste Salve vielleicht über unsere Köpfe hinwegging. Doch dann war mir plötzlich alles egal ... Wir waren die Könige der Nacht in unserem wilden Streitwagen, und ich drehte mich erst gar nicht mehr um – im Wahnsinn des Augenblicks hatte das alles keine Bedeutung mehr.

Wir erreichten das Haus und schlichen uns leise hinein. Der Strahl der Taschenlampe blieb an Dschan hängen, der seine Pistole mit einem erleichterten Grinsen sicherte, als er erkannte, um wen es sich handelte. Tim warf seine Handschuhe auf den Tisch, putzte seine beschlagenen Brillengläser und fuhr sich mit der Hand durch die Haare.

»Gute Nacht«, sagte er nur.

Ich hatte ihm seinen Leichtsinn bereits vergeben. Darin erkannte ich ein lang vergessenes Gefühl, das unser Moment der Torheit hatte wiedererstehen lassen. Nun hatte ich es erneut geschmeckt und festgestellt, wie sehr ich es vermißt hatte. Wir waren Zeugen einer Welt, für die die üblichen Regeln nicht mehr galten, und mit Vernunft kam man bei dem Drang, diese Welt zu verstehen, kaum sehr viel weiter. Etwas Tieferes war nötig, um diese überwältigenden Gefühle in den Griff zu bekommen: So hielten wir solch kleine, verrückte Aktionen wie an diesem Abend als natürliches Gegengift jenem größeren Wahnsinn um uns herum entgegen. Dadurch hofften wir, uns gegen eine Sehnsucht zu immunisieren, die wir niemals würden ausleben können. Diese Sehnsucht folgte einer unvernünftigen eigenen Logik und überwältigte einen in den absurdesten Momenten, wenn sich die Gelegenheit bot. Eine seltsame und starke Medizin, fürwahr.

Es war ein langer Tag gewesen. Ich zündete eine Kerze an und ging nach oben.

Ich habe so viele Eroberungen gemacht und so viele Siege errungen, als ich in Kabul war, daß ich diese Stadt als ein gutes Omen betrachte und daraus eine Domäne der Krone gemacht habe. Keiner darf sie beanspruchen.

Sahiruddin Muhammad (1483–1530),
genannt Babur.*

Kabul ist ein von Bergen gesäumtes Geschichtsbuch, dessen Buchstaben sich tief in die Gesichter der Menschen eingegraben haben. Bei einem Spaziergang durch die Straßen der Stadt kann man aus den Mienen der Männer und Frauen die Spuren der Jahrtausende ablesen und wird so daran erinnert, daß man einen beispiellosen Schmelztiegel verschiedener Völker betreten hat.

In ganz Afghanistan gibt es zwanzig verschiedene ethnische Gruppen; in Kabul vermischt sich diese Vielfalt an Rassen vielleicht mehr als anderswo in der Welt. Die leuchtenden und ausdrucksvollen Gesichter seiner Bewohner berichten aus diesem Grund anschaulicher von der Vergangenheit des Landes als sämtliche schriftlichen Aufzeichnungen.

Die Geschichte hat den unterschiedlichen Völkern eine bestimmte Rangfolge zugewiesen, die weniger gesellschaftlichen als ethnischen Ursprungs ist. Wie in vielen anderen Ländern hat auch hier die Macht der Traditionen über den egalitären Geist des Islam triumphiert. Von jeher standen die Paschtunen an erster Stelle der gesellschaftlichen Hierarchie, zum einen, weil sie die größte ethnische Gruppe bilden, zum anderen aber auch, weil seit dem achtzehnten

* Sahiruddin Muhammad Babur war der Gründer des Mogulreichs. Seine Memoiren erschienen unter dem Titel *Die Erinnerungen des ersten Großmoguls von Indien – Das Babur-nama.* © 1988 by Manesse Verlag, Zürich.

Jahrhundert ein Großteil der Herrscher des Landes aus ihren Reihen kommt. Die Paschtunen selbst sind ein Mischvolk; einige Stimmen sagen, sie seien indischen Ursprungs, andere meinen, sie stammen von den nomadisierenden Skythen der zentralasiatischen Steppen ab, die im zweiten Jahrhundert vor Christus die Griechen besiegten.

»Würde man die Welt von den arktischen Goldfeldern des Kotzebue-Sundes bis zu den Perlenfischern von Thursday Island durchstreifen«, schrieb Lowell Thomas, als er in den zwanziger Jahren die Region bereiste, »so fände man sicher keine Männer, die den Titel ›Desperado‹ mehr verdienten als die Paschtunen, die in den zerklüfteten Bergen des afghanischen Grenzgebiets leben.«

Die Paschtunen stellten ebenjene »Afghanen« dar, gegen die Großbritannien Ende des neunzehnten Jahrhunderts Krieg führte. Sie waren der lästige Störenfried während der drei britischen Besatzungsperioden des Landes; ihre militärischen Leistungen wußte der Schriftsteller Rudyard Kipling, der sich einige Zeit in den Grenzprovinzen aufhielt, ins viktorianische Bewußtsein einzumeißeln. Sie sind ein hochgewachsenes, dunkelhäutiges und – zumindest für westliche Augen – grimmiges Volk, berühmt für seine Schießkunst, seine Liebe zur Poesie, die wilde Schönheit seiner Frauen, seine Gastfreundschaft, seinen ausgesprochenen Stolz und seine ewigen Stammesfehden. Ihre Sprache, Paschtu, ein komplizierter Zweig der indogermanischen Sprachfamilie, wurde von den Engländern auch spöttisch »die Sprache der Hölle« genannt. Sie sind, grob gesagt, im südlichen Teil des Landes zu Hause, wobei Kabul die nördliche Grenze ihres Gebiets markiert. Fast ebenso viele Paschtunen leben in der nordwestlichen Grenzprovinz von Pakistan. »Zuallererst sind wir Paschtunen«, erklärte mir einmal ein Stammesangehöriger, während er nachdrücklich den Finger hob, »und zweitens sind wir Moslems. Zuletzt sind wir« – an dieser Stelle kam eine abfällige Handbewegung – »entweder Afghanen oder Pakistanis.«

Ein eher europäisches Aussehen und einen zierlicheren

Körperbau kennzeichnet die Tadschiken persischer Abstammung. Sie sind, historisch gesehen, ein weniger umstrittenes, wenn auch nicht weniger einflußreiches Volk. Ihre traditionelle Heimat ist der Nordosten Afghanistans, und ihre Sprache, Dari, ist eine afghanische Version des Persischen. In der alten Rangfolge des Landes standen die Tadschiken nach den Paschtunen auf Platz zwei der ethnischen Hackordnung. Die Tadschiken, die in Kabul lebten, waren überwiegend friedliche Händler, Beamte, Fahrer oder Hausangestellte.

Den nächsten Platz in der afghanischen Hierarchie belegten die Nuristanis. Sie stammten aus einer Gegend, die noch vor hundert Jahren als »Land der Götzendiener« bezeichnet wurde und deren Völker von jeher behaupten, von den Heeren Alexanders des Großen abzustammen. Kiplings Erzählung *Der Mann, der König sein wollte* basiert auf Legenden über die abgelegene nordöstliche Provinz, deren Dörfer zum großen Teil auch heute noch nur zu Fuß zu erreichen sind.

Wie die Tadschiken haben auch sie eine hellere Haut als die Paschtunen; schätzungsweise ein Drittel der Nuristanis sind sogar blond. Man sieht zahlreiche Männer mit hellen oder rötlichen Haaren in Kabul, und gelegentlich erhaschte ich auch einen Blick auf ein junges Mädchen mit elfenbeinfarbener Haut, blauen oder grünen Augen und Gesichtszügen, in die sich Botticelli auf der Stelle verliebt hätte. Die heidnischen Stämme der Nuristanis, die eine eigene Sprache besaßen, ihren eigenen Wein kelterten und ein komplexes Pantheon an Göttern verehrten, wurden von König Abd ur-Rahman in den letzten Jahren des neunzehnten Jahrhunderts zum Islam zwangsbekehrt. Ihre Herkunft ist nach wie vor nicht ganz geklärt, doch man geht allgemein davon aus, daß sie die ältesten Bewohner des Landes sind und über die Jahrhunderte durch die Abgeschiedenheit ihrer Bergdörfer geschützt waren.

Sie sind nicht das einzige Volk in Kabul, von dem gemeinhin angenommen wird, daß es von früheren Invasoren abstammt. So betrachten sich die Hasaras Zentralafghanistans mit ihren hohen Wangenknochen und ihren schmalen Augen als entfernte Nachfahren der Armeen Dschingis Khans. Wahrscheinlicher ist jedoch, daß sie im vierzehnten Jahrhundert als friedliche Siedler hierherkamen. Man sieht sie erst seit relativ kurzer Zeit in großer Zahl in Kabul. Ihre charakteristischen Gesichtszüge, ihre Sprache sowie ihre Zugehörigkeit zum schiitischen Islam, der in Afghanistan in der Minderheit ist, plaziert sie auf der untersten Sprosse der gesellschaftlichen Leiter und macht sie zu Opfern anhaltender Verfolgung. Darüber hinaus begegnet man auch Turkmenen und Usbeken in der Stadt, beide mit prachtvollen Schnurrbärten und fernöstlichen Gesichtszügen. Diese Völker stammen ursprünglich aus den Grenzgebieten des Nordens und sind auch heutzutage nur selten außerhalb ihrer Heimat anzutreffen.

Als Lieblingskinder der Geschichte halten sich die Paschtunen für die rechtmäßigen Herrscher des Landes. Am anderen Ende der gesellschaftlichen Hierarchie verrichten die Hasaras in Kabul nach wie vor die schwersten körperlichen Arbeiten und steigen nur selten in höhere Positionen auf. In einem Land, in dem menschliche Beziehungen traditionell eher von Blutsbanden als von gesellschaftlichen und politischen Faktoren bestimmt wurden, waren die alten Strukturen kaum zu durchbrechen. Dies änderte sich erst in jüngster Zeit. Die Anwesenheit der Sowjets wandelte die afghanische Gesellschaft so drastisch und nachhaltig, daß im Gefolge ihres Abzugs viele etablierte Traditionen plötzlich auf den Kopf gestellt wurden. Innerhalb weniger Jahre war ein tadschikischer Befehlshaber, nämlich Masud, zu einem der einflußreichsten Männer des Landes aufgestiegen, während der usbekische Kriegsherr Dostum im Norden ein nahezu autonomes Reich aufgebaut hatte, das der Handelsmacht Kabul den Rang ablief. Auch die bescheidenen Hasaras hatten sich zu einer Militärmacht entwickelt, mit der man rechnen mußte, während sich gleichzeitig die traditionelle paschtunische Führung zutiefst zerstritt. Diese Konflikte wurden durch interne Stammesquerelen, die normalerweise im Zaum gehalten wurden, noch zusätzlich verschlimmert. So war die Frage der paschtunischen Vertretung in der Regierung unter Masud und Premierminister Rabbani – oder vielmehr die Verwirrung darüber, welche paschtunischen Gruppen nun mit einbezogen werden sollten – zum umstrittensten Thema des Tages geworden.

Der Schauplatz dieser Konflikte und Kämpfe ist nach wie vor äußerst eindrucksvoll. Das auf 2000 Meter Höhe gelegene Kabul ist eine der höchsten Hauptstädte der Welt, und in den ersten paar Tagen nach der Ankunft ist man stets ein wenig außer Atem. Die Stadt befindet sich auf einer weiten Ebene, gesäumt von gezackten Gebirgskämmen, die 3000 Meter oder höher emporragen. Das Zentrum der Stadt drängt sich um drei zerklüftete Berge: Aliabad, Koh-i Asma'i und Koh-i Scherdarwasa, das Löwentor. Zwischen ihnen schlängelt sich der Kabul-Fluß hindurch. Daneben ragen noch zahlreiche kleinere Hügel aus dem flachen Stadtgebiet empor. Sie sind übersät von alten Festungen und in jüngster Zeit von Artillerie, Panzern und Luftabwehrbatterien.

Vor dem Einmarsch der Sowjetunion beherbergte Kabul grob geschätzt eine halbe Million Menschen, doch die Kriegsjahre veränderten das Gefüge der Stadt völlig. In den achtziger Jahren schwoll die Bevölkerung aufgrund der vielen Flüchtlinge aus dem Umland auf etwa drei Millionen Menschen an, und braune Lehmsiedlungen, die durch abschüssige Pfade miteinander verbunden sind, krochen die umliegenden Hügel empor. Die meisten Häuser wurden ganz traditionell aus Holzgerüsten und Wänden aus gebrannten Lehmziegeln erbaut. Bei neueren Bauten verwendete man Beton; folglich haben die neuen Häuser auch einen anderen Charakter, obwohl man den alten Baustil imitierte.

Außerhalb des Stadtzentrums weisen die Gebäude nur selten mehr als zwei Stockwerke auf, sie dehnen sich wie ein Meer aus rechteckigen Häuserdächern in alle Richtungen aus – nur gelegentlich unterbrochen von der Kuppel einer Moschee oder einer vereinzelten hohen Pinie. Die neuesten, höchsten und fraglos häßlichsten Gebäude wurden von den Sowjets errichtet: Schornsteine, Silos und Wohnblöcke. Die auffälligsten Beispiele sind der Nadir-Schah-Mina-Komplex, ein Wohngebiet im Osten namens Microrayon und die mittlerweile zerstörten Straßenzüge um die ehemalige sowjetische Botschaft. Da sie sich so störend von der traditionellen Architektur abhoben, scheinen sie mehr als die übliche Menge an Kugeln und Raketen angezogen zu haben.

Die nördlichen Vororte dagegen sind vergleichsweise unversehrt geblieben und ziehen sich kilometerweit bis zu den Hügeln jenseits des Flughafens hin. Die westlichen und südlichen Stadtteile jedoch gehen irgendwann in zerstörte Häuserreihen über, die schließlich einfach aufhören. Den Osten der Stadt habe ich leider nie gesehen.

Es gibt kaum noch historische Gebäude in der Stadt. Die Markthalle aus dem siebzehnten Jahrhundert sprengten englische Soldaten vor 150 Jahren in die Luft, und auch das berühmteste Bauwerk von allen, die Zitadelle Bala Hisar, wurde von der britischen Armee vor ihrem Abzug zerstört. Alte, mit Zinnen versehene Mauern ziehen sich immer noch von der Zitadelle bis hoch zum Gipfel des Koh-i Scherdarwasa und dann wieder hinunter zum Fluß. Am Hang stand eine Kanone, die jeden Tag zur Mittagszeit abgefeuert wurde; während des Fastenmonats Ramadan auch vor Sonnenaufgang, weil in diesen Wochen der Verzehr von Speisen tagsüber ja verboten ist. Doch irgendwann wurde dieser Brauch wieder aufgegeben.

Die Bala Hisar ist deswegen so interessant, weil ihre Ausgrabung eines Tages vielleicht die Frage beantworten kann, ob Kabul jemals eine bedeutende griechische Siedlung war. Die ältesten Mauern scheinen bis ins sechste Jahrhundert zurückzureichen, aber wie so viele wichtige Bauten der Stadt könnten sie auf den Fundamenten eines noch viel älteren Bauwerks errichtet worden sein. Vielleicht verbirgt sich unter Kabul auch eine verlorene Stadt namens Ortospana, die von dem griechischen Geographen und Geschichtsschreiber Strabon gegründet wurde. Alexander der Große legte entlang seines blutigen Wegs nach Indien die Grundsteine für eine Reihe wichtiger Städte in Afghanistan, doch Kabul gehörte nicht dazu. Die Stadt Alexanders, die Kabul am nächsten liegt, Alexandria ad Caucasum, befindet sich in etwa achtzig Kilometern Entfernung an einem ähnlich umkämpften Standort neben der heutigen Stadt Dschabal as-Siradsch, am Zusammenfluß der Flüsse Kabul und Pandschir.

Kabul selbst lag damals abseits der wichtigsten Handelsstraßen und entwickelte sich erst im sechzehnten Jahrhundert zum Machtzentrum Afghanistans. Bestimmt zankten sich die griechischen Herrscher nach Alexanders Abzug um die Herrschaft des Kabul-Tals und seiner Umgebung, und auch die Namen auf den Münzen, die sie prägten, klingen griechisch: Diodotos, Antimachos, Demetrios, Menander, Hippostratos, Straton. Eine berühmte Sammlung griechischer Münzen, die in der Gegend gefunden wurden – die einzige Informationsquelle über die hellenischen Herrscher der Region –, wurde zusammen mit 30 000 weiteren Münzen von Kunsthändlern und ihren Handlangern aus dem Kabuler Museum geraubt.

Jahrelang war Kabul die einzige Stadt im Land mit gepflasterten Straßen. Die Arbeit daran begann bereits in den zwanziger Jahren und wurde erst in den Fünfzigern beendet, als sich die Sowjets dieser Aufgabe mit ihren unverwüstlichen Betonblöcken annahmen. Im Gegensatz zu der glatten und weicheren Oberfläche von Schotterstraßen gibt Beton unter dem Gewicht von Militärfahrzeugen mit Raupenketten nicht nach, und ich fragte mich oft, ob dies einfach nur schlechter Straßenbau war oder doch System hatte. Die Spalten zwischen den Betonblöcken werden nämlich mit der Zeit immer breiter, was die Wirbelsäule der Autofahrer extrem strapaziert. In ländlichen Gebieten, in denen die von den Sowjets gebauten Straßen jahrelang nicht gewartet wurden, verschieben sich diese Blöcke mit der Zeit, bis sie allmählich im Boden versinken und tiefe Furchen hinterlassen, in denen angeblich bei Nacht hin und wieder ganze Autos verschwinden.

Daneben gibt es noch die alten Straßen, winzige, von hohen Ziegelmauern gesäumte Gassen, in denen man das Echo der eigenen Schritte hört und sich stets ein wenig wie ein Eindringling vorkommt. Doch die Vorliebe der Afghanen für einen Garten und eine geschützte Privatsphäre führt dazu, daß die vielen, von außen unscheinbaren Mauerzüge relativ großzügige Gärten umschließen und man voller Freude und Staunen von einer staubigen und schmutzigen Gasse in eine kleine Oase voller Blumen und Sträucher tritt.

Als ich in jenen ersten Tagen die Stadt erforschte, hatte ich etwas ganz Bestimmtes im Sinn. Ich hatte einem mittlerweile im Ausland lebenden afghanischen Freund versprochen, seinem Bruder in Kabul ein Geschenk und eine Nachricht von ihm zu überbringen. Obwohl ich die genaue Adresse des Bruders besaß, hatte ich selbst nach mehreren Tagen die Wohnung noch nicht ausfindig machen können. Daher beschloß ich, den Mann an seinem Arbeitsplatz aufzusuchen.

Die Nachricht von meinem Freund lautete, daß er nach Afghanistan zurückkehren werde, aber den genauen Zeitpunkt noch nicht genau wisse, und das Geschenk bestand aus einer Flasche Rasierwasser, die ich für ihn gekauft hatte. Da der Bruder meines Freundes ein General der afghanischen Streitkräfte war, machte ich mich eines Morgens auf den Weg zum Verteidigungsministerium.

Das Gebäude befand sich an einer der langen Hauptstraßen der Neustadt, auf die sich ein Großteil der Raketenangriffe richtete. Bewaffnete Männer fuhren in zerbeulten russischen Jeeps hin und her, während mich am Eingang des von einem hohen Zaun umgebenen Geländes eine kleine Schar von Soldaten umringte. Ich erklärte, ich hätte Neuigkeiten aus dem Ausland für den General; irgendwie klang das so mittelalterlich in meinen Ohren. Ich stellte mich dumm und lauschte der darauf einsetzenden Diskussion. Es war immer das gleiche mit den Soldaten der Regierung: Im Gegensatz zu den Mudschaheddin war ihnen jahrelang die Fähigkeit ausgetrieben worden, schnelle Entscheidungen zu fällen, daher wußten sie nun nicht, wie sie mit dem Problem eines ausländischen Besuchers umgehen sollten. Ich könne auf keinen Fall passieren, sagte einer von ihnen, schließlich hätten Ausländer im Ministerium nichts zu suchen. Ein anderer warf ein, man solle mich einlassen, aber nur in Begleitung und nachdem man mich durchsucht habe. Nein, widersprach ein dritter, er fände das nicht richtig, schließlich sei ich doch ein Gast. Woher ich denn käme? Aus England? Wo das denn liege?

Ich verteilte Zigaretten, lächelte freundlich nach allen Seiten, und damit klärte sich die Angelegenheit; offenbar hatten sie ihr natürliches Gespür für Höflichkeit noch nicht verloren. Man führte mich über einen großen und staubigen Hof zwischen einigen senfgelben Gebäuden hindurch, deren Mauern durch Raketenbeschuß beschädigt und von Einschußlöchern übersät waren. Soldaten in dicken, wollenen Khakiuniformen hasteten wie Ameisen durch die Türen ein und aus und salutierten vor den Offizieren, die riesige, rot eingefaßte Kappen und Uniformen mit glänzenden Messingknöpfen trugen.

Begleitet von allgemeinem Gemurmel und unter den Blicken sämtlicher Anwesender führte man mich zu einem Gebäude, in dem der Staub zwischen den Deckenbalken herabrieselte, und dann über eine knarzende Treppe in ein winziges Zimmer. Darin befanden sich zwei Stühle und ein leerer Schreibtisch vor dem Fenster. Ich wurde gebeten zu warten und bekam ein Glas Tee serviert. Wenige Minuten später erschien der General persönlich.

Er war ein Bär von einem Mann, eins achtzig groß, mit gewölbter Brust, einem pechschwarzen Bart und durchdringenden Augen. Rote Kragenspiegel blitzten an seiner Uniform. Er begrüßte mich wie einen langvermißten Bruder und drückte mich so fest an seine Brust, daß es mir fast das Rückgrat brach; dann saßen wir einige Augenblicke schweigend da, bis wir allein waren.

Ich hatte ihm nicht viel zu berichten, nur, daß sein Bruder im Frühjahr zurückkehren würde. Er freute sich über die Nachricht, ließ Trauben bringen und überhäufte mich mit Fragen und guten Wünschen. Während wir uns unterhielten, kamen ständig Soldaten herein und präsentierten dem General dicke Papierbündel zur Unterschrift. Mit ihren handgeschriebenen Listen und Zahlenkolonnen ähnelten sie mittelalterlichen Hauptbüchern. Er zeichnete sie der Reihe nach ab, erteilte leise einige Anweisungen und entschuldigte sich immer wieder bei mir für die Unterbrechungen.

Ob ich eine Unterkunft brauche, fragte er. Ob er etwas für mich tun könne?

Draußen ertönte das dumpfe Krachen der Artillerie, dann bebte das Gebäude, und ich zuckte zusammen. Er drehte sich zum Fenster und deutete mit einer müden, hoffnungslosen Geste nach draußen, während er zur Decke blickte und tief seufzte. Dann sah er mich mit trauriger, aber gelassener Miene an und sagte nur: »Krieg!«

Ich wollte seine Zeit nicht länger in Anspruch nehmen – schließlich hatte er einen Feldzug zu führen – und verabschiedete mich, wobei ich erneut in seiner Umarmung fast verging. Nachdem man gesehen hatte, wie herzlich wir uns verabschiedeten, begleitete mich das ehrfürchtige Gemurmel der Soldaten, bis ich sie am Tor hinter mir zurückließ.

Ich spazierte den Fluß entlang und bedauerte, die Stadt nie zu Friedenszeiten gesehen zu haben, oder zumindest, wie der General voller Wehmut geklagt hatte, während des Frühlings, wenn die Obstbäume blühen. Doch hätte sich mir tatsächlich ein anderer Anblick geboten? Fragen dieser Art schwirrten mir in jenen ersten Tagen meines Aufenthalts ständig durch den Kopf. Während ich weiter durch die Straßen ging, hatte ich den Eindruck, daß vieles immer noch gleichgeblieben war. In einem staubigen Park in der Nähe des Grabmals von Abd ur-Rahman beteten Männer auf Tüchern, die sie auf der bloßen Erde ausgebreitet hatten, so wie es schon seit über tausend Jahren Sitte war. Um sie herum mochte alles in Schutt und Asche liegen, aber ihre grundlegende Orientierung in der Welt, das, was ihre kulturelle Identität ausmachte, entzog sich diesen Kräften des Wandels.

Ich marschierte zur Post, neugierig, ob der Briefverkehr immer noch funktionierte. Der Flughafen war infolge der Kämpfe geschlossen worden, und ich fragte mich, wie die Briefe überhaupt ins Ausland gelangten. Unter den zerbrochenen Fenstern des riesigen, verlassenen Hauptraums betreuten zwei junge Frauen den fünfzehn Meter langen Schalter und kicherten schüchtern, als ich einige Luftpostbriefe kaufte. Auf den Umschlägen war das Bild eines Panzers aufgedruckt. Ich bat um die Schachtel mit der Aufschrift *poste restante* und betrachtete die Briefmarken auf den Briefen. Sie stammten aus der ganzen Welt. Einige, adressiert an englische, französische, russische, polnische, deutsche und afghanische Namen, lagen schon seit Jahren ungeöffnet in dieser Kiste. Ich war neugierig, welche Geschichten wohl hinter diesen Umschlägen steckten, und fragte mich, wen sie wohl erreichen sollten. Nun waren sie hier gestrandet und setzten Staub an.

Anschließend wandte ich mich nach Süden und ging in Richtung Fluß, wo ich das Gewühl in den Märkten beobachtete, bis ich zur Moschee der Zwei Schwerter nach Westen abbog. Auf einer niedrigen Mauer oberhalb des Ufers hatten die Teppichhändler ihre Waren in langen bunten Reihen ausgelegt. Ihnen gegenüber erstreckten sich die Fassaden einer Ladenzeile, von denen bereits der Putz bröckelte. In jedem der kleinen Häuser wurde emsig gearbeitet. Es gab Schneider, die an handbetriebenen Nähmaschinen saßen, Hutmacher, in deren Läden Fuchs- und Leopardenfelle von der Decke hingen, Buchläden, Barbiere und Fotostudios mit Fotoapparaten, die wie Schuhschachteln auf Stativen aussahen; dort wurden die Bilder aus der Kamera mit dem langen schwarzen Vorhang noch von Hand entwickelt.

Ich kannte Fotografien von Kabul aus Reiseführern der sechziger Jahre; dennoch schien sich kaum etwas verändert zu haben. Durch die langen Kriegsjahre war die Modernisierung ins Stocken geraten. In den Seitenstraßen wurde es staubiger, doch den Läden und Häusern aus Lehmziegeln und Holz sah man die Verwahrlosung weniger deutlich an als den modernen Bauten. Verschleierte Frauen trugen Tongefäße mit Wasser auf den Köpfen, und bejahrte Hirten mit Turbanen trieben ihre Herden ohne jede Eile vor sich her. Gewürzverkäufer kauerten zwischen bunten Hügeln oder wogen Mehl und Korn auf Waagen ab, die mit Steinen austariert wurden, und in den Ständen der Metzger hackten Männer mit ehernen Äxten auf Tierkadaver ein, die auf glattpolierten und leicht gewölbten Holzblöcken lagen. Die abgetrennten Köpfe wurden in langen Reihen aufgestellt, fast wie die grausigen Trophäen mittelalterlicher Gefechte.

Die Moschee am Ende der Straße war erst kürzlich in hellen Gelb- und Blautönen neu gestrichen worden. Ich hatte gelesen, daß sie den Standort einer früheren Moschee markierte, die im siebten Jahrhundert erbaut worden war, als der Islam sich in Kabul durchsetzte. Nach Berichten der ersten muslimischen Historiker hatte man diese erste Moschee wiederum auf den Ruinen eines noch viel älteren Hindutempels errichtet.

Das neueste Bauwerk stammte aus den zwanziger Jahren, erbaut unter der Herrschaft von Amir Amanullah. Architektonisch gesehen, war es eine sonderbare Mischung. Der Bau hatte eine deutlich europäische Prägung, die mich an einen bayerischen Bahnhof erinnerte; der Giebel sah allerdings aus wie eine Pickelhaube. Der islamische Charakter des Gebäudes war angesichts der zwei rechteckigen Geschosse mit den dorischen Säulengängen und dem übergroßen Eingang, der einem neoklassizistischen Pavillon nachempfunden schien, fast nicht zu erkennen und zeigte sich lediglich in zwei stummelartigen Minaretten. Die Moschee zählte zu den vielen mißlungenen Resultaten von Amanullahs fieberhaften Versuchen, Kabul in den zwanziger Jahren zu modernisieren. Die Ergebnisse dieser Bemühungen waren mehr als fragwürdig und hatten letzten Endes sogar tragische Konsequenzen. Amanullah war fasziniert von Europa und suchte auf einer königlichen Reise durch die europäischen Hauptstädte im Jahr 1925 nach Inspirationen, wie sich Afghanistan in einen modernen Staat verwandeln ließe. Er soll während seines Aufenthalts in Berlin vom Kaiser ein Luxusmodell des neuesten Mercedes geschenkt bekommen haben. Anschließend reiste er weiter nach London, wo ihm die Briten, in dem Bemühen, die deutsche Großzügigkeit zu übertreffen, einen noch schöneren Rolls Royce offerierten. Nach afghanischer Sitte bot Amanullah an, für das Auto zu bezahlen, und um keinen der beiden Könige in Verlegenheit zu bringen, willigten die Höflinge des Buckingham Palace schließlich ein, ihm für das Auto die Summe von einem Pfund in Rechnung zu stellen.

»Bei diesem Preis«, so der gerissene Amanullah daraufhin, »würde ich gern zwei nehmen.«

Zurück in Kabul, gab er die Neugestaltung der Hauptstadt in Auftrag. Er eröffnete Schulen, in denen Jungen und Mädchen gemeinsam unterrichtet wurden, zwang den Bewohnern der Stadt westliche Kleidung auf und verbot den Frauen, einen Schleier zu tragen. Diese plötzlichen Reformen führten zu landesweiten Aufständen, bis der König 1928 schließlich abdanken und aus seiner Heimat fliehen mußte. Genau fünfzig Jahre später beging die kommunistische Regierung den gleichen Fehler, allerdings hatten ihre Herrschaft und auch ihre architektonischen Vorstellungen noch katastrophalere Folgen für das Land. In Afghanistan lassen sich die Dinge eben nicht übers Knie brechen.

Die Moschee befand sich an einer Straßenkreuzung. Die Straße dahinter, die zwischen den Hügeln in Richtung Deh Masang verlief, wirkte verkommen, und ich zögerte instinktiv, ihr zu folgen. Auf der anderen Seite befand sich ein Abhang voller zerstörter Häuser, die durch schmale Pfade verbunden waren, auf welchen Kinder wie Bergziegen umhersprangen. Im Süden begegnete ich immer weniger Menschen, während die Gegend gleichzeitig immer trostloser wurde. Der Weg schien mir zu gefährlich, als daß ich ihn auf eigene Faust hätte erkunden wollen. Ich bedauerte dies vor allem deswegen, weil sich jenseits des Flusses das Grabmal eines von Afghanistans denkwürdigsten Herrschern befand, Sahiruddin Muhammad, der als Babur der Tiger in die Geschichte einging.

Ich habe es nie besichtigt, weil das Gelände angeblich schwer vermint war. Daher wanderte ich wieder zurück zum Haus und fand mich unterwegs unversehens in der Kutsche-ji murghan – der Chicken Street – wieder, einer engen, staubigen Hauptstraße voller Läden, die mit Antiquitäten und Raritäten handelten, eine bei westlichen Reisenden schon vor zwanzig Jahren sehr beliebte Gegend.

Ich hatte die Straße nach Ende der kommunistischen Herrschaft einmal kurz aufgesucht, als sich Ausländer zum ersten Mal nach fünfzehn Jahren wieder frei in der Stadt bewegen durften. Damals kaufte ich eine Kette aus Lapislazuli und eine Mütze aus Wolfspelz, die ebenso dick war wie die Bärenmütze eines britischen Gardisten. Seitdem hatte die Straße jedoch unter Plünderungen, Geschützfeuer und Raketenbeschuß sichtlich gelitten. Viele Läden waren geschlossen und verbarrikadiert. Eine Rakete hatte eine hohe weiße Mauer getroffen und in Form von verdampfter Farbe einen Abdruck ihrer Explosion hinterlassen.

Hier traf ich Kayhan wieder, einen alten Freund. Ich hatte ihn in einer hoffnungsfroheren Zeit kennengelernt, einen Tag nach dem Fall der Stadt 1992, und damals hatte er mir noch mit schelmischem Stolz Briefe an Freunde in Amerika gezeigt, auf denen »Islamische Republik Afghanistan« als Absender stand. Wir waren uns zufällig in einem Antiquitätengeschäft begegnet, von wo aus er seine Frau anrufen wollte. Er war wütend gewesen, weil die Leitung schon seit einer Stunde besetzt war. »Was erzählt sie nur wieder? Wie kann jemand eine Stunde lang telefonieren? Gibt es das bei euch auch?«

Schließlich rief er einen Verwandten in der Telefonvermittlung an und bat ihn, das Gespräch zu unterbrechen. Er sprach fließend Englisch, aus seiner Studienzeit, wie er sagte. Ob er hier in Kabul studiert habe, wollte ich wissen. Nein, in Arizona. Am meisten bedauerte er, daß er aufgrund mangelnder Körpergröße die Aufnahme in das Football-Team nicht geschafft hatte.

Als ich ihn nun auf unsere damalige Begegnung ansprach, zog die Erinnerung daran nur in Form eines wehmütigen Lächelns über sein Gesicht. Er war in der Zwischenzeit sichtlich gealtert und wirkte vor Trauer wie benommen. Ich erkannte den freundlichen und wortgewandten Mann kaum wieder, den ich in jener kurzen, verheißungsvollen Zeitspanne kennengelernt hatte, als Frieden noch möglich schien.

Ich erkundigte mich nach dem Verbleib einiger anderer Bekannter. Sie seien nach Pakistan geflohen, sagte er müde, so wie alle anderen. Ich schlug seine Einladung aus, ihn zu besuchen, fest davon überzeugt, daß wir uns bestimmt bald wiedersehen würden, und ging weiter.

An einem Verkaufsstand winkte mich ein bärtiger Mann mit einem traurigen Lächeln herein. Wir tranken Tee, während er den Staub von der kläglichen Sammlung an Zierat wischte, die er in seinem Laden verkaufte. Sein Gesicht war von einer so tiefen Schwermut überschattet, daß ich in ihm einen ehemaligen Regierungssoldaten vermutete. Die Männer, die unter den Sowjets gezwungen gewesen waren, gegen ihr eigenes Volk zu kämpfen, hüteten in ihren Augen stets ein unbeschreibliches Leid. Es war derselbe Gesichtsausdruck, den Vietnamveteranen auch als »tausendjährigen Blick« bezeichneten. Er war unverkennbar.

Der Mann berichtete, er sei während der gesamten sowjetischen Besatzungszeit Soldat gewesen und habe die toten Soldaten auf den Schlachtfeldern zählen müssen. Diese Jahre hätten ihn schwer mitgenommen. Unter der sowjetischen Herrschaft, so erklärte er mir, seien afghanische Soldaten praktisch Gefangene gewesen und kaum besser als

Hunde behandelt worden. Er erzählte mir die Geschichte seines befehlshabenden Offiziers, von dessen Truppe ein Soldat zu den Mudschaheddin übergelaufen war. Als Strafe schickten die sowjetischen Vorgesetzten den Offizier in ein heftig umkämpftes Gebiet, während der afghanische Wachposten, der den Mann entkommen ließ, hingerichtet wurde. Ich hatte schon ähnliche Berichte gehört und zweifelte nicht an der Wahrheit seiner Geschichte. Doch ich war schockiert, als er sagte, daß er im Verlauf der zehn Kriegsjahre die Leichen von insgesamt 28 000 Kameraden gezählt habe – eine nach der anderen.

Mein Leben in Kabul bekam langsam eine Art Routine. Am frühen Morgen, wenn es draußen wärmer war als im Haus, saßen wir auf der Terrasse und saugten die Sonnenstrahlen wie Reptilien in uns auf. Bei einem Glas Tee lauschten wir den morgendlichen Geräuschen, als ließen sich aus ihnen die Ereignisse des kommenden Tages herauslesen: dem müden Ruf eines alten Mannes, der einen Karren voller Gemüse schob, dem Dreiton einer Lastwagenhupe, dem Bimmeln der altmodischen Fahrradklingeln, dem Dröhnen ferner Militärflugzeuge und den Rufen der Kinder, die auf der Straße jenseits der Mauer spielten. Während sich der Himmel unter dem kristallenen Licht der Sonne erhellte, erwärmte sich auch die Luft, und wir schmiedeten Pläne für den Tag.

Die nächsten Stunden wanderte ich gewöhnlich umher und erforschte viele Ecken der Stadt, von denen ich jahrelang nur gehört oder gelesen hatte. Ich folgte einem geistigen Namenspuzzle, dessen Stücke ich nun endlich mit großer Freude zusammensetzen konnte. Jede einzelne Minute war ein Vergnügen und brachte neue Entdeckungen. Es war, als würde man durch eine Traumlandschaft spazieren, die ganz plötzlich zum Leben erweckt worden war. In diesen ersten Tagen legte ich viele Kilometer zurück, während ich auf meinen stundenlangen Spaziergängen das pulsierende Leben beobachtete; schon vor langer Zeit hatte ich gelernt, wie man sich hier unauffällig bewegte. Ich sog die Eindrücke meiner Wanderungen gierig auf, solange das Tageslicht es gestattete. Zur Essenszeit begab ich mich dann wie ein Pawlowscher Hund wieder zurück nach Hause.

Unser Essen war einfach, aber gut. Dschan war für das Abendbrot zuständig. Er sagte von sich selbst, er sei kein Koch, und servierte uns das Essen jedesmal mit einem verlegenen Lächeln und einer Entschuldigung, bevor er sich mit uns den Bauch vollschlug.

Doch das Mittagessen war den Weg nach Hause allemal wert, denn Aman, der Hasara, bereitete stets eine köstliche Mahlzeit zu. Es gab *qabili palau*, Fleisch in einem Berg von Reis mit Rosinen, Mandeln, Pistazien und geraspelten Möhren, *schorba*, Lammsuppe, *mantu*, gedämpfte Teigtaschen mit Fleischfüllung nach einem tibetanischen Rezept, oder *samosas*, ausgebackene Teighalbmonde, gefüllt mit Lauch und Gewürzen, die zusammen mit Joghurt und einer Minzsoße serviert wurden.

Was unserer Ernährung an Abwechslung fehlte, wurde durch die überaus sorgfältige Zubereitung der Speisen wieder wettgemacht. Ich hatte noch nie ein Essen serviert bekommen, das derartig liebevoll gekocht wurde. Aman kam morgens mit einem Beutel voller Lebensmittel vom Markt und verbrachte die nächsten vier Stunden mit Kochen. Ab und an widmete er sich auch ebensolange unserem Abendessen. Er schnitt das Gemüse mit der Präzision eines Uhrmachers und rollte das Gebäck mit der Umsicht eines Archäologen, der eine Schriftrolle vom Toten Meer in der Hand hält. Er kochte nicht nur, um seine Pflicht zu erfüllen, sondern legte seine ganze Persönlichkeit und eine tiefe Demut hinein, ohne einen Dank für seine Anstrengungen zu erwarten. Er servierte uns diese kulinarischen Köstlichkeiten stets mit einem zögernden Lächeln und wartete dann still und allein in der Küche, bis wir fertiggegessen hatten, um uns zum Abschluß der Mahlzeit noch eine Kanne Tee zu kochen. Dann schlüpfte er leise aus dem Haus, bis am nächsten Morgen das Ganze wieder von vorn begann.

Einige Male schaute ich ihm in der Küche über die Schulter. Anfänglich war er etwas schüchtern und wußte nicht genau, ob er mich ignorieren sollte, aber nachdem ich mein Interesse an afghanischen Gerichten bekundet hatte, freundeten wir uns rasch an. Sein Gesicht hellte sich auf wie das eines Kindes, wenn er mir ausmalte, wie er bei einem Besuch in Bamjan, wo seine Brüder und sein Vater immer noch lebten, ein Schaf schlachten und ein großes Festmahl für mich ausrichten würde. Dann erst würde ich die afghanische Küche richtig kennenlernen, meinte er. Doch außerhalb der Küche, in Gesellschaft der anderen, sprach er nur ganz leise und schlich fast verstohlen zwischen den Zimmern hin und her.

Dschan dagegen war gesprächiger. Der gutmütige Pandschiri lebte mit seiner Frau und seinen Kindern an den Hängen des Koh-i Asma'i in einem der am schwersten getroffenen Viertel der Stadt. Das Haus seiner Familie in Pandschir war von sowjetischen Bomben zerstört worden. Er erzählte mir von der Zeit im Jahr zuvor, als Kabul fast von usbekischen Kämpfern unter Führung des nördlichen Kriegsherrn Dostum erobert worden war, und zeigte mir die verschiedenen Einschußlöcher in den Wänden wie andere Leute ihre Familienfotos. Auf dem Höhepunkt der Kämpfe hatte er sich im Keller verkrochen und fünf Tage lang nichts gegessen.

Wir unterhielten uns auch über die Situation in Kabul. »Es ist sehr schlimm«, sagte er kopfschüttelnd. »Wer wird getötet, wenn die Raketen abgefeuert werden? Doch hauptsächlich Frauen und Kinder. Der Regierung tut das nicht weh. Aber wenn eine Rakete mein Haus trifft? Das wäre *kalan muschkil*!« Wirklich schlimm! Er sagte diese Worte jedoch mit einem Grinsen, so daß sie weniger düster wirkten.

Verglichen mit der Mehrheit der Stadtbewohner führten wir ein sorgloses Leben. Kleine Unannehmlichkeiten – wie eine Stunde warten zu müssen, ehe ein Eimer Wasser über dem schwachen Paraffinofen endlich kochte, oder bei Kerzenlicht zu lesen – waren schnell wieder vergessen. Schließlich wußten wir, daß anderswo in der Stadt die Leute nicht einmal über das Nötigste zum Leben verfügten. Da es kein verläßliches Telefonnetz gab, mußten Verabredungen persönlich vereinbart werden. Besucher kamen in unerwarteten Augenblicken zu Fuß oder mit dem Auto, wodurch sämtliche Begegnungen erfrischend spontan abliefen.

Das galt sogar für die Treffen mit den Regierungsvertretern. In der Stadt war eine wechselnde Zahl von Gastkorrespondenten, die stets im Rudel bei den Beamten einfielen. Die Journalisten sahen dabei ausnahmsweise über die traditionelle Konkurrenz zwischen den verschiedenen Nachrichtenagenturen hinweg und arbeiteten zusammen, was anderswo ganz und gar nicht üblich war.

Der erste dieser Besuche führte uns zum Außenministerium, um Ausweise zu beantragen. Zu meinem Entzücken hielt man mich dort zunächst für einen Afghanen und ließ mich ohne weiteres passieren. Andere beliebte Besuchsziele über Tag waren die Häuser der wenigen Beamten, die fließend Englisch sprachen und uns die neuesten Nachrichten von Kämpfen, Verhandlungen und bevorstehenden Besuchen ausländischer Diplomaten übermittelten. Die meisten von ihnen waren junge Männer in unserem Alter, die die Aufgabe hatten, ihre Regierung gegenüber dem Rest der Welt zu vertreten. So trafen wir uns regelmäßig mit Amrullah, um Neuigkeiten über die letzten Entwicklungen des Krieges zu erfahren, oder einem hitzigen und auffallend gutaussehenden jungen Diplomaten namens Harun, der kürzlich aus Kalifornien zurückgekehrt war, um unter Masud zu arbeiten. Ein weiterer wichtiger Kontakt war Dr. Abdullah, Masuds engster Berater, ein weitgereister, gutgekleideter Mann mit tadellosem Auftreten, der während des Krieges sein Medizinstudium in Amerika aufgegeben hatte, um gegen die Sowjets zu kämpfen.

Wir hielten diese Männer gewiß nicht für Heilige, aber durch ihre Offenheit und Gastfreundschaft gewannen sie unsere Sympathie. Ihre Bereitschaft, sich den nichtigen Belangen ausländischer Besucher zu widmen, während die

Sicherheit ihrer Hauptstadt am seidenen Faden hing, war beeindruckend. Die Regierung geriet aufgrund des Belagerungszustandes täglich mehr unter Druck: Die Preise stiegen stetig, und das Heizöl wurde knapp, während der Winter die Stadt mit eisigem Griff umklammert hielt.

Unter diesen Umständen genossen wir wahrlich außergewöhnliche Freiheiten. Wir durften in den Gebieten, die unter der Kontrolle der Regierung standen, nach Belieben herumreisen und selbst darüber hinaus, wenn wir dies wollten. Im Grunde waren wir keinerlei Vorschriften unterworfen. Für uns galten weder die Ausgangssperre noch das traditionelle Alkoholverbot, und wir wurden auch ohne Voranmeldung mit einer stets gleichbleibenden Höflichkeit empfangen.

Der Konflikt verlieh all unseren Begegnungen ein ungewohntes Maß an Intimität. Die Besucher fanden sich in einer Stadt ohne die üblichen gesellschaftlichen Heucheleien wieder. Dies galt sowohl für die Beziehungen zwischen Ausländern und ihren afghanischen Freunden als auch für die Beziehungen zwischen den Ausländern selbst, wo ich die Folgen sogar noch deutlicher zu spüren meinte. Die in Kabul lebenden Auswärtigen, rund fünfzig an der Zahl, bewegten sich in einer kleinen Welt; die Atmosphäre zwischen den einzelnen Mitarbeitern und ihren Organisationen war ungewöhnlich herzlich.

Die sichtbarste ausländische Präsenz in der Stadt war das Internationale Rote Kreuz, dessen Büros sich in der Nähe der Neustadt befanden. In dieser winzigen Enklave schweizerischen Arbeitseifers widmete man sich mit unermüdlicher Tüchtigkeit der gewaltigen Aufgabe, der Bevölkerung die Last des Krieges etwas zu erleichtern. Die Pflichten des Roten Kreuzes – so hatte ich erst kürzlich herausgefunden – gingen weit über die medizinische Notfallbehandlung Verwundeter hinaus. Ein kleiner Kern ausländischer Mitarbeiter koordinierte mit Hilfe mehrerer hundert einheimischer Angestellter im ganzen Land ein breites Spektrum medizinischer und anderer Hilfsaktivitäten.

Sie betrieben in den wichtigsten Städten und ihrer Umgebung mobile Kliniken, Erste-Hilfe-Stationen und orthopädische Zentren für die Minenopfer, verteilten Wasser, Lebensmittel und dringend benötigte Hilfsgüter an Tausende von Flüchtlingsfamilien, leiteten Botschaften zwischen Kriegsgefangenen und ihren Familien weiter und schickten Vertreter zu den Anführern der Konfliktparteien, um für die Einhaltung des Kriegsrechts zu werben.

Die Büros des Roten Kreuzes dienten auch als Nachrichten- und Informationszentren für die ausländischen Regierungsvertreter und Journalisten, die auf Besuch im Land waren. Gemäß ihres Rufs als Vertreter einer unerschrockenen humanitären Gesinnung behauptete sich die Zentrale entschlossen mitten im Kriegsgebiet. Damit hob sich das Rote Kreuz mutig gegen die Vereinten Nationen ab, deren Aktivitäten in Afghanistan von Pakistan aus dirigiert wurden – absurderweise, wie einige kritische Stimmen meinten.

Ich machte mich auf den Weg zu einem Treffen mit Peter Stocker, dem Leiter des Roten Kreuzes, um mich zu bedanken, weil er mir freundlicherweise gestattet hatte, mich einem Flug mit Hilfsgütern auf dem Weg in die Hauptstadt anzuschließen. An diesem Nachmittag trat ich von der staubigen Straße in einen Hof voller glänzender weißer Jeeps, die mit roten Kreuzen bemalt waren. In den gepflegten Blumenbeeten flatterten die letzten Rosenblätter des Jahres zu Boden und gruppierten sich zu weiß-roten Mustern. Ein Generator summte in einem Schuppen, in den Büros flakkerten die Computerbildschirme, und aus den Funkgeräten drangen knisternd die Nachrichten vom Tage. Ich fragte eine afghanische Sekretärin, ob ich meiner Familie eine Nachricht übermitteln dürfe, worauf sie mich in den Funkraum im Keller des Gebäudes führte. Der Funker, ein ehemaliger afghanischer Pilot, der in Amerika ausgebildet worden war, bot mir Tee an. Wir saßen wie in einem Cockpit nebeneinander, umgeben von blinkenden Schaltpulten, während er meinen Brief so sorgsam in das Fax legte, als handle es sich um Blattgold.

Wir schüttelten uns die Hände, während das Fax eingelesen wurde, und ich staunte über die Technik, die seinen langen Weg erst möglich machte. Je einsamer man sich fühlt, desto wundersamer erscheint einem die Technik. Ich war voller Ehrfurcht bei dem Gedanken daran, wie diese handgeschriebene Botschaft hoch oben im Weltall von einem Satelliten weitergeleitet und in einem Tausende von Kilometern entfernten gemütlichen Haus wieder ausgespuckt wurde.

Anschließend ging ich zurück nach oben und suchte das Büro des Leiters auf. Peter Stocker hatte sowohl die Statur als auch die Ernsthaftigkeit eines Opernsängers; sein Gesicht indes – breit, sonnengebräunt und von einer respektgebietenden Melancholie überschattet – erinnerte mich an einen Bluthund. Seine Augen waren dunkel und wach. Er trug ein buntes Seidentuch um den Hals, und an einem Haken hinter seinem Schreibtisch hingen ein teurer dunkelgrüner Filzhut und ein Kaschmirmantel. Ich mußte an Orson Welles in dem Film *Der dritte Mann* denken.

Ich erzählte ihm, wo ich wohnte, und er erkundigte sich sogleich nach Tim. Ich erwiderte, ich hätte das Gefühl, daß Tim allmählich seine Belastungsgrenze erreicht habe und eine Pause brauche.

»Ach«, erwiderte er feierlich, als hätte ich ein Thema von zentraler Bedeutung angeschnitten, und zündete sich eine Zigarette an. Ein Rauchkringel schwebte langsam nach oben. »Wenn ein Mann nicht an seine Grenzen stößt«, sagte er mit einem sanft fragenden Blick, »wie soll es ihm dann je gelingen, sie zu überwinden?«

Ich fand ihn auf Anhieb sympathisch. Eigentlich hatte ich erwartet, mit endlosen und unverständlichen Statistiken überhäuft zu werden, und nun saß ich einem Mann gegenüber, der die Weisheiten eines Orakels von sich gab. Er fragte mich, was für ein Buch ich schreiben wolle, und ich erklärte, daß dies von den Ereignissen selbst abhängen würde. Auch hier war ich auf die üblichen fragenden Blicke vorbereitet, aber er zeigte sogleich Verständnis und sagte, er halte das für einen ausgezeichneten Plan.

»Es wird auch höchste Zeit, daß jemand so etwas endlich einmal tut«, meinte er. Mit der ihm eigenen Großmut fügte er hinzu, daß er mir liebend gern helfen würde, falls ich einen Platz in einem Rot-Kreuz-Flug zu einer anderen Stadt benötigte. Wir vereinbarten, uns noch diese Woche zum Abendessen zu treffen. Ich verließ das Büro, bezaubert und beeindruckt von diesem Mann, der sich wie ein europäischer Adeliger aus dem achtzehnten Jahrhundert kleidete und den seine Bewunderer auch den »Papst von Kabul« nannten. Es gab nicht viele Menschen, die schmuddeligen Besuchern so vorbehaltlos ihre Hilfe anboten.

Dieser offene und großzügige Geist stand ganz im Einklang mit den örtlichen Verhältnissen. Zum einen lag dies an der ansteckenden Freundlichkeit der Afghanen im allgemeinen, die auch die dort lebenden Ausländer, wie verwundbar und isoliert sie sich auch fühlen mochten, dazu brachte, aus sich herauszugehen. Zum anderen aber war es auch nur ganz natürlich, so meine Vermutung, daß Menschen, die sich in den Wirren eines Krieges begegnen, eine größere Aufgeschlossenheit an den Tag legten als im Alltag. Ich mußte an Studien denken, die ergeben hatten, daß die Zahl an psychisch Kranken in einer Gesellschaft während eines Krieges auf einen Bruchteil der Erkrankungen in Friedenszeiten zurückgeht.

Tatsächlich gab es, psychologisch gesehen, zwei fixe Bezugspunkte, die uns zur Orientierung dienten: Die Stadt konnte jeden Augenblick eingenommen werden, und ausnahmslos jeder konnte den wahllos einschlagenden Raketen zum Opfer fallen. Es gab keinen Tag, an dem die Geschosse nicht irgendwo in der Stadt unvermittelt niedergingen. Das enge Beziehungsgeflecht der traditionellen afghanischen Gesellschaft führte dazu, daß es immer jemanden im Bekanntenkreis gab, der eines oder mehrere der Opfer gekannt hatte, so daß uns jeder Verlust persönlich berührte.

Die Erfahrung, bei einem Raketenangriff davongekommen zu sein, entwickelte sich mit der Zeit zu einem normalen, wenn auch erschreckenden Bestandteil des Alltags. Jeder war schon einmal knapp dem Tod entronnen, auch wenn diese Begegnungen mit der eigenen Sterblichkeit kaum je erwähnt wurden. Sie brannten sich jedoch unauslöschlich in unser Gedächtnis ein.

Ich lief oft allein durch die breiten Straßen der Neustadt, nickte den anderen Passanten lächelnd zu oder wehrte eine Schar von Kindern ab, die meinen Weg schon kannten und mich fröhlich mit lauten Bitten um Kleingeld aus dem Hinterhalt überfielen. Fast jedesmal schallte irgendwann das gedämpfte Krachen angreifender Raketen von den Bergen zu uns herüber.

In solchen Augenblicken erstarrten meine Gedanken stets, wie wenn ein Hase in den Lichtstrahl eines Scheinwerfers gerät. Die Welt kam mir dann auf einmal wie ein Traum vor, und eine Vielzahl an Stimmen wurde in mir laut, von denen jede wütend eine andere Alternative vertrat. Da gab es zum einen die Stimme der Angst, die mich drängte, einen Graben, eine Türöffnung oder einen Baum zu suchen, um mich zu verstecken. Doch wenn ich mich dann umsah in der Erwartung, meinen eigenen Fluchtimpuls in den anderen Passanten widergespiegelt zu sehen, durchbohrte mich eine brennende Scham. Keine Menschenseele machte Anstalten zu fliehen, ganz zu schweigen davon, sich zu verstecken. Die Männer und Frauen gingen vielmehr in unverändertem Tempo weiter ihres Wegs, grüßten Freunde oder plauderten, als hätten sie nichts gehört. Bei diesem Anblick war es so gut wie unmöglich, es ihnen nicht gleichzutun.

Zwischen diesen widersprüchlichen Impulsen verschaffte sich zu guter Letzt noch die Stimme des Intellekts Gehör und bemühte sich innerhalb der winzigen Zeitspanne, die zur Verfügung stand, einen Kompromiß zwischen den beiden anderen zu finden. Dieser innere Dialog spielte sich ungefähr wie folgt ab: »Wenn du hier stehst, während eine Rakete in der Nähe landet, wirst du getötet. Aber du bist zu stolz, um in Deckung zu gehen. Gleichzeitig bist du nicht so stolz wie diese Afghanen. Wie wäre es also, wenn du in eine der von Ost nach West verlaufenden Straßen abbiegst, in denen das Risiko, getroffen zu werden, etwas kleiner ist? Du hast noch vier Sekunden Zeit ...« Angst, Stolz, nüchternes Kalkül: All das schoß mir in den paar Sekunden quälender Ungewißheit durch den Kopf – ein fast schon surreales Gefühl.

Dann kam meistens das Krachen der Explosionen, manchmal weit entfernt, manchmal auch ganz in der Nähe. Als ich einmal im Stadtzentrum in einer Türöffnung anhielt, unter dem Vorwand, mir (mit leicht zitternden Fingern) die Schuhe zuzubinden, stieg aus einem getroffenen Gebäude in der Nähe eine Fontäne aus Rauch und Geröll empor. Ein paar Männer fielen von ihren Rädern, klopften sich den Schmutz von den Kleidern und setzten dann ihren Weg fort. Doch nie ging jemand in Deckung.

Ich war überrascht, wie schnell das Leben wieder seinen gewohnten Gang nahm, nachdem der Tod an öffentlichen Orten zugeschlagen hatte. Innerhalb von Minuten herrschte überall wieder die gewohnte Betriebsamkeit. Die Menschen widmeten sich erneut ihren Aufgaben, und das einzige, was sich verändert hatte, war ein neuer Krater irgendwo in der Stadt sowie ein oder zwei ausgelöschte Leben.

Wenn nach derartigen Vorfällen eine Welle der Erleichterung in mir aufstieg, fragte ich mich oft, was es diesen Menschen nur ermöglichte, ihrem Schicksal so gelassen zu begegnen. Unwillkürlich mußte ich an die Rehabilitationszentren denken, die im Jahr zuvor in den USA für die zivilen Opfer des Bombenattentats auf das Bundesgebäude in Oklahoma City eingerichtet worden waren – nicht für die Verletzten, sondern für jene, die durch den Anblick des zerstörten Gebäudes nach dem Anschlag traumatisiert worden waren.

Wie viele andere stellte auch ich mir die Frage, was diesen Leuten ihre Kraft gab. Auf der Suche nach einer Antwort ging ich in Gedanken die übliche Liste durch: War es der kollektive Geist des Widerstands, der sich so tief in die Kultur eingeprägt hatte, daß für normale Furcht kein Raum mehr blieb? Handelte es sich um den Fatalismus von Menschen, die daran glaubten, daß alle Dinge von oben bestimmt wurden, und deswegen bereit waren, ihr Schicksal in Allahs Hand zu legen? War es einfach die Gleichgültigkeit der Kriegsmüden? Oder die nackte Not, die diese Menschen wieder auf die Straßen trieb, und der unbarmherzige Druck, sich pausenlos abzumühen, um zu überleben, Geld zu verdienen, die Kinder zu ernähren?

Vielleicht trafen all diese Erklärungen zu, vielleicht keine davon; es war jedenfalls unmöglich, sich von dieser Haltung nicht anstecken zu lassen. Eines Morgens – ich saß gerade auf der Terrasse und schrieb – wurde die Erde von einer heftigen Explosion erschüttert. Wir wußten sofort, daß es sich um einen Granateinschlag in der Nähe handeln mußte. Ich zwängte mich mit Tim und Craig in den Wagen, und wenige Minuten später hatten wir die Stelle in einer normalerweise ruhigen Straße nur wenige Häuserblocks von unserem Haus entfernt erreicht.

Mitten auf der Straße standen zahlreiche Männer um einen Krater von drei Metern Durchmesser herum. Überall lagen Glasscherben und große Asphaltstücke. Rechts und links der Straße befanden sich einige kleine Läden, deren Fenster nach innen gedrückt worden waren. Jemand hatte eine Handvoll Sand über einen Blutfleck gestreut. Ich zog einen verbogenen, dicken Schrapnellsplitter aus einer Wand. Wir hörten von zwei toten Kindern; eines war verletzt. Tim fuhr mit den anderen zum Krankenhaus, während ich mich zu Fuß auf den Heimweg machte.

Instinktiv hielt ich mich dicht am Randstein auf der südlichen Seite der Straße. Ich wünschte mir nichts sehnlicher, als mich im Schatten der Mauern zu verstecken, und kämpfte mit äußerst verwirrenden Gefühlen. Da sah ich etwa hundert Meter vor mir einen Mann winken.

Es war der junge Soldat, der gegenüber unserem Haus Wache hielt. Er hatte das Gewehr über die Schulter gelegt und gestikulierte eifrig. Verwundert blieb ich stehen. Dann sah ich seine weißen Zähne und sein breites Lächeln und begriff, daß er mich dazu aufforderte, aus dem Schatten hervorzutreten und hocherhobenen Hauptes mitten auf der Straße zu laufen.

Ermutigt von dieser Protesthaltung, verließ ich kurz darauf den Schutz des Gartens und setzte mich auf den Balkon im ersten Stock, um im Sonnenlicht in mein Tagebuch zu schreiben. Der junge Wachposten sah mich von der Straße aus. Er zeigte mit den Handflächen in einer jubelnden Geste erst zur Sonne, dann zu mir, dann zum Himmel über uns und hob den Daumen, als wolle er sagen: »Jetzt hast du's kapiert!«

Die Nächte waren lang und wurden zusehends kälter. Abends nutzten wir die Freiheiten, die wir als Ausländer genossen, und besuchten andere Kollegen, meist jene, die dem Vernehmen nach noch über Whiskyvorräte verfügten. Wir kauerten uns um kleine Öfen oder offene Kamine und spekulierten stundenlang mit der Autorität von kriegserprobten Marschällen über die militärische Situation.

»Masud muß eine zweite Front im Westen eröffnen.«

»Dafür hat er nicht genug Männer – es sei denn, Dostum willigt ein, auf seiner Seite zu kämpfen.«

»Wenn die Taliban Kabul erobern, sind sie eine Woche später auch in Masar.«

»Sie mögen Kabul vielleicht erobern, aber niemals das Pandschir-Tal.«

Wir erzählten Geschichten über die jüngsten Ereignisse – je abenteuerlicher, desto besser. Tim war Experte in dieser Kunst und erzählte uns eines Abends seine neueste Anekdote. Ein hervorragender Pilot von einer feindlichen Gruppe im Norden hatte den Auftrag erhalten, ein Bauprojekt der afghanischen Regierung in den Bergen nahe der Grenze zu Tadschikistan zu zerstören. Auf dem Flug erspähte er von seinem Cockpit aus eine frisch ausgehobene Baugrube, eine Planierraupe sowie zahlreiche Arbeiter und feuerte sofort los. Zurück im Stützpunkt berichtete er von seiner erfolgreichen Aktion, worauf er wie ein Held gefeiert und für eine Medaille vorgeschlagen wurde – bis am nächsten Tag der Botschafter von Tadschikistan anrief und sich wutschnaubend erkundigte, warum ein afghanischer Jet einen zivilen Straßenbautrupp angegriffen habe.

Dann gab es eine unglaubliche, allerdings gar nicht so unwahrscheinliche Geschichte, wie Masud mit einem seiner Kommandanten der südlichen Front einen Besuch abgestattet hatte. Sie waren irgendwo mit ihrem Jeep falsch abgebogen, hatten sich verfahren und standen auf einmal unbewaffnet mitten in einer Festung der Taliban.

Obwohl diese Masud sofort erkannten und er sich dem fast sicheren Tod gegenübersah, verlangte er selbstbewußt, den Anführer des Postens zu sprechen. Seine Gastgeber waren so verdutzt über das unvermutete Erscheinen ihres Erzfeindes, daß sie ihm ohne Widerspruch gehorchten. Berichten zufolge kam es daraufhin zu einem höflichen Austausch zwischen den beiden Befehlshabern. Die Dauer ihres Treffens entsprach zwar den üblichen Sitten, war aber gleichzeitig kurz genug, um die Taliban nicht merken zu lassen, daß es sich bei Masuds Besuch um eine unglaubliche Panne handelte.

Ein anderer Gast erwähnte den kürzlichen Besuch der amerikanischen Außenministerin, die so schlecht über die Vorkommnisse im Land informiert gewesen sei, daß er ihr die Namen der verschiedenen afghanischen Parteien habe erklären müssen. Wieder einer erzählte von seiner Reise nach Kandahar, dem Hauptsitz der Taliban im Süden. Er hatte dort eigentlich eine Dokumentation drehen wollen, doch da Kameras verboten waren, durfte er lediglich ein Stück Mauer filmen. Dann erinnerte jemand an einen italienischen Fotografen, der vor einigen Jahren in Kabul gewesen war. Er hatte an einem Seminar für Journalisten über die Sicherheit in Kriegsgebieten teilgenommen und war ums Leben gekommen, als er unglücklich aus dem Jeep seines Ausbilders stürzte. Man brauchte solch haarsträubende Geschichten nicht zu erfinden: Am Tag zuvor wollte ein Kollege ein Feuer in seinem Kamin anzünden, nur um nach mehreren vergeblichen Versuchen festzustellen, daß der Abzug von einem geheimen Waffenversteck mit mehreren scharfen Granaten verstopft war…

Ich erlebte eine unerwartet gesellige Zeit; an mehreren Abenden versammelten wir uns um ein Feuer im Haus des BBC-Korrespondenten und tranken Cocktails mit englischen Soldaten, die für ein Minenräumkommando arbeiteten und sich äußerst distinguiert ausdrückten. Ich erzählte einem von ihnen – einem ehemaligen Offizier des Garderegiments – von meinem Vorhaben, ein Buch über Afghanistan zu schreiben.

»Faszinierend«, meinte er. »Aber warum?«

Wir organisierten ein nächtliches Pokerspiel mit den amerikanischen Mitarbeitern der Vereinten Nationen, wärmten zahlreiche Flaschen aus den Rotweinvorräten des türkischen Botschafters an seinem elektrischen Heizofen und wurden bei einer ziemlich zügellosen, von französischen Ärzten organisierten Feier, wo bis in die frühen Morgenstunden immer neue Cannabisrauchschwaden durch die Räume zogen, mit exotisch schmeckenden Drinks abgefüllt.

Das alles kam für mich völlig unerwartet, und ich amüsierte mich auch sehr gut dabei; dennoch spürte ich, wie ich unter diesem Einfluß allmählich verweichlichte. Ich fürchtete, meine eigentlichen Pläne aus den Augen zu verlieren und verwöhnt zu werden durch ein Leben, gegen das die nächsten Etappen meiner Reise nur um so beschwerlicher sein würden. Als ich eines Nachts durch die stillen Straßen, die im eisigen Hauch des Mondlichts völlig verlassen waren, nach Hause lief, überkam mich plötzlich das Verlangen, das Vertraute hinter mir zu lassen und so bald wie möglich die ländlichen Gebiete aufzusuchen. Es war höchste Zeit, mich von diesem Luxus zu verabschieden und mit der Planung meiner Reiseroute zu beginnen.

Im Grunde gab es nur einen Weg aus der Stadt, und zwar in Richtung Norden. Ich breitete meine Landkarten auf dem Boden aus. Die normale Straße wurde bei dem berühmten Salang-Tunnel von Dostums Truppen blockiert. Die Alternative war der Weg durch die Berge, über die weitaus ältere Strecke durch die Täler von Pandschir, Mundschan und Koktscha. Alexander hatte diesen Weg genommen, ebenso Marco Polo, Timur, Babur und die glücklosen Lastwagenkonvois der Roten Armee. Zumindest geschichtlich gesehen, würde ich mich also in interessanter Gesellschaft befinden.

Dazu mußte ich mich zunächst ins Pandschir-Tal begeben, das achtzig Kilometer nördlich von Kabul beginnt, und dann zu Fuß den ganzen Weg bis nach Faisabad im Norden zurücklegen. Dann könnte ich den Weg Richtung Westen einschlagen, nach Masar-i Scharif, der regionalen Hauptstadt nahe der Grenze zu Usbekistan. Dazu würde ich die Front kreuzen müssen: Masar befand sich in feindlicher Hand, und irgendwo dort im Gewirr der Berge standen sich die Streitkräfte der Regierung und die usbekischen »Wölfe« gegenüber. Aber wie kreuzte man eine Front? Bat man um Erlaubnis? Marschierte man einfach hindurch? Würde ich eine Art von Passierschein benötigen? Doch sämtliche Leute, die ich danach fragte, wußten noch weniger darüber als ich.

Die Orte entlang der Strecke trugen in jeder Karte andere Namen. Auf den afghanischen Karten entdeckte ich Dörfer, die auf meinen eigenen Karten gar nicht verzeichnet waren. Und auf meinen eigenen Karten – detailreiche, topographische Karten mit dem Aufdruck »Nach Gebrauch vernichten« – tauchten wiederum Namen auf, von denen kein Afghane je gehört hatte.

Ich hatte noch keinen Führer, und unterwegs gab es keine Hotels oder Herbergen zum Übernachten. Niemand würde Englisch sprechen, es würde kalt sein, und die Pässe lagen sehr hoch. Dazu kamen noch der Krieg sowie vollkommene Gesetzlosigkeit – alles in allem also die perfekten Bedingungen für eine wagemutige Expedition. Da ich dringend Rat brauchte, empfahl man mir, einem Mann namens Kommandant Muslim einen Besuch abzustatten.

Ich traf ihn, als er bei einem Händler in einer nahe gelegenen Straße Gemüse einkaufte. Er trug Badeschlappen und eine amerikanische Armeejacke über seinem Schalwar, führte ein rauschendes Funksprechgerät mit sich und drückte mich nach afghanischer Sitte in einer festen Umarmung an seine Brust. Man würde niemals vermuten, daß dieser stämmige Mann mit dem großen runden Gesicht und dem munteren, ausgeglichenen Lächeln fast sein ganzes Erwachsenenleben damit verbracht hatte, Russen zu töten. Nachdem er fast zehn Jahre lang täglich Gefechte in seinem Heimatgebiet im Pandschir-Tal miterlebt hatte, gehörte er nun, mit Anfang Vierzig, zu den wenigen ranghöheren Offizieren Masuds, die überlebt hatten.

Das Pandschir-Tal hatte sich aufgrund seines Widerstands während der sowjetischen Besatzung zu einem fast legendären Ort entwickelt. In den Kriegsberichten sowjetischer Soldaten hat der Name heutzutage einen ähnlich bitteren Beigeschmack wie Tet oder Da Nang bei den Amerikanern. In den achtziger Jahren hatten die Sowjets zehn ausgedehnte Offensiven in das Tal unternommen, mit Tausenden von Soldaten und Hunderten von Panzern und Panzerfahrzeugen – es waren die umfassendsten und blutigsten Kampfhandlungen der Roten Armee seit dem Zweiten Weltkrieg. Kommandant Muslim hatte während jener Jahre die Aufgabe, Panzerabwehrminen so zu verteilen, daß die feindlichen Konvois in kleinere Gruppen versprengt wurden, die man mit den leichtbewaffneten Einheiten der Mudschaheddin besser angreifen konnte. Über die Jahre hinweg waren diese ursprünglichen Einheiten unter der Führung erfahrener Männer, die Afghanistan noch vor dem Krieg gekannt hatten, grausam dezimiert worden. Nur eine Handvoll der alten Krieger überlebte; mittlerweile überließ man das Kämpfen größtenteils jüngeren Männern.

Er führte mich in sein Haus, scheuchte die Kinder in verschiedene Zimmer und lauschte aufmerksam meinen Plänen. Ein vierjähriges Kind brachte Gläser mit Mangosaft. Wir gingen die verschiedenen Strecken durch und überlegten, wie lange es wohl dauern würde, um bis in den Norden nach Faisabad zu kommen. Er schätzte zehn Tage und versprach, er würde sich nach einem einheimischen Führer umhören und einige Empfehlungsschreiben für mich aufsetzen lassen. Dann versicherte er mir noch, daß bestimmt alles gutgehen würde – es sei die perfekte Jahreszeit für eine Reise in den Norden. Ich verließ sein Haus, zutiefst beeindruckt, daß dieser unbesungene Krieger, bei dem es täglich um Leben und Tod ging, sich so ausgiebig um die trivialen Wünsche eines ignoranten ausländischen Besuchers kümmerte.

Am folgenden Tag klopfte der erste Bewerber an unser Tor, ein kleiner, drahtiger Tadschike in den Vierzigern, der kein Englisch sprach. Zufällig erinnerte mich sein Gesicht an einen Jungen namens Geoffrey Cox, der mich in der Schule immer schikaniert hatte, ein sechsjähriger Tyrann, vor dem ich mich vor zwanzig Jahren sehr gefürchtet hatte. Der Tadschike stand nervös vor mir, während ich versuchte, aus ihm schlau zu werden.

»Also, Sie wollen nach Faisabad reisen?«

»Ja, Sahib«, versicherte er mit viel zu ernster Miene.

»Ein bißchen aus der Stadt herauskommen?«

»Genau, Sahib.« Seine Begeisterung wirkte nicht gerade überzeugend.

»Also gut. Und was machen wir damit?« Ich zerrte meinen Rucksack hervor. Er war fast so groß wie der Tadschike und so schwer wie ein Kühlschrank. Der Mann betrachtete ihn einen Augenblick lang und stemmte ihn dann heldenhaft auf seinen Rücken.

»*Chub ast*. Das geht schon«, sagte er. Doch das sagen Afghanen immer, wenn die Dinge besonders schlecht stehen. Ich versuchte, ihn mir bei der Überquerung des Andschuman-Passes vorzustellen, auf 4500 Meter Höhe.

»Ist das nicht ein bißchen schwer für Sie?«

Er klopfte auf seine Storchenbeine und versuchte, mich

zu überzeugen, daß das kein Problem für ihn sei. Ich hatte das Gefühl, er würde eher sterben als zugeben, daß er mein Bündel kaum tragen konnte, was jedoch ganz offensichtlich der Fall war.

Blieb die Frage nach dem Geld. Dieser Teil der Verhandlung mißfiel mir außerordentlich. Was wäre eine angemessene Bezahlung für einen erwachsenen Mann, der bereit war, sich unter dem Gewicht der nutzlosen Besitztümer eines Ungläubigen 3000 Kilometer weit durch die gefährlichste Landschaft der Welt zu schleppen?

Wenn ich zuviel bot, würde er die ganze Reise über keine Achtung mehr vor mir haben und mich für einen Idioten halten. Bot ich ihm jedoch zuwenig, wäre er beleidigt und würde abspringen, was sich natürlich sofort herumspräche. Und wenn ich ihm eine nach örtlichen Maßstäben angemessene Summe offerierte, wäre er vermutlich enttäuscht, weil er sich von westlichen Reichtümern ganz andere Dinge versprochen hatte.

»Also, was wäre eine angemessene Bezahlung?« fragte ich ihn.

»Das müssen Sie sagen.«

»Was verlangen Sie am Tag?«

»Das ist Ihre Entscheidung, Sahib.«

So kam ich nicht weiter, und das wußte ich auch. Aber mit diesen unverblümten Versuchen wollte ich die Motivation dieses Mannes taxieren, schließlich hing später vielleicht meine Sicherheit von ihm ab. Ich hatte keine Ahnung, welche Herausforderungen die Reise mit sich bringen würde; ich wußte nur, daß ich beim kleinsten instinktiven Zweifel an einem Bewerber die Mühe nicht scheuen würde, mir jemand anderen zu suchen. Ich nannte einen Preis, von dem ich wußte, daß er zwar angemessen wäre, ihn aber enttäuschen würde.

»Das ist zuwenig, Sahib.«

Mein Reisevorhaben sprach sich rasch herum. Am nächsten Tag kam ein weiterer Bewerber vorbei, ein freundlicher, aber selbstbewußter junger Mann Anfang Zwanzig.

Er schlug vor, den Bus bis ins Pandschir-Tal zu nehmen und den Rest des Weges zu laufen. Dafür erhoffte er sich eine Summe von umgerechnet zehn Dollar am Tag. Nun verfügte ich allerdings nur über ein äußerst knapp bemessenes Reisebudget. Was war, wenn wir unterwegs aufgehalten wurden und das Ganze drei Wochen dauerte? Dann mußte ich ihm fast dreihundert Dollar bezahlen. Selbst ein afghanischer Staatsbeamter verdiente nur zwanzig Dollar im Monat. Ich sagte, ich würde es mir überlegen.

Die Fröhlichkeit des jungen Mannes gefiel mir, doch sein Alter schreckte mich ab. Ich wußte zudem, daß ich es nicht übers Herz bringen würde, einen anderen Menschen meinen Rucksack im Winter über einen Gebirgszug schleppen zu lassen, egal wie willig oder zäh er sein mochte. Ich würde ein Pferd brauchen. Aber ein Pferd ließ sich nicht per Bus bis ins Pandschir-Tal transportieren!

Ich wollte mit einem erfahrenen Gefährten reisen, der wußte, wie man Probleme löste, und für den die Bezahlung nicht das Wichtigste an der Sache war. Diese Männer aus der Stadt waren mir viel zu weich und zu sehr auf das Geld fixiert. Wie würden sie sich verhalten, wenn wir uns verirrten oder von Banditen überfallen wurden? Obwohl ich das Gefühl hatte, undankbar zu sein, wies ich die Bewerber so freundlich wie möglich ab und vertraute bei der Entscheidung lieber meinem Instinkt, der mich wieder auf meinen ursprünglichen Plan zurückwarf: allein den Weg nach Norden einzuschlagen und unterwegs nach einem Führer Ausschau zu halten. Natürlich war dies auch der riskantere Weg. Es galt nun, genau abzuwägen und letztlich ein gewisses Quentchen Vertrauen in den Geist meiner Reise zu beweisen, dem treu zu bleiben ich mir vorgenommen hatte. Ich wollte mich dem Schicksal unterwerfen. »Unterwerfung« heißt auf persisch *taslim*; schlagartig wurde mir klar, daß sich der Begriff von dem Wort »Islam« herleitet.

Später am Tag passierte ich zufällig das Haus, in dem ich vor einigen Tagen den jungen Amrullah kennengelernt hatte, unseren Verbindungsmann zum Verteidigungsministerium. Er winkte mich hinein und lud mich zum Mittagessen ein. Nach traditioneller Sitte saßen wir beim Essen auf dem Boden. Während wir Berge von *palau* vertilgten, fragte er, wie die Vorbereitungen für meine Reise in den Norden vorankämen. Ich erzählte, daß ich ein Problem hätte, weil ich nicht genau wüßte, was mich erwartete.

»Das erinnert mich an eine Passage aus einem Gedicht von Hafis«, sagte ich, »die vielleicht ebensogut zu eurem Kampf paßt wie zu dem meinigen.« Und dann zitierte ich schamlos den Vers, den ich vor langer Zeit für Situationen wie diese auswendig gelernt hatte:

Mag der Weg auch voller Gefahren sein und das Ziel noch weit entfernt,
jede Straße kommt schließlich an ein Ende – darum verzweifle nicht.

Er schwieg einige Sekunden, dann kroch ein leises Lächeln über sein Gesicht, als sei eine Erinnerung in ihm wachgeworden. Auf einmal war die Atmosphäre weniger reserviert, und sein förmliches Benehmen schwand.

»Wissen Sie«, sagte er, »das Traurige am Krieg ist, daß dadurch die alte Art zu reisen in Afghanistan verlorenging. Früher konnte ein Hasara ohne die geringste Angst paschtunisches Gebiet durchqueren. Ein Paschtune konnte durch das Pandschir-Tal reisen und wurde überall gastfreundlich empfangen. Das gleiche galt auch für die Usbeken und die anderen Völker im Norden. Heutzutage ist das nicht mehr möglich. Die Spannungen zwischen den Volksgruppen sind zu groß. Aber vor dem Krieg war das ganz anders. Es gab zwar Differenzen zwischen den Stämmen und natürlich auch ethnische Unterschiede, aber sie waren zweitrangig. Wir waren alle Afghanen, und nur das zählte. Durch den Krieg hat sich alles verändert.«

Er fand eine Landkarte; wir breiteten sie auf dem Tisch aus, um sie zu betrachten. Gemeinsam verfolgten wir die Strecke von Kabul bis nach Faisabad. Dann nahm er ein

Blatt Papier und schrieb die Namen der Orte entlang der Strecke auf, die Reisezeiten und den Preis, den ich für einen Führer einkalkulieren mußte. Genau diese Informationen benötigte ich.

Ich solle als erstes nach Chawak gehen, erklärte er, das sich fast in der Mitte des Pandschir-Tals befand, eine Tagesreise von Kabul entfernt. Dort gäbe es einen Pferdemarkt, wo ich mich nach einem Führer erkundigen könne. Von Chawak aus, das auch den Endpunkt der befahrbaren Straße markiere, solle ich nach Kurpetab gehen. Nach einem Tag würde ich dann Schalsor erreichen, am Fuße des Andschuman-Passes. Vom Paß aus brauche man einen Tag bis nach Wuschti, und anschließend ginge es weiter nach Eskasar. Dort teile sich das Tal.

Ein Weg führe nach Nuristan, ein anderer nach China, der dritte nach Tadschikistan. Ich solle den nördlichen Weg einschlagen, durch die Gebiete der berühmten Lapislazuli-Minen, bis nach Dschurm, wo die Straße wieder beginne. Von dort aus sei es kein Problem, nach Baharak zu gelangen und danach nach Faisabad. Nach Faisabad beginne das Gebiet einer gegnerischen Regierung; dort könne er mir nicht mehr weiterhelfen, erklärte er. Die Reise würde etwa eine Woche dauern, vielleicht zehn Tage. Es klang alles ganz einfach.

Die Namen schwirrten wie Vögel durch meinen Kopf. Ich hatte mich schon oft gefragt, ob ich diese Orte tatsächlich einmal sehen würde, und nun schien sich mein Wunsch doch noch zu erfüllen.

»Ich bin froh, daß Sie diese Reise unternehmen«, sagte er und faltete die Karte zusammen. »Auf diese Weise bekommen Sie vielleicht einen Eindruck vom echten Afghanistan.«

Ich dankte ihm für all seine Ratschläge. Sein Tonfall änderte sich jedoch, als ich aufbrach.

»Im Norden sollten Sie vorsichtig sein«, warnte er und erklärte, daß russische Kampfjets erst kürzlich eine Reihe von Siedlungen im Umkreis von Faisabad bombardiert hätten.

Bestimmte Mudschaheddin-Gruppierungen hätten sich mit den Tadschiken jenseits der Grenze zu Tadschikistan verbündet und bereiteten den Exkommunisten einige Probleme. Wenn die Russen ihre Mißbilligung zum Ausdruck bringen wollten, schickten sie Jets aus Duschanbe, der tadschikischen Hauptstadt, um einige geeignete Ziele unter Beschuß zu nehmen. Ich folgte seinen Ausführungen nur mit halbem Ohr und überlegte währenddessen, wie man es wohl am besten anstellte, »vorsichtig« zu sein.

»Da ist noch etwas«, fügte er hinzu.

»Ja?«

»Uns sind Gerüchte von einigen anderen Ausländern in der Gegend zugetragen worden.«

»Oh, wie schön«, sagte ich, »vielleicht begegne ich ihnen ja.«

»Wir glauben, sie könnten vielleicht …« Er zögerte.

»… Engländer sein?«

»Nein, entführt.«

»Oh.«

»Aber Ihnen wird bestimmt nichts passieren.«

»Ja.«

Danach lösten sich all meine Probleme wie durch Zauberhand. Ich begegnete zufällig einem anderen Mann aus dem Pandschir-Tal, der mir den Namen eines Freundes in seinem Heimatdorf nannte. Er meinte, dieser würde mir bei der Suche nach einem Führer sicher behilflich sein. Später am Tag traf ich einen jungen Franzosen, der für die Organisation Médecins du Monde arbeitete. Einer ihrer Ärzte wollte in einigen Tagen ins Pandschir-Tal aufbrechen und konnte mich vielleicht mitnehmen. Ich eilte zur französischen Gesandtschaft – tatsächlich würde in ein oder zwei Tagen ein Lkw die Stadt verlassen. Der zuständige Arzt namens Guillaume meinte, er würde sich sehr freuen, wenn ich mich ihm anschloß. Er war überaus zuvorkommend und lud mich ein, gegen sechs Uhr auf einen Aperitif vorbeizukommen.

Am nächsten Morgen ergab sich die Gelegenheit zu einem Besuch an der Front im Westen – etwas, das ich insgeheim zu vermeiden gehofft hatte. Ich war zwar neugierig, wie es an der Front aussah, aber nicht neugierig genug, um mich dafür gern in Gefahr zu begeben. Eine Absage hätte jedoch bedeutet, mich gegen den Geist zu stellen, der uns alle vereinte.

Es war wieder einmal ein wunderschöner Morgen. Hinter den Bergen, wo über Nacht die höheren Gipfel eine dünne Schneeschicht überzogen hatte, zogen einige zerstreute Wattewolken dahin. Drachen tanzten am Himmel, während wir in einem klapprigen russischen Wolga gen Westen fuhren.

Außer Craig und mir war noch der australische Korrespondent Tony Davies an Bord. Nachdem wir das vertraute Netz der Straßen verlassen hatten, in denen wir uns tagsüber meist bewegten, stieg allmählich Unsicherheit in uns auf, und wir lenkten uns die ganze Fahrt über mit nervösen Scherzen ab. Einmal hielten wir an und kauften Benzin, das in Kanistern in kleinen Hütten am Straßenrand feilgeboten wurde. Der Preis war so hoch und das Auto so altersschwach, daß wir im Spaß überlegten, uns für das Geld lieber einen Esel zu kaufen. Als der Fahrer unser Gelächter hörte, stimmte er ebenfalls mit ein, obwohl er kein Wort verstanden hatte. Er war wegen der vor uns liegenden Fahrt ebenso nervös wie wir. Ein Jeep, voll besetzt mit schwerbewaffneten, finster blickenden Mudschaheddin, fuhr an uns vorbei. In der Windschutzscheibe, genau auf der Höhe des Fahrers, klaffte ein Einschußloch.

Die Straße Richtung Westen war auf beiden Seiten kilometerweit von alten Lastwagencontainern gesäumt, die zu winzigen Läden umgebaut worden waren. Am Straßenrand zogen Scharen von Menschen dahin. Wir sahen Frauen in gelben, hellblauen oder lilafarbenen Burkas. Unter dem kaputten Rückfenster eines dreißig Jahre alten Mercedes-Busses fiel mir das Bild eines fünfjährigen Mädchens mit europäischen Gesichtszügen und einem Kätzchen auf dem

Arm ins Auge. An den Seiten des Busses prangten großflächige Rosengirlanden und ein Mercedes-Logo, oben zog sich in großen Buchstaben die Aufschrift »König der Straße« und »Vertraue auf Gott« entlang. An der Karosserie hingen lange Ketten aus Metallstückchen, die wie Nomadenschmuck aussahen und klirrend hin und her schwangen, als der Bus uns passierte.

An einer Kreuzung mit einem Verkehrspolizisten, der die Hände in den Taschen verborgen hatte, bogen wir nach Westen ab und schlängelten uns durch ein Meer verbeulter Taxis und Fahrräder die Straße nach Paghman entlang, einst ein beliebter königlicher Vergnügungs- und Picknickort. Wir krochen mit nur etwa fünfundzwanzig Stundenkilometern dahin. Während wir die Stadt hinter uns ließen, wurde der Verkehr dünner, und auch die Menschenmenge versiegte, je weiter wir uns vom Stadtzentrum entfernten.

Bald waren wir von den zerstörten westlichen Vororten umgeben und begegneten nur gelegentlich einem Auto aus der entgegengesetzten Richtung. Dann gab es überhaupt keine anderen Fahrzeuge mehr; wir passierten einen letzten Kontrollpunkt, wo die Soldaten uns ohne ein Lächeln durchwinkten. Mein Kompaß zeigte 280 Grad an. Allmählich blieben auch die Ruinen aus, und wir kamen an den ersten Dörfern vorbei, die sich in die Falten der schokoladenbraunen Hügel schmiegten, die Terrassen gesprenkelt von den Büscheln herbstlicher Blüten.

Die Straße stieg nun langsam an und führte auf einen Erdwall, der mit Bombenkratern übersät war. Nur einige wenige Spuren erinnerten an sein ursprüngliches Aussehen. Auf beiden Seiten lagen die ausgebrannten Gerippe von Panzern und Militärfahrzeugen herum. Zwei ältere Männer mit weißen Bärten, Turbanen und Säcken über der Schulter kamen uns entgegen, ohne unser Auto zu beachten. Wir waren das einzige Gefährt auf der einzigen Straße weit und breit und fühlten uns unangenehm exponiert. Der Fahrer bat einen von uns um eine Zigarette. Auch er lächelte nicht mehr. Er fuhr vor Angst immer schneller, und bei jeder Unebenheit klapperten die Werkzeuge in seinem Kofferraum.

Wir bogen an einem zerstörten Haus von der Straße ab; weiter wollte er nicht fahren. Er verzog sich rauchend in den Schatten einer zerfallenen Mauer, während wir den Abhang hinaufmarschierten. Die schnurgerade, staubige Straße führte direkt nach Westen, und nach wenigen Schritten schon hörten wir die ersten Explosionen, die dumpfen Schläge und das Krachen der angreifenden Artillerie etwa einen halben Kilometer von uns entfernt. Die Luft war rein und klar. Ein Stück zu unserer Linken befand sich eine Reihe von Panzern, die in den Hang eingegraben waren, und etwas weiter dahinter stieg von einem getroffenen Ziel eine Rauchwolke auf.

Zweihundert Meter weiter, kurz vor dem Bergkamm, verließen wir die Straße und näherten uns einem nahe gelegenen Panzer mit einem Dutzend Männer davor, während wir einen weiteren Donnerknall und das Heulen einer verirrten Granate hörten. Tony bezeichnete es als »Aufweck«-Beschuß, und in der Tat: Wir waren hellwach.

Wir gingen über einen Teppich aus leeren Geschoßhülsen auf die Männer zu, die uns in ihrer jämmerlichen Stellung willkommen hießen. Auf dem Berg gab es keine natürliche Deckung, nur einen langen Erdwall, ein bis zwei Meter hoch, auf dem einige junge Männer standen und fröhlich auf die Taliban zeigten, die sich direkt hinter dem nächsten Gebirgskamm befanden. Ihr einziger Schutz war ein winziger Erdbunker mit einem Dach aus jungen Weidenstämmen. Der Raum war nur knapp einen Meter hoch; von der Decke hing eine trübe leuchtende Öllampe. Ich empfand tiefes Mitleid mit ihnen. Die Jüngsten waren etwa sechzehn Jahre alt; sie hatten noch nie so etwas wie Frieden erlebt.

Wieder ertönte ein wütendes Krachen, gefolgt von dem melodischen Surren eines Schrapnells. Das Echo hallte von den Bergen wider. Die anderen achteten nicht weiter darauf. Ihr Kommandant trug eine dicke, sandfarbene Uniform und rief immer wieder in sein Walky-Talky: »*Palan scher palang, meschinawi?* Schneeleopard, hören Sie mich?«

Ich konnte hören, wie mein Atem flacher wurde.

»Wie stehen die Dinge hier?« fragte ich einen der Männer.

»*Indscha chub ast*«, erwiderte einer der jüngeren Soldaten: Das hier ist ein guter Ort.

»*Aram ast?* Ist es ruhig hier?«

»*Aram ast, aram!*« antworteten sie einstimmig und lachten, als ich beim Krachen einer Granatenexplosion im Tal zusammenzuckte. Wir rauchten gemeinsam eine Zigarette, während sie die sich drehenden Rädchen meines Aufnahmegeräts studierten. Sie schlugen vor, ich solle ein paar Fotos von ihnen machen, wie sie auf dem Panzer saßen.

Man hörte einen weiteren dumpfen Schlag, und wenige hundert Meter entfernt stieg eine Phosphorrauchwolke auf. Mir wurde ein wenig übel. Am liebsten wäre ich in Deckung gegangen, denn hier waren wir vollkommen preisgegeben, ohne den geringsten Schutz gegen die Granaten des Feindes.

Die Jungs scharten sich fröhlich um mich.

»Wieviel Geld verdienen Sie?« fragte einer von ihnen. »Wieviel bezahlt Ihnen Ihre Regierung, damit Sie hier sind?« Von einem nahen Hügel tönte ein tiefes Krachen herüber.

»*Dur ast* – weit weg«, sagte einer der Jungs grinsend, während ich zusammenschreckte. »*Natars!* Keine Angst.«

In dem Moment, als mein Gehirn die Bedeutung seiner Worte registrierte, gab es einen ohrenbetäubenden Knall, und unsere Körper krümmten sich unter der Druckwelle.

»*Awan ast!*« rief einer der Soldaten. »*Awan!*«

In diesem Moment sah ich, wie der Australier zum Eingang des Bunkers krabbelte.

»Was heißt *awan*?« rief ich.

»Feindlicher Granatbeschuß.«

»Wo?«

»Direkt hinter dir.«

»Was zum Teufel machen wir hier eigentlich?«

»Wir werden beschossen, Mann.«

Erst viel später konnten wir darüber lachen. Eine Staubwolke kroch von einem sechs Meter entfernten Punkt den Hügel hinab, direkt auf die Stelle zu, wo ich eben noch gestanden hatte.

Wir krochen in den Bunker. Die Soldaten gesellten sich zu uns. Sie wirkten nun ebenso verängstigt wie wir. Der etwas ältere Kommandant zwängte sich ebenfalls hinein und brüllte in sein knisterndes Funkgerät: »Schneeleopard, Schneeleopard, hier ist Einheit fünf, können Sie uns hören?«

Am Hang über uns ertönten noch ein paar krachende Schläge und das durchdringende Knattern von einem halben Dutzend abgefeuerter Panzersalven. Ich überlegte, ob der Bunker einem direkten Treffer standhalten würde, und bat den Panzerführer, ein paar Worte zu sagen. Er gehörte zur 80. Panzergrenadierdivision und leitete die Stellung schon seit neun Monaten, in denen es seinen Worten zufolge dem Feind nicht gelungen war, Fortschritte zu erzielen.

»... und wir werden unsere Stellung verteidigen«, verkündete er mit aufgesetzter Tapferkeit, »und unsere Region und Afghanistan, bis zum letzten Mann.«

Neun Monate! Ich befand mich gerade mal eine halbe Stunde dort und wäre schon jetzt am liebsten wieder abgehauen.

Den ganzen Tag über bedrückte mich die Erinnerung an unser Frontscharmützel. Meine frühere Lust an derartigen Dingen war mir abhanden gekommen, und ich mußte auch später immer wieder an die Freundlichkeit der Männer zurückdenken, die wir an diesem Tag kennengelernt hatten. Was für ein Leben an diesem Höllenort! Solche Momente erinnerten mich wieder daran, wie isoliert wir doch vom eigentlichen Kriegsgeschehen waren. Ich schämte mich dafür, wie gedankenlos wir in der relativen Sicherheit unseres Hauses in der Stadt damit umgingen, und verspürte einen Anflug von Schuld, weil ich mich jederzeit problemlos von alldem verabschieden und das Land verlassen konnte.

Ich hielt mich seit zehn Tagen in Kabul auf. Im Hauptquartier des Roten Kreuzes erwartete mich ein Fax von zu Hause: Meine Schwester hatte neue Vorhänge gefunden, passend zu ihrem Teppich. Das Wetter in England sei jämmerlich, es schneie. Und wie sehe es bei mir aus?

Es war wie eine Nachricht von einem anderen Planeten.

In letzter Minute galt es noch einige Vorbereitungen zu treffen. Ich kaufte einen *patu* aus Wolle und etwas *kischmisch*, eine Mischung aus Nüssen und Rosinen, eingewickelt in die Seiten eines alten Farsi-Russisch-Wörterbuchs. Ich hörte, wie zwei Männer in meiner Nähe flüsternd meine Herkunft zu erraten versuchten. Der eine glaubte, ich stamme aus dem Iran. Nein, meinte der andere, ich würde wie ein Tadschike aussehen. Ein leichter Geruch von Haschisch zog in meine Nase, als ich durch eine enge Gasse ging. Auf dem Heimweg trieb ein Kind eine Schar Ziegen durch die Straße vor unserem Haus, gefolgt von einem Mann, der eine Kuh an einem zerfransten Strick führte. Ich packte meine Tasche, studierte meine Landkarten, schrieb ein paar Briefe und schlief ein.

Es war dunkel, als ich auf der Straße eine Autotür knallen hörte. Ein schwarzer Mercedes hatte vor dem Tor gehalten. Ein bewaffneter Soldat stieg vorn aus dem Wagen und stand Wache, während Harun, der junge Diplomat, den wir vor ein paar Tagen kennengelernt hatten, den Fond des Wagens verließ. Als er mich am Fenster stehen sah, bat er mich in fehlerfreiem Englisch, ihm die Tür zu öffnen. Er klang besorgt.

»Holen Sie Tim«, befahl er, gleich nachdem ich ihn ins Haus gelassen hatte. »Wir müssen sofort aufbrechen. Die Taliban sind in die Stadt eingedrungen. Wir haben Anweisung, alle Ausländer zu evakuieren.«

Nun war es also doch geschehen, dachte ich, es war also doch Wirklichkeit geworden.

»Ich hole meine Sachen«, sagte ich und wollte wieder nach oben rennen.

»Vergessen Sie Ihre Sachen. Wir haben keine Zeit. Holen Sie Tim.«

Wir zwängten uns auf den Rücksitz des Wagens und rasten mit hoher Geschwindigkeit durch die Straßen. Bewaffnete Soldaten zeichneten sich bedrohlich im Scheinwerferlicht ab, Gewehre richteten sich auf unsere Köpfe. Harun flüsterte bei jedem Kontrollpunkt ein Paßwort, während sein Atem in der eisigen Luft dampfte. Ich wechselte einige kurze Blicke mit Tim. Wir sprachen jedoch kein Wort, sondern sannen stumm über diese plötzliche Wendung in unserem Schicksal und dem unserer Freunde nach. Ich fragte mich, was mit den anderen geschehen würde, wieviel Zeit uns tatsächlich noch blieb und wohin sie uns wohl brachten. Das Auto raste weiter.

Irgendwo in den östlichen Vororten hielten wir vor einer modernen Villa neben zahlreichen anderen Autos, auf einem Hof voller bewaffneter, bärtiger Mudschaheddin. Harun scheuchte uns ins Haus, wo uns zahlreiche Männer breit lächelnd die Hände schüttelten.

Ich erkannte eine Reihe leitender Regierungsbeamter unter den Anwesenden. Im Wohnzimmer stand eine lange Tafel, die sich unter dampfenden Speisen und einer Fülle von Snacks, Gebäck und Getränken bog. Die Männer bedienten sich und wanderten dann mit ihren Tellern und Gläsern in den angrenzenden Raum, wo sie sich auf Sofas niederließen und freundschaftlich miteinander plauderten. In ihrer Mitte sang ein Mann Verse zu Melodien, die er auf einer prächtigen, mit Intarsien verzierten Leier zupfte.

Sprachlos blickte ich zu Harun. Der besorgte Blick auf seinem Gesicht war verschwunden, statt dessen grinste er schelmisch. Er legte den Arm um meine Schulter und führte mich zu den Tischen. Es handelte sich nicht um eine Evakuierung, sondern um eine Party uns zu Ehren.

»Willkommen in Afghanistan«, sagte er lachend.

Dieselben Worte hatte ich vor vielen Jahren schon einmal gehört.

Nur ein Verrückter wird Ihnen die ganze Wahrheit über die Ereignisse erzählen.

Sowjetischer Veteran des Afghanistankriegs

Willkommen in Afghanistan.« Diesen Gruß hatte ich vor über zehn Jahren zum ersten Mal gehört, an einem Augusttag, etwas oberhalb des Grenzorts Tari Mangal. Es muß um die Mittagszeit gewesen sein, weil ich mich daran erinnere, daß die Sonne wie eine polierte Klinge über unseren Köpfen hing und wir von dem kurzen Aufstieg bereits ins Schwitzen geraten waren.

Kurz zuvor hatte ich erstmals die Grenze nach Afghanistan passiert. Wir waren zu fünft. Müde vom Anstieg ließen wir uns zwischen einigen Felsen nieder, wo wir uns ausruhten und das Schauspiel auf dem Weg neben uns beobachteten.

Der Anblick, der sich uns bot, war mir vollkommen neu und fremd, doch die letzten paar Tage hatten so viele Veränderungen mit sich gebracht, daß es ganz im Einklang mit den merkwürdigen Wechselfällen dieser Zeit zu stehen schien, als ein Mann mit Turban auf seinem Pferd aus dem Durcheinander an Männern und Tieren vor mir auftauchte und mich mit dem afghanischen Namen ansprach, unter dem ich reiste.

Er war groß und hager, und das lockige Haar reichte ihm bis auf die Schultern. Seine Augen glänzten wie zwei Kastanien, und seine weißen Zähne blitzten, als er lächelnd in die Innentasche seiner Jacke griff und sich dann zu mir herabbeugte, um mir einen Umschlag zu überreichen.

Er beobachtete mich beim Öffnen des Briefes, der auch jetzt, da ich dies schreibe, vor mir liegt, obwohl ich jedes einzelne Wort auswendig kann. Oben auf dem Blatt prangte ein grünes Druckzeichen mit zwei gekreuzten Säbeln, das Schreiben darunter war in fehlerhaftem Englisch auf einer alten Schreibmaschine getippt und mit krakeligen, schrägen Buchstaben unterschrieben. Das Blatt flatterte im Wind, während ich folgende Worte las:

28. August, Peschawar

Lieber Elliot,

Du bist jetzt auf dem Weg nach Kabul. Ein (nicht allzu hoher) Gebirgspaß heißt Dich willkommen.

Die Mudschaheddin sprechen kein Englisch, aber sie werden verstehen, wenn Du sagst: *ab* (Wasser), *nan* (Essen), *man manda astam* (ich bin müde). Oder Du zeigst ihnen den beigefügten Satz in persischer Schrift; er bedeutet: Um wieviel Uhr soll ich aufstehen? Sie sind sehr freundlich. Manchmal schauen sie Dich vielleicht an und lachen, aber das heißt nicht, daß sie über Dich lachen.

Wenn Du müde bist und nicht mehr weitergehen kannst, dann sag das dem Kommandanten. Manchmal gehen sie langsam, manchmal sehr schnell. Das hängt natürlich von der Situation ab.

Wenn Du nach Tschakarai kommst (dem Hauptquartier von Dost Muhammad), wirst Du den Kommandanten treffen, der für alles verantwortlich ist. Fotografiere niemals Frauen; manchmal mögen es übrigens auch die alten Leute nicht, wenn man eine Kamera auf sie richtet.

Mein einziger Rat an Dich ist, Dich ganz auf Gott zu verlassen. Nur er allein kann Dich beschützen. Die Leute, die Dich mitnehmen, haben besondere Anweisungen erhalten.

Alles Gute,
Masud Chalili

Ich faltete den Brief zusammen, steckte ihn in meine Tasche und sah zu dem Reiter auf, der mich breit angrinste.

»Willkommen in Afghanistan«, sagte er auf englisch. Dann zog er sich den herabhängenden Zipfel seines Turbans vors Gesicht, bis nur noch die Augen sichtbar waren, und ruckte sanft an den Zügeln. Das Pferd machte augenblicklich kehrt, und schon war er verschwunden.

Dies war ein sehr glücklicher Moment für mich. Im Rückblick muß ich zugeben, daß ich mir tatsächlich ein etwas ungewöhnliches Reiseziel auserwählt hatte. In einem kleinen Rucksack, nicht viel größer als eine Handtasche, hatte ich mein gesamtes Reisegepäck verstaut: Notizbücher, Fotoapparat, Filme, Socken, einen Kompaß, eine Wasserflasche, Verbandszeug und eine Tüte Zucker. Geld, Papiere oder Medikamente hatte ich nicht dabei. Ich wußte nicht, wohin die Reise letztlich führen würde, meine Reisegefährten hatte ich erst an diesem Morgen kennengelernt, auf uns war ein Kopfgeld ausgesetzt, ich kannte genau ein halbes Dutzend Worte in ihrer Sprache, und der einzige Weg aus dem Land war der gleiche, auf dem wir es betreten hatten: zu Fuß über ein scheinbar unendliches Meer an Berggipfeln. Doch ich war voll der Begeisterung eines Menschen, der die Schwelle zu einem Traum durchbrochen hat und ihn nun in Wirklichkeit erlebt.

Ich ging zum Rand des Plateaus und sah hinunter auf die Ebene, die sich darunter erstreckte – ein düsteres, erdfarbenes Land, das unter den sommerlichen Nebelschwaden vor sich hin schmorte. Wir waren zwar an diesem Morgen noch nicht weit hinaufgekommen, doch die drückende und feuchte Luft der Niederungen war bereits vergessen. Auch das Licht wirkte durch die Höhe wie blank geputzt und zeigte feine Nuancen in der Umgebung auf, die in dem Niemandsland unter uns nicht zu sehen gewesen waren. Der Himmel prangte wolkenlos über uns und erhellte den strahlenden Horizont hinter dem vor uns liegenden Weg, der sich zwischen zerklüfteten Bergen in der Ferne hinzog.

Auf einer steinigen Felsnase hundert Meter entfernt thronte ein zerstörter Grenzposten. Dort hätten wir noch vor ein paar Jahren den Zoll passieren müssen. Auf dem Weg oberhalb des Postens sammelte sich eine seltsame Mischung an Menschen: Flüchtlinge strömten aus dem Landesinneren hervor wie Blut aus einer Wunde. Sie hatten klapperdürre Tiere im Schlepptau, bepackt mit den wenigen Besitztümern, die sie außer dem nackten Leben noch hatten retten können. In die entgegengesetzte Richtung zogen Karawanen aus Dutzenden von Tieren zu Mudschaheddin-Stützpunkten. Die Pferde und Esel mühten sich unter dem Gewicht von Munitionskisten oder Säcken, in denen sich die plumpen Umrisse von Panzerabwehrminen abzeichneten, und auf den Höckern verdrießlich blickender Kamele schaukelten Raketenwerfer, gestapelt und zu Bündeln verschnürt wie Feuerholz. Überall liefen bewaffnete Männer jeden Alters herum, allesamt emsig bei der Sache und niemals untätig, während sie an Stricken und Zügeln zerrten und ihre überladenen Tiere mit Peitschenschlägen, Rufen und Pfiffen auf die Beine trieben. Die Luft brummte von all der wilden Entschlossenheit, als sei sie elektrisch aufgeladen.

Ich weidete mich an dem Spektakel vor uns. Wir waren umgeben von Gestalten, die aus längst vergangenen Zeiten zu stammen schienen, hervorgezaubert aus den Märchen von Scheherazade. Ehrwürdige und aufrechte alte Männer mit zerfurchten, edlen Gesichtszügen schlenderten stolz vorbei. Sie waren mit Turbanen, Schnabelschuhen und gestreiften Seidengewändern angetan und hatten Dolche und Schwerter an der Seite hängen. Andere trugen langläufige Dschesai'il mit kunstvollen Intarsien aus Perlmutt auf dem Rücken. Ein wilder Mann mit langem, zerzaustem schwarzen Haar trug stolz eine alte Donnerbüchse zur Schau. Junge Männer in Umhängen oder zerlumpten Mänteln führten britische Lee-Enfield-Gewehre mit sich – liebevoll hinübergerettet aus längst vergangenen Kriegen –, deren Kugeln wie polierte Zähne in doppelten Patronengurten glitzerten. Einige wenige Männer, unter ihnen mein neuer Führer, trugen russische Kalaschnikows über der Schulter, die zumeist im Gefecht erbeutet worden waren und daher fast schon Talismanstatus besaßen.

Ich schätzte das Alter meines Führers auf Anfang Vierzig, doch vermutlich war er jünger. Sein dunkles Gesicht war bereits von tiefen Falten durchfurcht und wurde von einem schwarzen Bart und schulterlangen lockigen Haaren eingerahmt. Er war ein auffallend gutaussehender Mann. In seinen Augen blitzte eine Intelligenz auf, die von körperlicher Gewandtheit harmonisch ergänzt wurde – was ich angesichts der Tatsache, daß von diesem Mann möglicherweise mein Leben abhing, sehr beruhigend fand. Er trug Turnschuhe und eine Armeejacke über seinem weitgeschnittenen Schalwar. Ich mochte ihn auf Anhieb und taufte ihn Schwarzbart.

Bei unserem Treffen ging es weniger um ein gegenseitiges Kennenlernen als um eine wortlose Bekräftigung unserer Aufgaben: Er sollte mich beschützen, während ich ihm ohne Fragen zu gehorchen hatte. Er war der Fremde, dem ich mein Leben anvertrauen sollte, und ich der Ausländer, um dessentwillen er seines riskieren würde. Das alles wurde lediglich durch einen flüchtigen Blick und ein Nicken übermittelt. Wir waren keine Freunde und wurden es auch nicht – es kam mir nicht einmal in den Sinn, nach seinem richtigen Namen zu fragen –, doch über diese Schranken hinweg entwickelte sich zwischen uns eine unerklärliche Sympathie.

Ich beobachtete ihn, wie er sein Gewehr mit sanften und präzisen Bewegungen zerlegte und säuberte. Er bemerkte meine Neugier und setzte die auseinandergenommenen Teile der Schußwaffe mit übertrieben deutlichen Gesten wieder zusammen. Dann prüfte er die Ersatzmagazine in den Gurten vor seiner Brust – sechs insgesamt –, ließ den Metallschaft mit einem satten Klicken einschnappen und schwang die Waffe mit einer geübten Bewegung über den Arm zurück; es erinnerte mich an einen Schuljungen, der seinen Ranzen schultert. Er bedeutete mir zu warten, verschwand für einige Minuten und kehrte dann mit einem mageren Gaul zurück, der mit Säcken voller Munition und Vorräten beladen war.

»*Harakat*. Auf geht's«, sagte er, und unsere Reise begann.

Er blickte sich kein einziges Mal nach mir um; nichts sollte uns aufhalten. Wir schritten in einem strammen

Marschtempo voran, das Schwarzbart wie ein menschliches Metronom vorgab. Ich konnte gerade so mithalten, mußte mich aber sehr anstrengen, und wenn sich meine Aufmerksamkeit doch einmal unserer Umgebung zuwandte, vergrößerte sich der Abstand zwischen uns sofort, so daß ich laufen mußte, um ihn einzuholen. Immer wieder glaubte ich, dieses Tempo nicht länger durchhalten zu können.

Nach örtlichen Maßstäben war es ein kurzer Marsch, nur drei Tagereisen lang. Aber diese Tage begannen bereits vor dem Morgengrauen und erstreckten sich bis kurz nach Mitternacht, unterbrochen lediglich von einigen wenigen Ruhepausen, die ebenso grausam kurz wie wohltuend waren. Dazwischen legten wir einen Weg zurück, den ich so intensiv erlebte, daß ich ihn heute noch ohne Führer wiederfinden würde. Ich hatte keine Erfahrung mit derartigen Extremen: Da war zunächst dieser physische Schmerz, von dem ich zwar wußte, daß er irgendwann aufhören würde – doch gleichzeitig erstickte er jede Hoffnung, indem er weit über jenen Punkt hinausging, den ich für die Grenze meines Durchhaltevermögens hielt, bis hin zu einem Zustand völliger »Verrückung«, der durch den Verlust der Verbindung zwischen den Sinnen und dem Geist gekennzeichnet ist. Daneben brannte sich in mein Bewußtsein jedoch auch immer wieder die Schönheit meiner Umgebung, die sich aus einer zeitlosen Quelle zu speisen schien – während ich mich gleichzeitig mit neuen, widersprüchlichen Gefühlen von Trauer und Faszination konfrontiert sah angesichts der ersten Eindrücke des Krieges.

Schwarzbart führte mich wortlos den Weg entlang; aus seinem Schweigen schöpfte ich eine gewisse Stärke, die mir fehlte. Oft fürchtete ich mich, dann sah ich zu ihm, auf der Suche nach einem wortlosen Trost, und orientierte mich an seinem Verhalten. Nach einer halben Stunde Fußmarsch hinter der Grenze hörten wir das tiefe, dröhnende Krachen der Artillerie, gefolgt vom Knattern der Maschinengewehre. Zum ersten Mal hatte ich die Stimme des Krieges vernommen, der für mich bis dahin nur eine entfernte und unbekannte Macht gewesen war. Ich verspürte einen heftigen Anflug von Furcht und den vorübergehenden Drang, das Ganze abzubrechen und möglichst schnell wieder zur Grenze zurückzukehren. Auch Schwarzbart blieb einen Augenblick lang wie versteinert stehen, doch dann drehte er sich zu mir um und bedachte mich zum ersten Mal mit einem breiten Grinsen. Meine Angst ließ nach, schwand aber nicht gänzlich. Im nachhinein muß ich sagen, daß dies eine vergleichsweise sanfte Einführung in die Realitäten des Krieges war.

Er sagte kein Wort, sondern sah nur unverwandt dorthin, wo das Echo langsam erstarb. Als er meinen Blick bemerkte, deutete er mit dem Kopf in Richtung des Geräuschs.

»*Dscha'i*«, sagte er düster, kniete sich auf den Pfad und zeichnete mit seinem Finger in den Staub einen Kreis mit einem Punkt in der Mitte.

»*Schorawi.*« Er zeigte auf den Punkt und deutete anschließend auf den Kreis: »*Mudschaheddin.*«

Es handelte sich um einen kommunistischen Stützpunkt in Dscha'i, der schon seit über einem Monat belagert wurde. Dies schien ein günstiger Moment zu sein, den einzigen Satz auszuprobieren, den ich auf persisch kannte.

»*Schorawi padar la'nat.*«

Schwarzbart hielt einen Moment ungläubig inne, dann zog ein Lächeln über sein Gesicht. Sein ernstes Gesicht strahlte erfreut, und er hob zur Bekräftigung den Finger, während er die Worte wiederholte.

»*Schorawi padar la'nat! Padar la'nat.*« Verflucht seien die Russen.

Das waren die einzigen Worte, die wir während unseres dreitägigen Marsches miteinander wechselten.

Wir wanderten weiter und erreichten nach einer halben Stunde ein Dorf, das in einem früheren Gefecht zerstört worden war – ein Beweis dafür, wie dicht der Krieg an die Grenze herangekommen war. Überall sahen wir zerstörte Gebäude ohne Türen und Fenster, die Lehmwände von

Einschußlöchern durchsiebt; um sie herum zerstörte Panzer, deren ausgebrannte metallische Überreste immer noch in den Gräben oder Böschungen ruhten, in denen sie gestrandet waren. Etwas Derartiges hatte ich noch nie gesehen; ich war von Ehrfurcht ergriffen und unglaublich neugierig, durfte jedoch keinen Augenblick verweilen.

Meine Füße litten schon nach kurzer Zeit unter dem hohen Tempo, und eine große Zahl von Blasen bettelte bald um meine Aufmerksamkeit. Da ich sie nicht versorgen konnte, platzten sie auf, so daß sich darunter eine neue Generation empfindlicher, blutiger Pusteln bildete. Die Marschgeschwindigkeit blieb immer konstant. Unsere Umgebung war von einer grausamen Schönheit; man konnte sie nicht als Landschaft bezeichnen, denn da war nichts, auf dem das Auge unterwegs hätte verweilen können, keine Felder mit weidendem Vieh oder schattige Haine neben bebautem Ackerland. Statt dessen erstreckten sich in alle Richtungen bis an den unerreichbar fernen Horizont ausladende, von unendlich langen Furchen durchsetzte Berge aus rotem Gestein, zu deren Füßen sich wie von einer urzeitlichen Hand beiseite gefegte Felsblöcke auftürmten, während ihre Gipfel am Himmel kratzten.

Wir wanden uns zwischen steinernen Katarakten durch hohe Schluchten und marschierten in ausgetrockneten Flußbetten, in denen der Pfad sich schlängelte, als suche er nach einem Ausweg aus seinem steinernen Exil. Dort, wo der Weg in Senken aus weichem Schiefer abfiel, sammelten wir in der schattigen Kühle neue Kräfte, während wir auf den steilen, von der Sonne gebleichten Abhängen von der Hitze gemartert wurden. Aber wir hielten niemals inne.

Einzig die betäubende, hypnotische Wirkung unseres Wandertempos und das Wissen, ohne Schwarzbart verloren zu sein, ließen mich weitergehen. Stieß man allerdings in dieser Landschaft doch einmal auf Spuren menschlichen Lebens, so ließ die unerbittliche Umgebung sie um so freundlicher wirken. Als ich, schwitzend und erschöpft von einem langen Anstieg, im Tal unter uns ein Dorf entdeckte, das von einem Flickenteppich sorgfältig bestellter Felder umgeben war, meinte ich, einen Blick auf ein kleines Stück vom Paradies erhascht zu haben.

Wir wanderten auf staubigen Pfaden durch beschauliche Dörfer, vorbei an niedrigen Lehmmauern, die an glitzernde Bäche grenzten. Über uns flüsterten die Pappeln und warfen ihren gesprenkelten Schatten in den Staub, den unsere Füße aufwirbelten. Im Kontrast mit diesem Naturidyll traten die Elemente der Zerstörung noch schärfer zutage. Es gab nicht ein einziges Dorf, in dem nicht mindestens die Hälfte der Häuser von Bomben zerstört worden war. Ihre zerfallenen Mauern lagen über die Felder verstreut, und neben ihnen ruhten geknickte und gesplitterte Holzbalken wie die Masten versunkener Schiffe.

Unser Tempo verlangsamte sich auch nachts kaum und wurde nur ab und zu durch schreckliche Augenblicke der Angst unterbrochen, wenn Schwarzbart sich bei einem für mich unhörbaren Warnsignal mit katzenartiger Geschicklichkeit zu Boden fallen ließ, blitzschnell sein Gewehr entsicherte und einen ohrenbetäubenden Angriffsschrei ausstieß. Diese Momente der Anspannung verstrichen zwar stets, ohne daß tatsächlich etwas passierte, hinterließen aber dennoch ihre Spuren. Nachts schliefen wir wenige Stunden auf einer winzigen Gebirgslichtung, wo mehrere Mudschaheddin, die sich wie Mumien in ihre *patus* gewikkelt hatten, um eine Steinhütte herum ruhten. Benommen vor Müdigkeit, brach ich neben einem kleinen Hügel zusammen, der sich als Kamel entpuppte, woraufhin mir ein alter Mann ein Glas Tee brachte und mit einem gemurmelten Segenswunsch etwas Brot in die Hand drückte.

Noch vor Sonnenaufgang weckte mich Schwarzbart wieder, und ohne ein Wort machten wir uns in der eisigen Kälte erneut auf den Weg. Ich humpelte nun merklich, und stillschweigend betrachtete ich Schwarzbart längst nicht mehr als tapferen Kämpfer, sondern als stumpfen Rohling, der mich herzlos und wie besessen antrieb. Um die Mittagszeit folgten wir einem steilen, schmalen Pfad abwärts in ein Tal voller malachitgrüner Felder, die von den rosafarbenen und weißen Flecken der Obstbäume durchsetzt waren. Nach der kargen Landschaft des vergangenen Tages war dies eine wahre Farbenpracht. Am Taleingang klammerte sich eine Ansammlung von Lehmhäusern wie aus der Erde emporgewachsen an den Fuß eines gewaltigen Abhangs.

Einen schöneren Ort hatte ich noch nie gesehen. Wir hielten an und gesellten uns zu einem Dutzend anderer Männer, die im Schneidersitz auf der Erde saßen und aus blaugrün glasierten Kannen Tee tranken. Erfüllt vom Sonnenlicht und dem himmlisch süßen Tee, sank ich neben einer Mauer nieder und erwachte erst wieder, als Schwarzbart mir wortlos meine Stiefel aufschnürte. Ich war zu erschöpft, um zu protestieren. Er wickelte einen Verband um meine blutigen Füße, band die Schuhe wieder zu und hob mich auf das Pferd, wobei er mich zum zweiten Mal seit Beginn unserer Reise anlächelte. Ich schämte mich zutiefst für mein vorschnelles Urteil.

Bei Nacht fiel die Temperatur wie ein Stein. In dem aussichtslosen Versuch, mich zu wärmen, blies ich meinen Atem in meine Jacke. Der Mond ging auf, während wir weitermarschierten, und erhellte die Wolken über uns mit seinem Licht. Ich kann mich immer noch an ihre Formen erinnern, denn in meiner übergroßen Müdigkeit war mir, als schauten sie abwechselnd wohlwollend und böse auf mich herab, während sie Stunde um Stunde in einer leuchtenden Prozession still über uns hinwegzogen. Der Pfad entschwand wie eine weiße Schlange im schützenden Dunkel vor uns. In der Ferne war nicht einmal ein winziger Lichtfunke zu erkennen, an den wir unsere Hoffnungen hätten heften können.

Es war, als hätte alles Leben außer dem unseren aufgehört zu existieren, und ich fühlte mich immer mehr wie in einem rätselhaften Traum gefangen. Ich schlief beim Gehen und stolperte immer wieder, zu erschöpft, um in der lähmenden Kälte zu weinen. Irgendwann – ich stand kurz vor dem Zusammenbruch – spürte ich nur noch Hände, die mich drängten, noch ein kleines bißchen weiterzugehen, bis ich mich endlich mit unbeschreiblicher Erleichterung in einer winzigen Hütte wiederfand. Als ich am nächsten Tag erwachte, war Schwarzbart verschwunden. Ich habe ihn nie wiedergesehen.

Nun war ich wieder unter Fremden. Die erste Person, die ich erblickte, als ich die Augen öffnete, war ein fünfzehnjähriger Junge mit einer roten, paillettenbesticken Mütze und einer braunen Wolljacke. Er schaute mich freundlich und besorgt an; in der einen Hand hielt er einen dampfenden Wasserkessel, mit der anderen reichte er mir ein Glas Tee. Es dauerte einige Minuten, ehe ich überhaupt begriff, wo ich mich befand. Riesige Spinnen sprenkelten die Decke; ich beobachtete sie schläfrig und fragte mich, ob sie sich wohl fallen ließen, wenn sie Blut rochen. Die Hütte war aus schwarzen Steinen erbaut; in den Mauerritzen steckte eine Reihe von Stöcken, an denen ein gutes Dutzend Gewehre hing, und der Boden war von mehreren Segeltuchplanen bedeckt.

Während ich allein meinen Tee trank und meine neue Umgebung in mich aufnahm, tauchte ein Gesicht in der Tür auf. Ich erinnere mich noch gut daran, obwohl ich es nur wenige Augenblicke zu Gesicht bekam. Es war schmal, dunkel und von wallenden schwarzen Haaren umgeben, die Augen groß und seltsam hell, die Nase scharf wie ein Felsenriff.

Eine erstickte Stimme murmelte mir Worte zu, die ich nicht verstand. Dann fiel auf einmal ein morgendlicher Sonnenstrahl durch die Tür auf das Gesicht, und ich sah, daß dem Mann Tränen über die Wangen strömten. Er war offensichtlich nicht ganz bei sich vor Kummer. Ich schnappte ein Wort auf: *schahid*. Es bedeutet wörtlich »der wahrhaftig Bezeugende« und bezeichnet einen im Kampf Gefallenen.

Einige andere Männer führten den Schluchzenden beiseite und setzten sich mit ihm vor der Hütte auf den Boden, wo ich weitere Pferde und Männer mit angespannten und ernsten Gesichtern erblickte. Ich fühlte mich ausgeschlossen von der Intimität dieser Notlage und fragte mich gerade, was wohl passiert war, als ein junger Mann, der ganz offensichtlich kein Afghane war, vom Pfad unterhalb der Hütte auf mich zukam. Er setzte sich auf das Tuch vor der Tür und packte eilig einen kleinen Nylonrucksack aus; dann bemerkte er, daß ich ihn beobachtete.

»Sprichst du Englisch?« Er hatte einen amerikanischen Akzent. Panik lag in seiner Stimme.

»Ja. Was ist denn passiert?«

»Sie haben gestern nacht den Posten in Tschakarai angegriffen.«

Ich fragte mich, wo Tschakarai wohl lag und wen er mit »sie« meinte. Er wühlte weiter in seiner Tasche und fuhr, ohne mich anzusehen, fort: »Ich war dabei. Osman war ganz vorn, ich direkt hinter ihm. Es gab eine Explosion, aber ich wußte nicht, was passiert war. Da landete auf einmal etwas neben mir. Ich dachte, es wäre Osmans Stiefel, und hab' es aufgehoben.« Er sah zu mir auf, die Augen ganz groß vor Angst.

»Es war sein Bein, Mann. Sein ganzes Bein. Sein *Bein.*«

Er wies mit dem Kopf auf den kleinen Weg, wo ich in mehreren hundert Metern Entfernung eine kleine Gruppe von Männern und Tieren erkennen konnte.

»Da unten liegt er«, gestikulierte er. »Tot.«

Plötzlich verschwamm die Welt vor meinen Augen.

»Ich heiße übrigens Bill.« Wir reichten uns die Hand. Ein Päckchen Spielkarten mit den Namen und technischen Daten russischer Militärjets fiel zu Boden, als er sich erhob. Eilig sammelte er sie wieder zusammen. Ich wollte gerade etwas sagen, doch er hatte seinen Rucksack schon zugebunden und ihn über seine Schulter geworfen, ehe ich die Worte über die Lippen brachte. Dann eilte er auch schon den Pfad hinab. Während sich der Abstand zwischen uns rasch vergrößerte, rief er mir noch zu: »Das Hauptquartier liegt unten im Tal, ein paar Stunden von hier. Sie haben vor kurzem einen Hubschrauber abgeschossen. Qadir kann Englisch. Du wirst ihn bestimmt treffen.«

Seine Stimme verklang.

»Wo gehst du hin?« rief ich ihm nach.

»Ich seh' zu, daß ich hier rauskomme …« Er winkte, ohne sich noch einmal zu mir umzudrehen.

Ihm entgegen stapfte ein Mann den Weg zur Hütte herauf. Er kam um Luft ringend bei mir an und stellte sich mit einem Lächeln auf englisch vor. Er hieß Qadir. Er war ein stämmiger, gutaussehender Afghane Anfang Vierzig mit kurzen, pechschwarzen Haaren und einem säuberlich gestutzten Bart. Seine Stimme klang leise und müde, und hinter seinen dunklen Augen schien sich eine Welt voller Melancholie zu verbergen. Er trug ein Maschinengewehr über der Schulter und eine Art Kleiderbündel im Arm.

»Willkommen«, sagte er freundlich. »Du hast bestimmt schon gehört, daß einer unserer Mudschaheddin gestern nacht leider getötet wurde.«

Ich nickte. Er betrachtete mich mit freundlichem Interesse und sagte dann ohne jeden Vorwurf: »Es sind schon viele Leute in unser Land gekommen. Sie machen uns immer viele Versprechungen. Doch wenn sie gehen, vergessen sie uns wieder.« Er ließ die Worte wirken, dann wurde sein Tonfall heiterer, und wir plauderten ein paar Minuten. Als Fremder in dieser Zeit der Trauer und nach diesem kaum verhüllten Tadel fühlte ich mich doppelt fehl am Platz. Ich fragte, ob ich etwas tun könne. Er lächelte und schaute dann auf das Bündel in seinen Händen, als sei es ihm schon ganz entfallen gewesen.

»Nun ja, es gäbe schon etwas, wenn du willst.«

»Was denn?«

»Aber nur, wenn du es auch wirklich willst.« Ein ernstes Lächeln flackerte bei diesen Worten in seinen Augen auf und erlosch wieder, als er den Blick senkte.

»Hier ist der *patu*, der unserem *schahid* gehört hat. Er ist voller Blut.« Er zeigte mir das Bündel und beobachtete meine Reaktion bei dem Anblick. Ich zuckte innerlich zusammen, als ich die dunklen Flecken auf der braunen Wolle sah.

»Du könntest ihn unten am Fluß auswaschen«, sagte er und hielt mir den Umhang entgegen, nur um ihn gleich darauf wieder zurückzuziehen.

»Natürlich nur, wenn du *willst*«, wiederholte er.

Als ich das Bündel entgegennahm, war mir bewußt, daß ich mehr als die Aufgabe an sich akzeptierte. Diese »Weihe« kam zur rechten Zeit; ich brannte darauf, mich Qadir gegenüber zu beweisen, und freute mich über die Prüfung. Doch nichts bereitete mich auf die folgende Erfahrung vor; sie sollte eine saubere und unerwartete Wunde schlagen, die tiefer reichte, als ich gedacht hätte.

Ich ging zur Quelle des Bachs und versenkte das Bündel im Wasser. In dem Glauben, ich müsse nur ein paar kleine Flecken auswaschen, war mir entgangen, daß die verborgenen Falten des Stoffes vom Blut des Toten völlig durchtränkt waren. Als ich den Mantel unter die Wasseroberfläche drückte, wurde der flüchtige Farbstoff plötzlich befreit und wirbelte in gekräuselten, dunkelroten Spiralen über meine Hände und Handgelenke, bis meine weiße Haut nicht mehr zu sehen war. Um mich herum schien die Welt ins Trudeln zu geraten wie ein Blatt, das sich von einem Baum löst, und einen Moment lang war ich von diesem Anblick wie gelähmt. Nur das trübe Wasser, das plötzlich zum Inbegriff allen Leidens wurde, existierte noch. Ich hörte, wie sich in mir ein Schrei löste, für den toten Mann und auch für alle anderen Menschen, die jemals im Krieg ihr Leben gelassen hatten.

Die Wellen wurden rot, schwappten über meine Stiefel und strömten dann weiter die Schlucht hinunter. Ich wusch den *patu* so lange, bis der Bach wieder klar war, und legte ihn zum Trocknen über die Steine am Ufer.

Qadir hatte zwei Gläser eingeschenkt, als ich mich still neben ihn setzte.

»Du kannst den *patu* behalten, wenn du möchtest«, sagte er und betrachtete mich erneut forschend mit einem ernsten, herzlichen Blick.

Wir unterhielten uns. Er erzählte mir, daß er Englisch an der Universität in Kabul unterrichtet habe, bis ihn die Sowjets verhaftet und in das berüchtigte Gefängnis Pul-i Tscharchi gebracht hätten. Dort wurde er unter Aufsicht der sowjetischen Berater geschlagen und mit Elektroschocks gefoltert. »Da unten«, erklärte er und deutete mit dem Kopf in Richtung Lendengegend. Schließlich zwang man ihn, der kommunistischen Partei die Treue zu schwören. Nach mehreren Monaten weiterer Demütigungen wurde er entlassen und schloß sich kurz darauf den Mudschaheddin an.

»Das war keine schwierige Entscheidung, nach allem, was vorgefallen war«, sagte er und bezeichnete sich als glücklich, weil er überhaupt wieder in Freiheit gekommen sei; viele seiner Freunde hätten das Gefängnis nie wieder verlassen.

Er teilte mir mit, daß ihr toter Gefährte nun in sein Dorf gebracht und dort beerdigt werde. Qadir würde die anderen Männer begleiten und in drei Tagen wiederkommen. In der Zwischenzeit sollte ich mich ausruhen und in der Nähe der Hütte bleiben.

Während dieser Tage kamen und gingen einige Männer – nach einem System, das sich mir nicht erschloß. Sie begrüßten mich herzlich, akzeptierten meine sprachlichen Einschränkungen ohne viel Aufhebens und ließen mich mein neues Umfeld in Ruhe erforschen.

Zu den Mahlzeiten wurde ein *patu* auf dem Boden vor der Hütte ausgebreitet. Wir saßen im Schneidersitz vor einer einzigen Platte und aßen mit den Händen von dem großen Reisberg. Ich hatte es schnell heraus, wie man eine appetitliche Kugel formte und sie säuberlich mit dem Daumen in den Mund schob. Nach dem Essen goß der Junge, der mir am ersten Tag den Tee gebracht hatte, aus einer Kanne warmes Wasser über unsere Hände und tupfte sie mit einem Tuch trocken. Bei Einbruch der Dunkelheit wurde im Freien ein Feuer angezündet, um das wir abends stundenlang saßen. Ich schwieg die meiste Zeit, beobachtete die tanzenden Schatten auf den sonnenverbrannten Gesichtern um mich herum und sehnte mich danach, die Geschichten zu verstehen, mit denen die Männer sich die Zeit vertrieben, während sie starr in die Flammen blickten.

Allmählich ließ die Anspannung der vergangenen Tage nach. Meine Blasen verheilten, und die Entbehrungen der Wanderung mit Schwarzbart wurden durch einfache Freuden wie reichliches Essen und ein Schlaflager verdrängt. Im Rückblick wird mir klar, wie wenig die Männer, deren Leben ich teilte, von meiner Welt wußten, und wie wenig ich von der ihren; aber diese Distanz zwischen uns schien ohne Bedeutung zu sein. Ich war glücklich und zufrieden und verschwendete kaum einen Gedanken an die Zukunft.

Am Ende der Schlucht befand sich ein Felsen, von dem aus sich ein kleiner Wasserfall in ein flaches Becken ergoß, wo wir uns wuschen. In der Nähe verlief ein Pfad, über den ich zu einem Felsvorsprung und einer kleinen Höhle gelangte, in der ein schweres Maschinengewehr verborgen war. Von dem Gebirgskamm darüber konnte man die Höhle praktisch nicht erkennen. In alle vier Richtungen erstreckten sich unwirtliche Berge, doch selbst an diesem abgelegenen Ort entdeckte ich etwa ein Dutzend Blindgänger – Bomben also, die nicht explodiert waren. Sie lagen auf den Abhängen verstreut, eine von ihnen fand sich sogar im Bach; ich konnte die schwarzen kyrillischen Buchstaben an der Seite erkennen. Es handelte sich um große 450-Kilo-Bomben, um lange, dünne, torpedoförmige Sprengkörper und um kleinere Bomben in der Größe von Gurken, die blau bemalt waren und silberne Propeller an der Spitze hatten. Ihre große Zahl überraschte mich. Zwar hatte ich unterwegs schon Bomben wie diese gesehen, auf Feldern, am Straßenrand oder im Boden steckend wie Marksteine. Doch welcher Teil an ihnen hatte versagt, daß sie das Zerstörungswerk, zu dem sie ausersehen waren, nicht vollenden konnten? Wie war das zahlenmäßige Verhältnis zwischen Blindgängern und den Bomben, die tatsächlich explodierten? Einer auf hundert? Auf fünfzig? Auf zehn? Regungslos und scheinbar ungefährlich, übten diese finsteren Geschenke der Luft eine unwiderstehliche Anziehungskraft auf mich aus. Ich sammelte ein halbes Dutzend von den kleineren auf und fotografierte sie – eine Torheit, bei der es mir heute kalt den Rücken hinunterläuft.

Morgens fegte der jüngste der Männer die Hütte aus. Ich half ihm, und da ich nichts Besseres zu tun hatte, verfiel ich in einen wahren Putzrausch. Ich schüttelte die alten Armeeschlafsäcke aus, die wir als Bettzeug benutzten, und fegte die tarantelgroßen Spinnen von der Decke. In einer Ecke des Raums stand eine Holztruhe, worin sich Papiere, alte Kleider, einige Stangen Zigaretten und – die merkwürdigste Entdeckung von allen – eine Ausgabe von Thomas Lawrences *Die sieben Säulen der Weisheit* befanden.

In einer anderen Ecke stand ein unordentlicher Haufen Pappkartons. Ich schob das Segeltuch darüber beiseite und warf einen Blick in die oberste Schachtel. Sie steckte voller gelblicher Päckchen in der Größe von Ziegelsteinen, die alle in wasserdichtes Papier gewickelt waren. Ich packte eines aus und schnupperte an der marzipanartigen Substanz, die darin zum Vorschein kam. Ob sie wüßten, was das sei, fragte ich zwei der Männer, die sich zu mir gesellt hatten und ebenfalls in den Karton spähten.

»Butter«, sagte der eine, »zum Kochen.«

Es war nichts anderes als Plastiksprengstoff, und zwar genug, um einen kleinen Berg in die Luft zu jagen. Unter der Schachtel lag zu meinem Entsetzen ein Behälter, so groß wie eine Zigarettenschachtel. Vorsichtig öffnete ich ihn. Darin steckten zwölf Zündkapseln. Diese äußerst empfindlichen, hochexplosiven Zünder wurden – den elementarsten Sicherheitsvorschriften zum Trotz – direkt neben den Sprengladungen aufbewahrt. Vor der Hütte saßen einige Männer. Ich holte sie in die Hütte, nahm eine der Zündkapseln heraus und versuchte, ihnen klarzumachen, wie gefährlich diese Vorrichtungen waren. Einer der Männer trat vor, nahm mir den Zünder aus der Hand, öffnete den Mund und tat so, als würde er ein Stück davon abbeißen. Die anderen brüllten vor Lachen.

Es stellte sich heraus, daß wir in einem kleinen Waffenarsenal schliefen. Es gab Rollen mit Zündschnur, Zündkapseln, Zeitzünder für verzögerte Explosionen und Objekte, die so aussahen wie Zündschalter für versteckte Sprengladungen. Eine weitere Kiste war mit Granaten gefüllt und eine andere mit Munition. Noch eine andere, von der ich wünschte, sie nie entdeckt zu haben, steckte voller Medikamente.

Darin fand ich ein merkwürdiges Sortiment von Tabletten, Salben und Lösungen, von denen einige offenbar für Tiere gedacht waren; sie enthielten jedoch allesamt keine brauchbaren Beipackzettel. Am meisten quälte mich der Anblick mehrerer Plastikfläschchen mit steriler Plasmalösung und verschiedener verschweißter Päckchen mit Nadeln, Verbänden und Schmerzmitteln – genau das medizinische Zubehör, welches das Leben des verwundeten Mannes vielleicht hätte retten können. Verzweiflung und Mitleid für die Mudschaheddin stiegen in mir auf; sie kämpften einen Krieg ohne jedes militärische oder medizinische Grundwissen.

Später am Nachmittag kam einer von ihnen zu mir und klagte über Schmerzen in Bauch und Kopf. Er zeigte wiederholt auf die Kiste mit den Medikamenten und seinen Mund und hielt die Hand auf wie ein Bettler, der um Essen bittet. Ich fand, es würde nicht schaden, ihm ein Vitamintonikum zu geben, und verabreichte ihm mit angemessener Ernsthaftigkeit eine Verschlußkappe davon. Das sprach sich schnell herum, und bald standen die Männer vor der Hütte Schlange und deuteten mit schmerzverzerrtem Gesicht auf ihre Bäuche und Köpfe. Ich teilte großzügig Aspirin und Vitaminlösung aus, und kichernd wie Schuljungen schlenderten sie nacheinander wieder aus der Hütte.

Bei mir versagten meine ärztlichen Künste jedoch kläglich. Der Bazillus, den ich mir in Peschawar eingefangen hatte, trieb immer noch sein Unwesen und ließ meinen Magen auf die Größe eines Medizinballs anschwellen. Nachts konnte ich kaum schlafen und kauerte stundenlang im Mondlicht am Bachufer, während ich mir den Bauch hielt und neben mir ein mageres Pferd im Schlaf wieherte.

Qadir kehrte, wie versprochen, drei Tage später zurück und führte mich mit einigen anderen in ein Dorf namens Tschakarai, wo sich ihr Hauptquartier befand. Es war ein Fußmarsch von drei Stunden. Der Pfad wand sich allmählich bergab und führte uns schließlich zu einem Steilhang, der in eine Schlucht abfiel. Dort machten wir Rast. Qadir wischte sich den Schweiß von der Stirn und fragte mich, warum ich so schnell laufe. Ich erklärte, ich würde mich nur nach dem Tempo richten, das Schwarzbart auf meinem Marsch zu ihnen vorgegeben habe.

»Er muß verrückt sein«, sagte Qadir, und es tröstete mich sehr, dies aus dem Mund eines Afghanen zu hören. Wir folgten dem Abhang hinunter in die Schlucht und wanderten an einem glitzernden Bach entlang, der am Rande eines großen Weizenfelds von hohen Pappeln gesäumt wurde und sich dann bergan auf eine dreißig Meter hohe Wand aus ausgewaschenem Felsgestein zuschlängelte. Ich sah hinauf und erblickte einige Häuser, die oben aus dieser Wand emporragten. Sie sahen aus, als wären sie lose übereinandergestapelt und wüchsen direkt aus dem Felsen heraus. Mittlerweile war es schon später Nachmittag, der Himmel strahlte azurblau, und der Fels leuchtete in der Farbe von rotem Gold.

Der Abhang war übersät von Akazien. Das Hauptquartier hatte man unterhalb des Ortes aus dem Felsen gehauen. Die Haupthöhle war etwa fünfzehn Meter breit und ebenso hoch; dahinter befand sich noch eine etwas kleinere Höhle, die als Lager diente. Hier war an einem langen Holzbalken eine Schnur befestigt, an der Maschinengewehre und zwei Granatwerfer hingen. Es zogen sich noch weitere Höhlen durch den Fels; man erreichte sie über enge, sich verzweigende Pfade, die das Lager mit dem Dorf auf dem Berg verbanden und mit der Talsohle unter uns, wo der Bach sich zwischen den Pappeln dahinschlängelte. Diese wunderschöne Umgebung wurde nun meine neue Heimat.

Ich lebte mich schnell in der wechselnden Schar aus rund fünfzig Männern ein, die allesamt die Anwesenheit eines Fremden mit wohlwollender Neugier akzeptierten. Mein Tagesablauf wurde bestimmt von den kleinen, aber wichtigen Freuden des Augenblicks. Ich konnte mich frei im Umfeld der Höhlen bewegen, durfte aber nicht ins Dorf gehen, da die Gefahr zu groß war, als Ausländer erkannt zu werden. Ich mußte an den gefangenen Franzosen denken, von dem man mir erzählt hatte und der nun angeblich in einem Gefängnis in Kabul schmachtete, und so geriet ich keine Sekunde in Versuchung, gegen diese Vorschrift zu verstoßen.

Am Fuße des Abhangs, neben einem Pfad, der von einer hochgewachsenen Hecke aus wildem Cannabis geschützt wurde, befand sich eine Wiese mit Aprikosen-, Apfel- und Mandelbäumen. Ich machte es mir zur Gewohnheit, dorthin zu spazieren und neben dem Bach in mein Tagebuch zu schreiben. Dieser Ort wirkte unberührt von der Zeit – hier beschenkten sich Mensch und Natur wechselseitig. Die Bäume waren nie mit Pestiziden oder Dünger geplagt worden, sondern wurden von einem uralten Bauern gehegt, der das Gras mit einer primitiven Sense schnitt und das Wasser des Flusses mit unerschütterlicher Hingabe durch kleine Bewässerungsgräben heranführte.

Mit Qadirs Zustimmung begleitete ich einen jungen Soldat namens Muhammad Umar auf Kundschaftsgänge in die nähere Umgebung. Jedesmal, wenn wir die Höhle verließen, nahm er das schwerste Maschinengewehr mit, das er tragen konnte, und schnallte sich dazu mit großer Geste einen doppelten Patronengurt voller Munition um. Das Dorf war im Jahr zuvor schwer bombardiert worden. Eines Tages besichtigten wir die zerstörten Häuser, darunter auch die örtliche Schule und andere Gebäude, deren Funktion ich nicht begriff. An der Dorfmühle, einem winzigen Haus oberhalb eines abgeleiteten Seitenarms des Flusses, eineinhalb Kilometer vom Hauptquartier entfernt, begrüßten uns zwei ältere Männer, die von Kopf bis Fuß mit Mehl bestäubt waren. Einer von ihnen schüttete das Korn in eine Art Fülltrichter, und unten wurde das Mehl zwischen zwei steinzeitlichen Mühlsteinen in eine handgeschnitzte hölzerne Rinne geschüttet, an deren Ende es von dem zweiten Mann in die bereitstehenden Säcke gefüllt wurde.

Wir machten uns auf, um das Wrack eines Hubschraubers zu untersuchen, der auf der Hochebene jenseits des Dorfes abgeschossen worden war. Wilde Kamele grasten zwischen den verrosteten Metallteilen, die in einem Umkreis von knapp einem Kilometer verstreut lagen. Ein Hubschrauber stellte für die Mudschaheddin die größte Trophäe dar, weil er von allen Waffen des Feindes die unberechenbarste und meistgefürchtete war. Kampfhubschrauber konnten Soldaten auf hohen Bergkämmen absetzen, sich auf einen ungeschützten Konvoi stürzen oder ein Dorf durch Raketenbeschuß dem Erdboden gleichmachen. Sie konnten über dem Eingang eines unzugänglichen Tals schweben, beliebige Ziele ins Visier nehmen und ihre Geschütze auf die Verstecke der Mudschaheddin abfeuern. Einheiten aus etwa sechs Kampfhubschraubern kreisten ihre Opfer in einer Art Schlinge ein; die sowjetischen Piloten nannten diese Strategie den »Todeskreis«. Ihre Langsamkeit, ihre vorsintflutliche Größe und die gewölbten Fenster aus Plexiglas verliehen den Hubschraubern das Aussehen dämonischer Libellen, und schon das leiseste Knattern von Rotoren machte die Männer im Lager nervös. Manchmal konnten wir sie in der Ferne sehen. Selbst von weitem riefen sie Angst und Schrecken hervor, und auch heute noch sträuben sich mir beim Geräusch eines Hubschraubers sämtliche Nackenhaare.

Ich schlenderte zwischen den Einzelteilen umher, während Umar mit verächtlicher Miene auf die Trümmer des gefallenen Helden blickte. Sämtliche verwertbaren Überreste waren bereits von menschlichen Aasfressern fein säuberlich entfernt worden. Nun war nichts Brauchbares mehr übriggeblieben, außer der Kabinentür mit dem roten Stern und dem Hauptrotor mit den vier großen und verstümmelten Blättern. Ich fotografierte die Überreste des Armaturenbretts und entdeckte daneben eine abgetrennte, schwärzlich verfärbte menschliche Faust. Umar stieß einen Schrei aus und stocherte mit seinem Gewehrlauf im Gras an etwas herum. Es waren die langen, wirren schwarzen Haare eines weiblichen Skalps.

Später erzählte ich Qadir davon. Er meinte, es sei nicht ungewöhnlich, daß sich die Offiziere eines Militärpostens zu ihrer »Unterhaltung« Frauen aus Kabul bringen ließen. Die Erwähnung dieser Tatsache war ihm jedoch sichtlich unangenehm.

Ich bewunderte Qadir über alle Maßen und fühlte mich insgeheim durch seine schützende und oftmals lehrerhafte Art getröstet. Manchmal schien der Altersunterschied unsere Freundschaft eher zu fördern als zu behindern. In seinem Gesicht konnte man die ganze Schönheit, in seiner Stimme den ganzen Schalk und in seinen Augen die ganze Traurigkeit des Landes ablesen. Einmal fragte er mich, wie alt ich sei. Mit der Überempfindlichkeit der Jugend wollte ich wissen, weshalb das eine Rolle spiele.

»Hast du Angst, es mir zu sagen?«

»Ich bin nur ein Kind«, entgegnete ich, »und ich hoffe, es immer zu bleiben, egal, wie alt ich tatsächlich werde.« Verlegen über mein Pathos, wandte ich mich ab und ging aus der Höhle. Als er meinen Namen rief, blickte ich noch einmal zu ihm zurück und sah, wie er mich anstrahlte.

»Warum? Meinst du damit, daß wir lieben und lachen sollen, so wie Kinder es tun?«

»Ja, Qadir-*dschan,* genau das meine ich.« Und so war es auch.

Eines Tages wandte ich mich in meinem jugendlichen Eifer an Qadir und fragte ihn, ob ich die anderen nicht auf einer ihrer Operationen begleiten könne. Er starrte mich mit traurigen Augen an.

»Der Krieg ist gefährlich, mußt du wissen«, sagte er freundlich. Dann erklärte er jedoch, er würde den Kommandanten fragen, ob er mir die Erlaubnis gäbe; die Männer planten nämlich gerade einen Einsatz, bei dem sie feindliche Deserteure von einem nahe gelegenen Militärposten aufgreifen wollten.

Mein Herz hüpfte vor Freude. Deserteure! Vielleicht hatten sie Karten von dem verminten Gelände in der Umgebung bei sich, so daß wir einen weiteren Überraschungsangriff auf den sowjetischen Stützpunkt starten konnten. Endlich schien die Erfüllung meiner Sehnsucht in greifbare Nähe zu rücken. Zwei Tage später, bei Einbruch der Dunkelheit, saßen Männer, die ich noch nie gesehen hatte, in einem großen Kreis in der Höhle, nahmen die Magazine aus den Gewehren und begannen, sie Kugel um Kugel von dem Munitionshaufen in ihrer Mitte zu füllen.

Als der Mond aufging, brachen wir auf, stiegen über einen steinigen Pfad den Steilhang hinab und folgten dem Talgrund neben dem Fluß. Dieser versiegte bald zu einem kleinen Rinnsal in einem breiten Bett aus Kieseln und Felsen und leuchtete gespenstisch weiß im Mondlicht, das von den umgebenden Hügeln zu uns herabfiel. Wir waren insgesamt fünfzehn Leute; ein Mann führte einen Esel, der vermutlich als »Krankentransporter« für die Verwundeten gedacht war. Es gab nicht einmal ein Heftpflaster in den Höhlen, ganz zu schweigen von den freundlichen, allgegenwärtigen Sanitätern, die man von modernen Feldzügen kennt.

Wir durften nicht rauchen und uns nur flüsternd unterhalten. Im Flußbett knirschten die Steine unter unseren Füßen, doch auf dem weichen Boden hörte man nichts außer dem metallischen Klirren der Gewehre. Eine Stunde wanderten wir in lockerer Reihe dahin; wir überquerten gerade einen Flecken offenen Geländes in einer breiten Senke, die auf der einen Seite an ein kleines Wäldchen grenzte, als wir das zweifache Donnern abgefeuerter Granaten hörten.

Wir blieben wie angewurzelt stehen und lauschten. Die erste Granate sauste kreischend erdwärts und explodierte, ehe wir reagieren konnten. Auf einmal loderten in unserer stummen Mondlandschaft hellrote Flammen auf und scheuchten die Männer in alle Richtungen auseinander. Einen kurzen Augenblick lang sah ich ihre wilden Umrisse wie versteinert in der aufblitzenden Glut vor mir – schwarze Gestalten vor einem rötlich leuchtenden Hintergrund und in ihrer Mitte die klägliche Silhouette des Esels. Eine zweite Granate war unterwegs. Ich warf mich zu Boden, aber obwohl ich mich so schnell bewegte, wie ich konnte, kam ich mir wie in einem jener Träume vor, in denen man trotz aller verzweifelten Anstrengung nicht vom Fleck kommt. Die Zeit hielt mich in einer unendlich langen Umarmung gefangen, in der ich untätig verharrte und nur daran denken konnte, wie dumm das Ganze war. Dann brach die zweite Explosion über uns herein. Der Boden zitterte wie das Fell einer Trommel. Dann nichts – Schweigen. Die Welt kehrte wieder zu uns zurück. Wir erhoben uns, klopften uns die Erde von den Kleidern und sammelten uns wieder. Zu meinem Erstaunen hörte ich von überallher gedämpftes Kichern.

Wir marschierten weiter und durchquerten erst ein Waldstück, dann offene Felder und die unheimlichen Ruinen eines verlassenen Dorfes. Ich war beunruhigt und fragte mich, ob es tatsächlich Zufall gewesen war, daß die Granaten so dicht bei uns eingeschlagen waren. Hatte der Militärposten vielleicht Bewegungsmelder auf dem Gelände installiert? Oder hatte einer der Männer heimlich unsere Position verraten? Warum wurde ausgerechnet geschossen, als wir in der Nähe waren? Die Möglichkeit des Verrats konnte man nicht ausschließen. War der Posten mit Nachtsichtgeräten ausgestattet? Damit hätte man uns ohne Probleme entdecken können …

Ich hatte mir den Knöchel in einem Bewässerungsgraben schmerzhaft verstaucht und spürte nun auch die Kälte in mir hochkriechen. Außerdem hatte ich Hunger. Als ich in der Ferne das leise Pfeifen einer Granate hörte, duckte ich mich unwillkürlich. Da bogen sich die beiden jungen

Kämpfer hinter mir vor Lachen: Einer von ihnen hatte aus Spaß das Geräusch einer Granate imitiert. Ich beschimpfte ihn wortreich auf englisch, aber mein unverständliches Flüstern steigerte ihre Heiterkeit noch mehr.

Wir marschierten mehrere Stunden lang und machten erst kurz vor dem Morgengrauen am Rande eines Getreidefelds halt. Der Esel wollte sich partout nicht niederlegen und wurde geräuschvoll von drei Männern zu Boden gedrückt. Eine Reihe kaum hörbarer Befehle zog durch die Gruppe, und zwei Kundschafter wurden zu der dunklen Baumreihe vor uns entsandt. Ich schloß daraus, daß es sich wohl um den Ort handelte, an dem wir uns mit den Deserteuren treffen sollten. Die Tatsache, daß wir still sein mußten, deutete auf einen nahen Militärposten hin. Ich fragte mich, wie viele Deserteure es wohl waren und wie schnell ihre Vorgesetzten die Flucht bemerken würden. Vielleicht würde man sie verfolgen. Wie lange würden wir warten müssen, ehe sie sich zeigten? Da kam mir ein düsterer Gedanke: Was wäre, wenn man sie unter Folter bereits gezwungen hatte, ihre Pläne zu verraten? Was, wenn das Ganze eine List war, ein Trick, um eine einzelne Gruppe leichtbewaffneter Mudschaheddin zu umzingeln? Wir würden es nie erfahren...

Ich schlug nach den Stechmücken. Ein Soldat bedeutete mir, mich nicht zu rühren. Ich sagte ihm grob auf englisch, was ich von seiner Anweisung hielt. Er grinste nur verständnislos; seine Zähne blitzten dabei im Mondlicht. Die anderen überprüften ihre Waffen, und bis auf zwei Mudschaheddin machten sich alle auf den Weg in das Wäldchen vor uns.

Eine halbe Stunde verging. Die Anspannung war kaum auszuhalten, und so kroch ich über flachgedrücktes Getreide zu einem der verbliebenen Männer, die wie Scharfschützen mit dem Gewehr im Anschlag auf dem Boden lagen und auf die Schwärze zwischen den Bäumen starrten. Unsere Unterhaltung im fahlen Licht des Mondes bestand halb aus Zeichensprache und halb aus geflüsterten Worten in einer Sprache, die ich nicht entschlüsseln konnte. Es war eine fast surreale Situation. Ich wollte ihn fragen, aus welcher Richtung die desertierenden Soldaten kommen sollten und ob wir tatsächlich die beste Verteidigungsposition einnahmen, ob wir bleiben würden, wenn es Probleme gäbe, und falls nicht, wohin zum Teufel wir uns zurückziehen sollten. Doch das einzige, was ich herausbrachte, war: »Feind – wo?« Ich deutete mit den Händen fragend auf den Mond.

»*Undscha, undscha*«, flüsterte er und nickte heftig in Richtung der Bäume, wo sich immer noch nichts regte.

»Wo?«

»*Undscha, undscha.*«

Er lächelte und nickte wiederholt, als könne er dadurch meine Verwirrung beseitigen. Doch die Schwärze vor uns blieb unheilvoll ruhig. Das Wäldchen bestand aus Obstbäumen, und wenn ich die Augen zusammenkniff, konnte ich gerade noch den schwachen Glanz unzähliger Äpfel erkennen, die wie Weihnachtsschmuck an den Ästen hingen.

In diesem Moment wurde mir klar, daß es mir an den nötigen Qualitäten für den Guerillakrieg mangelte. Ich wollte nur noch nach Hause. Meine Hände und mein Nacken waren geschwollen von Mückenstichen. Welchen Unterschied machte es, wenn wir einige Deserteure erwischten? Welchen Unterschied machte es, wenn die Kommunisten auf immer in Kabul blieben? War es wert, dafür sein Leben zu riskieren?

Es regte sich etwas; die Männer kehrten zurück. Da ich keine Schüsse gehört hatte, war es den Deserteuren wohl gelungen zu fliehen. Ein Dutzend Gestalten tauchte zwischen den Bäumen auf und rannte auf uns zu. Doch sie hatten keine kahlgeschorenen Wehrpflichtigen bei sich. Statt dessen versammelten sich die Männer um den Esel und tasteten suchend in ihren Kleidern herum, als hätten sie Flöhe. Ich konnte nicht richtig erkennen, was sie da machten, und kroch näher, bis ich erkannte, daß sie zwei riesige Satteltaschen füllten, und zwar – ja, jetzt konnte ich es genau erkennen – mit Äpfeln. Sobald sie ihre Taschen geleert hatten, verschwanden sie zum zweiten Mal zwischen den Bäumen und kehrten erneut mit vollgestopften Taschen zurück. Die Satteltaschen waren nun so prall gefüllt, daß man den Esel zwingen mußte, aufzustehen. Er schwankte jämmerlich, als er vom Feld geführt wurde. Ein fröhlicher Soldat reichte mir einen Apfel.

Das also war der Krieg.

Wir trotteten zurück, den Mund voll köstlich süßer Apfelbissen, was meine Verzweiflung etwas linderte. Die Männer plauderten leise, während sie kauten. Auf dem Rückweg nahmen wir eine andere Route und mußten durch einen kniehohen Graben waten, der von Bäumen gesäumt war. Die Blätter flüsterten im Wind, und das Mondlicht tanzte strahlend über uns, während das Wasser leise glucksend um unsere Beine floß. Ich versuchte, diese ganze Deserteursgeschichte zu begreifen. Sicherlich war der Apfeldiebeszug keine zufällige Aktion gewesen, Qadir mußte davon gewußt haben. Warum also die Täuschung? Und wenn er davon gewußt hatte, warum hatte er mir dann gesagt, daß …

Ohne die geringste Vorwarnung explodierte die Nacht um uns herum. Ein Kugelhagel zerfetzte die Bäume über unseren Köpfen, während die nächtliche Stille vom Lärm der Maschinengewehre zerrissen wurde. Rote und weiße Leuchtspurgeschosse flogen zischend ins Unterholz. Die Männer stoben in alle Richtungen auseinander, während sie sich gegenseitig Kommandos zuschrien, und krochen das schlammige Ufer hinauf, um das Feuer zu erwidern.

Ich rannte los und kämpfte mich durch das Wasser, indem ich die Beine seitwärts bewegte, um den Widerstand zu verringern. Wieder überkam mich der grausame Zeitlupeneffekt und legte sich wie ein Gewicht auf mich, das mit jedem Augenblick schwerer wurde. Ich konnte mir von oben dabei zusehen, wie ich durch den Graben stürmte, während mir mein eigener keuchender Atem und das Klopfen meines Herzens in den Ohren dröhnten. Dort in der Höhe jedoch war die Welt merkwürdig still, wie ein Film mit abgeschaltetem Ton.

Der Kanal machte eine Kurve; dort kroch ich die Böschung hinauf und rutschte über den flachen Boden. Der Kugelhagel kam aus allen Richtungen. Ich hörte das hohe Schnattern der Schnellfeuergewehre und das Tuckern der schweren Maschinenpistolen. Überall flitzten die roten Leuchtstoffgeschosse herum, so daß die Luft von Blitzen, Geheul und Explosionen erfüllt war, während die Kugeln gegen die Felsen schlugen. Ich war wie hypnotisiert. Das Ganze schien ganz und gar nicht real zu sein, und so schritt ich durch den Kugelhagel wie durch einen Traum.

Dann ertönte zweimal ein lautes Krachen, das meine Ohren klingeln ließ. Ich glaubte, getroffen zu sein. Meine Beine brachen unter mir zusammen, und mein Körper schlug mit unerwarteter Gewalt auf dem Boden auf. Ich hatte allerdings keine Schmerzen und empfand lediglich eine tiefe Neugier. Etwas wand sich unter mir, und ich fragte mich, ob es wohl meine eigenen Beine waren, die im Todeskampf um sich schlugen, bis das von Schweiß glänzende Gesicht eines der Männer im Mondlicht zwischen meinen Knien auftauchte.

Er hatte mich wie beim Rugby zu Fall gebracht und in Deckung gezogen, wo meine Sinne nun wieder zum Leben erwachten. Mir wurde klar, daß er mir vermutlich das Leben gerettet hatte. Plötzlich war der Zauberbann gebrochen. Ich duckte mich hinter einige Felsbrocken, verfluchte meine Dummheit und hielt mich dicht an die Gruppe dreier Männer, von denen ich einen neben mir zittern fühlte. Die Armen, dachte ich, sie hatten sogar noch mehr Angst als ich. Doch als ich mich zur Seite wandte, um in ihre Gesichter zu sehen, waren sie verzerrt vor unterdrücktem Lachen.

So plötzlich, wie es begonnen hatte, hörte das Schießen wieder auf. Niemand war verletzt. Der Esel, stumm und starr, stand dort, wo wir ihn verlassen hatten, in der Mitte des Kanals, umgeben von einer Flotte schaukelnder Äpfel. Nachdem wir die Früchte wieder eingesammelt hatten, machten wir uns auf den Heimweg und erreichten vier Stunden später das Hauptquartier – gerade, als sich der pur-

purrote Vorhang der Morgendämmerung hob und ein riesiges Tuch goldenen Lichts sich langsam über die umliegenden Berggipfel herabsenkte.

Ich stolperte auf die Höhle zu. Qadir erschien mit einem besorgten Blick, den er schnell hinter einem Lächeln verbarg, als er mich erblickte. Wir umarmten uns, und er trat zurück wie ein Vater, der seinen Sohn nach seinem ersten Schultag begrüßt.

»Und, wie war es? Du siehst ein wenig ... *müde* ... aus.«

Ich konnte kaum noch stehen und hätte am liebsten angefangen zu weinen.

»Ja, Qadir-*dschan*«, entgegnete ich, »ich bin müde. Und die Operation ...«

Was sollte ich ihm erzählen? Ich war die ganze Nacht gelaufen, man hätte mich fast erschossen, und ich hatte eine unbändige Wut. Nun, da sämtliche Gefahren vorüber waren, kehrten all die widersprüchlichen Gefühle, die im Moment der Gefahr verdrängt worden waren, mit unerwarteter Gewalt zurück und drohten mich zu überwältigen. Derartige Gefühlsextreme hatte ich noch nie zuvor erlebt.

»Deserteure gab es keine«, erzählte ich ihm, »aber wir konnten mehrere hundert Äpfel erobern.«

»Nun, schließlich müssen wir auch essen.« Er legte tröstend die Hand auf meine Schulter. »Ich weiß, du bist jetzt enttäuscht, aber mach dir keine Sorgen. Das nächste Mal darfst du an einer richtigen Operation teilnehmen.«

»Du meinst, wir riskieren noch einmal unser Leben, um noch ein paar Äpfel zu erobern?«

»Nein, nein, ich spreche von einer *richtigen* Operation.« Schalk blitzte in seinen Augen. »Kürbisse!«

Am Nachmittag füllte sich das Tal mit dem bedrohlichen Knattern eines Hubschraubers. Eine halbe Stunde lang kreiste das riesige Fluggerät in einem breiten Bogen über uns und blieb manchmal dreihundert Meter über dem Berg in der Luft stehen. Unzählige nervöse Spekulationen machten die Runde.

Schließlich zeigten sich drei weiße Rauchwolken am Rand der Hochebene südlich von uns und drei weitere über einem Bergkamm hinter einer Häusergruppe am Rande der Siedlung. Als anschließend der Lärm herannahender Kampfjets ertönte, wußten wir, was vor sich ging. Der Hubschrauber hatte Rauchsignale für die Piloten der Flugzeuge gesetzt, die nun wie aus dem Nichts über den Himmel flitzten. Der Krach war einfach unbeschreiblich. Das Motorengeräusch war so laut, daß der Boden bebte. Ich versuchte, sie bei ihrem Angriff zu fotografieren. Meine Finger drückten zitternd auf die Knöpfe meiner Kamera, während ich ihrer Flugbahn folgte – fest davon überzeugt, daß die Piloten mich gesehen hatten.

Die zwei MiG-Kampfflugzeuge zogen kreischend über uns hinweg, tauchten im Sturzflug in die Tiefe und schossen anschließend senkrecht nach oben über die Berge, während ganze Bündel von Leuchtraketen aus ihren Bäuchen flogen und ihnen wie ein Kometenschweif folgten. Sie legten sich in die Kurve und schossen erneut durch den Himmel – glitzernd, tödlich, silbern –, ehe sie zu einem langen, dröhnenden Sturzflug aus westlicher Richtung ansetzten. Nun flogen sie plötzlich parallel nebeneinander und tauchten jenseits des Dorfes pfeilschnell nach unten, während eine donnernde Explosion über uns hinweg- und unter uns hindurchzog und wir die ersten Bomben explodieren sahen. Dann waren sie verschwunden, und alles, was blieb, war das Pfeifen in unseren Ohren und zwei meterhohe Fontänen brauner Erde, die vor dem blauen Himmel in die Höhe spritzten.

Ein paar Männer meinten, es handle sich um eine Bestrafungsaktion für den Apfeldiebstahl. Nein, es sei der Versuch, die geheimen Mudschaheddin-Standorte in der Region zu zerstören, widersprachen einige. Wieder andere hielten es für einen zufälligen Luftangriff. Wir sollten es nie erfahren. Die Attacke war unerwartet, sinnlos und erschreckend – und damit typisch für vieles, was ich in diesem Krieg erlebte. Dahinter mochte sich sicherlich irgendeine

Absicht verbergen, die sich uns allerdings nicht erschloß, und so war der Angriff nur ein weiteres winziges Steinchen im Mosaik dieses Krieges, den ich immer weniger begriff, je mehr ich davon sah.

Ein junger Norweger schloß sich unserer Gruppe an – ein Reserveoffizier, der sich wie ich auf seinem ersten heimlichen Besuch auf afghanischem Boden befand. Er hieß Pål Refsdal, sprach fließend Englisch und war einundzwanzig Jahre alt. Er kam mir schon sehr erwachsen vor. Ihn empörte die mangelnde militärische Disziplin unter den Mudschaheddin, und er beschuldigte mich, ihnen gegenüber viel zu diplomatisch zu sein. Ich tadelte ihn wiederum täglich für seine Intoleranz, und so wurden wir gute Freunde. Hatten wir gelegentlich einmal genug voneinander, so verzogen wir uns wie ein altes Ehepaar nach einem Streit in weitentfernte Ecken auf der Obstwiese und schrieben in unsere Tagebücher. Vom Tag seiner Ankunft an witzelten wir ständig über unsere mißliche Lage und die unserer Gastgeber – nie habe ich einen Witz in meiner Muttersprache als so tröstlich empfunden wie damals.

Eine Tageszeit ist mir deutlicher im Gedächtnis geblieben als alle anderen: der Moment kurz nach Sonnenuntergang, wenn die Dämmerung über den Tag hereinbrach und sich die letzten Reste des goldenen Lichts von den höchsten Bergketten lösten. Auf dieses friedliche Signal hin kletterte ein junger Kämpfer auf einen Felsvorsprung über der Höhle, legte die Hände an den Mund und rief in einem hohen, wohltönenden Gesang zum Abendgebet. Die langgezogenen Silben, die über den letzten Atemhauch des Tages hinweg von dannen schwebten, schienen wie ersonnen für diesen Zweck. Und wie von Zauberhand, als würden sie eine unsichtbare Flamme mit sich tragen, entzündeten seine Rufe ein zweites und drittes Echo irgendwo in den weiter entfernten Berghängen, bis das gesamte Tal von Wechselgesängen des Glaubens erfüllt war.

Allahu akbar, allahu akbar, allahu akbar, allahu akbar.
Aschhadu alla ilaha ilallah, aschhadu alla illaha illallah.
Aschhadu anna Muhammad ar-rasulullah, aschhadu anna Muhammad ar-rassulullah.
Haja alas salah, haja alas salah.
haja alal falah, haja alal falah.
Allahu akbar, allahu akbar, la ilaha ilallah.

Gott ist größer, Gott ist größer, Gott ist größer, Gott ist größer.
Ich bezeuge, daß es keine Gottheit gibt außer Gott,
ich bezeuge, daß es keine Gottheit gibt außer Gott.
Ich bezeuge, daß Muhammad der Gesandte Gottes ist,
ich bezeuge, daß Muhammad der Gesandte Gottes ist.
Kommt zum Gebet, kommt zum Gebet.
Kommt zum Heil, kommt zum Heil.
Gott ist größer, Gott ist größer, es gibt keine Gottheit außer Gott.

Wie Reisende, die vor der hereinbrechenden Nacht Zuflucht suchten, ließen die Männer dann alle weltlichen Dinge zurück und kamen in die Höhle, wo sie sich in Reihen hintereinander niederließen, bereit zum Gebet.

Dieses Herbeirufen der Gläubigen berührte mich jedesmal wieder. In der Stille zwischen den einzelnen Versen des Gebetsrufs herrschte eine Ruhe, in der die Zeit stillzustehen schien. Diese Momente verfolgten mich und weckten irgendwo tief in mir, dort, wo ich mir selbst immer noch fremd war, eine gewisse Unruhe. Eines Abends schien dieser Lockruf eine Saite in mir zum Schwingen zu bringen, und auf diesen spontanen Impuls hin gesellte ich mich zu den anderen Männern, die sich in der Höhle versammelten.

Niemand achtete groß darauf, die Reihe teilte sich, und ich wurde sanft an meinen Platz geschoben. Das Gebet begann, und wenige Minuten später klang vom nahe gelegenen Militärposten der gedämpfte Knall von Gewehrfeuer herüber. Ich empfand es als sehr herzlos, uns in ebendiesem

Moment anzugreifen. Die Granaten krochen in einem langsamen, stetigen Sperrfeuer das Tal hinauf und erleuchteten die Höhle mit plötzlich auflodernden Flammen, während die Explosionen immer näher rückten. Dann bebte der Boden, und von der Decke fiel ein Staubregen auf uns herab. Ich erwartete, daß die anderen nun ihr Ritual unterbrechen und weiter hinten in der Höhle Zuflucht suchen würden, und warf einen verstohlenen Blick auf die Männer neben mir, um festzustellen, ob sie meine Furcht teilten. Aber selbst wenn sie es taten, war es nicht zu erkennen. Während das furchterregende Chaos aus Explosionen und Flammen in der äußeren Welt weiterging, rührten sich die Männer im Innern der Höhle nicht, sondern drückten die Stirn nur sanft in stummem Gehorsam auf die Erde.

Diese Momente kollektiver Verehrung waren besonders intensiv, wenn die Bedrohung näher rückte und das Flüstern des Todes in der Luft lag. Und obgleich meine eigene Teilnahme an den Gebeten nicht mehr als eine Nachahmung des formalen Rituals darstellte, so handelte es sich dabei doch um die Fortsetzung eines natürlichen Impulses, der sich durch die Unsicherheit unserer Existenz noch verschärfte. Keiner der anderen Männer verlor ein Wort darüber, daß dieses Ritual nur den Gläubigen vorbehalten war, vielmehr zeigten sie sich erfreut über die Anwesenheit eines Fremden beim Gebet. Qadir unterstützte mich mit freundlicher Skepsis; Pål dagegen regte an, ich solle mich um die Stelle des Dorfmullahs bewerben, und konnte mir meine Abtrünnigkeit, wie er es nannte, nie so recht vergeben.

Unser Gemeinschaftsgefühl war vor allem dann deutlich zu spüren, wenn wir uns darauf vorbereiteten, die relative Sicherheit der Höhle für eine nächtliche Operation zu verlassen, was stets ein tollkühnes Unterfangen darstellte. Als man mich darüber informierte, daß ein Angriff auf eine sowjetische Garnison am Stadtrand von Kabul geplant war, konnte ich nicht widerstehen. Es wäre mir unangenehm gewesen, nur bestimmte Seiten des Lebens mit den Männern zu teilen, ohne mich auch auf die Gefahren dieses Lebens einzulassen. Am Abend vor dem Aufbruch überreichte mir Qadir feierlich das Gewehr des toten Mannes und fragte: »Willst du sehen, warum dies ein besonderes Gewehr ist?« Er drehte den Gurt um und zeigte mir einen winzigen dunklen Fleck in dem steifen Material. Ich hatte nicht vor, die Waffe tatsächlich zu gebrauchen, gewöhnte mich jedoch schnell daran, daß sie an meiner Seite hing, und bald schon kam es mir seltsam vor, wenn ich sie nicht trug.

Wir brachen vor Sonnenaufgang auf, um von den Soldaten des Militärpostens nicht gesehen zu werden, marschierten bis zum frühen Morgen und schliefen dann, in unsere *patus* gewickelt, auf einem Geröllfeld bis zum späten Vormittag. Erfreut stellte ich fest, daß sich mein Körper auf diesem harten Lager prächtig ausruhen konnte. Zum Frühstück gab es ein paar Kanten trockenes Brot, dann zogen wir weiter.

Am frühen Abend rasteten wir in einer engen Schlucht. Sie war übersät von den ausgebrannten Trümmern einiger Lastwagen, die offenbar hier in einen Hinterhalt geraten waren. Einer der Kämpfer bat mich um meinen Kompaß, um damit die Gebetsrichtung zu bestimmen, und fragte, ob ich seinen Granatwerfer halten könne, während er betete. Dabei entdeckte ich, daß der Inhalt rasselnde Geräusche von sich gab, wenn man die Waffe schüttelte; aber noch während ich mir damit die Zeit vertrieb, fiel mir plötzlich ein, daß ich ja keine Ahnung hatte, wodurch die Granaten gezündet wurden, und so legte ich den Granatwerfer vorsichtig auf den Boden.

Wir marschierten durch die Berge in Richtung Hauptstadt und rasteten bei Sonnenuntergang an einem Flußufer in der Nähe einiger Nomadenzelte. Ein etwa achtjähriges Kind brachte uns mit ernstem Gesicht eine schwarz angelaufene Blechkanne mit Tee aus einem der Zelte, und wir tranken abwechselnd aus einer winzigen Schale.

Nach einer kleinen Weile des Wartens gesellten sich zwanzig weitere Männer von einer anderen Gruppe zu uns, schwerbewaffnet mit Granaten und Granatwerfern. Ihr Anführer war ein schmächtiger und unerfahrener Kämpfer in einer schwarzen Lederjacke, der ein Heckler-&-Koch-Maschinengewehr bei sich trug. Das Gewehr war zwar eine prächtige Waffe, doch dank der spärlichen Munition so gut wie nutzlos.

Die einzig verläßliche Zerstreuung auf dem langen Marsch bot die Phantasie: je wilder meine Vorstellungen, desto besser. Nichts tröstete mich mehr als der Gedanke, ich würde immer noch in England zur Schule gehen. Stattdessen bereitete ich mich mit dem Maschinengewehr eines toten Guerillakämpfers über der Schulter auf einen Angriff auf eine Garnison der Roten Armee vor – welcher meiner Lehrer würde es jetzt wohl noch wagen, mich zu tadeln, weil ich meinen obersten Knopf nicht ordnungsgemäß geschlossen hatte? Entzückt besuchte ich im Geiste ehemalige Lehrkräfte in meiner neuen Aufmachung, um alte Rechnungen mit ihnen zu begleichen. Doch dann setzten sich schließlich doch die Grundbedürfnisse durch: Ich ließ eine endlose Vielfalt an heißen Mahlzeiten und Weinen vor meinem inneren Auge heraufziehen und beendete meine Phantasiereise schließlich mit dem größten Luxus, den ich mir in diesem Moment vorstellen konnte – einem Bett mit Laken und Kopfkissen.

Erschöpfung und Furcht spielten dem Verstand seltsame Streiche, und zusammen mit dem Mondlicht wurde daraus eine berauschende Mischung. Ich hörte das Brausen eines kleinen Flusses in der Nähe und hielt es irrtümlich für das Geräusch feindlicher Fahrzeuge. Etwas später erblickte ich ein helles, rötliches Licht auf einem Bergkamm und dachte, ein riesiges Feuer würde vor uns brennen, vielleicht ein in Brand gestecktes Munitionslager. Doch es entpuppte sich als die Straßenbeleuchtung von Kabul. Als wir schließlich den letzten Bergrücken vor den Randbezirken der Stadt hinter uns gebracht hatten und die Reihen der orangeleuchtenden Laternen vor uns sahen, schrak ich vor dem Anblick zurück. Ich hatte mich so an die mittelalterliche Schlichtheit des Höhlenlebens gewöhnt, daß ich nun, da ich zum ersten und einzigen Mal auf dieser Reise elektrischen Lichtern begegnete, wie ein Tier spontan mit Furcht reagierte.

Verirrte Leuchtspurgeschosse flitzten über das Land, und Leuchtfallschirme trudelten unter sich kräuselnden Rauchfahnen Richtung Erde. Auf einem der Berge im Stadtgebiet war ein Suchscheinwerfer installiert, der mit seinem erschreckend grellen Lichtstrahl die umliegenden Hügel abtastete. Ich war fest davon überzeugt, daß der Strahl – sollte er im Verlauf seiner bedrohlichen Wanderung an uns vorüberziehen – sofort kehrtmachen, sein Licht auf uns fixieren und dadurch die gesamte Feuerkraft der Stadt mit einem Schlag auf uns lenken würde. Die Mudschaheddin schienen sich daran nicht zu stören; ob aus Trotz, Unwissenheit oder Gleichgültigkeit, vermochte ich nicht zu sagen.

Bei unserem Angriff brach an allen Ecken und Enden ein mißtönendes Gewehrknattern aus. Pål und ich kauerten uns in die Ruinen eines zerstörten Hauses, während die Kugeln mit einem tödlichen Heulen an den Wänden hinter uns abprallten. Leuchtspurgeschosse zogen in allen Richtungen durch die Luft. In regelmäßigen Abständen sprang ein Kämpfer namens Tadsch Muhammad – ein Russe aus Tadschikistan, der von seiner Panzerdivision desertiert war, um sich den Mudschaheddin anzuschließen – aus dem Schatten zu mir, ohne auf das geladene Gewehr zu achten, das ich auf ihn richtete. In seinen Augen loderte die Kampfeslust.

»*Aks nemigirid* – macht ihr keine Fotos?« brüllte er dann über den Kugellärm hinweg. »*Dschang nemekuned?*« Ob wir nicht ein bißchen kämpfen wollten? Um uns zu ermutigen, erhob er sich, legte sein Gewehr auf die Mauer über uns und feuerte eine ohrenbetäubende Salve ab. Noch ehe die leeren Patronenhülsen, die um uns herum niederprasselten, sich abgekühlt hatten, sprang er schon wieder über das Geröll davon und verschwand in der Dunkelheit.

Das Gewehrfeuer wurde in regelmäßigen Abständen von der Explosion der Granaten durchbrochen. Der Lärm war einfach unbeschreiblich. Ich fand mich mit dem Gedanken ab, daß wir bald von einer rachedurstigen russischen Streitmacht umzingelt würden, und wartete schon auf das Geräusch der feindlichen Panzer oder Hubschrauber; dabei übte ich bedrückt wieder und wieder einen russischen Satz, den ich von einem Söldner in Peschawar gelernt hatte. Dort kursierte ein Witz, wonach die CIA-Mitarbeiter, die mit den Mudschaheddin arbeiteten, folgenden Satz lernen mußten, für den Fall, daß sie von russischen Soldaten erwischt würden: »*Ne streljat', ja snaju sekrety!* Nicht schießen, ich kenne ein paar Geheimnisse!«

Doch es kamen keine Russen. Wir wichen in einer unregelmäßigen Linie über offenes Gelände zurück, während Fontänen von Leuchtstoffgeschossen von den nahe gelegenen Stellungen explodierten und mit furchterregender Schönheit durch den Himmel auf uns zuflogen. Die Männer schlenderten unter dem Kugelhagel dahin, als würden sie nach einem erfolgreichen Arbeitstag nach Hause zurückkehren. Wir marschierten auf unserem langen und kalten Rückweg die ganze Nacht durch und legten keine einzige Rast ein. Bei Sonnenaufgang, lange nachdem das Hochgefühl nach dem Scharmützel – man konnte es kaum als richtiges Gefecht bezeichnen – verflogen war, verließen wir den Pfad und wateten durch einen eiskalten Fluß. Auf dem anderen Ufer teilte sich die Schar in kleine Gruppen auf, und die Männer begannen, grimmig flüsternd miteinander zu streiten.

Der Wind kroch uns in Mark und Bein. Pål und ich saßen im Schutz eines Felsvorsprungs und teilten eine Zigarette mit einem der Kämpfer. Wir wollten wissen, was der Grund für diese Verzögerung war. Er erklärte mit Geräuschen und Gesten, daß es nun, da der Morgen anbräche, zu spät sei, um den geplanten Weg zurück zu unserem Hauptquartier einzuschlagen. Wir seien nun gut zu sehen und befänden uns in Reichweite des örtlichen Militärpostens, sagte er und imitierte mit seinem sehnigen Zeigefinger den knatternden Bogen eines feindlichen MG-Schützen: Tak tak tak tak tak!

Ich fragte, was wir nun machen würden.

Wir müßten den längeren Weg nehmen, den Hang hinauf und um den Berg herum, an dessen Flanke wir nun Schutz suchten. Dabei gäbe es jedoch ein Problem.

»Bumm!« Die Asche seiner Zigarette fiel zu Boden, während er mit den Händen eine Minenexplosion nachzeichnete und das Gesicht in einem gespielten Todeskampf verzog, worüber ich zu einem anderen Zeitpunkt vielleicht gelacht hätte. Er verdrehte die Augen, und der Kopf sank zur Seite, bis die Zunge aus einem Mundwinkel hing. Der Abhang war also vermint.

Dennoch mußten wir ihn kreuzen. Und während die Morgendämmerung als Lichtstreif hinter den Bergen langsam hervorwuchs, marschierten wir auf einen Bergsattel zu, der etwa einen Kilometer von uns entfernt lag. Der Boden war von Panzerspuren zerfurcht; offenbar war der Feind vor nicht allzulanger Zeit hier entlanggekommen. Auf dem Bergrücken stellten wir uns der Reihe nach auf und sahen über den flachen Hang zur Straße und der sie säumenden Baumreihe hinüber, die etwa zweihundert Meter von uns entfernt war.

Irgendwie geriet ich an die zweite Stelle in der Schlange. Alles war so schnell gegangen, daß ich keine Zeit mehr gehabt hatte, meinem natürlichen Drang zu folgen und mich ganz am Ende einzureihen. Der erste Mann trat auf den Abhang und marschierte los. Noch bevor ich begriffen hatte, daß es nun an mir war, ihm zu folgen, erschien schon ein Kämpfer neben mir und erklärte mir unnötigerweise, wie ich damals fand, daß ich genau in die Spuren des ersten Mannes treten sollte.

Die ersten zwanzig Meter ging dies verhältnismäßig problemlos, aber danach war der Boden von wildem Heidekraut bedeckt, so daß es unmöglich war, die Fußabdrücke des ersten Mannes zu erkennen. Ich machte einige weitere Schritte und begutachtete den Boden vor mir mit wachsender Besorgnis, als ich einen Schrei hörte und aufsah.

Der Mann vor mir hatte offenbar keine Lust mehr gehabt,

den Hang auf Zehenspitzen zu überqueren, und war einfach schnell und unter lautem Kriegsgeschrei hinübergerannt. Hundert Meter von mir entfernt drehte er sich um und bedeutete mir mit einem strahlenden Lächeln, ihm zu folgen. Gleichzeitig drängten mich die anderen von hinten leicht irritiert, endlich weiterzugehen. Ich wußte, daß ich nun auf keinen Fall mehr umkehren konnte.

Wenn ich an die Absurdität dieses Augenblicks zurückdenke, frage ich mich manchmal, ob das alles nicht einfach ein Spaß war, um den Mut eines Besuchers listig zu prüfen. Vielleicht war der Hang gar nicht vermint, oder wir hatten einfach nur Glück. Und so lief ich los, bei jedem Schritt den Boden vor mir prüfend, während mir tausend Gedanken auf einmal durch den Kopf schossen. Genau in diesem Moment stieg die Sonne über den Bergen im Osten auf, und das Licht ergoß sich wie flüssiges Feuer über den Hang. Ich beobachtete, wie es rechts von mir den Berg entlangkroch, bis der graue Fels auf einmal rot erstrahlte und die staubgraue Ebene dahinter golden aufleuchtete. Die Luft war plötzlich erfüllt von der Energie eines neues Tages, so als hätte die Erde einen tiefen, lebenspendenden Atemzug getan.

Ich hatte noch nie einen derartig schönen Sonnenaufgang gesehen und war so überwältigt vom Glanz des neuen Tages, daß ich mir der Gefahr unter meinen Füßen nur noch vage bewußt war. Egal, wohin mein Verstand auch schweifte, er schien alles schärfer denn je in sich aufzunehmen. Ohne Mühe konnte ich die weißen Zähne des lächelnden Kämpfers erkennen, der sich, über hundert Meter entfernt, auf der anderen Seite des Abhangs befand. Ich spürte das Gestrüpp unter meinen Füßen, das sich wie winzige Sprungfedern zusammenzog, und den Windhauch, der über mein Gesicht tanzte. Auch die Farben wirkten auf einmal deutlicher und leuchtender als je zuvor, gleichsam als wären sie lebendig und bewegten sich, und selbst meine Erinnerung reichte auf einmal bis zu meiner frühesten Kindheit zurück. Dieser Zaubertrick der Sinne war vermutlich das Ergebnis extremer Konzentration, deren Folgen mir damals wie Magie vorkamen. Aber es war keine Konzentration, die ich jemals wieder erleben wollte.

Nach ein paar Tagen und vielen unglaublich übertriebenen Berichten über die Verluste auf feindlicher Seite geriet auch dieses Ereignis allmählich wieder in Vergessenheit.

Eines Morgens dann – vielleicht weil ich eine natürliche innere Grenze erreicht hatte oder ein Signal empfing, an das ich mich nicht mehr erinnere – verspürte ich auf einmal einen tiefen Anflug von Heimweh. Erinnerungen an die Welt, die ich hinter mir gelassen hatte, stiegen wie eine verschleppte Krankheit in mir auf, und ich wußte, daß es nun an der Zeit war, mich zu verabschieden. Ich konnte nicht bleiben; dies war nicht mein Krieg, und ich wußte, daß ich nicht hierhergehörte.

Nach einem feierlichen Abschied, bei dem uns die Männer vor der Höhle der Reihe nach umarmten, wanderte ich mit Pål, Qadir, einem russischen Deserteur und zwei anderen Männern in Richtung Pakistan zurück. Pål hatte vor, sich einer Mudschaheddin-Gruppe anderswo im Land anzuschließen, und nahm Kurs auf viele weitere Abenteuer und gefährliche Situationen. Wir dagegen erreichten drei Tage später die Grenze. Kurz bevor wir auf pakistanischer Seite abstiegen, kniete Qadir nieder, hob mit einer zärtlichen Geste eine Handvoll afghanischer Erde vom Boden auf und ließ sie in seine Brusttasche rieseln. Noch jetzt kann ich mich ganz genau an jenen Moment erinnern, als wir jenseits der Grenze den Abstieg begannen, und an das intensive Gefühl von Verbannung – heute so beklemmend wie damals –, das damit einherging. Ich wurde ohne Zwischenfälle zurück nach Peschawar geschmuggelt, was mich einerseits mit Erleichterung, andererseits mit Bedauern erfüllte; das erste Gefühl war nur von kurzer Dauer, während letzteres sich als merkwürdig unauslöschlich erwies.

Wenige Tage später befand ich mich wieder in London, angewidert von der düsteren und unnatürlichen Hektik der Stadt, dem Überfluß und der Vielfalt der Lebensmittel und dem verstörenden Anblick von Frauen in kurzen Röcken.

An der U-Bahn-Station Charing Cross traf ich zufällig einen ehemaligen Lehrer, der mich mißbilligend von oben bis unten musterte.

»Was hast du in den Sommerferien gemacht?« fragte er.

»Ich war in Afghanistan bei den Mudschaheddin.«

Er stutzte und sagte dann: »Was redest du nur für einen Unsinn.«

Die Unergründlichkeit des Ostens ist, so glaube ich, ein Mythos... Seine Bewohner bleiben nur jenen Menschen rätselhaft, die sich nicht die Mühe machen, sich eingehender mit ihnen zu befassen.

Freya Stark, *The Journey's Echo*

Zehn Jahre später wurde mir gewährt, wonach ich mich auf dieser ersten kurzen Reise so sehr gesehnt hatte: die Freiheit, gefahrlos durch das Land zu reisen. Natürlich war ein solches Unterfangen nicht gänzlich ohne Risiko, aber verglichen mit der sowjetischen Besatzungszeit, erschienen mir die Schwierigkeiten, auf die ich im Pandschir-Tal stoßen konnte, relativ harmlos.

Die Abreise des französischen Teams, das ich begleiten würde, verzögerte sich um drei Tage, aber am vierten Morgen machten wir uns endlich auf den Weg in Richtung Norden. Ich freute mich schon sehr auf das einfache Landleben, das nun vor mir lag, denn entgegen meiner Pläne hatte ich mich vom Luxus der Stadt verführen lassen und war länger geblieben als nötig. Nun brannte ich vor Ungeduld darauf, in die Berge zu ziehen.

Unter einem wunderschönen klaren Morgenhimmel schlängelten wir uns in einem Kleinlaster voller Ofenrohre und medizinischer Vorräte für Guillaumes Krankenhaus durch die überfüllten Straßen. Der Weg führte am nordwestlichen Zipfel Kabuls aus der Stadt heraus, über den Chairchana-Paß auf die einzige Straße, die pfeilgerade über die Schomali-Ebene nach Norden führt.

Guillaume hatte sich in weiser Voraussicht vorn neben den stummen afghanischen Fahrer gesetzt, der die von Granateneinschlägen zerfurchte Straße mit lässigem Geschick meisterte. Dagegen saßen wir anderen hinten eng aneinandergepreßt wie in einer Sardinenbüchse, die Knie fast an die Brust gedrückt. An diese Sitzhaltung sollte ich mich in den kommenden Wochen gewöhnen. Afghanen haben eine andere Vorstellung von Platz als die Abendländer mit ihrem verhätschelten Körper, und wenn es um eine fahrbare Transportmöglichkeit geht, ist die Anzahl der Sitze in einem Fahrzeug unerheblich – der Raum richtet sich nach der Zahl der Passagiere. Vielleicht waren die komplizierten Asanas des Hatha-Yoga ja ursprünglich aus praktischen Gründen auf afghanischem Boden erfunden und erst nachträglich esoterisch motiviert worden.

Ich kauerte in qualvoller Enge zwischen Guillaumes afghanischem Dolmetscher, einem freundlichen, müden Mann in den Vierzigern, der aussah als hätte er vor der Fahrt eine Woche lang durchgeschlafen, und dem verdrießlichen französischen Fotografen, den ich am Tag zuvor kennengelernt hatte. Der Dolmetscher in seinem abgewetzten Anzug und dem deplaziert wirkenden Aktenkoffer hielt fast die ganze Fahrt über den Kopf kummervoll in beide Hände gestützt und sah nur auf, wenn wir über ein besonders tiefes Schlagloch holperten oder um hastig mehrere Zigaretten nacheinander zu rauchen. Danach legte er sein Gesicht wieder zwischen die Hände und sank zurück in seine unergründliche Trauer.

Auch der Franzose war zutiefst unglücklich. Er hatte sich noch nicht an die allgegenwärtige Gefahr gewöhnt und fürchtete, wir könnten über eine Landmine fahren. Er trug grüne Hosen aus Englischleder, um die ich ihn sehr beneidete, den flachen Filzhut der Tadschiken, *pakul* genannt, sowie eine jener teuren, schreiend bunten Synthetikjacken, die unter westlichen Globetrottern so beliebt sind. Aufgrund eines Rückenleidens zischte er bei jedem Schlagloch wie eine Schlange und klammerte sich schmerzerfüllt an meinen Arm. Er schluckte die ganze Fahrt über Beruhigungsmittel und fotografierte vom Fenster aus die bunt gekleideten Kinder, die barfuß am staubigen Straßenrand entlangrannten.

Die Strecke war immer noch wunderschön. Am Rand der Hochebene ragten hohe, schneebedeckte Berge über 3000 Meter in die Höhe und umsäumten einen fruchtbaren, mehrere Kilometer breiten Streifen bebauten Ackerlandes. In den Feldern neben der Straße schritten alte Männer barfuß durch die winterlichen Ackerfurchen. Kinder und Frauen luden Kisten mit Trauben auf Lastwagen, die das Obst nach Pakistan bringen würden. Auf beiden Seiten standen unzählige zerstörte Gebäude, die früher einmal winzige Dörfer gewesen waren. Die Häuser bestanden aus der gleichen Erde, aus der sie wie gewachsen hervorragten, und wahrten selbst in ihrer Zerstörung eine gewisse Würde – so als wären sie irgendwann einfach verlassen worden und nicht einem modernen Krieg zum Opfer gefallen. Nur die Panzertürme in den Feldern und die hohlen, rostenden Rümpfe, auf die sie einst gepaßt hatten, offenbarten den Ursprung der gewaltsamen Zerstörung.

Vor dem Krieg führte die Straße unter einem Baldachin von Maulbeerbäumen entlang, die jedoch 1980 von den Sowjets gefällt worden waren. Die Sowjets hatten am Straßenrand auch Tretminen eingegraben, und nun stöberten Minenräumkommandos zwischen den Ruinen herum, während wir vorbeifuhren. Wir hielten einmal an, um eine Einheit von ihnen bei der Arbeit zu fotografieren. Ihr Anführer begrüßte uns wie ein stolzer Feldwebel und erzählte uns von den fünfzig Männern, die unter ihm arbeiteten. Sie kamen nur mitleiderregend langsam voran, krabbelten mit Schutzmasken vor dem Gesicht durch einen Meter breite Gräben und pflanzten ein Wäldchen aus roten Flaggen neben den vergrabenen Minen. Diejenigen, die damals für das Legen der Minen verantwortlich gewesen waren, hatten einen grotesken Sinn für das Praktische bewiesen: Das Gebiet, das die Männer räumten, war ein kleiner Friedhof. Der Franzose lag am Straßenrand im Staub und fotografierte die Männer bei der Arbeit, nur Zentimeter von ihren Gesichtern entfernt. Ich konnte es kaum ertragen, ihm zuzuschauen – aus Angst, er könnte sie ablenken, was fatale Folgen gehabt hätte.

Dörfer, umgeben von lieblichen Hainen aus Pappeln und Obstbäumen, zierten die Senken am Fuße der Berge. Im

Frühling erblühten die Bäume zu rosafarbenen und gelben Tupfern. Westlich von uns lag das Dorf Istalif, dessen Name sich von dem griechischen Wort für Weinreben, *stafiloi*, herleitet. Vor hundert Jahren war das Dorf von britischen Soldaten auf der Flucht dem Erdboden gleichgemacht worden.

Wir fuhren weiter nach Norden durch den kleinen Ort Tscharikar, der nach wie vor berühmt war für die Herstellung von Messern und Scheren – auch wenn diese mittlerweile aus dem Stahl alter russischer Panzerfahrzeuge gefertigt und mit dem Blech eingeschmolzener Munitionskisten vernietet wurden. Dahinter, bei Dschabal as-Siradsch, bogen wir am Eingang der Hochebene nach Osten ab, und bald verwandelte sich die Straße in eine holprige Piste. Um die Mittagszeit hielten wir im Dorf Gulbahar – was soviel heißt wie »Frühlingsblume« – und dehnten und streckten dankbar unsere Gliedmaßen. Früher befand sich hier während der wärmeren Monate ein beliebtes Ausflugsziel am Fluß: Schon Babur, jener mächtige indische Herrscher aus dem sechzehnten Jahrhundert, erzählt davon, dort gepicknickt zu haben. Wir drängten uns durch die winzige Hauptstraße und hielten an einer *tschaichana*, einem Gasthaus, wo wir Kebabs auf roh geschmiedeten eisernen Fleischspießen serviert bekamen. Ein würdevoller alter Mann mit einem riesigen Turban saß in einer Ecke und beobachtete uns beim Essen, während er wie in Zeitlupe mit einem Tuch über die Teller rieb. Der Lärm und das Chaos von Kabul schienen bereits Welten entfernt zu liegen. Wir waren nun auf dem Land und hatten damit die Tür zu einer anderen Zeit aufgestoßen.

An dieser Stelle beginnt das Pandschir-Tal, eines von Afghanistans wichtigsten Tälern und seit Jahrtausenden ein wichtiger Handels- und Kommunikationsweg. Das Tal schlängelt sich mehr als 150 Kilometer nordöstlich von Gulbahar gegen ein Gewirr aus hohen Gipfeln bis zum Andschuman-Paß in der Provinz Badachschan dahin. Einst war das Tal von einem dichten Wald bedeckt gewesen, doch in den frühen Jahren des Islam wurden die Bäume gefällt und verbrannt, um Erze und Edelmetalle zu schmelzen. Heutzutage wird nur noch die Talsohle intensiv bebaut, die umliegenden Berghänge ragen dagegen grausam kahl empor.

Während der sowjetischen Besatzungszeit war das Tal Schauplatz zehn großer Offensiven gegen die Mudschaheddin, die zu den umfassendsten und blutigsten Militäraktionen der Sowjets seit dem Zweiten Weltkrieg zählten. Riesige Panzerkolonnen krochen wiederholt in das Tal in dem Versuch, die verstockten Widerständler und ihren Führer Masud zu unterwerfen, dessen frühe Siege gegen die schwerfälligen Streitkräfte der Invasoren ihm den Titel »Löwe von Pandschir« eingebracht hatten.

Hinter Gulbahar verengte sich der Weg und führte durch eine hohe, fünfzig Meter breite Schlucht. Ich war aufgeregt, weil hier endlich das Gebirge begann. Die Straße schmiegte sich an die linke Seite der Schlucht, deren Wand neben uns fast senkrecht aufragte. Zwanzig Meter unter uns wirbelte der brausende Fluß dahin, und auf der gegenüberliegenden Seite strahlte eine Felswand golden im Nachmittagslicht, als würde sie von innen heraus beleuchtet.

Hier sah ich die ersten von unzähligen Panzerfahrzeugen in dem grünlich schimmernden Sturzbach unter uns rosten. Es war schwer vorstellbar, daß sich auf diesem gewundenen und engen Pfad Hunderte von Panzern einst ins Tal gewälzt hatten und auf demselben Weg dann wieder zurückgedrängt worden waren.

Ich hatte von den Offensiven im Pandschir-Tal gelesen, als ich noch zur Schule ging. Sie klangen nach einem klassischen Guerillakrieg und beschworen in der Phantasie eines Fünfzehnjährigen lebhafte Bilder herauf: Konvois mit schwergepanzerten Fahrzeugen, von höchst mobilen Kämpfern verfolgt, die mit furchterregender Unberechenbarkeit von ihren geheimen Bergverstecken aus zuschlugen. Im Grunde war es die moderne Version der früheren Gefechte mit den Briten im Süden Afghanistans, deren auffallend rote Uniformen und weiße Tropenhelme im Gebirge weithin sichtbar waren (wie die Stammeskrieger hinter den Läufen ihrer Dschesa'ils vermutlich voller Entzücken feststellten). Die afghanischen Kämpfer verbargen sich an den steilen Abhängen der umliegenden Berge: Sie wollten dem Feind nicht zu ebener Erde im Kampf gegenübertreten, da sie ihm dort dank seiner überlegenen Feuerkraft ausgeliefert waren. Lieber blieben sie in ihren hochgelegenen Stellungen und stürzten, wenn überhaupt, erst in letzter Minute zu Tal. In den engen Schluchten konnten sie dem Feind den Rückweg mit Hilfe von Felsbrocken versperren, die Konvois in kleinere Gruppen versprengen und Nachzügler fast nach Belieben abschießen. Der große englische Schriftsteller Rudyard Kipling verewigte die Schrecken dieser Kämpfe in seinen Gedichten:

Und fällt auf einmal der Leutnant ins Gras
Und wird euer alter Feldwebel blaß.
Dann brächte Schande und Tod nur die Flucht!
Dann wartet, während ihr Rettung sucht,
*Und duckt euch wie kluge Soldaten!**

Der Feind dagegen hatte die bessere Ausrüstung und auch mehr Männer und Waffen. Er konnte vermutete Guerillastellungen mit Salvenfeuer beschießen, umfangreiche Brigaden an den Flanken aufmarschieren lassen, um auf den Bergen Vorposten zu errichten, sowie schweres Geschütz gegen die Bewohner der Talsohle einsetzen und damit die Dörfer zerstören, die den Guerillakämpfern Essen und ein Dach über dem Kopf boten.

Hundert Jahre später wandten die Sowjets eine ähnliche Taktik an und mußten dann die gleiche Lektion lernen wie die Briten: Die militärischen Gesetzmäßigkeiten, die auf

* Rudyard Kipling: *Gesammelte Werke*, Bd. 3, List Verlag, München 1978.

beiden Seiten von der Geographie des Landes bestimmt wurden, hatten sich ja praktisch nicht verändert. Nur Ausmaß und Mittel waren andere geworden. Die Guerillakämpfer blockierten enge Durchgänge immer noch mit großen Felsbrocken, verfügten nun aber auch über Raketenwerfer, mit denen sie Fahrzeuge auf knapp einen Kilometer Entfernung zerstören konnten. Sie legten Panzerabwehrminen oder versuchten, mit Brandgeschossen Tanklastwagen in Flammen aufgehen zu lassen. Eine beliebte Strategie war auch, die ersten und die letzten Fahrzeuge einer langen Wagenkolonne auf einer engen Straße zu zerstören und dann möglichst viele der so eingeschlossenen Panzer und Lastwagen abzuschießen, bis das gegnerische Feuer die Widerstandskämpfer zur Aufgabe ihrer Stellungen zwang.

Die Sowjets ersetzten die Vorposten von damals durch gepanzerte Kampfhubschrauber. Sie legten mit Granatwerfern, Mörsern, Artillerie und Panzern richtige Feuerteppiche (obgleich vor allem die Panzer im Gebirge nur von eingeschränktem Nutzen waren), verteilten unzählige Minen auf den hohen Pässen und – vermutlich ihre vernichtendste Strategie – überzogen in irrwitziger Häufigkeit weiträumige Gebiete mit einem wahren Bombenhagel.

Die erste Offensive im Pandschir-Tal begann 1980 – jenem Jahr, das der Leiter des militärischen Geheimdienstes unter Breschnew zur »endgültigen und unwiderruflichen Vernichtung der konterrevolutionären Banditen« ausgerufen hatte. In Moskau mußte das siegessichere militärische Oberkommando aus der Ferne zusehen, wie sich »Pandschir I« in eine vernichtende Niederlage für die Sowjets verkehrte, deren Kriegsdoktrin immer noch unter dem Bann stalinistischer Größe stand und die noch fünfzig Jahre später glaubte, eine riesige Streitmacht sei das wichtigste Mittel zur Vernichtung der schwer zu fassenden Basmatschi, »Banditen«, wie die Russen seit dem neunzehnten Jahrhundert Guerillakämpfer nannten.

Die Bomber der Sowjets und der afghanischen Regierung ließen Bomben auf die Täler herabregnen, bevor die bewaffneten »Dinosaurier« schließlich nachrückten. Neunzehnjährige Wehrpflichtige schwitzten in den engen Kabinen der Panzer, die ursprünglich dazu entwickelt worden waren, mit hoher Geschwindigkeit über die Ebenen Nordeuropas zu brausen. Vor ihnen suchten Minenräumeinheiten mit Metallsonden und schwerfälligen Detektoren unerträglich langsam die Straße ab, während Raupenfahrzeuge die Felsen aus dem Weg räumten, die von den zerklüfteten Berghängen herabgestürzt waren. Über dem Konvoi schwebten die Kampfhubschrauber und stießen zuweilen wie Libellen herab, um die Berge mit Geschützfeuer zu überziehen. Doch diese große Streitmacht war nicht auf das bergige Gelände und die ungewohnte Form der Kriegsführung vorbereitet, so daß die erste Offensive nach zwei schrecklichen Wochen und schweren Verlusten an Männern und Fahrzeugen schließlich zum Stillstand kam.

Zehnmal krochen die riesigen Konvois während des Krieges durch das verwundete Tal; jedesmal drangen sie etwas tiefer vor, und jedesmal hatte ihr Vormarsch tödlichere Folgen. Kampfflugzeuge beschossen das Tal schon Wochen vor dem Anrücken der Panzerkonvois, später, während der Offensive, flogen sogar eigens Bomberstaffeln aus der Sowjetunion herüber und belegten das Tal mit einem Bombenhagel. Die Dorfbewohner suchten in Höhlen Schutz und verließen sie nur noch nachts, um ihre Felder zu bestellen und die zerstörten Bewässerungsgräben auszubessern. Zehntausende flohen, so daß das fruchtbare Tal zeitweilig völlig verlassen war. Truppen auf dem Rückzug verminten Häuser und jagten Getreidespeicher in die Luft, während sich die Widerstandskämpfer in die Berge zurückzogen und nur während der Dunkelheit aus ihren Verstecken hervorkamen, um die Straßen neu zu verminen oder Blitzangriffe auf abgelegene Militärposten zu starten. Französische Ärzte, die verdeckt im Tal arbeiteten, berichteten, daß ihre Krankenhäuser zielgenau bombardiert wurden; andere Ausländer, die die schwierige Reise in das Pandschir-Tal von Pakistan aus wagten, erzählten von Konfrontationen mit den sowjetischen Einheiten, bei denen sie gerade noch einmal davongekommen waren, und lobten den trotzigen Heldenmut der Talbewohner.

Am nächsten Morgen reiste ich allein weiter. Ich stand in der Kälte vor der Klinik, einem neugebauten Betongebäude, in dem wir die Nacht verbracht hatten; währenddessen bereitete Guillaume sich auf die Rückfahrt nach Kabul vor. Ich dachte etwas besorgt an die vor mir liegende Strecke und wartete darauf, daß die Sonne ins Tal heruntergekrochen kam. Eine kleine Schar von Kindern kam schreiend und lachend auf ihrem Schulweg die Straße entlang, angetrieben von ihrem Lehrer. Dann herrschte wieder Stille, abgesehen vom schwachen Rauschen des Flusses in der Schlucht unterhalb des Dorfes. Die Stunden vergingen, und kein einziges Fahrzeug kam an uns vorbei.

Guillaume fragte nach meinen Plänen. Ich wußte lediglich, daß ich weiter durch das Tal reisen mußte, ansonsten hatte ich nur den Namen eines Mannes als Anhaltspunkt, der in einem Dorf irgendwo weiter nördlich lebte. Einen kurzen Moment lockte mich Guillaumes Angebot, mit ihm nach Kabul zurückzukehren, weil mir auf einmal bewußt wurde, wie tollkühn es war, allein durch ein Land zu reisen, in dem ein Menschenleben so wenig zählte. Selbst in Friedenszeiten war das Reisen hier gefährlich. Und allein unterwegs zu sein, das hatte ich oft genug gehört, war sowieso reiner Selbstmord.

Aber wie reisten die Afghanen selbst dann durchs Land, fragte ich mich mit jener seltsamen Logik, mit der man die eigenen Ängste gern vor sich selbst herunterspielt. Waren sie etwa alle verrückt oder lebensmüde? Ich war davon überzeugt, daß die Freundlichkeit der Bevölkerung letztendlich überwiegen würde. Doch die Versuchung umzukehren ist vor allem dann besonders groß, wenn man Freunde verlassen muß. In diesem Moment hörte ich zum Glück das schwerfällige Tuckern eines Lastwagens, der das Tal hinaufkroch, und in dem Wissen, daß dies das Signal war, auf das ich gewartet hatte, sprang ich auf die Straße und hielt ihn an.

Ich kletterte sechs Meter an den straffen Seilen eines überladenen russischen Kamaz-Lastwagens hinauf – einem jener Monsterfahrzeuge mit riesigen Rädern, die scheinbar überallhin kommen, wohin ihre Fahrer sie lenken – und ließ mich auf den hochaufgestapelten Säcken zwischen zehn anderen Männern nieder. Unter mir versammelten sich die anderen, um mich zu verabschieden; selbst der Fotograf schaffte es, ein Lächeln auf sein Gesicht zu zaubern, während wir in einer Wolke aus Staub und Abgasen davonbrausten. Sie winkten mir alle nach – Guillaume besonders heftig, da er glaubte (wie er mir gestand, als ich ihn einen Monat später wiedertraf), daß er mich nie wiedersehen würde.

Als ich ihn und die Welt, für die er stand, auf dem Weg zu einem Dorf irgendwo im Hindukusch, von dem niemand je gehört hatte, hinter mir ließ, rutschte mir das Herz in die Hose. Es war ein äußerst widersprüchlicher Moment mit all jenen unvereinbaren Gefühlen, die ein schwerer Abschied mit sich bringt. Der Nervenkitzel der Unsicherheit geht stets mit dem Unbehagen einher, das Vertraute verlassen zu müssen, und völlig abstruse Hoffnungen und Ängste erwachen plötzlich zu neuem Leben. Ich mußte weiter, aber ich war voller Zweifel darüber, ob es klug war, allein zu gehen.

Wir klammerten uns an das schwankende Gestell des Lasters und wickelten Schals um unsere Gesichter zum Schutz gegen den eiskalten Wind. Der Weg führte durch eine Reihe von Dörfern, und dort, wo Bäume die Straßen säumten, duckten wir uns unter den Zweigen zwischen die Säcke, aus denen unser schaukelndes Nest bestand. In einem Dorf schimpfte ein alter Mann ärgerlich hinter uns her, weil wir in seinen Garten geblickt hatten, in dem seine unverschleierte Frau gerade Brot knetete, und wie pubertierende Schuljungen kicherten. Nachdem wir die immer spärlicher werdenden Ansiedlungen endgültig hinter uns gelassen hatten, schienen wir im Vergleich mit den Bergen stetig zu schrumpfen – als wären wir wie Alice im Wunderland plötzlich in einen Hasenbau gerutscht. Der riesige Lkw kam mir bald klein wie eine Maus vor, während er die immer tiefer werdenden Furchen der Berge entlangkroch.

Meine früheren Ängste waren jedoch bald vergessen, als sich der Laster eine steile Steigung hinaufkämpfte, wo sich die Straße zu einem Felsgesims verengte, das gerade mal eine Fahrzeugbreite ausmachte. Es lag ein gewisser Nervenkitzel darin, hoch oben auf einem Wagen durch dieses wilde Tal zu fahren; angenehm war es aber ganz und gar nicht. Eine solche Reise bezahlt man nicht mit Geld, sondern mit purem Adrenalin. Keine Leitplanken oder Mauern hinderten die Furcht, die einem durch die Eingeweide fuhr, wenn der Laster über große Steine holperte und die Ladung, an der wir uns festhielten, sich dem Abgrund zuneigte. Wir krabbelten dann jedesmal wie Affen auf die andere Seite, als könnten sich unsere Überlebenschancen dadurch verbessern. An den schlimmsten Abschnitten der Strecke kletterten wir vom Wagen und folgten der Straße zu Fuß bis dorthin, wo sie wieder einigermaßen passierbar war. Wir rangen um Atem in der dünnen Luft, aber der Ausblick von oben auf das Tal war überwältigend. Auf einer Länge von dreißig Kilometern schnitten sich Bergketten wie Klingen in die Erde, die Steilabhänge durchzogen von kleineren Furchen, die an die Kratzspuren einer urzeitlichen Klaue erinnerten.

Wir erreichten Chawak am frühen Nachmittag, als sich das goldene Licht, das den kahlen Hängen bei Tag Glanz verlieh und dessen Abwesenheit ein bedrohliches Gefühl der Weite hervorrief, bereits gen Himmel zurückzog. Der Laster fuhr knirschend über eine enge Holzbrücke ins Dorf und kam holpernd zum Stehen. Offenbar hörte hier die Straße auf. Eilig studierte ich die Liste der Ortsnamen, die Amrullah mir in Kabul gegeben hatte, aber Chawak war nur das erste Dorf in einer langen Reihe. Ich hatte keine Ahnung, wie ich weiterkommen sollte. Die anderen Männer sprangen vom Laster, luden ihre Säcke ab und verschwanden zielstrebig mit ihrer Last auf den Schultern.

Chawak dient schon seit Jahrhunderten als Zwischenstation für Reisende. In Richtung Norden führt ein berühmter Paß über den Hindukusch: Dies war einst der Winterweg Alexanders des Großen nach seinem Überraschungsangriff auf den achämenidischen Satrapen Bessos gewesen. Seine Soldaten schleppten sich im Winter des Jahres 329 vor Christus schneeblind und voller Frostbeulen über den Gebirgssattel; sie mußten das rohe Fleisch ihrer eigenen Tiere essen. Auch Timur nahm diesen Weg, allerdings in die entgegengesetzte Richtung nach Süden, um die aufsässigen Nuristanis zu unterwerfen.

Es wäre jedoch irreführend, diese Siedlung als Dorf zu bezeichnen, denn ich sah nicht mehr als eine Ansammlung von Kamelen, Pferden, Eseln und Bergen von Säcken zwischen einigen wenigen Lehmhäusern mit rauchenden Kaminen; das Ensemble wurde ergänzt durch eine wackelige Brücke aus halbierten Pappelstämmen und einen Platz, der gerade groß genug war, daß Laster darauf wenden konnten. Ich befand mich inmitten eines Gewimmels von Männern, die in alle Richtungen über Steine und Dreck und Stroh wuselten, mit Kleidern und Gesichtern, die in ein anderes Jahrhundert zu gehören schienen.

Mir wurde bewußt, daß ich keine Ahnung hatte, wie weit es bis Qarije war, wo ich einen Mann treffen sollte, den ich nicht kannte, aber der mir vielleicht weiterhelfen konnte – wenn er denn überhaupt dort war. In einer Stunde würde es dunkel werden; ich fühlte mich unglaublich einsam. Mein Persisch hatte mich verlassen, wie meistens in Momenten der Angst; ich saß auf meiner Tasche und überlegte. In England brachten sie jetzt überall die Weihnachtsdekoration an.

»Kommen Sie«, rief eine Stimme. Es war der Mann, der auf dem Laster neben mir gesessen hatte. »Wir gehen etwas essen.«

Wir kamen an eine völlig heruntergekommene *tschai-*

chana – die wildeste, die ich bislang gesehen hatte – und traten geduckt durch einen steinernen Türbogen in eine dunkle, rauchige Kammer, wo in einer Ecke ein russischer Samowar wie eine winzige Dampfmaschine vor sich hin brodelte. Wir teilten uns eine Schüssel Reis, doch als ich versuchen wollte, dafür zu bezahlen, gab es einen kleinen Aufstand. Männer, die ich vorher kaum bemerkt hatte, erhoben sich und protestierten lautstark, während ich in meiner Tasche nach Geld suchte.

»Sie sind eingeladen«, sagte mein Gastgeber ohne viel Aufhebens und schob meine Hand freundlich abwehrend beiseite. Ein zustimmendes Nicken zog durch die versammelten Männer. Soviel also zu meiner Absicht, möglichst anonym durch das Land zu reisen, dachte ich: All meine Worte und Gesten waren genau registriert worden. Wir traten blinzelnd zurück ins Tageslicht. Ich fragte den Mann, der mich eingeladen hatte, ob er mir den Weg nach Qarije zeigen könne, in der Hoffnung, er würde mich zu einer Wegkreuzung führen, die ich noch nicht kannte – so wie man einen verirrten Touristen zurück zur Bushaltestelle bringt.

»Hier lang«, sagte er fröhlich und führte mich zurück zu dem Platz mit den Kamelen, »hier geht es nach Qarije«, und zeigte auf eine Gruppe schneebedeckter Berge in etwa achtzig Kilometer Entfernung. Dann war er verschwunden, verschluckt von dem Gewirr aus Männern und Tieren um mich herum.

Eine kleine Schar der verwegensten Gesichter, die ich je gesehen hatte, versammelte sich um mich und begutachtete jede Einzelheit meiner ungewöhnlichen Bekleidung. Die Nachricht von der Ankunft eines Fremden hatte sich wie ein Lauffeuer in diesem düsteren Weiler verbreitet, und ich schnappte inmitten des lauter werdenden Gemurmels einige Bruchstücke des allgemeinen Rätselratens auf.

»Was ist er?« fragte jemand.

»Ein Tadschike.«

»Nein, er ist ein Ausländer.«

»Ausländer haben hier doch nichts verloren.«

»Was hat er wohl in seinem Sack?«

»Bei Allah, der Sack ist jedenfalls ganz schön groß.«

»Wo ist sein Führer?«

»Er ist allein.«

»Das sollte er aber nicht sein in dieser Gegend.«

Ein Vertreter dieser Gestalten trat vor und fragte, wo ich hinwolle und was meine Absicht wäre, mein *wasifa*. Ich antwortete ihm mit dem müden Blick eines erfahrenen Reisenden, ich würde mich mit Freunden weiter hinten im Tal treffen.

»Aber wie wollen Sie dort hinkommen?« fragte ein Mann mit einem so starken Akzent, daß ich ihn kaum verstand.

»Ich warte auf ein *motor*«, entgegnete ich zuversichtlich.

»Ha! Dorthin fährt aber kein *motor*! Das hier ist das Ende der Straße.« Gelächter breitete sich in der Menge aus.

»Ich kann Sie hinbringen«, krächzte ein grauhaariger alter Mann mit einem breiten Grinsen. »Auf meinem Pferd.« Er tätschelte den Rumpf seines klapperdürren Schützlings.

»Was soll das kosten?«

Er nannte einen Preis, doch da ich nicht wußte, wie weit wir von Qarije entfernt waren, konnte ich nicht sagen, ob die Summe angemessen war.

»Aber nicht heute!« fügte er mit einem düsteren Grinsen hinzu. »Es wird bald dunkel. *Amnijat nest*. Es ist nicht sicher.«

Eine bedrohliche halbe Stunde verstrich. Die Menge um mich herum zerstreute sich und kam dann wieder zusammen, mit ein paar neuen Gesichtern darunter – wie Geier, die zu einem Sterbenden zurückkehren. Aber »wo Gefahr ist, wächst das Rettende auch«, um es mit Hölderlin zu sagen: Auf einmal hörte ich das Geräusch eines Fahrzeugs. Ein russischer Jeep bahnte sich laut hupend den Weg durch das Gewimmel der Tiere auf uns zu. Ein Gesicht löste sich aus der Meute der Geier, hielt den Jeep für mich an und winkte mich herbei.

»Bei Allah, er sagte, ein *motor* würde kommen, und tatsächlich ist ein *motor* gekommen!« hörte ich einen der Männer neben mir sagen. Ich lächelte wissend, verbarg meine unglaubliche Erleichterung und wuchtete meinen Rucksack auf die Schulter.

Der gereizte Fahrer winkte mich ungeduldig zum rückwärtigen Teil des Jeeps. Ich hob die Plane und blickte auf eine Gruppe von Gesichtern, die wie Soldaten in einem Schützenloch dort im Dunkeln kauerten. Es gab keinen Platz mehr für mich; zehn Männer und ihr Gepäck drängten sich bereits in diesem Jeep, der für vier Personen konstruiert war, und ich zögerte einen Moment lang auf gänzlich unafghanische Art und Weise.

»Los, einsteigen!« brüllte der Fahrer.

Ein Aufschrei ertönte, als ich auf einen Knöchel trat, und dann ein Grunzen, während ich mich auf die Schulter eines anderen Mannes stützte und mich in eine Lücke zwischen Knochen, Taschen und Metall zwängte. Einen Moment lang herrschte Stille, während die anderen Passagiere den unerwarteten Neuankömmling musterten. Ich starrte zurück und fühlte, wie mein Hüftgelenk knackte.

Die Räder drehten durch, wir fuhren los und sprühten eine Staubwolke in die Gesichter der Männer, die sich wie Kinder versammelt hatten, um meiner Abfahrt beizuwohnen; sie winkten immer noch, als wir bereits um die erste Kurve des immer schmaler werdenden Tals bogen.

Und schon meldete es sich wieder, dieses Gefühl, daß sich die Reise letztlich zu einem größeren Ganzen entwickelte als die Summe ihrer einzelnen Teile – so als sei etwas heimlich in mir am Werk, das ich in der sichtbaren Welt dann lediglich nachspielte. Doch was offenbarte sich darin? Der Umriß einer Persönlichkeit, die ich nur vage aus einem Leben kannte, dessen Wurzeln immer dünner wurden. Wie kostbar und fern die Heimat auf einmal schien! Im alltäglichen Leben nimmt man sich selbst durch die Umgebung wahr, die zum Maß und zum Spiegel der eigenen Gedanken und Taten wird. Ohne dieses vertraute Umfeld sieht man sich plötzlich mit etwas Fremdem konfrontiert, einer entkörperlichten Stimme des eigenen Ichs, das, seiner Gewohnheiten beraubt, kaum mehr wahrzunehmen ist. Dieser Effekt verstärkt sich in einer fremden Kultur noch zusätzlich, um so mehr, wenn das Ziel der Reise im dunkeln liegt.

Zunächst kann dieser Prozeß durchaus auch Vergnügen bereiten und ein Gefühl der Freiheit vermitteln, da man aus den Schranken der alltäglichen Zwänge und Gepflogenheiten ausgebrochen ist – darin liegt der offensichtliche, wenn auch vielleicht unbewußte Reiz des Reisens. Aber sobald die Reise begonnen hat, steigt ein tieferes Gefühl in einem auf, das der Angst sehr nah ist, bis die Fremdheit der Umgebung kaum noch auszuhalten ist. Ich hatte dies noch nie so stark empfunden wie in diesem Moment und fragte mich: Wo beginnt diese Trennung vom eigenen Ich, und wie kann man sie heilen?

Das Tal verengte sich nun, und der Fahrer hatte mit seinem ruckelnden Lenkrad zu kämpfen. Zeitweise ähnelte der Weg einem holprigen Flußbett; bald fuhren wir mit dröhnendem Motor im ersten Gang und wurden immer langsamer. Wie die Welt um uns herum.

Wieder einmal spielte mir die Zeit einen ihrer Streiche. Erinnerungen sind in Zeitlupe noch lebendiger; sie enthalten viel mehr Details. Und so erinnere ich mich an den vollbepackten Jeep, sein flatterndes Stoffdach und das fürchterliche Holpern und Poltern mit einer besonderen Klarheit. Ich erinnere mich, daß ich die Steine betrachtete, die unter uns wie ein träger Fluß dahinströmten, und das Glühen des Abendhimmels über dem Rand der steilen Berge, deren Wände die Farbe wechselten, von Lavendelblau zu einem tiefen Schwarz. Ich entsinne mich des gesunden Gesichts des Kämpfers, dessen Knie gegen meine gedrückt waren und der mich musterte, wenn er dachte, ich würde es nicht bemerken, aber kein Wort zu mir sagte; ich sehe den feinen Staub, der sich in seinen blonden Augenbrauen festsetzte und den auch ich zwischen den Zähnen schmecken konnte. Ich wurde auch daran erinnert, wie dehnbar die Zeit auf einer Reise doch ist. In einer vertrauten Umgebung scheinen Tage – auch Monate oder gar Jahre – unbemerkt vorbeizufliegen. Aber wenn alles um einen herum fremd ist, zieht sich die Zeit oder vielmehr das eigene Zeitgefühl in die Länge, manchmal ganz unerträglich – wie um Raum zu schaffen für die neue Erfahrung, bevor sie angemessen abgelegt werden kann. Die Zeit ähnelt einem Fluß, und das eigene Zeitmaß hängt davon ab, was man aus diesem Fluß herausfischt. Gewohnheit komprimiert die Zeit, während das Fremde sie in die Länge zieht. Sie kann sogar an Grenzen stoßen, zum Beispiel bei einem plötzlichen, unerwarteten Ausbruch von Gewalt oder wenn man die Sekunden nach dem Donnern der Artillerie zählt und in einem Augenblick ein ganzes Jahr zu durchleben scheint. Doch wenn der Fluß zu seiner normalen Geschwindigkeit zurückkehrt und man sich wieder in den vertrauten Gefilden der eigenen Welt bewegt, kommt es einem merkwürdig, ja fast schon ungerecht vor, daß sich kaum etwas verändert hat.

Wir erreichten Qarije bei Dunkelheit. Ein Junge beobachtete unsere Ankunft und führte mich, nachdem ich aus dem Jeep geklettert war und mir den Staub aus dem Gesicht gewischt hatte, zu Haidars Haus. Ein Mann mit einem Mäusegesicht und einer leisen Stimme kam hinter einem Holztor hervor und führte mich über einen staubigen Hof voller Hühner in einen Raum mit unverputzten Lehmziegelwänden. Er stellte eine Laterne auf den Teppich, und wir wärmten unsere Hände über dem Feuer. Die Decke bestand aus jungen Pappelstämmen und abgeflachten Zweigen; gegen das winzige Fenster peitschte ein eisiger Wind.

Ich wartete einige Minuten allein, bis Haidar mit einem Teekessel zurückkehrte und das heiße Getränk in eine weiße Porzellantasse goß. Da Afghanen nie aus Tassen trinken, betrachtete ich den Becher genauer: Er war mit den Sehenswürdigkeiten Londons verziert, wo Haidar ihn vor zwei Wochen auch gekauft hatte.

Er lauschte meinen Plänen mit freundlicher Zustimmung.

Während wir uns unterhielten, kamen nacheinander wie auf ein telepathisches Signal hin immer mehr Männer herein – bis sich etwa fünfzehn Leute im Raum befanden, die im Kreis saßen und wild über Woher und Wohin des Fremden in ihrer Mitte spekulierten, ebenso wie über die Länge der Reise, die ich plante, und das Wetter auf dem Andschuman-Paß. Ein reichliches Mahl wurde aufgetischt. Wie diese kleinen Festessen herbeigezaubert werden, ohne den familiären Tagesablauf sichtbar durcheinanderzubringen – egal, wie groß die Anzahl der unerwarteten Gäste auch sein mag –, zählt zu den immer wiederkehrenden und rätselhaften Freuden des Reisens in diesem Land.

Ich bekam den Ehrenplatz zugewiesen. Da es keine Stühle gab, war dies der Platz an der Stirnseite des Raumes, am weitesten von der Tür entfernt. Mir gegenüber saß Haidars Vater, ein ehrwürdiger alter Mann mit einem Turban und einem langen Seidenhemd. Er starrte mich die ganze Mahlzeit hindurch mit faszinierter Zuneigung an, lobte die Entfernung, die ich zurückgelegt hatte, und den Wagemut meiner Reise – als hätten wir in vergangenen Gefechten Seite an Seite gekämpft. Obwohl seine Augen trübe waren, leuchteten sie doch vor Freundlichkeit. Er strich sich die ganze Zeit gedankenvoll über den Bart – eine Angewohnheit, die über die Jahre dazu geführt hatte, daß dieser sich unter dem Kinn wie eine persische Vase verjüngte.

Geschichten über ausländische Reisende – *charidschi* –, die zehn Jahre oder länger zurückreichten, wurden liebevoll wieder ausgegraben. Eine davon, die immer wieder von Gelächter unterbrochen wurde, handelte von einem Franzosen, der den Namen Mahmud angenommen hatte.

»Er trug eine große Karte bei sich«, berichtete einer der Männer, »auf die er alle paar Minuten blickte. Und dann sagte er: ›In einer halben Stunde werden wir dieses oder jenes Dorf erreichen.‹ Und nach einer halben Stunde, ich schwöre bei Allah, erreichten wir den Ort tatsächlich. Dann blickte er wieder auf seine große Karte und sagte: ›In einer Stunde werden wir diesen oder jenen Ort erreichen‹, und bei Gott, wir kamen tatsächlich nach einer Stunde dort an!«

»Das war derselbe *charidschi*, mit dem ich zum Andschuman-Paß gegangen bin«, warf ein anderer ein. »Als wir den Gipfel erreichten, zog er eine große, braune Zigarette aus der Tasche, die so lang war« – er zeigte mit dem Finger die halbe Länge seines Unterarms an – »und dann rauchte er diese riesige Zigarette oben auf dem Paß und bat mich sogar, ihn zu fotografieren!« Die Männer brüllten vor Lachen. Ich verbarg einen Anflug von Verlegenheit, denn auch ich hatte eine solche Zigarre für ebendiesen Anlaß mitgenommen.

Ein anderer erinnerte sich an den Journalisten Sandy Gall, eine *charidschi*-Legende, dessen Name noch heute im ganzen Pandschir-Tal bekannt ist. »Er hat mir zwei Pferde gegeben! Zwei! Er war wirklich ein edler Mann!« Ich dachte mit Sympathie an diesen Journalisten, der noch mit über sechzig Jahren während der sowjetischen Besatzungszeit drei wagemutige Reisen in das Tal unternommen hatte.

Haidar fragte die Männer nacheinander, wieviel sie dafür verlangten, mich bis zu der Stelle zu begleiten, wo die befahrbare Straße im Norden Badachschans wieder anfing – nicht ohne hinzuzufügen, daß sein Ruf davon abhing. Es gab eine lange Diskussion. Schließlich bot ein Mann einen Preis von etwa dreißig Pfund an, worauf die anderen fröhlich über ihn herfielen.

»Ha!« riefen sie. »Ali Chan ist ein armer Mann – deswegen braucht er so viel Geld!« Ich war neugierig auf den Mann, für den sie sich entschieden hatten, dessen listiges Lächeln in mir jedoch ein vages Gefühl des Unbehagens hervorrief. Er war fünfzig, schätzte ich, und hatte einen kahlrasierten Schädel. Alles in allem war er ein robust wirkender Mann, dessen zerfurchtes Gesicht und ergrauender Bart die schlichte Schönheit des Landes widerspiegelten. Seine Augen waren hell und wachsam. Ich überlegte, ob ich das Angebot wirklich annehmen sollte, schämte mich dann aber meines Mißtrauens. Diese Männer – völlige

Fremde – hatten eine solch spontane Bereitschaft gezeigt, mir zu helfen, daß ich mich aufgrund vager Zweifel kaum weigern konnte, den von ihnen abgestellten Führer zu akzeptieren. Ich würde diesen armen Mann von seinem Heim und seiner Familie entführen, und das mitten im Winter, um mit ihm über eine fast 6000 Meter hohe Bergkette zu steigen – und das alles um den Preis eines Strafzettels.

Für die Nacht teilte ich mir ein Zimmer mit einem der Männer. Er war Schreiner und den ganzen Weg von Kabul gekommen, um ein paar Fensterrahmen anzufertigen – die Zeiten seien eben hart, meinte er. Er legte mir mein Bettzeug mit ausgesuchter Umsicht zurecht, und wir schliefen bis zum Morgengrauen. Es war noch fast dunkel, als ich ihn raschelnd in der anderen Ecke des Raums sein Morgengebet verrichten hörte. Später entschuldigte er sich bei mir für die Störung und verschwand die Holzleiter hinunter, die das Zimmer mit dem Haupthaus verband.

Es war vollkommen still. Aus dem winzigen Fenster sah ich einen hell leuchtenden Halbmond und darunter die Venus wie eine einsame Paillette auf dem roten Hintergrund der Morgendämmerung. Ich schlurfte von meiner Unterkunft zu dem gefrorenen Bach neben dem Haus. Als ich versuchte, das Eis zu zerschlagen, um mein Gesicht zu waschen, tauchte aus der Dunkelheit eine gespenstische Gestalt mit einem Krug auf. Es war wieder der Schreiner, der neben mir stand, während ich mich wusch, und mir lächelnd warmes Wasser über die Hände goß.

Die Luft war dünn und eisig. Von meinem Führer, der mich um sechs Uhr abholen wollte, war nichts zu sehen. Gemeinsam mit Haidar nahm ich ein Frühstück aus Tee, Brot und Honig ein; danach sahen wir zu, wie der Schreiner die Rahmen in dem Zimmer im ersten Stock einpaßte, und verbrannten Pappelspäne in einer Ecke, um unsere Hände zu wärmen. Ich lernte die Namen der Werkzeuge, die der Handwerker benutzte, und mußte daran denken, wie viele

Geräte ein westlicher Schreiner brauchte, um einen Fensterrahmen zu zimmern. Er dagegen stellte mit einem Hobel aus einem Eichenklotz und einer Klinge, einer Handsäge und einer Art Beil einen Rahmen her, der ihn selbst lange überleben würde.

Anschließend unternahm Haidar mit mir einen Rundgang durch das Dorf. Die unbefestigte Straße war gefroren und der Straßenrand weiß von Frost. Ein Trio alter Männer mit Turbanen begrüßte uns am Rand eines Felds; einer von ihnen war der Mullah des Dorfes. Ich blieb stumm und lächelte nur, während ich dem Wortwechsel folgte.

»Ist er ein Muslim?« fragte einer von ihnen fast flüsternd.

»Nein, er ist einer der *ahl-i kitab*, der Menschen des Buches«, erwiderte ein anderer; er benutzte die Bezeichnung, mit der Christen und Juden von den *kafir*, den Ungläubigen, unterschieden werden.

»Aber man sieht, daß er ein Gläubiger ist – er sieht aus wie ein Muslim.«

»Bei Allah, er sieht tatsächlich fast so aus.«

»Ja, man kann an seinem Gesicht erkennen, daß er dem Islam nahesteht.«

»Verblüffend.«

Wir spazierten bis zum Dorfrand. Haidar tätschelte die Köpfe der neugierigen Kinder, die sich versammelt hatten, um einen Blick auf den *charidschi* zu werfen, und schickte sie mit freundlich scheltenden Worten davon. Wir schauten auf den brausenden Fluß hinab, und er zeigte mir die Bergketten über uns, wo russische Einheiten während des Krieges abgesetzt worden waren. Dann erklärte er mir die Namen der verschiedenen Bäume, die am Ufer wuchsen, während allmählich die Sonne, die immer noch von einem dunklen Kranz hoher Gipfel verdeckt wurde, den Morgenhimmel erhellte. Auf dem Rückweg rief er vor ein paar Häusern einen Namen. Ein winziges Fenster öffnete sich, und ich erkannte Ali Chans Gesicht – er war eben erst aufgewacht.

Dann trat die Sonne über die Berge, und die Hänge erwachten zum Leben, während der Himmel immer heller wurde. Tschilpende Spatzen versammelten sich auf den Fensterbrettern. Wir gingen zurück zu Haidars Haus, und ich stand einige Minuten neben dem Mullah, während die Strahlen der Morgensonne über die Felder auf uns zu krochen. Er hatte nur noch einen einzigen Zahn im Unterkiefer; sein Gesicht über dem weißen Bart war rot und von tiefen Falten durchzogen. Ein Mann auf einem Esel kam vorbei, gefolgt von einem zweiten Tier, auf dem seine Frau ritt, deren Gestalt unter den wogenden Falten einer dunkelgrünen Burka verborgen war.

»Friede sei mit euch!« winkte der Reiter.

»Und mit euch. Auf daß ihr nie müde werden mögt!« krächzte der alte Mullah. Er war voller stummer Neugier und musterte mich eingehend von der Seite.

»Ich habe einmal eine Bibel gesehen«, sinnierte er. »Ein recht großes Buch, diese Bibel!« Ich merkte, daß ihm eine Frage auf dem Herzen brannte.

»Beten Sie?« fragte er und schnitt damit das entscheidende Thema an.

»Ja, hier drin«, erwiderte ich und zeigte auf mein Herz.

»Oh, das ist gut«, nickte er beruhigt. »Sehr gut.«

Ich fragte ihn, ob er im Dorf gewesen sei, als die Russen gekommen waren. Ja, aber es seien so viele Bomben gefallen, antwortete er und deutete auf einige zerstörte Häuser hinter uns, daß er und die anderen Dorfbewohner sich in Höhlen versteckt hätten – manchmal tagelang, ohne etwas zu essen. Und es lägen immer noch Minen auf den Hängen, fügte er hinzu.

Mein Führer Ali Chan erschien kurz darauf mit einem hageren Pferd, das mit gewebten Satteltaschen und einer Plastiktüte mit Futter beladen war. Er beachtete mich nicht weiter und fragte nur mit einer müden Autorität, die nahelegte, daß er schon weit wichtigere Dinge im Leben unternommen hatte, nach meiner Tasche.

»Was, dieses Ding?« Er blickte verzweifelt auf den unhandlichen Rucksack, der zu groß und zu schwer war. Ich konnte ihn leise schimpfen hören, während er mein Gepäck versuchsweise auf den Rücken des Pferdes hievte.

»... und auch noch eine ganz falsche Form ... Wie soll ich dieses Ding nur auf ein Pferd bekommen? ... Ich habe nur dieses eine Seil, und es ist ganz bestimmt nicht lang genug.«

Es hatte den Anschein, als habe sich das halbe Dorf versammelt, um uns zu verabschieden. Ich hoffte inständig, daß das Pferd sich benehmen und mich nicht vor allen Leuten abwerfen würde. Aber wir brachten die kurvige, enge Dorfstraße ohne Zwischenfälle hinter uns, während uns der alte Mullah eifrig nachwinkte, wobei sein einzelner Zahn wie ein Wachturm auf einem Hügel glänzte. Dann verstummte auch das Geschnatter der Zuschauer hinter uns.

Die Schönheit der Landschaft wurde nur noch von der Kälte übertroffen. Ein eisiger Wind zog von Nordosten durch das Tal und ließ nur im Windschatten der Felsen etwas nach. Nach einer halben Stunde passierten wir ein letztes Dorf, anschließend verengte sich die Straße zu einem Pfad von höchstens einer Mannesbreite. Ich zog meine Wolfspelzmütze heraus, wickelte ein Tuch um mein Gesicht, vergrub die Hände in den Falten meines *patu* und fror.

Ali Chan schritt mit ernster Miene hinter mir her, die bloßen Hände auf dem Rücken zusammengelegt. Von Zeit zu Zeit versetzte er dem Pferd einen Schlag mit der Peitsche, seinem einzigen Besitz auf dieser Reise, und stieß ein lautes »Tschu! Tschu!« aus, um das Pferd anzutreiben, sowie einige Schimpfworte, die ich jedoch nicht verstehen konnte. Ansonsten sprach er kein Wort.

Dies war die Hauptstraße aus dem Süden in Richtung Badachschan, und wir gerieten bald in einen von vielen »Verkehrsstaus«. Ein alter Mann auf einem Esel, der unter einer riesigen Ladung Feuerholz kaum zu sehen war, versperrte den Weg. Das Pferd unter mir blieb trotzig stehen. Ali Chan rannte nach vorn und zog es weiter. Dabei wurden die Flanken des Tiers gegen die entgegenkommende

Ladung gedrängt, so daß wir beide mühsam um unser Gleichgewicht kämpfen mußten. In der Ebene war das nur ermüdend, aber als sich der Pfad immer weiter über dem Fluß in die Höhe wand, entwickelte es sich zu einem beängstigenden Ritual. Bei jedem dieser Treffen war ich fest davon überzeugt, daß wir uns alle im Fluß wiederfinden und, selbst wenn wir den Sturz überlebten, von der Strömung davongetrieben würden. Je höher der Pfad sich zog, desto bedrohlicher wurden diese Begegnungen. Es war, als würde man auf einem Pferd in der fünften, zehnten oder manchmal gar der zwanzigsten Etage über einen Balkon ohne Geländer reiten und dabei versuchen, sich den Platz noch mit jemand anderem zu teilen.

Ali Chan hatte die Angewohnheit, mit allen Bauern und Händlern, die uns entgegenkamen, wie ein Taxifahrer im Stau ein paar Minuten zu plaudern. Das Pferd spürte dann die Abwesenheit seines Herrn und verringerte sein Tempo, bis es schließlich völlig zum Stillstand kam. Ich nannte das Tier »Clockwork«, zu deutsch Uhrwerk, konnte jedoch den Schlüssel nicht finden, um es aufzuziehen. Sobald es zum Stillstand gekommen war, konnte alle Überredungskunst, Schmeichelei, kräftiges Ziehen an der Mähne, Drohen, Treten mit den Absätzen in die Weichen, Betteln oder Beschimpfen auf englisch oder persisch nichts daran ändern.

Ich habe bis heute keine Ahnung, was man tun muß, um ein derartig stures Pferd zum Weitergehen zu bewegen. Damals versuchte ich es also, indem ich laut mit der Zunge schnalzte, meine Fersen in seine Flanken bohrte und mit den Zügeln gegen seinen Hals schlug, so wie es auch die Cowboys im Film immer tun. Doch nichts funktionierte. Also gab ich vor, geduldig zu warten, bis Ali Chan uns wieder eingeholt hatte, obwohl ich in Wirklichkeit Clockworks Faulheit ausgeliefert war. Nachdem wir dieses Spiel eine Stunde lang gespielt hatten, war ich es leid und fragte seinen Herrn um Rat.

»Ali Chan! Wie bringt man dieses Vieh zum Weitergehen?«

»Man muß einfach nur ›tschu‹ sagen«, erwiderte er mit einem Hauch von Geringschätzung in der Stimme.

»Ja, aber wenn ich ›tschu‹ sage, passiert nichts.«

»Versuchen Sie es einfach.« Er seufzte nachsichtig.

»Tschu.« Nichts. Ich versuchte es erneut, diesmal mit einer ruckartigen Bewegung im Sattel, die in Filmen die Pferde immer zu einem lebhaften Galopp veranlaßt. »Tschu!« Ich war mir sicher, daß Clockwork und möglicherweise auch Ali Chan leise kicherten.

»Hier«, sagte er müde, »so geht es.« Er trat hinter das Pferd und brüllte heiser »tschuuu!«, worauf Clockwork in einen Trab verfiel, der mir fast das Rückgrat brach.

Um die Mittagszeit kamen wir durch den letzten bewohnten Ort des Tals, ein Dorf namens Pas Masar. Hier schlug ich vor, daß wir abwechselnd reiten sollten. Mir war nämlich wärmer, wenn ich zu Fuß ging, und außerdem hatte ich kein gutes Gefühl dabei, Ali Chan die ganze Strecke laufen zu lassen. Er widersprach, ich bestand jedoch darauf, und von da an wechselten wir uns jede Stunde ab. Es war so kalt, daß ich in meinen *patu* hineinatmete, in dem vergeblichen Versuch, mich zu wärmen. Meine Finger und Zehen waren schon ganz taub, und ich zitterte unkontrolliert vor mich hin.

Um ein Uhr wechselten wir, und ich saß wieder auf. Irgendwo in dieser Einöde mußten wir den Fluß überquert haben, denn er floß nun links von uns. Wir folgten dem Pfad, der unmerklich, aber stetig durch eine windgepeitschte Mondlandschaft aus zertrümmerten Steinen und Felsen anstieg. Das Tal war etwa einen halben Kilometer breit; die Gipfel über uns, die 5000 Meter über dem Meeresspiegel erreichen mochten, ragten knapp 1500 Meter über der Talsohle auf. Der Himmel erstrahlte wolkenlos in intensivem Blau, und das Licht war von einer solchen Reinheit, daß selbst entfernte Objekte aussahen, als könnten wir sie mit unseren tauben Fingern berühren.

Wir waren seit über zwei Stunden unterwegs, und außer den Belehrungen über Clockwork hatte Ali Chan kaum ein

Wort mit mir gewechselt. Die Kälte nahm uns den Drang zu reden, aber wir dachten beide darüber nach, wie die nächsten Tage in der Gesellschaft des anderen wohl werden würden. Ein alter Mann trieb mit seinem Sohn zwei zottelige Kühe in entgegengesetzter Richtung an uns vorbei. Ali Chan holte mich ein und schien über etwas nachzudenken. Dann räusperte er sich und brach endlich sein Schweigen.

»In Ihrem Land«, fragte er, »gibt es da auch solche Kühe?«

»O ja«, sagte ich, »sie heißen Hochlandrinder. Wir haben auch schwarze und weiße Kühe, die Fleisch und Milch liefern.« Er dachte darüber nach, während er weiter neben Clockwork herging.

»Und in Ihrem Land«, fragte er in dem gleichen Tonfall wie zuvor, »reitet man da auch auf Pferden?«

Ja, erwiderte ich, England sei eine pferdeliebende Nation.

»Und in Ihrem Land«, fuhr er fort und sah diesmal zu mir auf, »wie oft schläft man mit seiner Frau?«

Ich bat ihn, die Frage zu wiederholen. Ich hatte »schlägt man seine Frau« verstanden, weil das persische Wort dafür sehr ähnlich klang. Doch, genau das habe er gemeint, sagte er, und ein schalkhaftes Grinsen legte sich über sein zerfurchtes Gesicht.

»Nun …« Ich dachte nach. Eigentlich nicht sehr oft in letzter Zeit, seit meiner Scheidung, aber mal überlegen, in guten Zeiten … Schließlich sagte ich: »So oft, wie sie es erlaubt!« Das verstand er auf Anhieb, und das Tal hallte von unserem Gelächter wider. Es war eine absurde Unterhaltung; ich hatte die Afghanen immer für fanatisch prüde gehalten, doch hier konnten ja auch nur die Berge unsere Geheimnisse hören.

»Nun, in Afghanistan«, informierte er mich, als ob ich zuallererst diesen wichtigen Punkt verstehen müsse, »›schlägt‹ ein Mann seine Frau mindestens dreimal in der Woche. Frisch Vermählte tun es jeden Tag einen ganzen Monat lang. Nicht wie die Pakistanis«, fügte er hinzu und tat dabei einen tiefen, männlichen Atemzug. »Ihr heißes

Klima macht sie schwach, und sie haben keine Energie dafür …«

Ich konnte viele Einzelheiten seiner nachfolgenden Rede nicht mehr verstehen, aber das Eis zwischen uns war gebrochen. Von da an wurde Ali Chan gesprächiger, und zwischen uns entspann sich ein neugieriges und nachdenkliches Geplänkel.

Am frühen Nachmittag hielten wir vor einem Steinhaufen an, und Ali Chan begann Clockwork abzuladen. Mit einem flauen Gefühl im Bauch erkannte ich, daß es sich um das örtliche Hotel handelte. Ein alter Mann begrüßte uns. Er trug einen weißen Turban und eine Cordjacke und kauerte im Schutz einer niedrigen Steinwand. Um seinen Hals hing ein uraltes Messingfernglas. Ja, wir würden hier übernachten, sagte Ali Chan. Der Ort hieß Schalsor.

Die steinernen Mauern waren knapp einen Meter hoch und umschlossen einen Raum von der Größe eines geräumigen Wandschranks; das Dach bestand aus Säcken und Segeltuch, und im Innern qualmte ein primitiver Ofen. Es mochte etwas lächerlich sein, schon so früh Rast zu machen für die Nacht, aber dies war die letzte Herberge vor dem Andschuman-Paß, und wenn um drei Uhr nachmittags die Sonne hinter den hohen Gipfeln verschwand, fiel die Temperatur sogleich wie ein Stein.

Von der windumtosten Hütte aus beobachteten wir drei kleine Flecken, die sich auf dem Pfad von unten näherten und langsam die Gestalt von Pferden annahmen. Ali Chan und der alte Mann rätselten über ihre Herkunft; in Afghanistan war es einfach unmöglich, anonym zu reisen. Als sie näher kamen, erkannte ich die Männer, mit denen ich im Jeep gefahren war. Sie begrüßten mich wie einen alten Freund. Ihre Pferde waren mit schweren Säcken beladen; sie trugen zerlegte Gewehre bei sich, die sie bei Einbruch der Dunkelheit zusammensetzten. Ich fragte mich, ob sie wohl mit Schwierigkeiten rechneten, da die Säcke voller Bargeld waren. Außerdem überlegte ich, wie sechs Männer in die kleine Steinhütte passen würden, bis plötzlich weitere vier Männer mit ihren Pferden eintrafen und ich resigniert aufgab.

Die Bergluft ist dünn und hält die Wärme nur schlecht. Wenige Minuten, nachdem die Sonne hinter den Gipfeln im Südwesten verschwunden war, wurde es plötzlich kälter. Ich hatte noch ein Paar dicke Wollhosen, die ich über meine dünneren Hosen streifte. Zusammen mit den zwei langen Unterhosen aus Seide und Baumwolle ergab das vier Schichten. Dann zog ich noch zwei Hemden, einen Pullover und den *patu* darüber. Die Wolfspelzmütze bedeckte meinen Kopf, mein Gesicht wurde von einem Schal geschützt; dazu wickelte ich noch ein Paar Socken um meinen Hals und ein weiteres um meine Handschuhe. Dennoch war mir eiskalt.

Ich wanderte ein Stückchen weg von der Hütte und studierte die gegenüberliegende Seite des Tals durch ein kleines Taschenfernglas. In etwa einem Kilometer Entfernung konnte ich einen Mann erkennen, der bewegungslos auf dem Bergrücken stand. Was machte er wohl dort, ganz allein in der Wildnis? Ich drehte den Kopf zur Seite und erschrak, als ich einen etwa fünfzehnjährigen Jungen erblickte, der sich offenbar lautlos zu mir gesellt hatte. Er kauerte stumm neben mir und starrte auch auf die andere Seite des Tals hinüber, die ich zuvor betrachtet hatte. Als ich wieder den Blick dorthin wandte, war der einsame Mann verschwunden.

Der Junge nickte in Richtung Tal und fragte mich, was ich machte. Ich würde mich nur umschauen, entgegnete ich, weil Leute aus dem Westen dies nun mal gern täten. Es war unmöglich, ihm zu erklären, daß wir ab und an das Bedürfnis verspürten, uns einen Augenblick zurückzuziehen. Ich fragte ihn nach den Namen der Dörfer auf dem Weg zum Paß; sie klangen ganz anders als die Namen, die mir zuvor genannt worden waren.

Ob er den Weg zum Mir Samir kenne, fragte ich, jenem riesigen Berg, dessen Spitze ich im Südosten zu sehen meinte. Das war der Gipfel, bei dessen Besteigung Eric Newby und Hugh Carless so spektakulär gescheitert waren. Meiner Berechnung nach mußte er sich hier in der Gegend befinden. Nein, sagte der Junge, er sei ganz woanders.

Um fünf Uhr nachmittags erschien die Venus über uns im Südwesten, und die ineinander verschlungenen Bergketten sanken allmählich in die immer dunkleren violetten Schatten zurück. Meine Aufzeichnungen verloren sich in einer unsicheren Schrift: »17.10 Uhr. Zu kalt zum Schreiben.« Ich suchte vergeblich nach den vertrauten Sternbildern am Himmel, aber die Gipfel um uns herum ragten so hoch empor, daß nur die Sterne direkt über uns sichtbar waren. Ich ging zurück zur Hütte, wo Ali Chan wegen meiner Abwesenheit schon ganz nervös geworden war.

»Ich habe mir Sorgen gemacht«, sagte er. »Hier ist es gefährlich. Die Berge …«

»Er hat mit seinem *dur-bin* auf die andere Seite des Tals hinübergeschaut und sich die Namen der Dörfer zwischen hier und dem Paß in sein kleines Notizbuch geschrieben«, erzählte der Junge sachlich.

Ich unternahm einen letzten Ausflug über den gefrorenen Boden, um mich von dem Tee zu erleichtern, den wir in der Hütte getrunken hatten. Dieser normalerweise recht unspektakuläre Vorgang gestaltete sich in der Kälte zu einem unvergeßlich frustrierenden Unterfangen. Nachdem ich meine Handschuhe ausgezogen hatte, wurden meine Finger im eisigen Wind sofort taub. Ich tastete mit jeder Sekunde verzweifelter durch die vielen Schichten meiner Kleidung, während die »Vorfreude« fast unerträglich wurde, konnte aber wegen meiner tauben Finger die richtige Stelle nicht finden. Kurz bevor die Katastrophe hereinbrach, hatte ich endlich Erfolg.

Wir aßen ein paar Mundvoll Reis zum Abendbrot und spülten ihn mit ungesüßtem Tee hinunter. Hinterher sangen die Männer abwechselnd ein unmelodisches, aber rhythmisches Klagelied, zu dem sie auf Blechtöpfe schlugen. Als es an der Zeit war, schlafen zu gehen, erfüllten mißtönendes Grunzen und lautstarkes Räuspern den Raum, dann reihten wir uns Kopf an Fuß nebeneinander auf wie die Ölsardinen. Wir taumelten in der eiskalten Dunkelheit aus der Hütte. Es war sechs Uhr morgens. Meine altbekannten Sternbilder befanden sich wieder an Ort und Stelle: Orion war erneut zum Leben erwacht und zückte sein Schwert im Süden, der Kleine Bär hatte sich mit neuem Wagemut an den Himmel über uns geheftet, und Kassiopeia ruhte, schräg am Himmel stehend, auf dem schwarzen Kamm einer entfernten Bergkette.

Mit seinen ledernen Fingern zog Ali Chan die vor Kälte steifen Seile an Clockworks Geschirr fest. Meine Hände waren völlig gefühllos. Unser Atem zog wie leuchtende Wolkenbänder hinter uns her, während wir uns auf den Weg zum Paß machten.

Es war bitterkalt. Ich erinnerte mich an eine wollene Kopfbedeckung in einem Laden in London, bei dessen Anblick ich gedacht hatte: Es wird bestimmt nicht so kalt werden, daß ich so etwas brauche. Nun konnte ich verstehen, warum Menschen bei solchen Temperaturen einfach aufgaben. Ich wollte nur noch anhalten und ruhen, mich an einen Felsen schmiegen, an nichts denken und mich einfach nur der Umarmung der Kälte ergeben. Ich verfluchte meine eigene Dummheit, weil ich mir keinen richtigen Mantel geleistet hatte, steckte meine Hände unter die Achseln und blies in meinen *patu*. Ich zählte meine Schritte vorwärts und rückwärts, sagte mir in Gedanken das Einmaleins auf und bemühte mich, das Gefühl der Hoffnung zu unterdrücken, das in mir aufstieg, wenn ich den Weg vor mir betrachtete und überlegte, wo wir wohl als nächstes Rast machen würden. Ali Chan, der sich die ganze Reise über nie etwas überzog oder ein Kleidungsstück ablegte, egal ob Nacht oder Tag, marschierte stoisch vorneweg.

Je höher der Pfad anstieg, desto weniger deutlich war er zu erkennen, und wir rutschten häufig auf dem vereisten Geröll und dem gefrorenen Schnee aus. Zweieinhalb Stunden später erreichten wir, starr vor Kälte und erschöpft, eine weitere Schutzhütte, die sich an eine Anhöhe am anderen Ufer eines breiten und gefrorenen Wasserlaufs duckte, kaum sichtbar zwischen dem Schnee und dem Gestein, aus dem sie erbaut worden war. In ihrem Innern loderte ein wildes Feuer in einem Ofen in der Ecke, versorgt von einem einsamen Verwalter, der uns Tee kochte. Selbst neben dem Ofen konnte ich die Wärme nicht in meinen Fingern spüren. Wir kauerten uns schweigend neben das Feuer, die Hände um die Teegläser geklammert, und warteten auf den Sonnenaufgang, während der Wind wütend nach den Zeltwänden schnappte.

Der Andschuman-Paß liegt eigentlich nicht ganz am Eingang des Pandschir-Tals, sondern südlich des Flusses, der sich unter uns auf wenige Meter verengt hatte. Die Quelle des Pandschir, das erkannte ich nun, entspringt in einem Gewirr schneebedeckter Gipfel, zu denen kein Weg führt. Von Westen aus, wo wir uns befanden, verläuft der Anstieg zum Paß langsam und stetig. Er liegt ziemlich hoch, auf fast 4000 Metern. Wenn der Paß nicht wäre, gäbe es keinen direkten Weg nach Norden: Das Pandschir-Tal würde in einer Sackgasse enden, und die Strecke nach Badachschan würde entweder durch Nuristan führen oder sich an der nördlichen Seite des Hindukusch entlangziehen – dort, wo auch die moderne Straße verläuft. Allerdings sind beide Strecken deutlich länger. Doch es gibt diesen Paß nun einmal, und die gesamte Geschichte des Landes ist mit ihm verwoben. Die Afghanen marschieren ohne viel Aufhebens einfach darüber, während westliche Besucher wie ich Zigarren mit sich führen, um seine Besteigung zu feiern.

Während wir auftauten, sprach Ali Chan über die Jagd. Es gebe hier Bären, Wölfe, Schneeleoparden und verschiedene große Bergziegen, erzählte er. Er beschwor das Bild eines idyllischen Sommers herauf, mit dunkelgrün leuchtenden Bergflanken und einer Luft, die vom Duft der Blüten erfüllt war. Wenn ich wiederkäme, sagte er, würde er ein

Gewehr besorgen und mit mir auf die Jagd gehen nach einem Tier, das er *ahu* nannte. Ich dachte erst, er meinte das berühmte Marco-Polo-Schaf: Wohlhabende Ausländer hatten vor dem Krieg Tausende von Dollar gezahlt, um es hier in der Gegend zu jagen. Ich öffnete meine prickelnden Finger und zeichnete ein Tier mit einem gewundenen Horn in mein Notizbuch; nein, nein, widersprach er, es sehe eher so aus, und malte ein entenartiges Wesen mit flachen, dünnen Ohren. Er entschuldigte sich für die schlechte Qualität der Zeichnung und sagte, er sei mit Stift und Papier nicht sehr vertraut: Das Bild sollte einen Steinbock darstellen.

Über uns erreichte das Sonnenlicht die hohen Gipfel, und die goldenen Strahlen explodierten auf dem Eis. Die Berge erwachten donnernd zum Leben, als wären sie hungrig nach der Berührung des Lichts. Bis zum Paß mußten wir noch einen mehrstündigen Marsch durch einen unbarmherzigen Wind zurücklegen. Auch wenn die Sonne mehr Hoffnung verströmte als Wärme, war sie doch ein unbeschreiblich kostbares Geschenk. Mittlerweile war das untere Tal weit unter uns zurückgefallen, und wenn ich zurückblickte, sah ich ein Meer an Bergen hinter mir und die vereiste Spitze des Mir Samir, der stolz zwischen den anderen Gebirgszügen hervorragte.

Der Ausblick am Paß war atemberaubend. Vor uns im Osten lag eine große Ansammlung schneeweißer Gipfel, gewaltige Bergspitzen aus gefrorenem Fels, die bis zu 5500 Meter in die Höhe ragten. Sie schienen zum Greifen nahe zu sein. Jenseits des Passes fiel das Land steil ab, übersät mit engen Serpentinenstraßen, die viele hundert Meter unter uns im Tal verschwanden. In etwa 150 Kilometern Entfernung erhob sich ein gewaltiger, in Gold gehüllter, pyramidenförmiger Leuchtturm aus dem Eis. Ich wußte, daß es nur einen Berg wie ihn gab – den prächtigen Tirich Mir, das 7500 Meter hohe Monster auf der anderen Seite der Grenze in Tschitral.

Wir befanden uns dreimal höher als der Ben Nevis, und ich wollte gern ein Foto machen. Ich tastete mit gefühllosen

Fingern auf den Knöpfen meiner Kamera herum und knipste ein Bild von Ali Chan. In ebendiesem Moment gesellte sich ein einzelner Mann zu uns, der von der anderen Seite des Passes kam. Die beiden stellten sich gemeinsam in Positur. Es schien kaum glaublich, daß dieser Film je meine Heimat erreichen und brauchbare Bilder liefern würde. Ich hatte gehofft, Ali Chan mit einem Lächeln ablichten zu können. Doch Afghanen nehmen beim Anblick einer Kamera stets eine derartig ernste und kriegerische Haltung an, daß man sie auf Fotos nur selten lächeln sieht: Der daraus resultierende Eindruck, in jenen Tagen des öfteren durch Requisiten wie Gewehre und Granatwerfer noch verstärkt, ist jedoch zutiefst irreführend: Ich kenne kein anderes Volk, das öfter lächelt als dieses.

Es war einfach zu kalt, um sich länger auf dem Paß aufzuhalten. Ali Chan warnte mich vor dem Abstieg davor, den Pfad zu verlassen und die mit Geröll übersäten Hänge zu betreten, da überall russische Minen lägen. Ich fand den Gedanken, Panzer hätten sich durch das Tal unter uns gezwängt, ebenso absurd wie die Vorstellung, daß einst das Knattern riesiger Hubschrauber, Gewehrfeuer und Explosionen auf dem Paß widerhallten. Doch ganz in unserer Nähe klaffte ein riesiger Krater im Boden, und während ich noch überlegte, ob es sich nicht vielleicht um ein natürliches Phänomen handelte, sah ich mich nach weiteren Kratern um, die diesem ähnelten. Tatsächlich gab es noch zwei Löcher, die meiner Vermutung nach von 500-Kilo-Bomben stammten, und ich dachte unwillkürlich daran, mit welcher Lautstärke die Explosionen wohl durch das Tal gebraust waren.

Der Abstieg war unangenehm steil und führte über Serpentinen einen ein Kilometer langen Steilhang hinab. Der Aufstieg in die andere Richtung mußte höllisch sein. Unwillkürlich dachte ich an die Mudschaheddin, die jahrelang sämtliches Kriegsgerät über diesen Pfad geschleppt hatten. Einmal war sogar ein kompletter Jeep auseinandergenommen und für Masud und seine Kommandanten über diesen oder einen ähnlichen Paß gebracht worden. Ich hatte ein Bild davon gesehen; da es das einzige motorisierte Gefährt im ganzen Tal war, galt es wie beim Preisschießen als Haupttreffer unter den Russen, die es folglich mit fanatischem Eifer zu zerstören suchten. Der Jeep war übersät mit Einschüssen und Schrapnellöchern und sah aus wie ein Salzstreuer auf Rädern.

Unsere Zehen schoben sich schmerzhaft in unsere Stiefelspitzen, während wir uns nach unten schlängelten und kleine Staubwolken hinter uns aufwirbelten. Allmählich ließ die Kälte nach, und wir kamen wieder ins Gespräch. Ali Chan fragte mich, was ich denn immer in mein kleines Notizbuch schrieb. Ich erklärte, daß ich die Einzelheiten meiner Reise vergessen würde, wenn ich sie nicht in meinem Tagebuch notierte, und daß ich aus der Erinnerung allein kein Buch schreiben könne. Während wir uns unterhielten, sah ich, daß der Ausdruck »ein Buch über Afghanistan« für ihn eine ganz andere Bedeutung hatte als für mich, oder vielleicht – was wahrscheinlicher war – auch überhaupt keine.

»Und dann geben Sie das Buch Ihrer Regierung?« fragte er.

»Nein. Das hat nichts mit meiner Regierung zu tun.«

»Aber was ist dann Ihr *wasifa*?«

Bücher waren für Ali Chan etwas, das mit Regierungen zu tun hatte; es hatte also keinen Sinn, ihm das Genre erklären zu wollen. Die Bewohner des ländlichen Afghanistan waren keine Bücherwürmer, sondern analphabetische Dichter, deren kulturelles Erbe nicht im Klassenzimmer, sondern mündlich durch Gedichte und Erzählungen an die nächste Generation weitergegeben wurde. Ich konnte an Ali Chans Schweigen erkennen, daß die Vorstellung, ein Buch zu schreiben, ihm vollkommen fremd war, so wie für uns der Anblick eines wandernden afghanischen Barden in einem Londoner Vorort. Ich versuchte dennoch, ihm mein Vorhaben in meinem dürftigen Persisch zu erklären.

»In meiner Heimat wissen die Menschen kaum etwas

über Afghanistan. Manchmal hören sie schlechte Dinge über euer Volk.« Ich dachte wieder an jenen Zeitungsredakteur, dem ich meine erste Geschichte über den Krieg angeboten hatte: Er wollte wissen, wie ich es nur unter diesen »Barbaren« ausgehalten hätte.

»Und einige«, erklärte ich, »denken, die Afghanen seien *wahschi* – wilde Männer, Haschischraucher und Kriegsfreunde.« Afghanen lieben es, wenn man ihnen das erzählt, und auch Ali brüllte vor Lachen. »Aber sonst haben sie vielleicht überhaupt nichts über Afghanistan erfahren.«

»Aber sie wissen doch, daß wir die Russen vertrieben haben, oder?« fragte er, auf einmal ganz ernst. Ich wünschte mir, ich könnte dies bejahen und ihm sagen, daß der zehnjährige Krieg, in dem eine Million Afghanen ihr Leben verloren hatten und den die Afghanen heute als ein unbelohnt gebliebenes Geschenk an den Westen betrachten, bei uns lebhafter in Erinnerung wäre.

»Einige wissen es. Aber ich möchte ein Buch über das Land und sein Volk schreiben, über die afghanische Lebensart, zum Beispiel die Gastfreundschaft …«

»Das stimmt, unsere Gäste sind uns sehr wichtig.« Ali nickte. Und nach einiger Zeit – wir waren inzwischen fast auf der Talsohle angelangt – sowie zahlreichen gebrochenen persischen Sätzen hatte ich das Gefühl, ihm erfolgreich eine grobe Vorstellung von meinen Zielen vermittelt zu haben. Doch an seiner Antwort merkte ich, daß er keine Ahnung hatte, was für einen Sinn ein solches Unterfangen haben könnte.

»Wieviel bezahlt Ihnen die Regierung dafür, ein solches Buch zu schreiben?« fragte er.

Die Sonne stand nun fast über uns, und die Luft war spürbar dichter geworden; wir hatten an Höhe verloren. Plötzlich bemerkte ich, daß sich der Wind völlig gelegt hatte, und zum ersten Mal, seitdem wir Qarije verlassen hatten, spürte ich ein warmes Streicheln auf meiner Wange.

»Ich bekomme nicht einen einzigen Penny, Ali Chan, das schwöre ich.«

»Dann sind Sie also mit Ihrem eigenen Geld hierhergekommen?«

»Genau.«

In meinem eigenen Land wüßte nun jeder, daß ich mit einem schrecklich knappen Budget reiste. Aber für Ali Chan war die Vorstellung von einem Mann, der selbst für seine Reise bezahlte, mit einem fast grenzenlosen Reichtum und Nichtstun verbunden. Niemand, der *kein* Geld hatte, würde ein solches Vorhaben in Angriff nehmen. Und wieder wurde ich daran erinnert, daß das Reisen ein rein westliches Vergnügen war und was für eine merkwürdige und unglaubliche Freiheit es doch darstellt, in einem Land herumzuwandern, zu dem man um den halben Globus reisen muß.

Ich hatte das Gefühl, er sei irgendwie enttäuscht über diese Nachricht oder glaube, daß ich ihm etwas verschweige. Deswegen versuchte ich noch einmal, ihm zu vermitteln, daß das Schreiben eines Buches ein persönliches Vorhaben darstellte mit einem gleichermaßen unsicheren Ausgang. Aber auch damit schien er nicht einverstanden zu sein, und zugegeben, es hörte sich auch für mich eher unglaubwürdig an. Ein Bauer vielleicht war von den Jahreszeiten abhängig und daher gezwungen, sich in die Hand des Schicksals zu geben, das war nun einmal sein Los. Aber ein fremder Herr?

»Also, wenn Ihre Reise vorbei ist und Sie Ihr Buch geschrieben haben«, fragte er mit zuversichtlicher Miene, als habe er alles genau verstanden, »*wieviel* bezahlt dann Ihre Regierung dafür?«

Die Erwähnung des Krieges förderte einige alte Geschichten zutage. Er erzählte lebhaft von der Brutalität der Russen, nur konnte ich leider viele Einzelheiten nicht verstehen. Er schimpfte hitzig über ihre Einheiten, gegen die er in ebendiesen Bergen gekämpft hatte. Die Mudschaheddin hatten keine Hochachtung vor den gewöhnlichen sowjetischen Soldaten, die, wann immer es möglich war, vom

Schutz ihrer Panzer und Panzerfahrzeuge aus kämpften. Ihre »schwarzen Soldaten« dagegen, so nannten die Mudschaheddin die Spetsnaz-Einheiten, seien wirklich gefährlich gewesen. Diese Spezialeinheiten waren gut ausgebildete Kommandos, die dem sowjetischen Geheimdienst unterstanden. Sie waren besser ausgerüstet als normale Soldaten, besser motiviert und spezialisiert auf die Beschaffung geheimer Informationen, Hinterhalte und wagemutige Überfälle auf feindliche Stellungen. Angeblich gaben sie sich im Krieg als Mudschaheddin aus und griffen Dörfer an, um dadurch Zwietracht und Mißtrauen unter den Zivilisten zu säen.

Dann berichtete er von den unerbittlichen Bombardements, den Reisen nach Pakistan, um Waffen zu besorgen, und dem unerträglichen Klima dort und erzählte allerlei Geschichten von Masuds militärischer Erfindungsgabe angesichts der damals so unglaublich widrigen Umstände. Ja, meinte Ali Chan auf meine Frage, es sei wahr, daß Masud immer schon im Vorfeld über die großen sowjetischen Einsätze Bescheid gewußt habe. Selbst auf höchster Ebene gaben afghanische Armeeoffiziere geheime Informationen an die Mudschaheddin weiter. Welch gottlose Arroganz auf seiten der Russen, rief Ali Chan, zu glauben, sie könnten Afghanistan je ganz erobern und halten!

Doch seinem Tonfall nach zu schließen, schien dies alles schon lange vorbei zu sein, nicht vergessen zwar, aber mittlerweile doch verdrängt von einer neuen Gefahr für die Regierung: die Taliban. Heutzutage mache er sich vor allem wegen dieser fehlgeleiteten Männer Sorgen, die sich hinter einem heiligen Titel versteckten. Auch hier konnte ich zahlreiche Details nicht verstehen, aber sie waren sicher nicht sehr schmeichelhaft. Ich schnappte nur Bruchstücke auf von ihren Bräuchen, ihrem Haschischkonsum, der eigentlich laut dem Islam verboten war, sowie einige unappetitliche Anspielungen auf kleine Jungen. Es handelte sich um die üblichen Verteufelungen, die ich auch in Kabul schon gehört hatte.

»Wollen Sie damit sagen, sie sind *fasid* – korrupt?« Plötzlich erinnerte ich mich wieder an das Wort.

»Korrupt! Das ist es!« strahlte er.

Ali Chan hatte zehn Jahre lang unter Masud gegen die Russen gekämpft. Er war ein typischer Bewohner des Pandschir-Tals, unglaublich zäh, einer zutiefst traditionellen Lebensweise verhaftet und mit einer natürlichen Gewitztheit ausgestattet; damit stellte er eine fremdartige, aber häufig anzutreffende Mischung zwischen Weltlichkeit und Weltferne dar. Ich hatte diese scheinbar polaren Eigenschaften schon während des Krieges an Männern wie ihm bemerkt: Nur der Krieg schaffte es, diesen Gegensatz so deutlich zum Vorschein zu bringen.

Daß die Entscheidung, einen russischen Gefangenen umzubringen oder sein Leben zu schonen, von dessen Bereitschaft abhängen mochte, zum Islam überzutreten, indem er einige wenige heilige Silben murmelte, schien völlig normal – doch dieselben Männer, die darüber zu befinden hatten, wußten gleichzeitig genau, wieviel Sprengstoff man benötigte, um einen sowjetischen Panzer in die Luft zu jagen. Ali Chan und Männer wie er sonnten sich vielleicht in der einen Minute noch unter Maulbeerbäumen, lasen Gedichte eines Heiligen aus dem zehnten Jahrhundert, kauten an den Früchten und trieben Unsinn wie kleine Jungen, während sie im nächsten Moment einen Raketenwerfer in Stoffschuhen über einen gefrorenen Paß schleppten. Darin lag kein Widerspruch, keine intellektuelle Sackgasse. Sie litten kaum unter der psychologischen und spirituellen Entwurzelung, mit der moderne Soldaten aus Kriegen gegen fremde Kulturen so oft nach Hause kommen. Der Krieg gegen die Sowjets stellte nichts dar, was vom normalen Leben isoliert war, er war kein Feldzug, der ihnen von einer mächtigen, ideologischen Maschinerie aufgedrängt und von ausgebildeten Kämpfern geführt wurde – der Krieg war Teil ihres Lebens und spielte sich zudem direkt in ihrem Land ab.

Wenn man Zeitungsartikel aus dieser Zeit las über »die

muslimischen Rebellen«, »die heiligen Krieger des Islam« und »die Kämpfer im Namen Allahs« – um nur einige wenige der jämmerlichen Übersetzungen von »Mudschaheddin« zu nennen –, wurde verständlich, warum man sie für eine Truppe von unnachgiebigen Fanatikern aus den Bergen hielt, die sich einem völlig annehmbaren Übergang zur sozialistischen Herrschaft widersetzten. Doch diese »heiligen Krieger«, von denen einige sicherlich nicht ganz so heilig waren, standen für die Mehrheit der afghanischen Bevölkerung im ganzen Land: Ob Bauern, Studenten, Professoren, Geschäftsleute, gebildet oder ungebildet, arm oder reich – sie alle erhoben sich spontan gegen die Kommunisten und die Armee, die diese unterstützte. Sie waren ebenso durch Sprachen und ethnische Zugehörigkeiten voneinander getrennt wie die Staaten Europas im letzten Weltkrieg, aber vereint durch eine tiefe Liebe zu ihrem Land und gemeinsam der Wahrung ihrer Freiheit verpflichtet.

Dieses Vokabular erscheint heute ein wenig abgenutzt, vielleicht haben wir es auch schon zu oft gehört. Ich selbst stand den Heldengeschichten zutiefst skeptisch gegenüber, die in den ersten Jahren des Krieges durchsickerten – Geschichten über Dorfbewohner, die Panzer mit Schaufeln attackierten, über alte Männer, die sich freiwillig erboten, über ein Minenfeld zu gehen, um den Weg für die jüngeren Kämpfer zu bahnen, über Schulkinder, die mit ihrem Leben dafür bezahlten, daß sie die Invasoren in der Schule denunzierten. Dennoch weckten sie in mir den Wunsch, das Land einmal selbst zu sehen.

Der allererste Afghane, den ich kennenlernte, sagte, sie würden eher bis zum letzten Mann kämpfen, als den Russen zu erlauben, ihr Land zu beherrschen. Solche Behauptungen bekommen leicht den schalen Beigeschmack altertümlichen Heldenmuts und wurden dementsprechend vorsichtig aufgenommen. Doch nachdem ich die Menschen im Land kennengelernt hatte, die diesen Kampf führten, spürte ich, daß ich ein gänzlich neues Vokabular benötigte, um sie zu beschreiben: Es handelte sich ganz und gar nicht um kopflose Kühnheit, ihnen war lediglich kein Preis zu hoch für das Erreichen ihrer Ziele. Ein verhutzelter alter Dorfbewohner erklärte es mir einmal in ganz einfachen Worten: Das eigene Haus zu verlieren spiele keine große Rolle, sagte er. Die Gesundheit zu verlieren, das sei dagegen schon schlimmer, aber die eigene Freiheit zu verlieren – ach, das sei ganz etwas anderes: Damit würden die Russen niemals durchkommen.

Wir erreichten nun die Talsohle und gingen an den Ufern eines Flusses namens Mundschan entlang. Er floß seicht und träge dahin, von Kastanien gesäumt, und wand sich in funkelnden Strängen zwischen rautenförmigen Inseln aus grauem Sand hindurch. Die Luft war merklich sauerstoffreicher und wärmer. Wir befanden uns immer noch weit über dem Meeresspiegel, aber wenigstens nicht mehr in jener verrückten Höhenwelt, in der der menschliche Organismus nicht mehr richtig funktionierte. Die Berge türmten sich über uns auf. Auf einem hohen Bergrücken meinte ich die mit Zinnen versehene Mauer einer vorislamischen Festung zu erkennen oder die verwitterten Überreste eines Klosters, das von der Zeit vergessen worden war; beides waren jedoch nur Täuschungen des Lichts und meiner Phantasie.

Nach wenigen Kilometern hielten wir und rasteten an einer winzigen Steinkate. An diesem einsamen Fleckchen Erde reichte uns ein Mann aus einer rauchgeschwärzten Kammer eine Schüssel mit Reis durch ein steinernes Bullauge. Ich studierte meine Karte und versuchte, einen See zu finden, den ich in der Ferne gesehen hatte, aber er war nicht eingezeichnet. Ich fragte Ali Chan nach dem Namen des Sees. »Er hat keinen Namen«, sagte er, »er heißt einfach nur ›See‹.«

In der Ferne wirkte er wie eine azurblaue Platte auf der staubigen Talsohle. Weit dahinter ruhte der königliche Gipfel des Tirich Mir, eine sonnenbeleuchtete Schneezinne am Ende des V-förmigen Tals. Ali Chan weigerte sich zu glauben, daß der Berg in Pakistan lag – als könne ein solch erhabener Gipfel niemals im Land eines derartig minderwertigen Volkes liegen. Später gestand er ein, daß er sich vielleicht tatsächlich nicht mehr im heutigen Afghanistan befand, früher jedoch bestimmt dazugehört habe. Das stimmte auch, denn es waren erst die Briten, die die heutige Grenzlinie südlich von uns gezogen hatten. Wir erreichten den See drei Stunden später, nachdem wir durch die schönste Gegend gewandert waren, die ich je gesehen hatte: Es war der Andschuman-See.

Wir warfen Steine, die über die halbgefrorene Oberfläche des unglaublich klaren Gewässers schlitterten. Vor dem Krieg reisten häufig ausländische Besucher hierher und fischten nach Riesenforellen. Ich mußte ständig daran denken, wie gern ich eines Tages mit meinen besten Freunden einmal herkommen, die Bergwände mit Puccini beschallen, im See fischen und Weißwein in seinem Wasser kühlen würde. Es war eine langweilige Vorstellung, und ich war von meinen eigenen Gedanken enttäuscht, weil ich gehofft hätte, mir würde bei einem derartig schönen Anblick Sinnigeres einfallen. Es ist seltsam, was einem durch den Kopf geht, wenn man allein und stumm durch eine solche Wildnis reitet; ich kann mich zwar heute nicht mehr genau daran erinnern, weiß aber noch, wie überzeugt ich damals war, daß das Leben nun nie wieder so sein würde wie vor meiner Reise.

Ein einsamer Adler mit weißer Brust zog hoch über unserem Pfad dahin. Ali Chan begann zu singen, während Clockworks Hufe kleine Staubwolken wie Tropfen goldener Tinte im Wasser aufwirbelten. Von jenseits des Tals galoppierte ein bewaffneter Mann auf einem stolzen Falben über das gelbe Gras auf uns zu. Er wurde langsamer, als wir näher kamen, und ließ sein Pferd aus einem Tümpel trinken. Etwas an mir erregte offenbar seine Aufmerksamkeit, und er rief zu Ali Chan herüber: »Friede sei mit euch! Ist er ein *charidschi*?«

»Nein«, antwortete Ali Chan. Es war lustig, ihn lügen zu

hören. »Er ist ein *watander*, ein Landsmann, aus Tadschikistan.« Der Mann sah von mir zu Ali Chan, und wir alle lächelten über diese offenkundige Lüge.

Ich war beunruhigt darüber, daß man mich so schnell erkannte.

»Woran liegt es«, fragte ich Ali Chan später, »daß die Leute sofort merken, daß ich ein *charidschi* bin?«

»Nun, ganz einfach«, sagte er. »Sie werfen einen Blick auf Ihre Stiefel, und dann wissen sie es sofort, weil niemand hier solche Stiefel wie Sie besitzt. Und dann sehen sie die Socken, die ganz anders sind als unsere. Und dann fallen ihnen Ihre Handschuhe auf, denn die Menschen hier tragen keine Handschuhe. Und dann sehen sie Ihre Jacke, die man in dieser Art in Afghanistan niemals finden würde. Und dann bemerken sie Ihren *dschampar* und wissen sofort, daß Sie kein Afghane sein können. Aber wenn das alles nicht wäre, würden die Leute Sie bestimmt für einen Pandschiri halten.«

Er fragte, ob ich in meinem Land ein eigenes Pferd besäße. Als ich sagte, das sei zu teuer, bot er mir Clockwork an und sagte, er habe noch ein besseres Pferd, ein Buskaschi-Pferd, an einem geheimen Ort. Er würde mir ein Pony für meine Tochter besorgen, sagte er, und nach England fliegen und ihr das Reiten beibringen; ja genau, wir könnten doch Pferde exportieren und ein einträgliches Geschäft daraus machen. Er müsse nur die Pferde am Flughafen in ein Flugzeug bekommen. Unser Geschäftsplan geriet jedoch wieder in Vergessenheit, als wir über Berge kamen, die von riesigen Felsspalten zerschnitten waren und durchzogen von unregelmäßigen Gesteinsschichten in Schokoladenbraun, Rostrot und Schiefergrau.

Nach den Pferden kamen Frauen, Religion und die Vorzüge verschiedener Gewehre, Sättel und Kühe an die Reihe. Wieso würden dort, wo ich herkäme, Frauen arbeiten? In Afghanistan sei alles viel einfacher, sagte Ali Chan. Die Männer arbeiteten außerhalb des Hauses, und die Frauen kümmerten sich um das Haus und die Tiere. Wie hoch lag der Brautpreis in England? Wer bezahlte die Hochzeit? Womit verdiente meine übrige Familie den Lebensunterhalt? Er interessierte sich vor allem für meinen Vater und meine Brüder. Doch die Vielzahl an Berufen im Westen kam mir zu exotisch vor, um sie ihm auch nur ansatzweise zu erklären. Daher erzählte ich, mein Vater sei Lehrer und meine Brüder Kaufleute.

Ich konnte viele Dinge noch nicht einmal auf englisch erklären, geschweige denn in meinem gebrochenen Persisch, und so suchte ich nach Schnittstellen, die unseren Welten vielleicht gemeinsam waren. Dabei stellte ich fest, daß ich nicht nur von einer Sprache in die andere übersetzen, sondern auch eine Kluft an unterschiedlichen Bedeutungen überbrücken mußte – wogegen die Aufgabe, die geeigneten Entsprechungen für bestimmte Worte zu finden, fast schon simpel erschien.

Wieder und wieder fühlte ich, wie ich gegen ideologische Grenzen stieß, die unsere Welten voneinander trennten. Man kann Kontinente durchqueren und in ein anderes Land reisen, aber die Barrieren zwischen den verschiedenen Kulturen bleiben so unüberwindbar wie eh und je. Ali Chans Fragen spiegelten eine Welt wider, in der sich die Zwänge (und Freuden) der Tradition – die teils auf kulturellen, teils auf kulturüberschreitenden Sitten des Islam beruhen – tief durch alle Phasen und Rituale des Lebens ziehen. Sie führten mich daher stets zu demselben Gedanken zurück: wie außergewöhnlich freizügig der Westen doch eigentlich ist und wie unverständlich diese Freiheiten auf Menschen aus strengeren und traditionelleren Lebensformen zwangsläufig wirken müssen. Diese Freiheiten sind so untrennbar mit unserer westlichen Lebensweise verbunden, daß wir sie als »Rechte« betrachten – nehmen wir nur einmal das Recht, den Beruf oder den Lebenspartner selbst zu wählen, die Politiker zu kritisieren oder nach Belieben ins Ausland zu reisen, ohne Einschränkungen oder Verpflichtungen. In anderen Ländern wären derartige Freizügigkeiten einfach undenkbar. Doch obgleich der Westen über solche Privilegien verfügt, leiden die Menschen dort auf andere Art und Weise. Befreit von den vielen unbarmherzigen physischen und sozialen Verpflichtungen, die in einer traditionellen Lebensform für das Überleben notwendig sind, sind sie verwöhnt und verweichlicht wie überzüchtete Hunde, neurotisch und anfällig für eine Vielzahl emotionaler Krisen, die anderswo gänzlich unbekannt sind.

Im Westen entdecken wir erstmals das Ausmaß dieser Freiheit in der Jugend. In Afghanistan, so wurde mir klar, gab es so etwas im Grunde nicht: Ein Mädchen war entweder ein Mädchen oder eine Frau, ein Junge war ein Junge oder ein Mann. Es gab keine bequeme Übergangsphase, in der ein junger Mann oder eine junge Frau zehn Jahre oder länger verweilen konnten, während sie sich überlegten, wie sie der Gesellschaft nützen wollten (oder auch nicht). In Afghanistan hatte ein dreizehnjähriger Junge bereits das Schießen und das Reiten gelernt oder arbeitete im Handwerksbetrieb seines Vaters mit, während seine Schwester in die häuslichen Pflichten eingeführt wurde, die eine Ehefrau beherrschen mußte.

Doch wie in den Bergen um uns herum, die aus der Ferne so unzugänglich wirkten, so offenbarten sich auch in unseren Gesprächen immer wieder Brücken, die unsere verschiedenen Welten miteinander verbanden. Wir scherzten und lachten und grübelten über die seltsamen Bräuche im Leben des anderen nach. Daß wir die Distanz zwischen unseren Kulturen kannten, brachte uns nur noch näher zusammen, und während wir Kilometer um Kilometer zurücklegten, kam ich zu der Überzeugung, daß ich mir keinen besseren Gefährten hätte wünschen können.

Eine enge Schlucht führte vom See in ein weiteres friedliches und kahles Tal. Eine Stunde später, als die Dämmerung hereinbrach, bemerkte ich die ersten abgeernteten Weizenfelder mit den üblichen Steinmauern dazwischen. Vor uns lag ein Dorf, dessen Häuser wie aus dem Erdreich gewachsen aufragten. Die hohen Berggipfel dahinter waren in Gold gebadet, doch wir wanderten unter ihnen mittlerweile bereits im Schatten dahin, und auch die Temperatur sank minütlich. Das Dorf hieß Andschuman und bestand aus etwa sechzig Hütten, die sich neben sorgfältig bebauten Weizenfeldern an die südlichen Hänge oberhalb des Flusses schmiegten. Nach der Ödnis und Stille unserer Reise hatte ich das Gefühl, endlich wieder in die Zivilisation zurückgekehrt zu sein. Ein alter Mann scheuchte eine Schafherde in einen von Steinmauern umgebenen Pferch, und auf einem Pfad zwischen den Feldern trug eine Frau einen Wasserkrug auf dem Kopf, während ihre Tochter hinter ihr hermarschierte.

Ali Chan lud das Gepäck von Clockworks Rücken und füllte seinen Futterbeutel. Dann führte er mich in einen *sarai* mit Lehmziegelwänden und machte sich auf den Weg zum Gebet in die Dorfmoschee, gemeinsam mit zahlreichen anderen Männern, die dem klagenden Ruf des Dorfmullahs von allen Seiten folgten. Ich betrat einen unbeleuchteten Raum und setzte mich an eine Wand. Nachdem sich meine Augen an die Dunkelheit gewöhnt hatten, konnte ich die Umrisse mehrerer Männer erkennen. Sie litten alle unter einem quälenden, rasselnden Husten, von dem ich hoffte, daß er nicht ansteckend war.

Ein alter Mann mit einer verbundenen Hand und einer sehr rauhen Stimme, vermutlich aufgrund einer Kehlkopfentzündung, musterte mich einige Minuten und fragte mich dann, wo ich herkäme. Aus dem Pandschir, antwortete ich. Ob Schnee auf dem Paß liege? Ein wenig, sagte ich. Er schien zufrieden, und ich freute mich darüber, daß es mir gelungen war, als Einheimischer durchzugehen.

Doch als Ali Chan den Raum betrat, fragte der Alte sogleich krächzend: »Woher um alles in der Welt stammt dieser Mann?«

»Ha! Ihr werdet mir niemals glauben, wo er herkommt.« Ali genoß es, die anderen ein wenig zu foppen; auch er hatte allmählich genug von den unvermeidlichen Fragen und nahm, wie mir auffiel, bei jedem Halt immer mehr die Beschützerrolle ein. Ich hörte, wie zwei Männer sich im Schatten unterhielten.

»Ist er ein Gläubiger?«

»Auf keinen Fall«, meinte der andere, »er ist ein Ausländer und ein *kafir.*«

»Bei Allah, das ist er *nicht*!« gab Ali Chan zurück, der es gehört hatte. Dann sagte er fast verschämt: »Überall, wo wir hinkommen, halten ihn die Menschen für einen Muslim.«

Ich war gerührt von seiner Verteidigung, die eine raffinierte Vieldeutigkeit offenbarte: Es spielte keine Rolle, daß ich möglicherweise kein Muslim war, sondern es genügte, daß die Leute mich für einen hielten. In einem Land, in dem die Integrität eines Mannes davon abhängt, wie genau er die vielfältigen religiösen Vorschriften befolgt, wird die Trennlinie zwischen Gläubigen und Ungläubigen zwangsläufig sehr scharf gezogen. Doch in Afghanistan – wo man am wenigsten von allen islamischen Staaten ein Aufweichen dieser Grenze erwarten würde – hat die gemäßigte Haltung der Menschen von jeher allzu extremes religiöses Verhalten unterbunden. Erst unter dem Einfluß der Sowjets, die sämtliche Traditionen auf den Kopf stellen wollten, gelang es den religiösen Führern, auch politisch an Macht zu gewinnen; zuvor hatte sich traditionell die Rhetorik der Mullahs stets in Grenzen gehalten.

Die meisten Afghanen achten sehr auf die Einhaltung religiöser Traditionen, aber sie sind dennoch keine Puristen; viele ihrer Traditionen gab es sogar schon vor den Einschränkungen des Islam. Deshalb gibt es bestimmte Grundsätze und ein ebenso ausgeprägtes Regelwerk in bezug auf die Religion. Wenn das Verhalten einer Person nicht nach traditionellen Kriterien beurteilt werden kann, verwendet man in der islamischen Welt gern den Ausdruck, etwas sei dem Islam »nah« oder »fern«; unbewußt fungiert dies als Gegenmittel gegen den zuweilen selbstherrlichen Einfluß religiöser Regeln und Verordnungen. Dies mag auch der Grund sein, warum vor allem Afghanen – die es ja noch nie leiden konnten, vorgeschrieben zu bekommen, was sie zu tun oder zu lassen haben – diesen Ausdruck sehr häufig gebrauchen.

Eine Laterne tauchte auf, und mehrere Männer traten nacheinander wie aus dem Nichts in den Raum – ein Ereignis, das mir mittlerweile nur allzu vertraut war. Die Stube war zweieinhalb Meter auf sieben Meter groß und hatte zwei kleine Fenster in den dicken Wänden. Selbst im Innern dampfte unser Atem in der kalten Luft. Ein Junge brachte drei angelaufene Blechschüsseln mit Brühe und einen Teller voll Fladenbrot und verteilte das Essen auf einem langen Plastiktuch.

Jeder Mann brach seinen Brotanteil in Stücke und tunkte die Brocken tief in die eingedickte Suppe, so daß mindestens schon zwanzig verschiedene Hände unser Abendessen berührt hatten, ehe wir überhaupt zugreifen konnten. Mir war auf einmal der Appetit vergangen. Ein paar Männer litten unter einem heftigen, rasselnden Husten und spuckten alle paar Minuten den Schleim ihrer wassergefüllten Lungen hinter die Matratze, auf der wir saßen. Zehn Tage zuvor hatte ich noch von einem goldverzierten Porzellanteller in der türkischen Botschaft gegessen.

Ich bekam rasenden Durst und blickte mich suchend nach einer Tasse um. In diesem Moment kehrte der Junge mit einem Blecheimer zurück und füllte ein Glas mit Wasser, das er dem Mann auf der anderen Seite der Tafel reichte. Einer nach dem anderen trank daraus und gab es dann weiter, bis es endlich nach einer langen Reihe vermutlich tuberkulöser Weihen zu mir kam. Ich kämpfte mit meiner Zimperlichkeit, dachte daran, wie schrecklich es wäre, wenn ich nun krank würde, und quälte mich noch einige Sekunden, ehe ich schließlich mehrere Gläser voll hinunterstürzte. Es schmeckte herrlich.

Nach dem Essen unterhielten sich die Männer leise darüber, wie hart die Zeiten doch geworden waren. Sie litten offenkundig Not, das zeigte schon ihre angeschlagene Gesundheit, ertrugen ihre Lage jedoch mit großer Würde. Ali Chan hatte mittlerweile eine gewisse Geschicklichkeit darin erworben, Fragen von dem Fremden in ihrer Mitte abzulenken, und ließ sich mit Gespür und Sachkenntnis über Handel, Pferde, die Preise von Rohstoffen und die Situation in Kabul aus. Die anderen Dorfbewohner schienen ihn sehr zu achten. Ich war dankbar, daß ich ihn als Führer bei mir hatte und nicht den schüchternen Mann, der sich in Kabul bei mir vorgestellt hatte.

Später schrieb ich in mein Tagebuch, und zwar unter den prüfenden Blicken von wenigstens zehn Männern, die die seltsam geformte Schrift, die in der falschen Richtung meinem Stift entströmte, aus nächster Nähe genau betrachteten. Um ihren Blicken zu entkommen, zog ich meine Feldflasche aus dem Rucksack und kletterte zum Fluß hinunter, indem ich dem Rauschen des Wassers in der Dunkelheit folgte. Die Felsen am Ufer waren von Eis überzogen. Die Sterne leuchteten so hell, wie ich es nur selten gesehen hatte, und schienen fast zum Greifen nahe. Ich nahm einen Schluck Whisky, und schon der Geruch allein entführte mich in eine andere Welt. Auf einmal durchfuhr mich wie ein Schwerthieb das Verlangen nach der Gesellschaft meiner Freunde, und während ich in der brausenden Strömung die heimatlichen Gespräche zu hören meinte, sehnte ich mich nach Wärme, blühenden Wiesen und dem Zauber des Vertrauten.

Wir beluden Clockwork im fahlen Licht der Morgendämmerung. Als Ali Chan meine Tasche über seinem widerspenstigen Rumpf verschnürte, riß der Schweifriemen. Ich improvisierte einen neuen aus einem Kletterseil, das ich in meiner Tasche verstaut hatte, in der Hoffnung, es könne irgendwann von Nutzen sein – etwa um ein Gelenk zu schienen oder um einen Mann bei der Überquerung eines reißenden Flusses zu sichern; allerdings hätte ich nie gedacht, daß ich es einmal unter einen Pferdeschweif binden würde.

Ich wollte gerade den Fuß in den Steigbügel stellen, als

ein gebrechlicher alter Mann mit einem weißen Turban an meiner Seite auftauchte. Seine auffallend blauen Augen waren trübe vom Alter. Er deutete mit einer stummen, hoffnungslosen Geste auf seine Kleider und zupfte dann liebevoll an meiner Daunenjacke. Die Knöpfe an seinem Jackett stachen mir ins Auge: Es war eine Felduniform der kanadischen Luftwaffe. Ich wußte, welche Kälte uns noch bevorstand, und sagte, ich könne ihm meine Jacke leider nicht geben. Aber während ich dies schreibe, sehe ich immer noch seine Augen vor mir und werde wieder an meine Selbstsucht erinnert; diesen Moment bedaure ich mehr als jeden anderen auf der ganzen Reise.

Der Dorfmullah geleitete uns aus dem Dorf. Ali Chan hatte gehofft, ihm Clockwork verkaufen zu können, und seine guten Seiten mit der Übertreibung eines Gebrauchtwagenhändlers angepriesen. Der Mullah war dementsprechend skeptisch und sagte, er müsse es sich noch überlegen.

Wieder einmal stieg die Morgensonne wie ein goldener Segen über den hohen Gipfeln auf und schickte ihre Strahlen allmählich auch zu uns herab. Wir ritten im Schatten der hohen Bergketten und passierten kleine Seitenflüsse voller Eiszapfen und Felsbrocken, die von einer glitzernden Eisschicht überzuckert waren. Clockwork vollführte seine üblichen Kunststücke, die mich regelmäßig an den Rand einer Herzattacke brachten, indem er an den Rand des Pfads ausscherte, wann immer er hoch über dem Fluß entlangführte; dieser schimmerte nun saphirblau unter uns, während er sich um riesige Felsen schlängelte. Jeder Streckenabschnitt besaß seine eigene, ganz besondere Schönheit, und unser langsames Marschtempo bot genug Gelegenheiten, sie in ganzer Fülle auszukosten. An manchen Stellen waren die Bergwände rauh wie die Zunge einer Katze oder so glatt wie die Flanken eines Staudamms, oder sie ergossen sich in riesigen Stürzen verwinkelter Felsvorsprünge wie Fächer aus zersplittertem Geröll in die Tiefe. Alles war in ein urtümliches Licht getaucht, das unser Vorrücken wie ein unbefugtes Eindringen aussehen ließ.

Sobald Clockwork ein entgegenkommendes Pferd bemerkte, richteten sich seine Ohren wie Bahnsignale auf, worauf Ali Chan von hinten herbeirannte und ihm viele wütende »Tschus« ins Ohr zischte. Dann schlug er auf Clockwork ein, bis dieser in einen rüttelnden Trab fiel, den ich stoisch ertrug. War es an ihm zu reiten, so trieb er das Pferd weit voraus – in einem Tempo, das ich niemals zu erreichen hoffen konnte –, bis er ruckartig kehrtmachte und zu mir zurückgaloppierte.

Wir rasteten am frühen Nachmittag eine Stunde bei einem Steinhaus, das auf einer Anhöhe an einer Wegbiegung thronte. Es handelte sich um ein »Dorf« namens Qalt. Ich ging zum Fluß hinunter, um mich bei einem Wäldchen aus schlanken, silbernen Birken zu waschen, deren Blätter zwischen den Kieseln in Tümpeln stehenden Wassers trieben. Wasser und Luft waren hier so klar und duftig, wie ich es noch nie erlebt hatte – als sei dieses Fleckchen Erde von einem Kristall umhüllt, in dem die Dinge ohne Verzerrung ihre wirkliche Gestalt und Farbe annahmen, wie sie die Natur ursprünglich vorgesehen hatte.

Das Tal dahinter war breit und voller dorniger Büsche und kleiner, kastanienähnlicher Bäume; Elstern schwatzten am Ufer. Auf den Felsen neben dem Pfad erblickten wir die ersten von vielen Felszeichnungen: stilisierte Steinböcke wie der, den Ali Chan für mich gezeichnet hatte. Vielleicht waren sie schon uralt, vielleicht waren sie aber auch von Männern gezeichnet worden, die erst gestern hier entlanggekommen waren – ich konnte es nicht sagen.

Ali Chan fragte mich oft, ob ich müde sei; vielleicht wolle ich lieber reiten? Ich sagte dann stets, daß wir uns an unsere Abmachung halten sollten und daß ich nur manchmal müde sei; »wie im Leben«, fügte ich hinzu und zitierte die alten Verse von Hafis: *Mag der Weg auch voller Gefahren sein und das Ziel noch weit entfernt…*

»Ha! Sehr gut!« lachte er. »Lesen die Leute in England auch Hafis?«

»Ein paar. Und sie kennen auch Dschalalludin Rumi.«

»Meister Rumi? In England? Also, das hätte ich nicht... Sie sollten ihn übersetzen, so daß alle Menschen in England ihn lesen können«, schlug er vor und fing sofort an, Gedichte zu deklamieren. Ich bemühte mich, es ihm nachzutun, doch mein Vorrat war bald erschöpft. Dann erklärte ich ihm, daß ich in jungen Jahren die Türkei besucht und dem Heiligen an seinem Grab meine Achtung erwiesen hätte.

»Bei Allah!« strahlte er. »Dann gibt es wirklich keinen Unterschied zwischen Ihrer und meiner Religion!«

Wir waren in eine Gegend gekommen, die reich an Mineralien war, so daß die Berghänge mit grellen Rottönen oder den Wüstenfarben des Grand Canyon – Grau, Gelb, Mahagoni – einen farbenfrohen Anblick boten. Ein gewaltiger dreieckiger Hügel schimmerte im kupferroten Farbton unpolierten Malachits. Ich sah einen weiteren Adler mit weißer Brust über uns hinwegfliegen und kleinere, lebhafte Vögel mit roten Hälsen und weißen Mützen am Fluß durch die Luft schwirren.

Wir zwängten uns durch eine Schlucht am Talausgang und änderten dann die Richtung, um einen Gebirgspaß zu erreichen, der in ein weiteres Tal nördlich von uns führte. Die Steilwände der Felsspalten schimmerten ockerfarben, und das weiche Gestein war durchlöchert wie eine Honigwabe. Ein steiler Pfad führte nach unten. Ich bezweifelte sehr, daß Clockwork da hinunterkommen würde. Er wand sich in scharfen Kurven zwischen herausragenden Steinpfeilern und zerborstenen Felsen hindurch. Ich ging voraus und führte das Pferd am Zaumzeug, während Ali Chan seinen Schwanz festhielt und so von hinten bremste. Das arme Tier rutschte bestimmt ein Dutzend Mal auf den Steinen aus und plumpste schwer auf die Knie; der Abstieg war eine schreckliche Qual für die erschöpfte Kreatur. Auf dem Grund des Tals spazierten wir eine Stunde durch weichen Staub, während sich der Schleier des Abends um uns herum verdichtete. In der Ferne tauchte Rauch am Horizont auf, dann ein Haus, eine Brücke, ein Pferch und die Hoffnung auf Obdach: Wir hatten Eskasar erreicht.

Im schwindenden Licht mußte ich die freundliche Befragung eines großen Mannes mit langen, lockigen schwarzen Haaren und einer tiefen Stimme über mich ergehen lassen. Ein paar andere Männer versammelten sich, um den Wortwechsel zu verfolgen. Ihre Augen waren groß vor Faszination und spiegelten den schwachen Schein einer Öllampe wider.

»Woher kommen Sie, Bruder?«

»Aus England. *Inglestan.*«

»Hindustan?« Er meinte Indien, weil er schon davon gehört hatte – im Gegensatz zu England.

»Nein, *Inglestan.* Das liegt dort drüben.« Ich zeigte Richtung Westen.

»In der Nähe von Hindustan?«

»Nein, weiter entfernt. Viel weiter.«

»Und was liegt dort in der Nähe?«

»Ähm ... die Türkei.«

»Ach ja – Ägypten! Was für eine Sprache sprechen Sie?«

»Englisch.«

»Kenne ich nicht. Habt ihr dort auch Pferde?«

»Ja, aber sie sind sehr teuer.«

»Und Wassermelonen?«

»Einige, aber nicht so viele wie hier.«

»Wer ist Ihr König?«

»Na ja, eines Tages vielleicht ein Mann namens Charles.«

»Ghandi?«

»Nein – *Charles.*«

»Ist er mit Ghandi verwandt?«

»Entfernt.«

»Geht er in eine Moschee zum Beten?«

»In eine große englische Moschee.«

»Was für Geld habt ihr?«

»Pfund.«

»Wie Rupien?«

»Genau wie Rupien.«

Er nahm mein Handgelenk in seine Hand, betrachtete das Zifferblatt meiner Uhr und fragte, ob ich sie ihm geben würde. Die Uhr war ein Geschenk meiner Exfrau gewesen; trotzdem hing ich sehr an ihr. Er bot mir im Gegenzug seine eigene an, nicht ohne fröhlich darauf hinzuweisen, daß sie nicht funktionierte.

Wir waren insgesamt einundzwanzig Männer und aßen in einer kleinen Hütte, die am Ufer auf Pfählen gebaut war; am gegenüberliegenden Ufer befand sich ein ähnliches Gebäude, und Laternen zeigten dort wie Glühwürmchen die Wege der herumlaufenden Männer an. Der Ort machte einen wilden, aber friedlichen Eindruck.

Beim Essen mußte ich die unvermeidlichen Fragen beantworten. Ob ich vielleicht die Ausländer kennen würde, die versucht hätten – närrischerweise, wie sein Ton erkennen ließ –, den riesigen Berg Mir Samir zu besteigen, fragte der Weißbärtige, der das Gasthaus betrieb.

»Sie haben es nicht geschafft«, sagte er, weil der Mir Samir eben nicht von Menschen bestiegen werden könne. Bei diesen Worten murmelten die anderen Männer zustimmend.

Die Spekulationen über meine Herkunft und meine Absichten waren unerschöpflich. Aber mittlerweile beantwortete Ali Chan die mich betreffenden Fragen wie ein charismatischer Wesir. Als ich ihn sprechen hörte, bemerkte ich, daß er nicht nur jedes Wort, das ich im Verlauf des Tages gesagt hatte, aufgenommen, sondern es auch zu einem wunderbaren, eigenen Märchen verarbeitet hatte. Nun ließ er sich in fesselnder Rede voller schamloser Übertreibungen über meine Pläne aus.

Nur selten begegne man einem Reisenden wie mir, hob er an, der nicht nur unter großen Gefahren für Leib und Leben während des Dschihad gekämpft, sondern auch die Bequemlichkeiten der Heimat aufgegeben habe; ich wolle ein ausführliches Buch über Afghanistan schreiben, das man überall im Westen lesen würde und das den Handel und den Austausch zwischen unseren Staaten fördern und somit wahrscheinlich Folgen ungeheuren Ausmaßes – die er allerdings nicht genauer definierte – für die Zukunft Afghanistans bringen würde.

Mach nur weiter so, Ali Chan, dachte ich. Aber er kam gerade erst in Fahrt. Zudem sei ich ein zutiefst religiöser Gelehrter und habe alle Gräber der Heiligen im gesamten Osten besucht. Just am heutigen Tag hätte ich ihm gegenüber aus den Werken der Meister Hafis und Rumi zitiert. Mein Vater, fügte er dann hinzu, sei im übrigen ein berühmter Philosoph und Dichter, der in ganz Inglestan angesehen sei. Und mein Großvater sei ein berühmter militärischer Führer und ausgezeichneter Reiter gewesen, der mit Tausenden von Männern unter seinem Befehl den Sieg über die gottlosen Deutschen errungen habe.

»Was macht er da?« unterbrach ein Kleingeist, während ich einige Worte in meinem Wörterbuch nachschlug. »Was ist das für ein Buch?«

»Das«, entgegnete Ali Chan kühl, mit einem verschwörerischen Blick in meine Richtung und einem angemessen verächtlichen Tonfall angesichts einer solchen Frage, »ist ein *religiöses* Buch, das ihm sein spiritueller Lehrer mit auf den Weg gegeben hat.«

Während wir uns wie gewohnt wie die Ölsardinen zum Schlafen aufreihten, fegte der uralte Besitzer des Gasthauses einen Platz am Boden für mich. Er beugte sich zu mir herab und fragte flüsternd, was ich ihm dafür als Bakschisch geben würde. Ich zog meinen Kugelschreiber hervor und sagte, dies sei mein Bakschisch; eines Tages würde ich über diesen Ort schreiben, und er würde berühmt werden.

»Was habe ich davon?« spottete er und verschwand in der Dunkelheit.

Von Eskasar aus wanderten wir weiter am Fluß Mundschan entlang nach Norden in Richtung Faisabad. Wenige Tage später wurde der Pfad allmählich breiter, und in plötzlicher Traurigkeit begriff ich, daß sich unsere Reise dem Ende zuneigte. Am Abend erreichten wir einen ummauerten Hof mit vier Jeeps darin. Ali Chan hatte seine Mission erfüllt: Wir befanden uns wieder an einer befahrbaren Straße.

Am nächsten Morgen verabschiedete ich mich von meinem Führer, nachdem ich ihm seinen Lohn gegeben hatte und dazu noch ein Taschenmesser, die Hälfte meines *kischmisch* und ein Stück Nylonseil. Wir umarmten uns, dann trabte er, in eine Staubwolke gehüllt, auf Clockwork davon, ohne sich noch einmal umzudrehen. Ich kämpfte mit einem Gefühl völliger Verlassenheit und kehrte zurück in den *sarai*, um in mein Tagebuch zu schreiben.

Nach einigen Tagen Fahrt auf verschiedenen Fahrzeugen und einer kurzen Unterbrechung in Dschurm erreichte ich schließlich Faisabad, wo ich im Haus der britischen Hilfsorganisation Afghanaid Unterkunft fand.

Nach den Bergen wirkte Faisabad zwar wie ein Ort modernster Zivilisation, aber im Vergleich dazu war Kabul eine richtige Metropole. Ich zog am Morgen los, um die Stadt zu erkunden, und spazierte durch staubige Straßen, die im Sommer bestimmt grün und schattig waren, vorbei an einem Gelände, auf dem die Überreste von Panzern und Militärfahrzeugen reihenweise aufgestapelt waren, über mehrere große, leere Plätze und durch eine Hauptverkehrsstraße mit fensterlosen Hütten.

Alles wirkte sehr arm. Die Verkäufer, die neben ihren Waren kauerten, starrten mich an, als ich an ihnen vorbeilief; sie waren den Anblick von Ausländern nicht gewohnt. In den Auslagen türmten sich die Haushaltswaren, Eisenwaren und gebrauchte Kleider, ein paar wenige Geschäfte verkauften auch Teppiche. Ich hielt an einer Schmiede an, wo ein Mann den Blasebalg betätigte, während zwei andere abwechselnd mit Hämmern auf ein rotglühendes Stück Eisen eindroschen.

Zurück in der Unterkunft, traf ich einen Mitarbeiter namens Hamid dabei an, wie er seine Kleider in einer Metallwanne wusch. Er arbeitete schon seit mehreren Jahren für Afghanaid und beschäftigte sich mit der Landwirtschaft in verarmten Gebieten wie hier im Norden. Er erklärte, daß selbst die wohlmeinendsten Hilfsorganisationen in der Vergangenheit dazu geneigt hätten, viel Geld für die Lösung eines einzelnen Problems auszugeben, und sich dann wundern mußten, warum sich die Dinge nach einer anfänglichen Besserung schnell wieder ins Gegenteil verkehrten. Ihr Fehler sei es, ein Problem herauszupicken und sich für einen Lösungsweg zu entscheiden, ohne zuvor die sensiblen lokalen Wirtschaftsstrukturen zu untersuchen. Die besten Hilfsprojekte würden mehr Schaden als Nutzen bringen, wenn die Sachkenntnis und die Ressourcen, die es ihnen zu funktionieren ermöglichten, im darauffolgenden Jahr gemeinsam mit denjenigen wieder verschwanden, die sie mitgebracht hatten.

Doch die Dinge würden sich langsam verändern, meinte er. Heute sei es Usus, sich mit den Dorfältesten zusammenzusetzen und sie nach ihren größten Problemen zu befragen: eben eine Untersuchung der örtlichen Ressourcen durch einen örtlichen Blickwinkel vorzunehmen, um geeignete Lösungen zu entwickeln. Dieses Jahr habe er sich in der Gegend von Ischkaschem an der Grenze zu Tadschikistan aufgehalten und eruiert, wie man das Problem der Abholzung in den Griff bekäme. Dies seien stets lange und schwierige Unternehmungen, und die örtlichen Bewohner würden ihnen sehr mißtrauisch gegenüberstehen.

Während des Abendessens entschuldigte sich der Leiter der Station bei mir dafür, daß er mir nicht mehr Gastfreundschaft erweisen könne. Ich fand nichts auszusetzen an meiner Unterkunft und fragte mich, was er wohl damit meinte. Da bat er mich sehr freundlich, baldmöglichst weiterzufahren. Er sprach von dem Mißtrauen der Bewohner, mit dem die Mitarbeiter zu kämpfen hätten. Es sei nicht leicht für sie, erklärte er, in einem Teil des Landes zu arbeiten, in dem man sie als Fremde betrachtete, da sie anders gekleidet waren und in einem funkelnagelneuen Kleinlaster herumfuhren.

»Und wie Sie wissen«, fügte er hinzu, »ist es uns strenggenommen auch nicht erlaubt, Ausländer bei uns unterzubringen.« Er erkundigte sich unauffällig nach meinen Plänen, entschuldigte sich dann erneut, weil er ein Schreiben von mir brauche, in dem ich bestätigte, daß ich bei ihnen übernachtet hätte und sicher weitergereist sei.

Ich warf Hamid einen Blick zu und konnte sehen, wie sehr ihm dieses Gespräch zuwider war.

Am nächsten Morgen, nach einer feierlichen Verabschiedung, wurde ich in die Stadt gebracht. Ich fragte den Fahrer, in welchem Zustand die Straße nach Taloqan sei. Diese Stadt im Westen war fest in der Hand der Regierung und mein nächstes Reiseziel.

»Die Straße ist völlig zerstört«, sagte er, während seine Hand einen großen Bogen beschrieb. »Viele Lastwagen fallen unterwegs in den Fluß. Viele Menschen sterben.«

Wir fanden einen riesigen Kamaz-Laster in der Stadt, bereits beladen und abfahrbereit. Mein Rucksack wurde nach oben weitergereicht, und ich kauerte mich auf die gewölbte Ladung aus Ziegenfellen und schweren Maschinenteilen. Mir gegenüber saßen ein älterer Mann mit einem Turban und drei Frauen in blauen Burkas. In letzter Minute wurde noch ein Schaf nach oben gewuchtet, und auch drei weitere Männer kletterten hinauf. Die Hupe ertönte, und zahlreiche Hände streckten sich flehentlich gen Himmel. Auch ich hob meine Arme und sprach das übliche Gebet – freilich ohne zu ahnen, daß der schrecklichste Teil meiner Reise noch vor mir lag.

Dieser Abend war wie ein goldenes Zeitalter menschlichen Glücks, wie Kinder es manchmal erleben, Erwachsene seltener, und wir alle spürten diesen Zauber.

Eric Newby *

Wir hatten die Stadtgrenze von Taloqan noch nicht erreicht, da geriet unsere Fahrt bereits zum ersten Mal ins Stocken. Kurz nach der Überquerung eines Flusses hielt ein Regierungssoldat den Lastwagen an und bestand darauf, die Ladung zu durchsuchen. Entsprechend den unsicheren Zeiten zogen sich solche Unterbrechungen häufig sehr in die Länge und endeten weniger durch vernünftigen Beschluß, sondern meist erst nach einer ausgedehnten, gereizten Debatte, in deren Verlauf man sich schließlich über die Sinnlosigkeit des Unterfangens einigte. So war das Reisen in diesem Land vor allem eine ermüdende rituelle Huldigung an die Götter des Krieges.

Der Soldat war jung und sich nicht ganz sicher, was er zu tun hatte. Er schulterte sein Gewehr und kletterte hinten auf den Laster, betrachtete prüfend unsere Gesichter und begann, zwischen den Maschinenteilen und Ziegenfellen herumzustochern, während er ihren Besitzern mehrmals einige Fragen stellte. Er war aber wohl nicht zufrieden mit den Antworten und befahl schließlich allen Passagieren, den Laster zu verlassen.

Zuerst stiegen die Frauen hinab, von denen lediglich die Hände unter den kunstvoll bestickten Burkas aus kornblumenblauer Seide zu sehen waren. Ihre runde Form bildete einen seltsamen Kontrast zu den scharfkantigen Konturen des Lkws. Hinter ihnen kletterte ein älterer Herr mit Turban und einem dunklen Cordjackett mit Hilfe des Soldaten vom

* Eric Newby: *Ein Spaziergang im Hindukusch*, Eichborn Verlag, Frankfurt a. M. 2002.

Wagen. Dann kamen ein rotblonder Mann mit einer schwarzen Fellmütze, ein ehrwürdiger Weißbart, der zitternd einen Krummstab umklammert hielt, ein stämmiger, bärtiger Mann mit einer verspiegelten Sonnenbrille und einer Art Geschirrtuch um den Kopf, zwei turkmenisch aussehende Händler, deren Ziegenhäute scheinbar die Ursache für die Verzögerung waren, und endlich das Schaf – ein riesiges Tier mit länglichen, irre funkelnden Pupillen und einem großen, keilförmigen Schwanz, der wie eine Flosse protestierend hin und her schlug, während es auf den Boden hinunterbefördert wurde.

Es folgte eine lange Diskussion zwischen dem Soldaten und dem Besitzer der Häute. Irgendwann erhoben auch andere Reisende wortreiche Einwände, was weitere Gegenproteste zur Folge hatte und die Debatte noch mehr erhitzte. Daraufhin mischten sich noch der Fahrer und selbst einige Passanten in den Streit ein. Ich schlenderte davon. Ein Militärjeep mit einem »GB«-Aufkleber fuhr vorbei, gefolgt von einem alten Mann auf einem Esel. Anschließend jagte ein Junge hinter einem Metallreifen her, den er geschickt durch Schläge mit einer gekrümmten Stange dirigierte. Als ich den Laster von vorn sah, bemerkte ich den vertrauten Anblick eines Einschußlochs in seiner Windschutzscheibe, und zwar genau auf Kopfhöhe des Fahrers.

Eine Stunde verging, dann begann der Besitzer der Häute sichtlich verärgert damit, ein Fell nach dem anderen auf die Straße zu werfen, wo sie zu Füßen des Soldaten landeten und kleine Staubwolken aufwirbelten. Schon nach einem Dutzend offenbarte sich allen Zuschauern das Ausmaß dieser Aufgabe – es waren Hunderte von Häuten auf dem Laster –, und ein erneuter Protestschrei durchzog die gestrandete Versammlung. Doch als hätte ihn die ganze Angelegenheit sowieso nie richtig interessiert, schlenderte der Soldat auf einmal mürrisch davon, worauf uns der Fahrer mit lautem Hupen wieder zurück zum Lastwagen rief.

Die Straße führte im Schatten steiler Felsen aus dunklem Gestein nach Westen, und bald erreichten wir eine offene

Ebene, die von sanften Hügeln durchsetzt war. An ihren Fuß schmiegten sich Häuser; über ihnen ragten riesige Felsen auf, die so groß wie die Gebäude selbst und nur durch dünne Erdschichten im Berg verankert waren.

Unsere Reise wurde vom klaren, gelblichen Licht der Jahreszeit begleitet. Die Häuser blieben hinter uns zurück, und wir passierten den Flughafen, wo eine Wagenladung bewaffneter Jugendlicher wie Vieh in einer Reihe über eine Rampe in ein Militärflugzeug stieg. Selbst aus der Ferne konnte ich das Lächeln auf ihren Gesichtern sehen, während sie den Aufbruch zur Front bei Kabul vorbereiteten, und eine düstere Wolke legte sich über meine Stimmung.

Das Rollfeld bestand aus Metallstreifen, die über das Gras gelegt worden waren, und überall lagen die hohlen Überreste zerstörter Panzerfahrzeuge herum. Den grünen Metallbunkern, die im Boden vergraben waren, fehlten die Dächer, und ihre Sehrohre starrten blicklos zum leeren Himmel hinauf. Ich dachte an die harte Aufgabe, den Flughafen in Kriegszeiten gegen die Mudschaheddin verteidigen zu müssen. Auch wenn die Katastrophe der sowjetischen Besatzung schon Welten entfernt schien, lebte sie für mich in solchen Momenten doch insgeheim weiter und ließ mich über das Schicksal der sowjetischen Soldaten und ihrer Gegner nachsinnen. Faisabad war eine entscheidende Stellung im Norden gewesen und jahrelang erbittert umkämpft worden. Doch als wir an diesem Morgen durch die Stadt fuhren, schien es kaum faßbar, daß in diesem friedlichen Bergland, so schön und entlegen, wie man es sich nur vorstellen konnte, zahlreiche Gefechte ausgetragen worden waren.

Kurz darauf wurde der Straßenbelag immer rissiger, wie die ausgefransten Enden eines Seils, und bald war er von tiefen, verschlungenen Furchen aus gefrorenem Schlamm durchzogen. Unser Fahrttempo verlangsamte sich, bis wir nur noch dahinkrochen und das Fahrgestell des Lasters wie eine alte Galeone in einem aufziehenden Sturm schwankte und knirschte.

Ich stand aufrecht hinter dem Fahrerhaus und sah angestrengt auf die Straße vor uns, während ich mich wie ein römischer Wagenlenker an die Metallstangen der Aufbauten klammerte. Das entsprach ganz und gar nicht der afghanischen Art, die mit Großtuerei nichts zu tun hatte. Die anderen Passagiere waren gegenüber den Neuheiten und Risiken des Reisens auf offenen Wagen über zerstörte Straßen schon lange unempfänglich und kauerten stoisch an den Seiten der Ladefläche. Die einzige Ausnahme bildete der Mann mit der Sonnenbrille. Auch er hielt sich am Gestänge des Lkws fest und sah auf die Straße. Mit seinem Bart, seinem Schal und seinem herausfordernd dem Fahrtwind entgegengestreckten Gesicht hätte er besser auf den Sattel einer Harley Davidson gepaßt. Er hatte etwas an sich, das ich nicht so recht einordnen konnte, und so kam es, daß ausnahmsweise einmal ich es war, der über einen anderen Reisenden Vermutungen anstellte.

Es war mitten am Nachmittag. Die Sonne zog sich jedoch bereits von den Bergen zurück, und als wir in eine weite Schlucht kamen, die auf beiden Seiten von hohen, zerklüfteten Felswänden umschlossen war, verschwand das Licht gänzlich von unseren Gesichtern. Die Temperatur sank, und die Straße drängte sich immer mehr an die Felsen neben uns. Wir holperten stetig über zahlreiche Erdfurchen weiter bergan, während das Dröhnen des beanspruchten Motors immer lauter wurde. Kurz darauf steuerten wir zwischen großen Felsen auf der einen Seite und einer immer breiter werdenden Schlucht auf der anderen hindurch.

Je mehr wir an Höhe gewannen, desto schmaler wurde die Straße. Sie war bereits ramponiert und hoch gelegen genug, um selbst die stärksten Nerven wie Drahtseile anzuspannen, und nun begann sie auch noch, sich zu krümmen und zu neigen und sich am Abhang in gequälten Furchen entlangzuwinden. Ich spähte nach vorn, um zu sehen, wieviel Platz noch war, und stellte mit einem flauen Gefühl im Magen fest, daß sich die Räder am äußersten Rand des Abgrunds drehten. Der Fluß schlängelte sich dreißig, fünfzig und dann hundert Meter unter uns dahin, zwischen uns und dem Gefälle befand sich jedoch nicht einmal eine Leitplanke. Auf der Beifahrerseite der Straße erhob sich eine kahle Felswand, nur Zentimeter von der Karosserie des Lkws entfernt.

Während des Anstiegs heulte der Motor immer verzweifelter. Er gab zweierlei Geräusche von sich: eine Art Jammern, das tief aus seinem Herzen drang und flehentlich um einen höheren Gang bat; darüber legte sich das dumpfe Dröhnen der beanspruchten Zylinder. Es war, als würden wir auf einem mechanischen Drachen reiten, der an einem Lasso hing und dessen animalische Energie sich auf jede einzelne Naht und Niete übertrug. Eine dicke Wolke schwarzer Abgase quoll heiß und giftig unter uns hervor. Sie prallte gegen den Fels und stieg nach oben, ehe sie sich über die Ladefläche des Lastwagens legte, wo wir uns mit zusammengekniffenen Mündern festklammerten.

Es wurde bereits dunkel, und ich fragte mich allmählich, wie lange wir noch weiterfahren würden. Doch die Dunkelheit war offenbar kein Problem für die eisernen Nerven des Fahrers. Sein Begleiter, ein Junge im Teenageralter, lehnte sich wie beim Seitenwagenrennen aus der offenen Tür der Fahrerkabine und spähte an den gefährlichsten Punkten in Richtung Heck zu den Hinterrädern, während er über den Lärm des Motors hinweg dem Fahrer Anweisungen zuschrie. Bald lag alles im Dunkeln, alles bis auf das staubige, gelbe Straßenband im Licht der Scheinwerfer. Ich wußte nicht, was schlimmer war: nicht mehr nach vorn sehen zu können und somit alle Hoffnungen auf ein Entkommen in letzter Sekunde aufzugeben oder auf diesen Hauch einer Chance zu verzichten und mich blind dem Schicksal zu überlassen.

Ich saß an der dem Abgrund zugewandten Seite und arbeitete im Geiste einen Katastrophenplan aus. Sollten wir über die Felskante stürzen, würde ich mich an der Mittelstange des Fahrwerks auf die andere Seite schwingen und mich im letzten Augenblick mit einem Sprung in Sicherheit bringen. Da dies jedoch bedeutet hätte, die Frauen mir gegenüber als eine Art Trittleiter zu benutzen, gab ich den Plan beschämt wieder auf. Es wäre sowieso zwecklos gewesen, denn wenn die Räder erst einmal ins Rutschen gerieten, blieb sowieso keine Zeit mehr für weitere Aktionen. Zudem konnte ich allmählich die Angst, die mich erfüllte, wenn ich über die Konsequenzen nachdachte, nicht länger ertragen. Man kann nicht über eine lange Zeit hinweg in Todesangst verharren. Hat man sich eine Weile gedanklich damit gequält, so zieht man sich irgendwann gezwungenermaßen in sich selbst zurück, an einen tieferen und unbekannten Ort, der der Furcht nicht mehr zugänglich ist.

Oft kam der Lastwagen vollständig zum Stehen, während der Fahrer sich überlegte, wie er den nächsten Abschnitt der Straße angehen würde. Wir Passagiere konnten die Straße zwar nicht mehr sehen, empfanden diese vorübergehenden Pausen aber als Auftakt für die gefährlichsten Abschnitte der Fahrt: Haarnadelkurven, in denen sich der Radsturz furchterregend in Richtung Felsen neigte, oder Teilstücke, wo der Straßenbelag zum Teil weggespült worden war und lediglich ein paar lose, mit zerbrochenen Ästen befestigte Steine den Rädern Halt gaben. Zuerst ertönte das einleitende Aufheulen des Motors, dann ein kreischendes Krachen, wenn der Fahrer in den ersten Gang schaltete. Der alte Mann neben mir krächzte daraufhin: »Ein Gebet, ein Gebet«, und unsere Handflächen wandten sich durch den Staub gen Himmel, während wir gegen das Metallgestell prallten, das mittlerweile zu kalt geworden war, um sich daran zu festzuhalten.

Das Schaf, völlig traumatisiert von der fürchterlichen Fahrt, weigerte sich zu sitzen, obwohl es von seinem Besitzer immer wieder auf die Knie gezwungen wurde. Es stolperte umher und fiel regelmäßig auf einen von uns, urinierte in hohen Bögen über unsere Schuhe, bis die Plane völlig durchnäßt war, und zog eine Kotspur hinter sich her, während es wie ein Eishockeypuck von der einen Seite zur nächsten purzelte, die Augen immer irrer vor Angst. Einmal drückte ich es zu Boden und wärmte eine Weile meine Füße unter seinem Bauch. Doch als der Laster irgendwann wieder wild schlingerte, nahm es seine verzweifelten Bemühungen, auf den Beinen zu bleiben, wieder auf, bis es schließlich, Stunden später, zu erschöpft dazu war.

Im Westen hing die Mondsichel über dem Tal. Das kalte Licht spiegelte sich im Fluß wider, der sich wie eine Schlange aus Quecksilber unter uns wand. Unter seinem silbrigen Bann nahmen unsere staubigen Gesichter – ausgenommen die der Frauen, die hinter ihren Burkas verborgen waren wie Juwelen – den kreidebleichen Farbton von Leichen an. Wie ein Mantra zogen die Worte durch meinen Kopf, die man mir in Faisabad mit auf den Weg gegeben hatte: »Viele Lastwagen fallen unterwegs in den Fluß ... viele Menschen sterben ...«

Irgendwann, viel, viel später, zischten die Bremsen, und einen Augenblick lang war alles ruhig. Wir hatten den *sarai* in Artin Dschelau erreicht, auf halber Strecke nach Taloqan. Ich sah auf. Die Sterne schienen so nah, daß man sie fast berühren konnte.

Lautes Hupen schreckte die wie Mumien in ihre *patus* gehüllten Schläfer auf und ließ sie zurück zu ihren Lastwagen eilen. Es war immer noch dunkel und bitterkalt. Ich wurde mit den anderen aus der Tür geschwemmt, rannte im Halbschlaf auf die Straße und kletterte einen Laster hinauf, in der Hoffnung, den richtigen erwischt zu haben. Nach den üblichen Rufen und Gebeten, dem Quietschen der Bremsen und dem Kreischen der Gangschaltung machten wir uns wieder auf den Weg in Richtung Südwesten.

Hinter uns wurde der Himmel langsam heller – wie ein Foto, das in der Entwicklerschale allmählich Gestalt annimmt. Bald befanden wir uns erneut weit oberhalb des Flusses, allerdings hatte sich die Landschaft deutlich verändert. Zu beiden Seiten des Tals waren die Felsen von zahllosen glattgemeißelten Höhlen durchzogen, und in der surrealen Erschöpfung des frühen Morgens hätte ich fast geglaubt, wir seien ins Innere eines kosmischen Schweizer Käses hineinversetzt worden, wenn nicht die umgestürzten russischen Panzer im Fluß die Wahrheit verraten hätten.

Das Grau verwandelte sich in ein dunkles Blau, während der Tag zum Leben erwachte und seine Farben jede Minute intensiver wurden, bis die Welt von einer hellblauen Kuppel überwölbt schien. Die Morgendämmerung gewann an Stärke. Eine Schafherde strömte um den Laster herum wie ein Schwarm Fische, begleitet von einem Hirten mit einem weißen Turban. Im Fluß und am Rand der Straße, die glücklicherweise allmählich breiter wurde, lagen immer häufiger die verrosteten Überreste zerstörter Militärfahrzeuge, Panzer, Mannschaftswagen, Winden und Raupenfahrzeuge, deren Radachsen explodierende Minen verbogen hatten. Wir erreichten eine Schlucht, die von einem brausenden Fluß durchschnitten wurde – vermutlich der Tetschkan, den wir auf einer schrecklich hohen und schmalen Brücke überquerten, nur Zentimeter rechts und links vom Abgrund entfernt. Als der Fluß in den Koktscha mündete, veränderte sich die Farbe des Wassers ganz abrupt: Es wurde schlammig und trübe. Wir verließen den Flußlauf und bogen nach Süden ab, wo wir zu unserer übergroßen Erleichterung in eine freundlichere Gegend kamen. Doch trotz all der Gefahren war ich traurig, dieses wilde Gebiet zu verlassen. Ich hatte auf der anderen Seite des Flusses Pfade gesehen, die hinauf in die gezackten Berge führten und mich magisch anzogen.

Es war noch früh am Morgen, als wir Kischm erreichten, wo wir dankbar vom Laster krabbelten und das Ende der Serpentinenstrecke mit Kebab und Tee feierten. Ein riesiger Afghane, den ich noch nie zuvor gesehen hatte, bezahlte mein Essen. Diese *tschaichana* erhielt ihren Strom von einem russischen Autodynamo, der durch ein Schaufelrad im Bewässerungskanal neben der Straße betrieben wurde. Ich wanderte die mit Bäumen gesäumte Straße entlang bis zur Kreuzung, um die herum die Stadt entstanden zu sein schien, und feilschte an einem Verkaufsstand um einen karierten Schal, bis mich das Hupen des Lasters zurückrief.

Nach einer weiteren Tagesfahrt erreichten wir Taloqan. Unterwegs mußten wir noch zwei Reifenpannen überstehen und einen ausgedehnten Halt in einem einsamen Dorf, um Diesel zu kaufen; dazwischen schnauften wir an langgezogenen Hängen über goldene Hügel, die aus der Ferne aussahen wie die gekräuselten Wellen eines windgepeitschten Eismeers. Stundenlang fuhren wir durch das seichte Wasser eines Flußbetts, weil die Straße unterspült war, bis uns schließlich auf dem letzten und einzig flachen Abschnitt der gesamten Reise kurz vor Sonnenuntergang das Benzin ausging. Zum ersten Mal sprach ich mit den anderen Passagieren und offenbarte ihnen meine Identität.

»Ich wußte es«, sagte einer von ihnen lachend zu seinem Freund, »aber ich konnte Sie nicht einordnen.« Dann wurde er plötzlich ganz ernst und entschuldigte sich für den Zustand der Straßen, seine mangelnde Bildung und die Situation im allgemeinen.

»Die Zeiten sind schwierig«, fügte er hilflos hinzu. »*Inschaallah*, hoffentlich hatten Sie nicht allzu große Probleme.«

Der andere Mann, der so aussah wie ein Rocker, entpuppte sich als russischer Tadschike aus Duschanbe, der – so vermutete ich jedenfalls – nach Afghanistan gekommen war, um sich anderen tadschikischen Aufständischen anzuschließen. Ihm fehlte jedoch das kämpferische Feuer der Afghanen.

»Der Islam ist der einzige Weg«, behauptete er grimmig, während die anderen Männer zweifelnde Blicke wechselten. Seine Bemerkung kam für mich nicht überraschend, denn von allen ehemaligen Sowjetrepubliken ging die islamische Wiedererweckung in Tadschikistan am tiefsten. Die Anwesenheit von 25 000 Soldaten entlang der Grenze war ein deutliches Zeichen dafür, daß Moskau damit ganz und gar nicht einverstanden war. Wir wünschten ihm alles

Gute, dann schwang er seinen kleinen Rucksack über die Schulter und marschierte allein in die Stadt.

Die Sonne stand schon sehr niedrig und fahl am Himmel. Die Bauern verbrannten Getreidestoppeln auf den Feldern, die durch Reihen schlanker Pappeln voneinander abgetrennt waren. Männer in Turbanen passierten uns auf Rädern oder Eseln, und auch eine schnatternde Schar Frauen, in hellblaue oder gelbe Burkas gewandet, kam uns entgegen. Der Geruch des Rauchs war tröstlich. Um diese Tageszeit herrschte eine wohltuende Ruhe. Der Zauber der Dämmerung zog uns in seinen Bann.

Als wir die Stadt selbst erreichten, war es bereits dunkel. Schnell und zielstrebig wie immer verschwanden die Passagiere im Labyrinth der Straßen und Gassen. Ich winkte einen Ponykarren heran, der mit hüpfenden roten Quasten geschmückt war und von einem Jungen gelenkt wurde. Ob er schon mal ein Gebäude oder eine Fahne mit einem roten Kreuz darauf gesehen habe, fragte ich. Er nickte eifrig und ließ mehrere Male seine Peitsche über den Rücken des Ponys knallen, bis wir am Rand der Stadt ein Gewirr von Gassen zwischen hohen Lehmmauern erreichten. Von hier aus fragten wir uns so lange durch, bis ich auf einem Dach eine Fahne sah, die mir bekannt vorkam. Ich hämmerte an das Tor des dazugehörigen Gebäudes; es war das Büro einer französischen Ärzteorganisation. Ich kam mir ziemlich raffiniert vor, als ich dem bleichen und besorgten Gesicht, das sich kurz darauf zeigte, in meinem besten Französisch erklärte, ich sei rein zufällig hier vorbeigekommen und wolle mich nach einem guten Hotel in der Gegend erkundigen.

»Tut mir leid, Mann«, antwortete der Mann mit starkem australischem Akzent. »Ich kann Sie leider nicht verstehen.«

Ich wechselte die Sprache und brachte mein Anliegen noch einmal auf englisch vor, während wir über den Hof auf das Haus zugingen.

»Chris«, rief er durch den Flur, »da ist ein Engländer.«

Wir bogen um die Ecke, wo mich bei dem unerwarteten

Anblick einer großen, gutaussehenden Frau mit langen dunklen Haaren eine Mischung aus Erschrecken und Erregung durchfuhr. Ähnlich mußte es den Männern aus weit strengeren Ländern ergehen, wenn sie zum ersten Mal einer westlichen Frau begegneten.

»Ach, schon wieder«, sagte sie trocken und sah auf.

»Kommen hier denn viele vorbei?« fragte ich.

»Vor ein paar Wochen waren schon mal zwei hier. Aber sie hatten Pferde. Sind Sie auch mit dem Pferd unterwegs?«

Also waren die Gerüchte von den reisenden Engländern doch wahr gewesen. Chris musterte mich mit liebenswürdiger Mißbilligung von oben bis unten, und mir wurde plötzlich bewußt, wie ich auf sie wirken mußte mit meinem *patu*, dem Mudschaheddin-Halstuch und der Pelzmütze – noch dazu staubbedeckt, stinkend wie ein Ziegenbock und mit einem schmutzigen, grauen Rucksack im Schlepptau. Aber als sie dann wieder sprach, übertrafen ihre Worte alles, was ich erwartet hatte.

»Willkommen«, sagte sie mit einem Lächeln, das jedes Herz zum Schmelzen gebracht hätte. »Die Dusche hat heißes Wasser, und um sieben gibt es Abendessen, wenn Sie wollen.«

Auch diese Begegnung war kurz, doch dafür um so intensiver. Am anderen Morgen verließen die beiden mit einem Jeep die Stadt, während ich allein zurückblieb. Wir waren lange aufgeblieben und hatten uns über Tschetschenien unterhalten, wo ihre Klinik von russischen Jets angegriffen worden war. Als einzige von jenen, die sich nicht am Kampf beteiligten, waren sie in Richtung Front gezogen, anstatt zu fliehen. Ich war traurig, daß dieses mutige Ehepaar, das ebenso bescheiden war wie gastfreundlich, am nächsten Tag schon aufbrechen mußte.

Das Wetter hatte umgeschlagen. Wo man am Tag zuvor noch Berge gesehen hatte, hing nun der milchige Nebel niedriger Wolken. In diesem Land prägten sich die Berge so unauslöschlich in den unbewußten Orientierungssinn eines

Reisenden ein, daß es mir nun, da sie verschwunden waren, so vorkam, als würde ein entscheidender Teil der Landschaft fehlen. Es begann zu regnen, später dann ging der Regen allmählich in Schnee über.

Schon Marco Polo erwähnt Taloqan in seinen Reiseaufzeichnungen. Er schrieb, es sei berühmt für seinen Überfluß an Mandeln, Pistazien und den groben Salzbrocken, die aus den Bergen der Umgebung gewonnen wurden. Die Weinstöcke, Löwen und auch die Pferde, die angeblich von Alexanders berühmtem Reittier Bukephalos abstammten, gab es nicht mehr, aber ansonsten machte der Ort einen zeitlosen Eindruck.

Es gab eine einzige zentrale Kreuzung, die sich vermutlich in den seither vergangenen Jahrhunderten kaum verändert hatte. Um sie herum gruppierte sich der Großteil der Häuser im Umkreis von einem halben Quadratkilometer. In meiner Erinnerung war nur die Hauptstraße geteert, alle anderen Gassen verwandelten sich in kleine Schlammbäche, als der Schnee schmolz. Im Stadtzentrum befand sich unter Säulengängen aus getünchten Ziegeln ein Markt, doch in den kleineren Gassen dahinter wurden die geordneten Läden sogleich von einem Durcheinander aus Lehmziegeln und Holz abgelöst, bedeckt von triefenden Planen aus Segeltuch oder geflochtenen Schilfmatten.

Der Markt präsentierte sich wie immer äußerst belebt, laut und eine wahre Freude für das Auge. Er war größer als in Faisabad, und es gab auch ein üppigeres Warenangebot. Ich wanderte ein paar Stunden herum, größtenteils ohne aufzufallen. Nur gelegentlich verrieten mich meine Stiefel, die sich selbst unter ihrer dicken Dreckschicht nicht vor den prüfenden afghanischen Augen verstecken konnten.

Ein Mann, der Überschuhe aus Plastik verkaufte, machte an diesem Tag ein gutes Geschäft. Seifen, Schnupftabakdosen, Kämme, Schnüre, Shampoo, Uhrenbänder, Socken und Legionen von Spielzeughasen – alles stammte aus China. Zahlreiche Stände boten Gläser mit einheimischem

Honig feil, doch ich hatte Angst, das Glas könne in meinem Rucksack zerbrechen. Es gab Dutzende von Teppichläden, deren Besitzer im Schneidersitz vor ihrer Auslage saßen, mit Turbanen und den langen, gestreiften Gewändern des Nordens bekleidet, und aufmerksam den Strom der Passanten beobachteten. In der Straße der Metallhandwerker hämmerten Männer energisch auf Zinkplatten ein und stellten Öfen, Eimer und Kisten sowie Krüge, Töpfe und Pfannen jeglicher Größe her. In einer anderen Gasse gab es zahlreiche Schreinerwerkstätten, in denen Schränke, Fenster und Türrahmen angefertigt wurden.

Es war schon eine seltsame Mischung: Neben einem Stand mit gebrauchten Kleidern fand sich eine Art Apotheke mit langen Reihen von Tabletten und Arzneimitteln, die von einem neunjährigen Jungen bewacht und ausgegeben wurden. Daneben lagen einige abgetrennte Ziegenköpfe, ebenfalls fein säuberlich angeordnet, während es am nächsten Stand eine Auswahl an Raketen, Munition und Granaten zu bestaunen galt, ähnlich »appetitlich« angerichtet wie in anderen Läden Früchte oder Gemüse.

Ich kehrte zurück zur Kreuzung und entdeckte eine Holztreppe, die in eine belebte *tschaichana* führte. Im Innern war es warm und voll, die Luft stand vom öligen Qualm gegrillter Kebabs. Die Podeste waren mit roten Buchara-Teppichen bedeckt. Ich schüttelte den Schnee von meinem *patu* und bestellte zu essen. Ein Junge brachte mir ein halbes Dutzend Spieße, und gerade als ich mit der Mahlzeit anfangen wollte, setzten sich drei Männer im Schneidersitz mir gegenüber. Etwas hatte sie offenbar auf den Fremden in ihrer Mitte aufmerksam gemacht.

»Ihr Brot liegt falsch herum«, sagte einer von ihnen barsch. Ich verstand ihn zunächst nicht.

»Ihr Brot«, wiederholte er. »Sie sollen es umdrehen.«

Erst da fiel mir auf, daß die beiden Seiten des Fladens eine unterschiedliche Oberfläche hatten. Ich drehte die glatte Seite nach unten, worauf die drei Männer zustimmend nickten und die Stimmung merklich freundlicher wurde.

»Sind Sie Tadschike?« fragte ein anderer.

Ich erzählte ihm von Inglestan.

»Hindustan?« Seine Augenbrauen zogen sich fragend zusammen.

»Inglestan«, warf sein Gefährte ein und schnaubte ungehalten angesichts der Unwissenheit des anderen. »Nicht Hindustan!« Es war eine rührende Demonstration der Besserwisserei, als er ungläubig den Kopf über die Dummheit der anderen schüttelte. »Inglestan, ja, natürlich. Nicht Hindustan. Inglestan ist« – und damit wandte er sich wieder zu mir – »nun ja, eben etwas ganz anderes. Nicht wahr?«

Ich blieb noch eine Weile sitzen, nachdem sie sich verabschiedet hatten, weil ich die Wärme der Stube nur ungern verlassen wollte. Es war noch früh am Nachmittag, aber mich plagten bereits Sorgen, wo ich in dieser Nacht schlafen würde, die sich dann zu allgemeineren Befürchtungen über die vor mir liegende Strecke ausweiteten. Masar-i Scharif, die nächste größere Stadt, lag jenseits der Front, was bedeutete, daß es dorthin so gut wie keinen zivilen Reiseverkehr geben würde. In Kabul hatte ich gehört, daß man eine Einladung brauchte, entweder von der feindlichen Regierung oder von einem ausländischen Bürgen, um das feindliche Gebiet betreten zu dürfen. Damals hatte ich diese Worte nicht ernstgenommen, was ich nun zutiefst bereute.

Ich wollte gerade aufbrechen, als ein eisiger Windstoß durch den Raum fegte. Vier Männer erschienen in der Tür und setzten sich im Schneidersitz auf ein Podest in meiner Nähe. In ihren Augenbrauen und Bärten hing frischer Schnee. Zwei von ihnen hatten automatische Gewehre bei sich. Der dritte nahm ein leichtes Maschinengewehr von der Schulter, stellte den Lauf auf den Zweifuß und löste einen sechs Meter langen Patronengurt von seinem Hals; er glitt wie eine schwarze Schlange neben ihm zu Boden. Der vierte trug nichts bei sich. Er war lediglich mit einem einfachen weißen Turban und einem dunklen *patu* bekleidet und ließ sich würdevoll und gelassen wenige Meter von mir entfernt nieder.

Er war ganz offensichtlich ihr Anführer – sein Aussehen war so auffallend, daß ich ihn unwillkürlich anstarren mußte. Seine Stirn war hoch und faltenlos, sein schmales Gesicht verjüngte sich unter den hohen Wangenknochen und verschwand dann unter einem üppigen schwarzen Bart. Mit den zwei dunklen, ovalen Augen, die ebenso freundlich wie ausdrucksvoll blickten, erinnerte sein Aussehen an eine Taube.

Das Gesicht des Mannes war nicht nur schön, sondern verströmte darüber hinaus auch eine außergewöhnliche Reinheit, eine innere Integrität, in der ich eine tiefe Güte zu erkennen meinte. Es schien in eine Welt zu gehören, die ich nicht kannte, und darin lag vielleicht auch seine Faszination begründet: Sein Antlitz war wie ein Juwel, das plötzlich aus taubem Gestein hervorfunkelt. Ich starrte ihn nicht nur deshalb an, weil sich sein Gesicht so grundlegend von den Gesichtern unterschied, die ich von zu Hause kannte. Vielmehr überkam mich auf einmal der Drang, mich ihm anzuschließen als Schüler, ihm in sein Haus zu folgen und sein Leben, seine Sprache, Entbehrungen, Kämpfe und Freuden mit ihm zu teilen, um dadurch etwas ganz Grundlegendes über das Land und seine Kultur zu lernen – etwas, das einem zufälligen Beobachter wie mir sonst verborgen bleibt, weil er nur das zu sehen bekommt, was an der Oberfläche liegt. Und ich spürte mit derselben Gewißheit, die ja nur auf diesem kurzen Blick beruhte, daß er einem solchen Vorschlag zugestimmt und den Geist eines derartigen Vorhabens ohne weitere Fragen zu würdigen gewußt hätte.

Er begrüßte mich mit einem kaum wahrnehmbaren Lächeln und einem unmerklichen Nicken, und für einen kurzen Augenblick schwebte eine Brücke zwischen unseren beiden Welten. An dem fragenden Glimmen in seinen Augen erkannte ich, daß er von mir, dem einsamen Fremden, ebenso fasziniert war wie ich von ihm. Unser kurzer Austausch ging vorüber, ohne daß seine Männer, die mich mit der üblichen Mischung aus Reserviertheit und Neugier betrachteten, etwas davon mitbekamen. Doch ich wußte, daß ich nicht verweilen konnte.

Ich erzähle dies nur, weil es in gewissem Sinne ein Vorfall war, den ich mittlerweile als typisch für dieses Land betrachte, als charakteristisch für die Begegnungen mit den Menschen und der Landschaft. Stets stieß man vor schroffer Kulisse auf unerwartet aufleuchtende Schönheit, ähnlich wie ein Lichtstrahl, der in eine Höhle fällt. Es war wie ein süßer Moment, der aus vielen mittelmäßigen Erlebnissen hervorstach und Empfindungen auslöste, die vergleichbar waren mit dem Blick auf ein fruchtbares und liebevoll bepflanztes Tal nach einem stundenlangen Marsch durch kahle Berge. Diese Gefühle der Erleichterung und Ermunterung führten den Beigeschmack einer anderen Lebensweise mit sich, für die die üblichen Zwänge des Lebens nicht zu gelten schienen. Solche Momente mochten einem in der Situation selbst unwichtig erscheinen, prägten sich jedoch unauslöschlich ins Gedächtnis ein. Sie lösten bestimmte Wünsche aus, die innerhalb des gewohnten Umfelds – sollten sie dort je ans Tageslicht kommen – nur als verrückt zu bezeichnen waren. Doch eben darin lag ein Großteil des Zaubers dieses Landes und seiner Menschen: Man konnte derartigen Eingebungen folgen, ohne sofort als Wahnsinniger zu gelten. In solchen Momenten authentisch zu handeln, vielleicht sogar tollkühn, das sind die Herausforderungen und Wegkreuzungen, die das Reisen mit sich bringt – und ich war zutiefst enttäuscht von mir, daß ich diesen Moment ungenutzt verstreichen ließ.

Ich wanderte zurück in die Stadt. Die Bewölkung war stellenweise aufgebrochen, und durch eine Lücke in den Bäumen konnte ich einen Blick auf die Hügel werfen. Ich stellte fest, daß der Regen vom Morgen in den Bergen als Schnee niedergegangen war – dort, wo diese am Tag zuvor noch golden geschimmert hatten, glänzten sie nun weiß überzuckert.

Um vier Uhr war es schon fast dunkel. Aus allen Richtungen ertönte das Geräusch zuschnappender Riegel und zuschlagender Türen. Um halb fünf waren die Straßen schon fast menschenleer. Um Viertel vor fünf hörte ich den Ruf des Muezzins von einer Moschee in der Nähe, dann einen weiteren und noch einen dritten, bis sich die Rufe gegenseitig überlagerten. Beim Anblick der verlassenen Straßen verspürte ich einen Anflug von Einsamkeit, gefolgt von einer vorübergehenden Sehnsucht, dem Ruf zur Moschee zu folgen. Statt dessen wanderte ich zurück in das Straßengewirr, wo ich meinen Rundgang begonnen hatte, während sich die Frage nach einer Schlafgelegenheit erneut in mein Bewußtsein drängte.

Am dritten Morgen brachen wir im Morgengrauen mit zwei afghanischen Mitarbeitern der schwedischen Hilfsorganisation, bei der ich schließlich untergekommen war, in einem Lieferwagen auf. Masar lag knapp hundert Kilometer entfernt, es würde also keine allzu lange Fahrt werden. Doch irgendwo zwischen Kundus und Masar würden wir das Gebiet der Regierung verlassen.

Die Straße, die durch das Niemandsland führte, hatte einen besonders schlechten Ruf und wurde angeblich von wilden usbekischen Kämpfern kontrolliert, die häufig Reisende überfielen. Ausgeraubt zu werden sei dabei noch das kleinste Übel, erklärte der afghanische Arzt, der sich neben mir auf die Rückbank gezwängt hatte. Alle hatten große Angst vor den usbekischen Söldnern. Ich erinnerte mich noch an sie aus der Zeit, als die Mudschaheddin Kabul eingenommen hatten. Masud hatte die Usbeken bei den schwierigsten Angriffen als Vorkämpfer eingesetzt, wo sie ihrem Ruf mehr als gerecht wurden. Die usbekischen Wölfe galten als wilde Haudegen, machten keine Gefangenen und scherten sich angeblich nicht einmal um ihre eigenen Verwundeten.

Um möglichst nicht aufzufallen, hatten wir die typische Kleidung des Nordens angezogen und unsere Wertsachen versteckt. Ich verstaute mein Geld an verschiedenen und – so hoffte ich zumindest – unwahrscheinlichen Orten, füllte meine Brusttasche mit Bündeln kleinerer Banknoten, um von den wertvolleren Scheinen anderswo abzulenken, und vertraute darauf, daß unsere Angreifer nicht allzu eifrig suchen würden.

Bald schon brausten wir auf einer besorgniserregend leeren Straße nach Westen, über eine Hochebene, die von steilen, eisenhaltigen Felsen begrenzt war, welche dicht an die Straße herankamen und dann verschwanden, als wir uns Kundus näherten, der letzten Stadt unter der Kontrolle der Regierung. Dort aßen wir auf der belebten Hauptstraße in einem verrauchten Restaurant Kebabs. Ich fragte mich, wo sich wohl der Taxistandort befand, an dem Peter Levi über den Sockel einer kuschanischen Säule gestolpert war. Kundus und sein Umland galten nach wie vor als eine archäologische Schatzgrube. Irgendwo hier hatte man die weltweit schönste Sammlung antiker griechischer Münzen gefunden.

Während wir in Richtung Südwesten fuhren, wurde mir klar, daß sich der größte Reichtum des Landes vermutlich immer noch unter der Erde befand. Immer wieder entdeckte ich zahlreiche Unebenheiten, Senken und Erhebungen, bei denen Archäologen vermutlich schwache Knie bekommen würden. Und diese potentiellen Fundstätten befanden sich dazu noch in einer der zugänglichsten Regionen des Landes. Was, so fragte ich mich, würde man dann erst im straßenlosen Hochland von Badachschan und in den Wüsten des antiken Ariana nördlich von uns finden können?

Auch die Gegend um Kundus war im Krieg verwüstet worden und bot einen Anblick, bei dem mir schwindelte. In den Bergen waren die Untaten des Krieges schneller wieder vom Land absorbiert worden, daher hatte ich seit Kabul – abgesehen von gelegentlich auftauchenden Panzerwracks – nur wenige Hinweise wahrgenommen, die an den Krieg erinnerten. Doch hier hatten die Kriegsjahre in den Mauern zahlloser Gebäude ihre Spuren hinterlassen. Überall tauchten die häßlichen Hieroglyphen der Kämpfe auf: von Explosionen zerschmetterte Ziegel und aufgerissener

Verputz, Scherben, Splitter und Bruchstücke am Straßenrand, abgedeckte Dachbalken, Laternenpfähle, die sich wie verwundete Soldaten zur Seite neigten, und Kabel, die nutzlos von verbogenen Masten herabbaumelten.

Jemand klopfte leicht auf mein Knie.

»Hier beginnt der gefährliche Teil«, sagte mein Nachbar leise und wies mit dem Kopf auf die vor uns liegende Straße.

Auf einmal befanden wir uns im Niemandsland. Ohne Schwierigkeiten waren wir in ein Tal hinuntergefahren, dessen Eingang von einer Nebelbank bewacht wurde. Einen kurzen Moment lang verdeckte ein weißer Vorhang die Welt um uns herum, an den Wagenfenstern perlten die Nebeltropfen wie Tränen hinab. Wir fuhren durch den dunstigen Schleier und tauchten in einer Landschaft von unerwarteter Schönheit wieder auf.

Zu beiden Seiten, knapp einen Kilometer von uns entfernt, ragten rostrote Berge empor, zwischen denen sich der Himmel wie ein azurblauer Bogen erstreckte. Neben der Straße zogen sich dunkelgrüne Felder dahin, deren Bepflanzung sich sachte im Wind wiegte. Vor uns, in der nordöstlichen Ecke dieser unerwarteten Farbenpracht, quollen zwei rundliche Felsen aus blutrotem Gestein aus dem Boden und umschlossen einen hohen, schattigen Spalt, als hätten sich ihre riesigen, starren Wände einst berührt und dann getrennt, um den Bergketten hinter ihnen Durchlaß zu gewähren.

Ganz plötzlich fiel mein Blick auf einen einzelnen Mann. Er lief über einen Erdwall, der sich vor uns schräg durch die Felder zog. Wie ein weiser Eremit aus einem chinesischen Gemälde fügte er sich perfekt in die Landschaft ein. Lag es an der Umgebung, die sich ihm so harmonisch anpaßte, oder war es der Mann selbst, der durch seine Anwesenheit in diesem Augenblick und in dieser flüchtigen Anordnung von Raum und Licht der Szene ihre Würde verlieh? Ein paar Sekunden lang wirkten Landschaft und Mensch unzertrennlich, und man hätte ihn für den ersten oder letzten Menschen auf Erden halten können.

Unsere Wege kreuzten sich kurz. Er trug ein leichtes Maschinengewehr über der Schulter. Als er sich der Straße näherte, waren wir ihm so nah, daß ich sogar die Farbe seines Turbans sehen konnte, der aus einem karierten Tuch in Schwarz mit Gelb-, Blau- und Grüntönen bestand. Der Stoff schien sich aus den Bruchstücken unserer Umgebung zusammenzusetzen, wie ein Mosaik aus Sonne, Fels, Gras und Schatten. Der Mann war von hagerer Statur, und seine sonnenverbrannte Haut spannte sich über den hohen Wangenknochen. Ich hatte noch nie zuvor solche Gesichtszüge gesehen. Er war glattrasiert, hatte die Augen eines Mongolen und machte ein ernstes Gesicht.

Unsere Blicke kreuzten sich, als wir an ihm vorbeifuhren. In seinen Augen zeigte sich gleichzeitig eine tiefe Dunkelheit und ein strahlendes Licht. Auf der anderen Seite des Tals stießen wir erneut durch die Nebelbank und befanden uns plötzlich wieder in der Sonne. Auf einmal standen gefechtsbereite Panzer am Straßenrand, mit flatternden Fahnen an den Antennen, deren Embleme mir unbekannt waren. Ihre Läufe zeigten in die Richtung, aus der wir gekommen waren: Wir hatten die Front passiert. Wie Taucher, die nach einem langen Tauchgang wieder an die Oberfläche kommen, wechselten wir erleichterte Blicke und atmeten auf.

Es war ein ungezähmtes und freies Land, in dem eine wilde Ausgelassenheit in der Luft lag, die trockene Logik und öde Vernunft davonjagte und einem das Gefühl vermittelte, alles sei möglich.

Robert Schultheis, *Night Letters: Inside Wartime Afghanistan*

Masar-i Scharif tauchte einige Stunden später vor uns auf. Die türkisfarbene Kuppel der Moschee, die über dem Grabmal des vierten Kalifen errichtet worden war und der Stadt ihren Namen gegeben hatte, leuchtete aus dem staubigen Gewirr der umliegenden Gebäude wie ein versehentlich dort abgelegter Edelstein hervor.

Erst am Abend merkte ich, daß sich die Anspannung der Fahrt in mein Unterbewußtsein eingegraben hatte wie ein unterirdischer Fluß. Ich träumte, ich säße in einem verbeulten gelben Taxi, gemeinsam mit einigen Freunden, deren Anwesenheit mir jedoch nur vage bewußt war. Wir fuhren über eine lange Straße durch offenes Gelände, als plötzlich ein Kontrollposten vor uns auftauchte. Mit einem breiten Lächeln stellten wir uns als Journalisten vor, in der Erwartung, durchgewunken zu werden wie gewöhnlich. Doch etwas schien nicht in Ordnung zu sein. Ein Soldat befahl uns, das Auto zu verlassen, und plötzlich stieg Angst in uns auf. Das freundliche Lächeln, auf das ich in derartigen Situationen so gern zurückgriff, wurde nicht weiter beachtet. Stattdessen befahlen mir zwei Soldaten barsch, auf einem Pfad vorauszugehen, der von der Straße zu einem brackigen Abwasserkanal führte. Ich versuchte, ihre Absichten zu erraten, war jedoch von ihrer unfreundlichen Haltung verwirrt. Am meisten beunruhigte mich ihr Schweigen.

Und dann geschah es. Es war der Moment, vor dem ich mich am meisten gefürchtet hatte, mit dem ich aber auch gern kokettierte, freiwillig oder unfreiwillig, allerdings stets mit einem Hauch von Berechnung und Besonnenheit: Einer der Kämpfer, ein zerlumpter, wilder Teenager, entsicherte sein Gewehr und richtete es auf meine Stirn. Ich spürte den kalten Lauf auf meiner Haut und wurde von Panik und Hilflosigkeit übermannt. Der Reiz des Zwiespältigen, der Flirt mit der Gefahr, nahm jäh sein Ende.

Ich fühlte, wie sich eine winzige Schweißperle in meinem Nacken bildete. Sie schwoll an und löste sich ganz, ganz langsam, dann rollte sie nach unten und wurde immer heißer, während sie an Schwung gewann. Sie rann wie flüssiges Metall zwischen meinen Schulterblättern hinab, wurde größer und größer, ehe sie die Richtung änderte und sich einen Weg über die Muskeln meines Rückens brannte. Der Tropfen wurde so riesig, daß ich schließlich von ihm aufgesogen wurde, zusammen mit meiner ganzen Umgebung. Er war heiß wie die Sonne und glitt unaufhaltsam weiter abwärts. Jegliches Zeitgefühl war verschwunden, und um mich herum wirbelten die Ereignisse meines Lebens wie Wrackteile in einer Flutwelle.

In diesem Moment kam der andere Soldat zu seinem Gefährten gerannt und schob mit einem breiten Grinsen das Gewehr beiseite.

»Alles in Ordnung«, sagte er, »war nur Spaß«, und reichte mir die Waffe. Er brachte mich zurück zum Auto und winkte uns augenzwinkernd und lächelnd weiter. Als ich endlich aufwachte, war der Gewehrlauf an meinem Kopf verschwunden und mein Laken naß von Schweiß.

In Masar war alles friedlich. Nach dem Rückzug der Sowjets war es im Gegensatz zu anderen Städten wie Kabul von den zerstörerischen Machtkämpfen um die Vorherrschaft im Land verschont geblieben. Im Vergleich mit der Hauptstadt wirkte die Atmosphäre daher fast enttäuschend verhalten und die Bevölkerung reserviert und vorsichtig.

Nach meiner Ankunft versuchte ich zunächst, im Stadtzentrum eine Unterkunft zu finden. In einem Hotel wurde meine Tasche durchsucht, ehe man mich mangels Papieren abwies, mit der Begründung, es gäbe keine Zimmer für Ausländer, und in einem anderen Hotel verlangte man einen unverschämt hohen Preis. Niedergeschlagen wanderte ich über den großen Platz in der Stadtmitte und mied die Blicke der verdrossenen, kahlgeschorenen Soldaten, die nichts von der Spontaneität und Neugier der Mudschaheddin in Kabul hatten. Ich fragte mich, woher diese niedergedrückte Stimmung kam. Erst allmählich wurde mir der Blick des selbsternannten Herrschers der Region bewußt, der mich von überdimensionalen Plakaten und Straßentafeln auf Schritt und Tritt verfolgte. Das Antlitz von General Dostum mit seinem Bürstenschnitt, den blitzenden Epauletten und dem Charme eines Profiringers war einfach allgegenwärtig.

Wieder einmal klopfte ich wie ein Flüchtling und mit einem Gefühl des Versagens im Bauch an das Tor des Roten Kreuzes. Der örtliche Beauftragte war ein Schweizer namens Jean-Paul, der mich einer strengen, aber freundlichen Befragung unterzog. Abends wurde ich mit einem Rot-Kreuz-Jeep in ein luxuriöses Gästehaus gebracht, eine Villa hinter Mauern, mit einer Garage, einem kleinen Rasen und einem Badmintonfeld. Hier war ich wieder vom Luxus der Heimat umgeben: heißem Wasser, europäischem Essen, Satellitenfernsehen und endlich der Gelegenheit, die Läuse aus meinen Kleidern herauszukochen.

Mein neuer Gastgeber mochte die afghanische Lebensweise und war fasziniert und beeindruckt von den Menschen im Land. Ohne sich vom Schicksal seines Vorgängers beunruhigen zu lassen, der mit einem Querschläger im Nacken von seinem Posten abgetreten war, erklärte er, daß er die Achtung und die Hilfsbereitschaft der Afghanen gegenüber den westlichen Besuchern, die in ihrer Mitte wie Könige lebten, sehr bewundere.

Angesichts der heiklen Arbeit, die er für das Rote Kreuz verrichtete, waren diese positiven Gefühle mehr als erstaunlich. Zwar durfte er mir aufgrund der politischen Brisanz seiner Tätigkeit keine Einzelheiten erzählen, aber es war sicherlich kein Job für schwache Nerven. Seine wichtigste Aufgabe bestand darin, die Gefängnisse der Umgebung aufzusuchen und die Namen der Kriegsgefangenen zu erfassen, von denen die meisten unter schrecklichen Bedingungen und ohne Anspruch auf ein juristisches Verfahren festgehalten wurden. Damit wollte man verhindern, daß Gefangene spurlos verschwanden, und gewährleisten, daß sie genug Decken für den bevorstehenden Winter erhielten und ihre Briefe auch an die Verwandten weitergeleitet wurden. Darüber hinaus bemühte man sich, soweit menschenmöglich, um die Zusammenführung von getrennten Familien.

All dies erforderte ungewöhnliche Talente, wie Diplomatie, psychologische Kenntnisse und ausreichend Nervenstärke, um mit militärischen Befehlshabern zu verhandeln, die daran gewöhnt waren, ihre Autorität mit Waffengewalt zu unterstreichen. Dazu kamen anstrengende Missionen durch Gebiete, die von Kämpfern kontrolliert wurden, deren Loyalität von heute auf morgen wechseln konnte. Es galt auch, sich nicht von den üblichen Verlockungen seitens einflußreicher Leute einwickeln zu lassen – egal, ob es sich um Afghanen oder Ausländer handelte –, da das Rote Kreuz eine strenge Politik der Neutralität vertrat.

Jean-Paul winkte jedoch bescheiden ab. »Es ist gar nicht so schwierig«, sagte er mit einem fast schüchternen Lächeln. »Die Menschen sind eigentlich überall gleich, egal, wo man ist.«

Mich interessierte der Werdegang dieses Mannes, und so erkundigte ich mich, wie lange er schon im humanitären Bereich arbeitete. Noch nicht sehr lange, antwortete er. Seine Laufbahn sei ganz untypisch, denn vor ein paar Wochen habe er noch als Dozent an der Universität von Harvard gelehrt.

Ich nahm an, daß sein Fachgebiet vermutlich die politischen Systeme Südasiens oder die nachhaltige Entwicklung postkolonialer Länder gewesen war – doch weit gefehlt.

»Analytische Philosophie.« Wieder zeigte er sein scheues Lächeln.

Seine Sympathie für die örtlichen Mitarbeiter konnte ich gut nachvollziehen. Das Gästehaus beherbergte neben den zwei skandinavischen Ärzten, die vorübergehend in der Stadt waren, noch drei Afghanen, die sich mit rührender Aufmerksamkeit um uns kümmerten. Da war zum Beispiel Humajun, ein schüchterner *tschaukidar* mit Augen, so rund und dunkel wie die einer Eule, der in einem umgebauten Container im Hof lebte. Wenn die anderen am Morgen das Haus verlassen hatten, saßen wir zusammen in der Sonne und brachten uns gegenseitig englische oder persische Vokabeln bei. Ich erkundigte mich nach möglichen Ausflügen in die nähere Umgebung, doch er schüttelte nur sorgenvoll den Kopf und riet mir davon ab, in den örtlichen Gästehäusern zu übernachten, wegen der vielen finsteren Gestalten, die dort herumlungerten. Es schien vernünftig, diesem Rat zu folgen, weil dies auch von anderen Afghanen täglich bestätigt wurde.

Fausia kam jeden zweiten Tag, um das Haus zu säubern, und hinterließ derart tadellos gebügelte Wäschestapel, wie ich sie noch nie gesehen hatte. Sie strahlte eine ungeheure Güte aus. Ihr Mann und ihre drei Söhne waren im Krieg gefallen, und nun schwirrte ihre sechsjährige Tochter wie ein Schmetterling um sie herum, während sie arbeitete.

Dann gab es noch Abbas, den Koch. Zu den Mahlzeiten schob sich seine bullige Gestalt durch die Küchentür und baute sich vor uns auf, doch seine großen Hände verteilten die Teller mit einer fast katzenartigen Geschmeidigkeit. Mit der weißen Küchenschürze und der Kochmütze bot er einen ebenso betrüblichen Anblick wie ein herausgeputzter Tanzbär, und seine kleinen, tränenden Augen spiegelten die ganze Traurigkeit des Exillebens wider.

Ich unterhielt mich mit ihm in der Küche, während er kochte. Vor Jahren, erzählte er, ehe der Krieg ihn aus seinem Haus und von seinen Kindern weggeführt habe, sei er in Italien gewesen. Sein Aufenthalt dort war jedoch nur von kurzer Dauer, da sein Chef von der Mafia getötet wurde. Viel schlimmer als dies war für ihn jedoch die italienische

Sitte, unerwartete Gäste mit einer höflichen Ausrede abzuweisen, oder die Tatsache, daß die Kranken allein in ihren Zimmern liegen mußten, ohne daß sich die Verwandten um sie kümmerten. Darüber konnte er nur ungläubig den Kopf schütteln.

Im Iran hatte er ähnlich unangenehme Erfahrungen gemacht. In Teheran, einer in seinen Augen gänzlich unreligiösen Stadt, hatten die Menschen ihn wegen seiner Angewohnheit, das Brot vor dem Verzehr zu segnen, ausgelacht. Nein, Kabul sei seine Heimat, betonte er, zumal er dort auch Land besitze. Bevor der Krieg ihn zur Flucht zwang, hatte er eine Konditorei gehabt, aber mittlerweile mußte er als Hausdiener arbeiten. Er war froh um die Arbeit, aber die Küche war klein und gefiel ihm nicht so recht. Abbas deutete resigniert auf die Resopalschränke. Er sei ein großer Mann, sagte er, mit einem großen Herzen und brauche daher auch eine große Küche.

Ich sah ein, daß es zu gefährlich war, die Umgebung von Masar auf eigene Faust zu erkunden, und beschloß, mich mit den Sehenswürdigkeiten der Stadt zufriedenzugeben. Die Blaue Moschee war ein naheliegender Ausgangspunkt für meine Streifzüge. Sie ist so berühmt, weil sie auf dem Grab von Ali ibn Ali Talib, dem vierten und letzten Kalifen des Islam, Schwiegersohn und Vetter des Propheten, errichtet worden ist. Das Grab wird von der schiitischen Bevölkerung des Landes wegen Alis großer Bedeutung für den schiitischen Islam als heilige Stätte verehrt – und das, obgleich auch das irakische Nadschaf von sich behauptet, Alis wahres Grab zu beherbergen. Zahlreiche Legenden kreisen um den Ursprung des Grabs. Eine Version besagt, daß der Schrein an der Stelle gebaut wurde, wo das Kamel mit dem Leichnam des ermordeten Kalifen tot zusammenbrach; andere meinen, daß der unversehrte Körper jahrelang verborgen gewesen war, bis ein örtlicher Herrscher in einem Traum einen Hinweis auf die Stelle erhielt und der Schrein darüber errichtet wurde. Die heutige Stadt entstand erst viel später um das Grab herum, bis sie im neunzehnten Jahrhundert Balch als Hauptstadt der Region überflügelte.

Sagen von Toten, deren Körper nicht verwesen, sind im Islam weit verbreitet. In der hagiographischen Literatur der islamischen Welt wimmelt es von derartigen Geschichten, die auch in den Volksglauben Einzug hielten. Selbst während der sowjetischen Besatzungszeit gab es Gerüchte von jungen Mudschaheddin, deren Leichen dank der Reinheit ihres unschuldigen Lebens angeblich noch Jahre nach ihrem Tod unversehrt aufgefunden wurden. Ich hatte damals die Geschichte eines ausländischen Korrespondenten gehört, der zum Grab eines jugendlichen Kämpfers geführt wurde. Die Dorfbewohner hatten den schweren Grabstein ein kleines Stück beiseite gerückt, damit er durch den wirbelnden Staub am Ende des Lichtkegels einen Blick auf das Gesicht eines jungen Gefallenen werfen konnte, der friedlich zu schlummern schien.

Angesichts der Tatsache, daß der Standort der Gräber keine Frage des Zufalls war, ist es durchaus möglich, daß Masar ein Ort der Verehrung war, dessen Heiligkeit einfach unter einem anderen Deckmantel erhalten wurde – und zwar schon lange bevor der Islam Mitte des siebten Jahrhunderts die Region erreichte. Dies gilt im übrigen nicht nur für zahlreiche Grabmäler in der islamischen Welt, sondern auch für viele europäische Kirchen, die oftmals auf den einstigen Überresten vorchristlicher Heiligtümer errichtet wurden.

Angesichts der großen Bedeutung, die der Verehrung heiliger Stätten in der islamischen Kultur zukommt, ist es nicht verwunderlich, daß es auch eine Nasruddin-Geschichte über Grabmäler gibt, die trotz aller Unwahrscheinlichkeit durchaus plausibel klingt:

Nasruddins Vater arbeitet als Wächter an einem Grabmal, das bei Pilgern sehr beliebt ist; eines Tages macht sich Nasruddin mit einem Esel auf den Weg, um sein Glück zu suchen. Nach Jahren der Wanderschaft stirbt der Esel schließlich. Ein vorbeigehender Mann sieht, wie Nasruddin am Grab seines treuen Reittiers weint, und wirft ihm einige Münzen zu, weil er ihn für den trauernden Jünger eines heiligen Mannes hält. Als sich die Sache mit dem angeblichen Heiligengrab herumspricht, schenkt ein wohlhabender und frommer Kaufmann Nasruddin genügend Geld, um eine Moschee über dem Grab des Esels zu errichten; zahlreiche Gläubige pilgern darauf dorthin, im Glauben, der Segen des verstorbenen Heiligen würde ihnen Gutes bringen. Die Jahre vergehen. Eines Tages unternimmt auch Nasruddins Vater eine Pilgerfahrt zu diesem Grab, wo er voller Staunen feststellt, daß der Wächter des Schreins kein anderer als sein Sohn ist. Als er Nasruddins Geschichte hört, gesteht er, daß ihm eine Generation zuvor genau dasselbe passiert sei …

Auf dem Platz vor dem Grabmal in Masar versammeln sich täglich die Gläubigen. Sie betteln um Almosen, berühren die Flagge, die am ersten Tag des islamischen Jahres von der Kuppel hinabgelassen wird, küssen die Türschwelle und reiben sich den Segen des Ortes ins Gesicht oder sagen Gebete auf, die besonders wirksam sein sollen, wenn sie an der Ruhestätte des Heiligen selbst gesprochen werden.

Ich hatte die Moschee mehrmals bei Tag umrundet, jedoch angesichts der Wachsamkeit der bewaffneten Torhüter nicht gewagt hineinzugehen. In der Dunkelheit würde ein einzelner Besucher vermutlich am wenigsten auffallen, daher schlüpfte ich einige Tage nach meiner Ankunft in der Dämmerung aus dem Haus und folgte den schmutzigen Gassen zum Tor der Grabstätte, durch das man auf den großen Innenhof gelangte.

Es war dunkel und eiskalt, und von überall her strebten die schattenhaften Umrisse von in *patus* gewickelten Männern schweigend auf die Moschee neben dem Grab zu. Auch ich wurde vom Strom der Menschen mitgezogen. Kurz vor der Tür löste ich mich von der Menge und machte mich auf den Weg zum Grabmal. Doch schon nach wenigen Schritten fing mich ein freundlicher alter Mann wieder ein, im Glauben, ich hätte mich verlaufen.

Im Innern des Gotteshauses fand ich mich unversehens inmitten von mehreren hundert Männern wieder, die sich auf das Abendgebet vorbereiteten. Die Gefahr, als Ungläubiger erkannt zu werden, war immens, denn selbst auf einer belebten Straße verriet sich ein Fremder schnell durch winzige Abweichungen in Gesten und Blicken. Doch ich konnte die Moschee unmöglich verlassen, da immer mehr Männer durch die Seitentüren in den Saal strömten. In diesem Moment machte die Reihe vor mir freundlich Platz, und ich kniete mich nieder, während die Stimme des Mullahs über uns widerhallte. Zunächst ein wenig unbeholfen stimmte ich in das Ritual mit ein, das ich vor Jahren gelernt hatte.

Die Pflichtgebete zählen zu den Säulen des Islam und werden fünfmal am Tag durchgeführt: bei Sonnenaufgang, zur Mittagszeit, am Nachmittag, bei Sonnenuntergang und nachts, vor dem Schlafengehen. Die Sprache der Gebete ist das Arabisch des Koran, das weniger die liturgische, sondern vor allem die heilige Sprache des Islam darstellt – vergleichbar dem Hebräisch im Judentum. Das gemeinsame Gebet hat natürlich auch eine soziale Funktion, und wenn möglich, betet man gemeinsam mit anderen Gläubigen, obwohl die Gebete ebenso allein an einem beliebigen Ort ausgeführt werden können. Zumindest traditionell ist das Gebet eng mit dem täglichen Lebensrhythmus verbunden, so daß die Unterbrechung des Tagewerks, selbst in einer derart extremen Situation wie dem Krieg, ebenso natürlich vonstatten geht wie der Lauf der Sonne. Auf den modernen Besucher mag dies zunächst ein wenig befremdlich wirken (das gilt für weniger fromme Muslime ebenso wie für Andersgläubige), und er reagiert vermutlich etwas verlegen, wenn sein Gastgeber dicht neben ihm einen Gebetsteppich ausrollt und mit seinem geflüsterten Kniefall beginnt. Das ist jedoch völlig unnötig; die Unterhaltung wird dort fortgesetzt, wo sie unterbrochen wurde, häufig mit einer unbefangenen Entschuldigung an den Gast. Man betrachtet es weniger als eine Unterbrechung, sondern als eine Neubelebung der Konversation.

In Kabul passierte es mir gelegentlich, daß ich in einem Taxi saß und vom Fahrer gefragt wurde, ob es mir etwas ausmache, daß er sein Mittagsgebet spreche. Auch im Bus hatte ich es häufiger erlebt, daß der Fahrer neben einem Fluß oder einer Quelle anhielt, damit die Passagiere beten konnten, so wie man im Westen an einer Raststätte haltmacht.

Vor dem Gebet wäscht man sich, denn nichts verscheucht einen Tagtraum so wirksam wie ein Schwall kalten Wassers im Nacken. Jede Geste wird von einer still gemurmelten Anrufung begleitet. Gibt es kein Wasser, so kann man auch trockene Erde nehmen. Als ich einmal mit einer Gruppe Mudschaheddin durch einen öden Landstrich marschierte, erlebte ich erstaunt, wie die Männer ihre Gewehre ablegten und mit den Hände in den Sand zu ihren Füßen griffen. Auf dem Land sieht man die Menschen auf den Hausdächern beten, in staubigen Höfen, auf Feldern und Berggipfeln. Und nur einen sehr hartherzigen Beobachter wird der Anblick eines einsamen Bauern, der nach den Mühen des Tages seinen *patu* ausbreitet, um sein Gebet anzustimmen, nicht rühren.

Die Gebete sind in Gestus und Wort genau festgelegt, und auch wenn es innerhalb der verschiedenen Richtungen des Islam Abweichungen gibt, drücken sie doch bestimmte Grundsätze des Glaubens aus: Sie sind ein Akt der Verehrung und der Demut, sie lockern die Schlinge des Alltags, die sich im Verlauf des Tages um die Seele zu legen droht, sie konzentrieren die Gedanken und Gefühle wieder auf das Göttliche und bestätigen in dem Moment, wenn die Stirn den Boden berührt, die Gleichheit aller vor Gott.

Die Gebete bestehen aus einem kollektiven und einem persönlichen Teil. Zu letzterem wählt der einzelne Verse aus dem Koran, die er dann für sich aufsagt. Durch die dazugehörigen Bewegungen wird verhindert, daß die Gebete auf einen rein mentalen Prozeß reduziert werden – ein durchaus kluger Gedanke. Selbstverständlich gilt die Sitte, für den Gottesdienst die besten Kleider anzuziehen, als überflüssig beziehungsweise undurchführbar. Und ebenso selbstverständlich macht die Eitelkeit als eine weitverbreitete menschliche Schwäche keinen Unterschied zwischen den verschiedenen Glaubensrichtungen und schleicht sich auf vielfältige Wege ins Gebetsritual ein, etwa in Form einer subtil hierarchischen Anordnung der Reihen während des gemeinsamen Gebets, von teuren Gebetsteppichen oder ausgefallenen zusätzlichen Gebeten.

Im Herzen der Gebete steht die Eröffnungssure des Koran, al-Fatihah:

Im Namen Allahs, des Gnädigen, des Barmherzigen.
Aller Preis gehört Allah, dem Herrn der Welten,
dem Gnädigen, dem Barmherzigen,
dem Meister des Gerichtstages.
Dir allein dienen wir, und zu dir allein flehen wir um Hilfe.
Führe uns auf den geraden Weg,
den Weg derer, denen du Gnade erwiesen hast, die nicht (dein) Mißfallen erregt haben und die nicht irregegangen sind.

Während sich die Reihen der Männer auflösten, verharrte ich noch einige Minuten und lauschte den Geräuschen der Moschee – voller Erleichterung, daß es mir gelungen war, nicht aufzufallen. Nach einer Weile erst bemerkte ich den älteren Mann, der neben mir sitzen geblieben war und mich mit einem Ausdruck tiefster Besorgnis prüfend betrachtete.

Vor meinem geistigen Auge sah ich schon, wie ich entlarvt wurde und ein Aufschrei durch die Menge ging, während sich die Nachricht von der Anwesenheit eines Ungläubigen unter den erzürnten Gläubigen verbreitete. Doch der Alte informierte mich lediglich mit schulmeisterlicher Höflichkeit darüber, daß ich meine Gebete falsch ausgeführt hätte, wies mich auf meine Fehler und ihre Korrektur hin und mahnte mich, in Zukunft weniger nachlässig zu sein. Ich dankte ihm, worauf er verschwand, ohne mich eines weiteren Blickes zu würdigen. Meine Ängste schienen nirgendwo weniger berechtigt als hier, und ich fragte mich, wie wohl das Klischee vom tollwütigen muslimischen Pöbel entstanden war.

Echos hallten durch die Moschee wie das leise Rauschen von Wasser in einer Höhle. Allein meditierende Männer sangen vor sich hin, während sich andere zu kleinen Kreisen zusammenfanden und sich sanft im Rhythmus ihrer Rezitationen wiegten.

Draußen füllte das Grau der Dämmerung den Himmel und vertrieb die Fremdheit, mit der dieser Tag begonnen hatte. Hunderte von schneeweißen Tauben kreisten über den Kuppeln der Stadt. Für einen winzigen Betrag kauften Menschen eine Handvoll Körner, um sie zu füttern, was mich an den Trafalgar Square in London erinnerte. Im Islam haben Tauben eine religiöse Bedeutung: Eine von sieben ist angeblich ein verwandelter Geist, und sie zu füttern gilt als gute Tat. So ist selbst dies zu einem Ritual geworden.

Überall auf dem Gelände des Heiligtums versammelten sich nun Notleidende und Kriegsversehrte jeglichen Alters. Einige baten die Vorübergehenden leise um ein Almosen, andere riefen in einem unbeschreiblich müden Tonfall den Namen Allahs. Ein alter Mann humpelte, auf einen gabelförmigen Stock gestützt, mühevoll auf den Eingang des Grabs zu, und ein blinder Mann in meinem Alter, dessen Beinprothese hinter ihm am Geländer lehnte, hielt eine leere Schüssel in seinem Schoß umklammert.

Ich fand mich am südlichen Eingang wieder. Der von wehrhaften Minaretten flankierte Torbogen oder *iwan* erinnerte an die klassische Form des Registan in Samarkand, war aber bescheidener als seine timuridischen Vorfahren.

Mehrere kleinere Gräber befanden sich unter den beiden Hauptkuppeln. Die vorherrschende Farbe war Türkis. Gewölbte Friese aus kunstvollen, mit Blumenmustern geschmückten Ziegeln traten durch die Umrandungen aus Jade deutlich hervor. Jeder Zentimeter der Oberfläche war von gelben, blauen und grün glasierten Mosaiksteinen bedeckt, deren Muster an manchen Stellen geschwungen, an anderen dagegen streng geometrisch verlief. Die Kacheln selbst schienen nicht besonders alt zu sein, waren jedoch an alte Vorlagen angelehnt. Aufgrund der zahllosen Restaurationsbemühungen in unterschiedlicher Qualität, die über die Jahre erfolgt waren, verströmten die Mauern ein Gefühl der Verwahrlosung, das sich noch verstärkte durch die fortdauernden Arbeiten an den Brüstungen und Säulengängen, wo die Handwerker mit Vorschlaghämmern ganze Steinplatten herausbrachen.

Am Tor zum inneren Hof nahm ein uralter Torwächter meine Schuhe entgegen, ehe ich über die eiskalten Steine auf den Eingang zum Grabmal zueilte. Dort ging bereits ein Strom von Besuchern und Pilgern ein und aus. Die Menschen beteten an der Türschwelle und küßten die Portale oder verließen unter ehrfurchtsvollen Liebkosungen von Torrahmen, Angeln und Griffen den Raum.

Im Innern kreiste die Menschenschlange langsam um den Sarg des Heiligen, dessen gläserne Einfriedung von einem vergoldeten Gitter geschützt wurde; an manchen Stellen war es von den unzähligen verehrenden Händen schon ganz blankpoliert. Der Sarkophag dahinter war in ein dunkelgrünes Tuch gehüllt.

Entlang der Wände saßen Wächter mit weißen Turbanen auf dem Kopf im Schneidersitz und lasen Verse aus dem Koran. Über ihrem ständigen Gebetsmurmeln ertönte gelegentlich ein Laut von den Gläubigen, die sich um das Grab drängten, und flatterte wie ein verirrter Vogel durch die Kuppel. Eine Frau klammerte sich an das Gitter und schluchzte wild, neben ihr drückte ein einbeiniger Mann seine Stirn gegen die Absperrung, während ihm stumm Tränen über das Gesicht liefen.

Ich blieb eine Weile in dem Raum, zutiefst berührt von der Heiligkeit der Stätte, bis der Anblick so vieler kummervoller Seelen zuviel für mich wurde. Als ich mich dem Wächter am Eingang näherte, zog er ohne Zögern meine Schuhe unter den hundert anderen Paaren hervor.

Außerhalb des Heiligtums herrschte ein lebhaftes Treiben in den Straßen. Ich wurde von der Menge mitgerissen und durch eine winzige Gasse getrieben, wo stahlblauer Rauch von gegrillten Kebabs zum Himmel zog. Ein Mann mit mongolischen Gesichtszügen wedelte mit einem Fächer aus geflochtenen Palmwedeln über seinen Kohlen und bot mir auf dem Holzpodest vor seinem Stand einen Platz an. Beim Essen dachte ich darüber nach, wie schnell manche Dinge, die mir noch vor kurzem sehr fremd schienen, mittlerweile völlig normal waren. Inzwischen fand ich nichts mehr dabei, mich in einem Restaurant mit einem Mann zu unterhalten, der mir mit einem geladenen Maschinengewehr auf dem Schoß gegenübersaß oder dessen Gefährte anstelle eines Regenschirms einen Raketenwerfer gegen den Tisch lehnte. Auch ließ mich der Anblick einer einbeinigen Frau oder eines Kindes, das seine Hände durch eine Mine verloren hatte, längst nicht mehr so oft zusammenzucken wie am Anfang meiner Reise.

Auf der anderen Seite sah man sich auch bei den scheinbar einfachsten Vorhaben mit zahlreichen Schwierigkeiten konfrontiert, die man von zu Hause nicht kannte. Wollte man eine nahe gelegene Stadt besuchen, so konnte man sich nicht einfach auf den Weg machen. Zuerst galt es, Erkundigungen einzuholen, ob dort gekämpft wurde, ob die Straße vermint war oder ob das Leben des begleitenden Führers gefährdet sein könnte, wenn man spontan die Route änderte. Hörte man in der Ferne ein Krachen, so zählte man sofort die Sekunden vor der Explosion und überlegte, wo man Dekkung suchen könnte – nur um gleich darauf festzustellen, daß es sich lediglich um das Knallen einer Tür gehandelt hatte. Zückte man einen Fotoapparat, so konnte dies ebensorasch einen Menschenauflauf verursachen wie ein Autounfall, wobei man auf unfreundliche Reaktionen gefaßt

Stadtansicht von Kabul. »Schon beim ersten Schritt schien es mir, als hätten wir eine Welt betreten, die auf eine bestimmte Weise verzaubert war.«

Kabul im Abendlicht

Straßenszene vor dem zerbombten Darul-Aman-Palast in Kabul

Ein Friseur verrichtet sein Handwerk auf einer Straße in Kabul.

Der Basar von Kabul

Hasara-Frauen bei den Ashura-Festlichkeiten.
»Frauen waren hinter ihren Burkas verborgen wie Juwelen.«

Am Fuße des Wachan. Das Hochgebirge erstreckt sich im äußersten Nordosten Afghanistans und erreicht bis zu 6000 Meter Höhe.

Ringkampf in Masar-i Scharif

Die Blaue Moschee in Masar-i Scharif. Sie ist auf dem Grab von Ali ibn Ali Talib, dem letzten Kalifen des Islam, errichtet worden.

Mudschaheddin beim Gebet

Die Riesenbuddhas von Bamjan stammen aus dem 3. Jahrhundert n. Chr. Sie wurden im Frühjahr 2001 von den Taliban vollkommen zerstört.

sein mußte. Und erlaubte man seinen Augen, dem Gesicht einer vorbeigehenden schönen Frau zu folgen, so zog dies unweigerlich sogleich ein unbehagliches Gefühlswirrwarr aus Scham, Angst und Begehren nach sich.

»Du hast auf dem Basar *gegessen*?« fragte Jean-Paul bei meiner Rückkehr ungläubig.

Während der nächsten Tage streifte ich in einem immer größer werdenden Radius durch die Straßen, die im Umkreis der Blauen Moschee lagen. Im Osten, neben und hinter den Hotels, befanden sich Teppichläden, die Teppiche mit den typischen lokalen turkmenischen Mustern verkauften, sowie einige Buchläden mit wissenschaftlichen Lehrbüchern in Persisch, Russisch und Englisch. Die Regale der Antiquitätenläden dagegen waren jämmerlich leer und staubig, und ich konnte so gut wie keine handwerklichen Erzeugnisse aus der Region ausfindig machen. Nur einmal geriet ich in Versuchung, ein Set winziger Porzellantassen mit dem Aufdruck »Hergestellt im japanisch besetzten China« zu erwerben. Ergiebiger für das Auge waren die Märkte unter freiem Himmel im Norden, wo aus allen Richtungen die Rufe der Obst- und Gewürzhändler ertönten, oder die Straße mit den Metzgerständen, in denen das Fleisch an Haken baumelte wie das grausige Ausstellungsinventar eines Horrorkabinetts.

Etwas bei meinen Streifzügen kam mir irgendwie anders vor, als ich es sonst kannte. Lange Zeit konnte ich nicht genau benennen, woran dies lag, und grübelte krampfhaft darüber nach wie über einen vergessenen Namen. Erst nach einigen Tagen fiel mir schließlich auf, daß die Mehrzahl der Männer glattrasiert war. Man sah auch kaum Männer mit einem *pakul* auf dem Kopf, wie ihn in Kabul jeder zweite trug, sondern hauptsächlich Turbane aus grün- oder blaukarierten Stoffen.

Zudem gab es weniger bewaffnete Männer auf den Straßen als in Kabul, hauptsächlich grimmig blickende Soldaten oder Männer mit ausgeprägt mongolischen Gesichtszügen, wie sie für die Bevölkerung Nordafghanistans typisch sind. Sie waren schlank und von zierlicherem Körperbau als die Menschen aus dem Süden, lächelten weniger bereitwillig und wirkten mit ihren strengen Blicken ein wenig wie Desperados. Aber man sollte ein Volk nicht nach dem Äußeren beurteilen, zumal wenn einem die Gesichtszüge völlig fremd sind. Allerdings hatte ich vor ein paar Jahren usbekische Söldner in Kabul kämpfen sehen, wo sie ihrem grimmigen Ruf alle Ehre gemacht hatten, und ich fragte mich, was wohl passieren würde, wenn die Taliban erst Kabul eroberten und anschließend auch den Norden mit Gewalt einnehmen wollten.

Auf dem Rückweg zu meiner Unterkunft nahm ich gern eine Abkürzung durch eine sehr typische Straße, wo in jedem Winkel eifrig einer Beschäftigung nachgegangen wurde, mochte sie auch noch so bescheiden sein. Die halbe Straße war mit fahrbaren Verkaufsständen gesäumt, die sorgfältig mit allen erdenklichen Haushaltsutensilien dekoriert waren: Schnüren und Schnürsenkeln, Batterien, Kaugummis und Kinderrasseln, Seifen, Honiggläsern und Fahrradersatzteilen, kleinen bunten Stoffballen, Ohrringen, Zahnbürsten, Kämmen, Schminksets, Spiegeln und Vorhängeschlössern. Den Ständen gegenüber befanden sich einige kleine Geschäfte, die sich offensichtlich allesamt dem Zerlegen von Radios und Uhren verschrieben hatten; deren Innereien wurden in staubigen Reihen hinter den Fenstern präsentiert. In einem der Schaufenster hing sogar ein Weidenkorb mit einem Rebhuhn.

SchreieWeiter hinten, dort, wo die Verkaufsstände lediglich aus einem Tuch bestanden, auf dem der Besitzer seine Güter ausgelegt hatte, spazierte ich an Auslagen mit gebrauchten Socken vorbei und an runden, glasierten Brotlaiben, einer Schale mit hartgekochten, knallrot gefärbten Eiern, Bergen von Reis und Kichererbsen und einem behelfsmäßigen Tisch mit Kräutersäckchen und Gläsern voller Wurzeln und medizinischer Pülverchen. Ein kleiner

Junge zerdrückte Ingwer in einem Messingmörser, neben ihm schnitt ein Mann eine Ledersohle für den Schuh eines Kunden zurecht, und weiter vorn vertrieb ein Bettler mit einem Turban die Fliegen von seinen aufgesprungenen Füßen. Es gab eine Bude, an der man frisch gepreßte Säfte aus Orangen, Bananen oder Granatäpfeln kaufen konnte, hergestellt mit einem elektrischen Mixer, der an eine Stromoberleitung angeschlossen war. Ein anderer Stand verkaufte mit Fleisch gefüllte Teigtaschen in Joghurtsoße, und es gab sogar frisches Popcorn aus einem sich langsam füllenden, geschwärzten Wok.

Der Geräuschpegel in der Gasse war entsprechend hoch. Auf dem Bürgersteig waren es vor allem die Händler, die schreiend die Preise ihrer Waren verkündeten. Sie wurden nachgeäfft von frechen Kindern, die geschickt Tabletts mit Leckereien oder Krimskrams auf ihren Köpfen balancierten, während sie sich einen Weg durch die Passanten bahnten. Neben mir berieten sich drei Frauen über einen Ballen Spitze, und ein siebenjähriges Mädchen summte seiner kleinen Schwester, die es auf dem Rücken trug, so daß sie beim Gehen auf und ab hüpfte, ein Lied. Weiter vorn wurde der Klagegesang eines blinden Mannes von einigen Zuhörern mit ein paar zerknitterten Geldscheinen belohnt, und ein Wanderderwisch murmelte Segenssprüche, während die Münzen in seine Schüssel fielen. Aus der zerrissenen Membran eines Autolautsprechers im Eingang eines Musikladens dröhnte lautstark ein indisches Volkslied. Dazu gesellten sich noch die verschiedenen Geräusche des Handwerks, das Quietschen von Schlössern und Angeln, das Knacken von Feuerholz, das auf Karren geladen wurde, das Grunzen eines Mannes mit einem geisterhaft weißen Gesicht, der einen Sack Mehl auf seinen Rücken wuchtete, und das Klirren der Gewichte in der Schale einer primitiven Waage.

Über allem lagen der unablässige Lärm des Straßenverkehrs, das Klappern vorbeifahrender Ponykutschen mit ihren Peitschen und Glocken, die Fahrradklingeln, das Brummen der Mopeds und das Grollen alter Dieselmotoren, die schwerbeladen beschleunigten. Dies wurde ergänzt durch jämmerlich trötende Hupen, die entweder aufgrund ihrer schlechten Verkabelung stotterten oder mit dem Geräusch der Motoren leiser und lauter wurden, lautstarke Autohupen, die quietschten oder wie Rettungssirenen heulten, sowie den Zweiton der pneumatischen Lkw-Hupen, die einem in den Ohren dröhnten und alle anderen Geräusche beim Vorbeifahren übertönten.

Die ganze Straße war von einem Repertoire unterschiedlichster Gerüche durchzogen: dem öligen Geruch gegrillter Kebabs, dem Duft von frischgebackenem Nan oder von Gewürzen, deren Namen ich nicht kannte, die mir jedoch vertraut vorkamen, dem Qualm von billigen Zigaretten oder dem verrußten Docht eines Paraffinkochers, dem Geruch von Staub, Dieselabgasen sowie dem unverkennbaren Gestank menschlicher Ausdünstungen …

Gerät die Reise ins Stocken, so sieht sich der Reisende häufig von einer Müdigkeit übermannt, die er zuvor nicht wahrhaben wollte. Auch in mir machte sich in jenen Tagen eine wachsende Rastlosigkeit und Unzufriedenheit breit. Dabei gab es dafür eigentlich keinen Grund, denn bislang hatte ich auf meiner Reise viel Glück gehabt und war auf keine ernstzunehmenden Schwierigkeiten gestoßen. Dieses Unwohlsein war immer dann besonders deutlich spürbar, wenn ich es am behaglichsten hatte und am Ende eines Tages in die Sicherheit meines Einzelzimmers mit der heißen Dusche und den üppigen Mahlzeiten zurückgekehrt war. Am stärksten trat es zutage, wenn ich mit den anderen in die geisterhafte Welt eintauchte, die uns das Satellitenfernsehen bot: die Wiederholungen von *Baywatc*h mit dem aggressiv wippenden Silikon, den Videos auf MTV, den Werbespots für Autos, Unterwäsche und schlechtem Whiskey. Ich reagierte auf einmal äußerst gereizt auf die Grausamkeit einer Welt, die derartig bedeutungslose Dinge hervorgebracht hatte.

Als Folge verspürte ich den starken Drang, mich unter

die Einheimischen zu mischen und mich – befreit vom künstlichen Komfort des behüteten Gästedaseins – schutzlos in meine Umgebung zu stürzen. Ich konnte nun auch die Beweggründe jener westlichen Besucher nachvollziehen, die auf dem Weg nach Indien in diesem praktisch unbekannten Land haltgemacht hatten und am Ende jahrelang geblieben waren. Mein Verständnis für das Land veränderte sich grundlegend, und meine Faszination für seine Bevölkerung wuchs zusehends. Mein bisheriges Gefühl für dieses Land nahm eine ganz andere Richtung und konzentrierte sich, unwiderstehlich angezogen, um ein neues Zentrum.

Wenn ich wieder allein in meinem Zimmer saß und die Ereignisse des Tages bei Kerzenlicht in meinem Tagebuch notierte, zogen in meinem Kopf die lächelnden Gesichter vorbei, denen ich über Tag begegnet war – bettelnde Kinder und Ladenbesitzer und selbst die bedrückt dreinschauenden Soldaten, die am Anfang einen so finsteren Eindruck auf mich gemacht hatten –, und ich schämte mich für den Luxus, der meinem Erleben die Schärfe nahm.

Es war nicht allein das Leid der Bevölkerung, das derartige Gefühle in mir hervorrief, sondern vor allem die ruhige Gelassenheit, mit der die Menschen ihr Schicksal ertrugen. Sie flüchteten sich nicht einmal in Zynismus, obwohl dies angesichts ihres schweren Schicksals nur verständlich gewesen wäre. Statt dessen lächelten sie immer noch.

Ich wollte herausfinden, woher diese Abgeklärtheit kam, denn ihr Lächeln ließ sich nicht mit Gleichmut oder einer müden Ergebenheit erklären. Auch die These von der Unterwerfung unter einen »göttlichen Willen« bot keine befriedigende Antwort, denn dies war ein größtenteils von Ausländern bemühtes Klischee, das die Afghanen selbst nur selten zitierten. Die ganze Sache war äußerst rätselhaft und hörte nicht auf, mich zu beschäftigen.

Bei meinem kurzen Aufenthalt in Faisabad hatte ich die Empfehlung erhalten, mich nach dem Mir Fachruddin zu erkundigen, einem angeblich bekannten afghanischen Musiker, der in Masar lebte. Es sprach sich unter den afghanischen Mitarbeitern des Rot-Kreuz-Büros herum, daß ich nach ihm gefragt hatte, und ein paar Tage nach meiner Ankunft brachte mich durch die Vermittlung von Abbas, dem Koch, ein junger Mann zum Mir. Ich wußte nicht, wer oder was mich erwarten würde, und war dementsprechend erstaunt, als ich in einem Zimmer über einer lauten Straße in eine ruhige Lehrstunde platzte und den Mir unterbrach, der einem halben Dutzend Männern vorlas.

Der Mir saß an einem Tisch, mit einer Mütze aus Karakulschaffell und einem langen Gewand bekleidet. Er war ein untersetzter Mann in den Fünfzigern mit einem gestutzten grauen Bart und großen dunklen Augen, die mich offen und eindringlich musterten.

Ich erklärte, woher ich seinen Namen kannte, während einer der Männer verschwand und mit einem Glas Tee für den unerwarteten Gast zurückkehrte. Die übrigen lauschten mir lächelnd, nur der Mir verzog keine Miene. Aus der Atmosphäre im Raum schloß ich, daß diese Männer die Schüler des Mir waren. Er hatte ihnen gerade aus einem Buch vorgelesen; vielleicht waren sie Derwische und er ihr Lehrer.

Diese Vermutung bestätigte sich, als der Mir fragte, ob ich nicht ein paar Zeilen aus seinem Buch vorlesen wolle – offensichtlich als Test für meine Behauptung, die persischen Dichter gelesen zu haben. Das Buch war das *Maqalat* des Schams von Täbris; diese heilige und rätselhafte Koryphäe hatte sich Mitte des dreizehnten Jahrhunderts in Konja aufgehalten und war dort Dschalalludin Rumi begegnet – der Beginn einer der berühmtesten spirituellen Partnerschaften der Welt.

Ich las einige Zeilen aus dem Buch. Der Mir unterbrach mich hin und wieder und fragte bei bestimmten Worten nach, ob ich ihre Bedeutung verstanden hätte. Dann nickte er kurz und betrachtete mich prüfend. Die anderen Männer lächelten freundlich und neugierig. Endlich gab sich der Mir zufrieden und legte den Band zurück auf den Tisch.

Ich entschuldigte mich für die Störung und drückte meine Hoffnung aus, ihn wiederzusehen. Er schlug ein Treffen für den nächsten Tag vor und sagte, man würde mich abholen kommen. Die Männer umarmten mich der Reihe nach, bevor ich ging; einer von ihnen klopfte auf sein Herz und blinzelte mir zu.

Zwar hatte ich die Einzelheiten meiner Verabredung nicht richtig verstanden, doch am nächsten Morgen klopfte es ans Tor, und der *tschaukidar* verkündete mit amüsiertem Gesichtsausdruck, daß die Derwische des Mir nach mir fragten.

Überrascht sah ich, daß zwei Autos voller Männer vor dem Haus warteten. Ich zwängte mich in eine Lücke auf dem Vordersitz des einen Wagens und wurde mit herzlichem Händeschütteln und breitem Lächeln empfangen. Dann holperten wir in Richtung Nordwesten aus der Stadt nach Balch. Heute sei ein Feiertag, erklärte man mir, der Geburtstag des Heiligen, der die Sufi-Bruderschaft – auch *tariqat* genannt – gegründet hatte, zu der sie alle gehörten. Wir würden nach Balch fahren, um vor den Grabmälern dort zu beten. Dieser Besuch würde meinem Interesse am Sufismus sehr förderlich sein, meinte der Mir.

Ich betrachtete die drei Gesichter, die sich auf dem Sitz hinter mir drängten. Der Mir mit seiner Lammfellmütze und dem langen Gewand blickte mit seinen riesigen, ausdrucksvollen Augen ernst nach vorn. Neben ihm saßen ein Mann mit einem blassen, freundlichen Gesicht und einem ergrauten Bart, der eine bauschige Daunenjacke trug, und ein weiterer Mann mit Anzug und Krawatte. Der eine war Architekt, der andere Regierungsbeamter. Sie alle gehörten den Derwischen der Qadirija-*tariqat* an, einer der vier großen Sufi-Bruderschaften in Afghanistan.

Die Landschaft war flach, der Horizont vor uns grau, und dicke Wolken hingen am Himmel. Eine halbe Stunde später erreichten wir Balch. Die einstmals so berühmte Stadt, die von den 10 000 mongolischen Soldaten des Großen Khan zerstört worden war, in der angeblich Zarathustra das Licht der Welt erblickt und Alexander der Große Roxane geheiratet hatte, lebt heute nur noch als kleines Dorf unterhalb der riesigen, verfallenen Mauern der alten Stadt fort. Das moderne Balch besteht aus einer einzigen Straße mit einstöckigen Läden, die von großen Platanen überragt werden. Diese Straße führt auf einen großen Platz, der von der Chodscha-Abunasr-Parsa-Moschee dominiert wird. Die Moschee ist halbzerstört und hat mehr unter den zahlreichen Restaurationsbemühungen gelitten als unter dem Zahn der Zeit, auch wenn sie nach wie vor einen prächtigen Eindruck macht. Zuerst spazierten wir einmal um die Moschee herum, ehe wir schließlich eintraten, um dem Heiligen, dem sie geweiht ist, unsere Ehrerbietung zu erweisen. Obwohl das Gebäude halbzerstört war, bot es mit der türkisfarbenen Rippenkuppel, den gewundenen Säulen am Eingang und den schönen Farben und Formen der Keramikfliesen insgesamt einen kunstvolleren und lebendigeren Anblick als die Grabstätte in Masar.

Insgesamt waren wir zu zehnt. In der Nähe befand sich ein weiteres Grab, das von oben eher wie ein Bunker aussah. Wir duckten uns unter einen steinernen Türsturz und betraten eine dunkle, rechteckige Kammer, wo wir neben einem steinernen Sarg beteten. Die Grabkammer machte einen uralten Eindruck. Ja, erklärte einer der Männer, es sei das Grabmal der Rabia von Balch, einer Heiligen aus dem neunten Jahrhundert. Hier ruhte also Rabia-i Balchi! Das hatte ich nicht gewußt. Sie war eine der ersten Dichterinnen aus der Periode der klassischen Dichtung Persiens gewesen.

Der Mir begann einen langen Text zu rezitieren, erhob immer mehr die Stimme und endete schließlich in einem vollen, rhythmischen Ton. Daraufhin stimmte ein zweiter Mann einen Gesang an, der von den anderen wie ein stets lauter werdender Herzschlag aufgegriffen wurde: *»Allah! Allah! Allah!«*

Die Kammer hallte von diesem Choral wider, während sich die Stimme des Mir weiter in die Höhe schraubte und der rhythmische Chor der anderen tiefer wurde. Die Welt um uns herum hörte auf zu existieren. Zehn Minuten lang dauerte diese ekstatische Hymne, bis der Mir schließlich über den dröhnenden Rhythmus der übrigen Stimmen hinweg eine Reihe langgezogener, durchdringender Schreie ausstieß: *»Allah! Allah!«* Einige der Männer schluchzten, der Rhythmus wurde gedrosselt, und schließlich beendete der Mir das Gebet.

Wir traten, einer nach dem anderen, zurück ins Freie, wo sich die Welt wieder zu ihrer dreidimensionalen Ordnung zusammenfügte.

Angeführt vom Mir, überquerten wir die westliche Seite des Platzes und folgten einem gewundenen Trampelpfad zu einer Ansammlung weiterer Gräber. Neben jedem flatterten winzige Wimpel im Wind, die am Kopfende der Sarkophage im Boden steckten und aus Stoffstreifen an Stöcken bestanden. An einem Grab war der überhängende Ast eines Baums gänzlich von winzigen Nägeln bedeckt. Es ist eine weitverbreitete Sitte, an Grabmälern Nägel in die Bäume zu hämmern, ähnlich wie bei uns das Anzünden von Votivkerzen vor einem Heiligenbild. Der Volksglaube spricht den verschiedenen Heiligengräbern im Land verschiedene Wunderheilkräfte zu: Es gibt Grabmäler für die Verrückten, die Kinderlosen und selbst für Leute, die von wilden Hunden gebissen wurden.

Ein anderes Grabmal war fast völlig zerstört; um den Sarkophag herum türmten sich Stücke behauenen Marmors. Man sagte mir, daß eines der Gräber nichtmuslimisch sei. An einer anderen Ruhestätte humpelte ein älterer Bettler über die Steinplatte; die Männer drückten ihm kleine Geldscheine in die Hand. Anschließend gingen wir im Nieselregen über ein Baumwollfeld zu einem anderen Grabmal, stiegen mehrere Meter darin hinab und beteten neben dem Sarg, direkt hinter den riesigen Schutzwällen, die sich einst vor den Außenmauern der alten Stadt befunden hatten.

Zuletzt machten wir noch an einem Grabmal halt, das sich

in den Ruinen einer Moschee befand. Aufgrund des scheunenähnlichen Daches, das auf Stahlbalken darüber errichtet worden war, ließ sich das Alter der heiligen Stätte, die ganz in der Nähe der Straße lag, zunächst nicht erkennen. Loses Wellblech klapperte im Wind. Doch dann merkte ich rasch, um welches Heiligtum es sich handelte, und zwar dank einer Beschreibung Peter Levis, den Bruce Chatwin dorthin geführt hatte. Dieser wiederum hatte in einem kaum bekannten Bericht der russischen Archäologin Pugatschenkowa von dem Bauwerk gelesen: Es war die Hadschi-Pijada-Moschee.

Ich hatte mir oft über die einsame Ruine Gedanken gemacht, die laut Peter Levi auf den ersten Blick an den Markusdom in Venedig erinnerte und die er als »verlorenen Kreuzungspunkt zwischen der sassanidischen und islamischen Kunst« bezeichnet hatte. Bei dem vermuteten Grabmal des Hadschi handelte es sich um ein kleines, viereckiges Lehmziegelgebäude mit einer Kuppel, etwa drei Meter hoch, das sich im Hof einer Moschee befand, welche an drei Seiten zerstört war.

Man weiß heute nichts mehr über die Gemeinde, die früher einmal um diese Stätte herum gelebt hatte. Das Gebäude steht allein auf einer Ebene neben einem Teich und einer kleinen Baumgruppe. Sämtliche anderen Bauten, die sich dort einst befanden, sind mittlerweile verschwunden. Doch trotz seiner tausend Jahre wirkte das Gebäude beeindruckend. Die verbliebenen Mauern umschlossen ein Gelände von etwa achtzehn Quadratmetern. Von der Fassade der einstigen Moschee war nicht mehr viel zu sehen, nur vier der inneren Säulen waren erhalten geblieben; drei davon waren noch durch die ursprünglichen Rundbögen verbunden.

Die Sockel der Säulen schienen wie in der Erde verwurzelt, so daß sich nur schwer schätzen ließ, wie weit sie nach unten reichten. Nirgendwo sonst konnte ich den Grabungseifer der Archäologen so gut nachempfinden wie hier.

Auf den ersten Blick schienen die Säulen aus Ziegeln zu bestehen. Oben an den Pfeilern, die nur knapp zwei Meter über dem Boden aufragen, zeigten sich noch Reste von Weinrebenstuck und schön geschwungenem Blätterwerk, die angesichts ihres Alters bemerkenswert gut erhalten wirkten.

Da die Stätte in schriftlichen Quellen nicht erwähnt wird, kann man lediglich anhand der Verzierungen und dekorativen Motive über seine Geschichte Vermutungen anstellen. Mit den niedrigen Bögen, dem schweren, rechteckigen Kapitell, auf dem sie ruhten, und den auffallenden Rosetten, die an die Schlußsteine mittelalterlicher Torbögen in der Provence erinnerten, machte das Gebäude insgesamt einen altertümlichen Eindruck. Es ähnelte in meinen Augen eher einer normannischen Kirche als der glatten, geschwungenen Eleganz der Chodscha-Abunasr-Parsa-Moschee, die wir zuvor besucht hatten. Die geometrischen Muster hatten noch nicht die technische Raffinesse späterer islamischer Baustile, auch der Hang zur Abstraktion war kaum ausgeprägt, und das dominierende Motiv des Stucks – Weinblätter, Halme und verschlungene Ranken – zeigte einen Realismus, der später aus den islamischen Ornamenten gänzlich verschwinden sollte. Da die Moschee aus dem neunten Jahrhundert stammte, handelte es sich dabei um eine der ältesten Moscheen im Land. Wahrscheinlich hatten die Mauern ursprünglich neun Kuppeln miteinander verbunden, die Noh Gumbad. Wie ich später herausfand, ist die Stätte auch unter diesem Namen bekannt.

Es war schon spät am Nachmittag, als wir zurück nach Masar fuhren. Die Gruppe teilte sich, und ich ging mit sechs anderen zu einem der Derwische namens Haschmatullah nach Hause. Nach einem großzügigen Mahl sang er zwei Stunden lang Gebete, während die anderen verzückt lauschten oder spontan in einen rhythmischen *sikr*, eine spirituelle Gebetsübung, ausbrachen. Die Männer, die ich getroffen hatte, so erklärte er mir, gehörten zu einer Vielzahl von Bruderschaften. Ihr Lehrer war vor einem Jahr gestorben; er sei ein unglaublicher Mann gewesen, sagte er wehmütig. Wenn ich doch nur damals schon gekommen wäre! Der Meister war ein Pir, einer jener religiösen Führer, die einem Mann mitten ins Herz schauen und dort alles erkennen können. Er hätte all meine Hoffnungen und Sorgen gesehen, sagte Haschmatullah, und sogar gewußt, wie sehr ich meine Tochter vermißte. Er habe auch die Macht gehabt, einen Mann mit seinem Blick in Ekstase zu versetzen oder ihn auf der Stelle in Schlaf fallen zu lassen.

Plötzlich merkte ich, wie spät es schon war, und fürchtete, die anderen Bewohner des Gästehauses könnten sich Sorgen machen, wenn ich nicht rechtzeitig zurückkehrte. Ich wollte mich verabschieden, doch die anderen bestanden darauf, mich nach Hause zu begleiten. Wir marschierten ein Stück durch die schmutzigen Gassen, bis ich sie beschämt anflehte, mich allein weitergehen zu lassen. Es folgten lange und freundliche Proteste, ehe wir uns schließlich trennten. Mittlerweile war es schon dunkel. Im letzten Moment drehte sich einer der jungen Männer noch einmal um und sagte: »Und was ist mit der Ausgangssperre?« Wir sahen auf unsere Uhren. In fünfzehn Minuten, um zehn Uhr, durfte man sich nicht mehr auf der Straße zeigen.

»Wissen Sie, was Sie sagen müssen, wenn Sie von Soldaten angehalten werden?« fragte Haschmatullah.

Ich verneinte.

»Nun, wenn ein Soldat sein Gewehr auf Sie richtet und brüllt, dann rufen Sie einfach: *Az khod!*«

»*Az khod?*« Das bedeutete »einer von uns«.

»Genau.« Die anderen kicherten unangebracht fröhlich. »Machen Sie sich keine Sorgen. Es passiert Ihnen schon nichts.«

Ich blickte auf die verlassene Straße vor mir, dachte an den furchterregenden Ruf der usbekischen Miliz und zögerte nun noch mehr, die Gesellschaft meiner freundlichen Begleiter zu verlassen.

»Solltest du ihm nicht auch sagen, was er in Paschtu antworten muß? Was ist, wenn sie ihn auf paschtu ansprechen?« Derselbe Sprecher wie vorhin meldete sich zu Wort.

»Wie gut ist Ihr Paschtu?« erkundigte sich Haschmatullah.

Alles, was ich auf paschtu sagen konnte, war: »Ich bin auf dem Weg nach Paratschinar.« Doch da dieser Ort knapp fünfhundert Kilometer entfernt lag, war dies nur eine schwache Ausrede dafür, nach Beginn der Ausgangssperre auf der Straße erwischt zu werden.

»Dafür ist es jetzt zu spät. Machen Sie sich keine Sorgen. Gehen Sie. Gott möge Sie schützen.«

Mit einem fröhlichen Winken schickten die Männer mich davon. Ich warf den Zipfel meines *patus* über die Schulter und eilte, ganz nach afghanischer Art, mit großen Schritten weiter. Ich spähte vorsichtig in die Seitenstraßen und überquerte rasch eine von ihnen, während mir ein Soldat den Rücken zuwandte, ehe ich auf den großen Platz in der Stadtmitte kam. Die Straßen, auf denen bei Tag so viel Betriebsamkeit herrschte, zeigten sich nun völlig menschenleer. Alles war ruhig, abgesehen vom Kläffen einiger Hunde in der Ferne. Die Minuten kurz vor Beginn der Ausgangssperre waren stets eine kritische Zeit: Zwar konnte man versuchen, sich im Schatten der Häuser zu halten, um so das Risiko, entdeckt zu werden, zu mindern, doch dies brachte einen auch schnell in Erklärungsnot, sollte man dennoch entdeckt werden. Oder man marschierte einfach selbstbewußt drauflos, was ziemlich sicher eine unangenehme Befragung durch einige gelangweilte bewaffnete Soldaten zur Folge hatte. Den leeren Straßen nach zu schließen, war keines von beidem sonderlich vernünftig: *Niemand* verließ kurz vor der Ausgangssperre mehr das Haus.

Die Angst folgt einer ganz eigenen Logik. Wie schnell kehren die Sorgen, die man im tröstlichen Licht des Tages noch abgetan hat, mit einer irrationalen Intensität zu einem zurück, wenn man wieder allein ist! Ich sah im Geiste schon vor mir, wie ich mich verzweifelt vor zwei teilnahmslosen Soldaten rechtfertigte, nachdem all meine Entschuldigungen keine Gnade gefunden hatten; auf einmal schienen mir die Gefahren, die Anarchie und die Gesetzlosigkeit des Landes schlimmer denn je.

Vor mir befand sich das Häuschen eines Kontrollpostens, hinter dessen kleiner, beschlagener Scheibe die Umrisse dreier Soldaten sichtbar wurden. Davor brannte eine Lampe und warf einen breiten Lichtkegel auf die Straße. Einige Minuten beobachtete ich, wie sich die Soldaten in dem Häuschen bewegten, und wartete, für den Fall, daß noch ein weiterer Wachposten gerade seine Runde machte. Dann eilte ich daran vorbei, so beherzt es meine Nerven zuließen, und tauchte dankbar wieder in die Dunkelheit ein.

Am Gästehaus reagierte niemand auf mein Klopfen. Da die drei Meter hohe Mauer zu glatt und zu hoch war, um darüberzuklettern, sammelte ich eine Handvoll kleiner Steine und warf sie hinüber. Endlich drehte sich der Schlüssel im Schloß, und ein erstaunter Humajun stand vor mir, völlig perplex bei meinem Anblick in einheimischer Verkleidung.

Es war genau zehn Uhr.

Am folgenden Tag traf ich den englischsprechenden Derwisch Jussuf. Er lud mich ein, mit ihm das Krankenhaus zu besuchen, das er im Norden der Stadt entworfen und gebaut hatte. Eine Gruppe von Handwerkern legte gerade letzte Hand an das Bauwerk, als wir eintrafen, und Jussuf beriet sich der Reihe nach mit ihnen, während wir über die neu angelegten, befestigten Wege spazierten.

Eine derartige Konstruktion hatte ich in Afghanistan noch nie gesehen. Das Hauptgebäude bestand aus einer Reihe miteinander verbundener Kuppeln, die aus vorgegossenen Betonelementen bestanden und weiß gestrichen waren. Der Anblick erinnerte an eine Schar kleiner Observatorien.

Als ich meine Überraschung über diesen Entwurf bekundete, erklärte Jussuf, daß er sich mit seinem Architektenteam lange Zeit über die Bauweise Gedanken gemacht habe. Er hielt nicht viel von den üblichen Betonbauten – auch wenn diese leichter zu errichten waren –, denn sie ließen sich im Winter schlecht heizen, während sie im Sommer zu warm wurden. Statt dessen hatte sich das Team von den traditionellen Kuppelbauten in den Dörfern um Taschqurghan herum inspirieren lassen und deren Bauform in modernen Materialien umgesetzt.

»Wir wollten etwas bauen, das nicht nur nützlich, sondern auch schön ist«, sagte er. Neben uns harkte ein Gärtner die Erde in den Blumenbeeten zwischen den Wegen. »Es gibt auch ein *hadith* dafür, das besagt, daß alles im Gleichgewicht sein sollte.«

Die Räume waren hell, und die hohen, gewölbten Decken hatten eine erfrischend ungewohnte Form. Jussuf äußerte die Hoffnung, daß durch diese Bauweise eine Atmosphäre entstehe, die die Genesung der Kranken fördere. Es sei allgemein bekannt, daß die Form und Farbe von Räumen den Heilungsprozeß beeinflussen könne. Es gäbe ein spezielles Design für Krankenhäuser ebenso wie für Bürogebäude oder Wohnhäuser – die Bauart müsse also die Funktionen des Gebäudes mit einbeziehen und natürlich auch die Menschen, für die das Bauwerk gedacht sei. Er interessierte sich sehr für gesellschaftliche Probleme und die mögliche integrative Rolle der Architektur und klagte, daß man allzuoft über die sozialen Aspekte des Bauens einfach hinwegsah.

Wir tranken zusammen Tee. Ich fragte ihn, wie er mit dem Mir und dem Sufismus in Kontakt gekommen sei. Er erzählte, sein Vater sei ein Sufi gewesen, doch als junger Mann habe er selbst keine Zeit für so etwas gehabt. Erst viel später, als die Kommunisten ihn ins Gefängnis gesteckt hätten, habe er angefangen, sich dafür zu interessieren. Ich erkundigte mich, wie lange er im Gefängnis gewesen sei.

»Sieben Jahre«, entgegnete er mit einem schwachen Lächeln.

Nach seiner Entlassung war er nach Pakistan entkommen, hatte dort seine Frau wiedergetroffen und mit dem Architekturstudium begonnen. Ich fragte mich, was ihn zu dieser *tariqat* geführt hatte und wie seine Unterweisung vor sich gegangen war. Ich hatte Mühe, diesen emsigen und vorausblickenden Mann in Einklang zu bringen mit meinen konventionellen Vorstellungen über den Sufismus. Er schien meine Gedanken zu erraten.

»Man muß es so sehen«, sagte er, öffnete sein Notizbuch und schrieb mit kalligraphischer Eleganz ein Reimpaar des indischen Sufi-Dichters Bedil auf:

Die Gier nach hundert weltlichen Ehren ist nichts als Bettelarmut.
Wenn er zufrieden ist, ist der Arme reich.

Dann klopfte er mit dem Stift auf das erste Wort *hars*, »Gier«.

»Genau hier liegt das Problem«, sagte er sanft. »Das ist das Problem, dessen sich der Sufismus annimmt.«

Dies war ein sehr interessanter Erklärungsansatz für jenes außergewöhnlich weite Gebiet des islamischen Mystizismus, das man auch als Sufismus bezeichnet. Die Wurzeln des Sufismus sind tief in jenem grundlegendsten aller menschlichen Bedürfnisse verankert, nämlich dem Streben nach einem erfüllteren Leben, als es das gewöhnliche Dasein zu bieten scheint. Ein allgemeiner Hang zum Mystizismus findet sich in jedem Zeitalter und bei allen Religionen, doch nur selten hat sich eine mystische Tradition in einer solch kreativen Vielfalt an Formen geäußert und Kultur und Gesellschaft so fundamental beeinflußt wie der Sufismus in der islamischen Welt.

Eine alte Geschichte von Rumi erzählt von der Begegnung zwischen drei blinden Männern und einem Elefanten. Einer stellte beim Abtasten des Tieres fest, daß die Beine breit und unbeweglich waren, ein anderer beschrieb den Rüssel als lang und biegsam, ein dritter die Ohren als riesig und dünn – jeder schilderte das unbekannte Tier in deutlichen Worten und verglich es mit einem Fächer, einem Thron oder einer Wasserpfeife. Doch weil sie blind waren, konnte keiner von ihnen das Tier in seiner Gesamtheit erfassen.

Den Sufismus zu erklären ist eine ähnlich verwirrende Aufgabe, teils aufgrund der Vielzahl an Ausdrucksformen, die er zu verschiedenen Zeiten und in verschiedenen Gesellschaften annahm, teils weil sich der Sufismus eher als Weg beschreiben läßt denn als festes System oder Philosophie – ebenso wie der Elefant, dessen Bestimmung es ist, zu leben und nicht als leblose Statue bewundert zu werden. Man geht allgemein davon aus, daß sich der Begriff Sufi – auch wenn ihn die Sufis selbst kaum gebrauchen – von jenem traditionellen Wollgewand *(suf)* ableitet, das von den ersten islamischen Asketen getragen wurde. Eine andere beliebte Erklärung sieht den Ursprung des Wortes in der arabischen Vokabel *safa*, was soviel bedeutet wie Reinheit. Doch in der sufischen Literatur ist eine Vielzahl von Namen gebräuchlich, um die Männer und Frauen zu beschreiben, die zu den spirituell Auserwählten auf dem Weg zur Wirklichkeit – auch als *haqiqa* bezeichnet – gehören: das Volk des Herzens, das Volk der Wahrheit, das Volk der Andeutungen, der Freunde, der Nahestehenden, der Liebenden, der Armen, der Derwische.

Die ersten Meister des Sufismus waren größtenteils einzelgängerische, heiligenähnliche Gestalten, die umherreisten und ihre Lehren und Einsichten mit einer kleinen Zahl hingebungsvoller Anhänger teilten. Frühe Beschreibungen der Gebets- und Meditationsformen ähneln sehr stark jenen, die man in alten christlichen Schriften wie dem *Philokalia* findet. Der Sufismus schaute sich in den Regionen, in denen er sich entwickelte, einiges von den schon existierenden vorislamischen Traditionen ab, auch wenn sich seine grundlegenden Lehren immer noch innerhalb des charakteristischen islamischen Gedankengebäudes bewegten.

Bereits ein Jahrhundert nach dem Tod des Propheten Mohammed waren in einem großen Gebiet Herbergen und Zufluchtsorte für die wandernden Lehrer und ihre Schützlinge entstanden, die fortan zum festen Bestandteil der sufischen

Tradition wurden. Dennoch gründeten die frühen Sufis, unter denen sich auch zahlreiche Frauen und Nichtmuslime befanden, keine Schulen unter ihrem Namen und bestimmten auch keine offiziellen Nachfolger.

Die Behauptung der Sufis, die Wahrheit (*al-Haqq*, der sufische Begriff für Gott) erkennen zu können – und zwar durch andere Methoden als jene, die von der konventionellen Theologie vertreten wurden –, sorgte unter religiösen Orthodoxen stets für Aufruhr, und so war die offene Zurschaustellung mystischer Verzückung häufig nicht ganz ungefährlich. Viele Sufis endeten wegen ihres Glaubens am Galgen. Die berühmte ekstatische Äußerung von Mansur al-Halladsch (858–922) – »Ich bin die Wahrheit« (das heißt Gott) – werteten die orthodoxen Muslime Bagdads als Beweis für die größte Ketzerei: nämlich den persönlichen Kontakt mit dem Göttlichen. Später interpretierten die Sufis (wenn auch nicht alle) das Beispiel Halladschs als den Beweis für höchste spirituelle Fähigkeiten, doch der Konflikt zwischen den Sufis und der orthodoxen Lehre sowie den anerkannten religiösen Führern riß nicht ab.

Es bedurfte des Genies von Koryphäen wie dem andalusischen Heiligen Ibn al-Arabi (1165–1240) und dem aus dem Iran stammenden al-Ghassali (1058–1111), um den Sufismus so zu vertreten, daß er die – allerdings häufig zähneknirschende – Zustimmung der orthodoxen Kreise fand. Das angeborene menschliche Streben nach dem Göttlichen, der Hunger der Seele nach der absoluten Wahrheit ist im Grunde nicht mehr als der Ausdruck der Sehnsucht des Wirklichen, zur Seele zurückzukehren. Die Gotteserfahrung, nach welcher der Mystiker strebt, tritt dann ein, wenn alle Hindernisse beseitigt sind, die ihn von einer alles durchdringenden Einheit des Seins trennen, in welche sein irdisches Bewußtsein in der Ekstase versinken soll.

Vieles aus dem späteren Sufismus beruht auf der Vorstellung, daß man durch die Überwindung der niederen, auf das Ego konzentrierten Eigenschaften das höhere oder universale Selbst findet, so daß eine Verbindung zu Gott möglich wird. Die gewöhnliche, wahrnehmbare Welt ist lediglich die Reflexion der göttlichen Emanation in ihrer abgeschwächtesten Form und der Mensch ihr kostbarster Spiegel. Zieht man nun den Schleier des Egoismus von diesem Spiegel...

Grundlage der Sufi-Lehre ist weder die Askese noch der Rückzug von der Welt, auch wenn beides zeitweise praktiziert wird. Die Enthaltsamkeit des Mönchstums hatte der Prophet selbst kritisiert, so daß der Islam nie gänzlich auf die Gefolgschaft auch seiner am stärksten spirituell veranlagten Anhänger verzichten mußte.

Vielleicht erklärt gerade die Bereitschaft der Sufis, ihre spirituelle Ausbildung inmitten der Unruhen des Alltagslebens zu absolvieren, die große Beliebtheit des Sufismus. Im Sufismus wird ein Verzicht auf Bindungen propagiert, doch die offensichtlichsten davon, nämlich die sichtbaren Bindungen an die materielle Welt, werden gleichzeitig auch als die unwichtigsten betrachtet.

»Gibt es etwas Erstaunlicheres«, so schreibt ein Sufi-Meister aus dem neunzehnten Jahrhundert, »als daß ein Mann seiner beruflichen Tätigkeit die Schuld daran gibt, daß er sich selbst nicht vervollkommnen kann?«

Die Ausbildung ist keineswegs eine erholsame Reise hin zu Frieden und Liebe, sondern konfrontiert den Suchenden mit etwas äußerst Unerfreulichem: seinem eigenen Selbst, dem sogenannten *nafs*, oder, anders gesagt, dem niederen Trieb. Abwechselnd als Enthüllung, Polieren und Reinigung bezeichnet, handelt es sich dabei um einen langwierigen Prozeß, bei dem der angehende Sufi zuerst mit den vielfältigen Lockungen von Stolz, Eitelkeit und Gier zu kämpfen hat. Er beschäftigt sich nicht damit, neue Fähigkeiten zu erwerben (auch wenn es erstaunlich viele überlieferte Geschichten gibt, die den Sufis übernatürliche Wunderkräfte zuschreiben), sondern mit der Aufdeckung dessen, was bereits in ihm angelegt ist.

Dieses Streben wird unterstützt von strengen geistigen Übungen. Zu den wichtigsten Disziplinen zählen die Erinnerung an Allah (*sikr*), eine intensive Meditation, bei der sich der Adept nur auf Gott konzentriert, bis er alles um sich herum vergißt. Dieser Weg wird initiiert, festgelegt und begleitet von einem geistigen Führer (dem Scheich eines Sufi-Ordens), der dem Anhänger dabei hilft, geistig unabhängig zu werden. Da es sich im wesentlichen um unsichtbare und natürlicherweise höchst persönliche Vorgänge handelt, finden sich nur ganz wenige Beschreibungen über diesen intimen Weg in schriftlichen Quellen. Folglich ist ein Studium des Sufismus durch die Beobachtung der Rituale oder die Lektüre von Texten nur begrenzt möglich, zumal die Texte ja auf den intellektuellen Horizont der Leser aus einer ganz bestimmten Zeit oder an einem ganz bestimmten Ort abzielen.

Den Sufismus mit Hilfe des Intellekts zu begreifen erinnert an die Geschichte des Mullah Nasruddin, in der er im Lichtkreis einer Straßenlaterne nach seinem Schlüssel sucht, obwohl er weiß, daß er ihn hundert Meter entfernt im Dunkeln verloren hat. Die Torheit, bei der Suche nach mystischen Einsichten auch nach philosophischen »Beweisen« zu forschen, wird von dem persischen Sufi Schabestari (gestorben um 1321) in seinem wichtigen Werk *Gulschan-i Ras* (»Garten der Rätsel«) mit einem Narren verglichen, der mit einer Kerze in die Wüste geht, um nach der Sonne zu suchen.

Teils, weil es unmöglich ist, mystische Erkenntnisse direkt zu vermitteln, und teils, um sich vor dem Vorwurf der Häresie zu schützen, wurde zur Beschreibung und Erläuterung eine hochkomplizierte, symbolische Sprache entwickelt. Dies zeigt sich vor allem in der sogenannten Liebesdichtung der persischen Sufis, die das Motiv der menschlichen Liebe als Metapher für die spirituelle Sehnsucht verwendet. Die berühmte Sufi-Dichterin Rabia ad-Daulija von Basra (gestorben 801) war eine der ersten Vertreterinnen dieser Dichtung, die von späteren Sufis auf einem beispiellos hohen Niveau fortgeführt wurde. Die bacchantischen Beschwörungen des Mathematikers und eher unbekannten Dichters Umar Chajjam etwa, dessen häufige Anspielungen auf Wein und dunkeläugige Mädchen als Kennzeichen des Irrglaubens und als Beweis für die Lasterhaftigkeit der iranischen Mystiker galten, waren einem westlichen Publikum durch die blumigen Übersetzungen der viktorianischen Zeit wohlvertraut. Weniger bekannte symbolische Ausdrucksmittel mystischen Denkens schlugen sich beispielsweise in einer rätselhaften Zahlenmystik nieder, die die Gestaltung religiöser Bauwerke, Gärten und selbst Stoffmuster beeinflußte, sowie in einer Fülle an Geschichten und Fabeln, die auf den ersten Blick wenig mehr als moralische Lehrsätze zu enthalten scheinen.

Im zwölften und dreizehnten Jahrhundert verwandelte sich der Sufismus aus einem Netzwerk loser Gruppen, die eher im Geiste als in einem institutionellen Sinn miteinander verbunden waren, in eine organisierte und hierarchische Struktur. Dank der verschiedenen, nach Personen benannten *tariqats* verbreitete sich die Botschaft und die Lehre des Sufismus in der gesamten islamischen Welt weiter aus. Er dehnte sich auch in den Gebieten aus, in die der Islam erst kurz zuvor vorgedrungen war. Der Einfluß der *tariqat* spielte zweifellos eine wichtige Rolle bei der Bekehrung lokaler Herrscher zum Islam (wie beispielsweise auf dem Balkan und in Anatolien) und beim Wiederaufbau der lebenswichtigen gesellschaftlichen Strukturen, die durch Kriege zerstört worden waren – vor allem in jenen Gebieten, die im dreizehnten Jahrhundert durch die Überfälle der Mongolen verwüstet wurden. In Zentralasien wurden die Lehrstätten und Heiligengräber der Sufis, die sich zu Pilger- und Gebetsstätten entwickelten, von den Sultanen selbst unterhalten, und man weiß, daß sie auch von Eroberern wie Timur und Babur hochgeachtet wurden.

Die Zentren der sufischen Lehre waren oft an Ritterorden oder Handwerkerzünfte angeschlossen und standen häufig auch in Verbindung mit den königlichen Höfen jener Zeit, besonders unter den timuridischen, osmanischen und Mogul-Herrschern. Und während sie sich gleichzeitig dazu verpflichtet hatten, gesellschaftlich nützliche oder wohltätige Arbeiten zu verrichten, entwickelten sich die *tariqats* zu umfangreichen Archiven mystischen Wissens, das sich auf vielfältige Weise äußerte. Viele wurden für ihre besonderen, von mystischen Erfahrungen geprägten Einsichten in die Musik, die Heilkunde, den Tanz oder die Traumdeutung bekannt. Ihre unglaubliche Vielfalt führte dazu, daß verschiedene *tariqats*, die ursprünglich von demselben Orden abstammten, häufig unterschiedliche Lehrmeinungen und Rituale entwickelten, wenn sie in unterschiedlichen Gebieten beheimatet waren. Gleichzeitig führten sich die *tariqats* durch komplizierte Abfolgen auf ihre Gründer und letztlich den Propheten Mohammed zurück. Der Sufismus wurde institutionalisiert und verlor dadurch einen Großteil der Einfachheit und Überzeugungskraft seiner frühen Tage.

Die Gegensätze zwischen der offiziellen Religion und dem Sufismus sind sehr aufschlußreich. Wenn der Islam sich zeitweise wie ein autoritärer (und dogmatischer) Vater seines Volkes gebärdete, so entwickelte sich der Sufismus zu einem gütigen (und eklektischen) Onkel, der jene Geschenke verteilen konnte, die ein strenger, aber wohlmeinender Vater seinen Kindern vorenthalten mußte.

Der Islam und der Sufismus wurden Hand in Hand groß, verdankten dies jedoch unterschiedlichen Kräften. Während die religiösen Autoritäten versuchten, das Wohlergehen der Gesellschaft durch ein Gesetzeswerk zu gewährleisten, das später als *Scharia* bekannt wurde, bot der Sufismus gleichzeitig einen inneren Weg und eine Form der Gottesanbetung an, die auch die spirituelle Freiheit des einzelnen berücksichtigte. Die Sufis übernahmen prophetische Traditionen, religiöse Rituale und Verse aus dem Koran und bereicherten sie um eine neue innere Bedeutung.

Während traditionell der Islam als »Unterwerfung« unter das göttliche Gesetz aufgefaßt wird, das von den prophetischen Offenbarungen vorgeschrieben und durch die mächtigen Zweiteilungen in Gut und Böse, Gesetzlich und Ungesetzlich sowie der Förderung der Tugend gegenüber dem

Laster geprägt ist, beschäftigt sich der Sufi mit einem Prozeß der »Ergebung«, der über diesen konventionellen Dualismus hinausführt: Alles geht sozusagen durchs Feuer, bis nur die Wirklichkeit übrigbleibt. Wo die Religion von der Sünde spricht, spricht der Sufismus von »Unachtsamkeit«. Wo der Mullah die Vorbereitung auf das Leben nach dem Tod hervorhebt, warnt der Derwisch vor einem spirituellen Tod in diesem Leben. Und wo die Theologie die Grenzen von Himmel und Hölle formuliert, weist der Mystizismus auf die vielfältigen und sich gegenseitig durchdringenden Welten hin, die aus dem Göttlichen hervorgehen und jedem Suchenden entsprechend seiner spirituellen Kapazität zugänglich sind.

Der Sufismus hat einige der »weltlichsten« Mystiker der Welt hervorgebracht, so daß man ihn wahrlich nicht als einen Mystizismus von Quietisten bezeichnen kann. Seine Mitglieder berieten Könige, hatten Positionen mit großem Einfluß inne, bildeten den Kern von Armeen und Widerstandsbewegungen, schrieben die führenden wissenschaftlichen Abhandlungen ihrer Zeit und verfaßten die meistgelesene mystische Literatur aller Zeiten, die im Zajal des östlichen Mittelmeerraums poetisch aufgenommen wurde und sich durch die Lieder der Troubadoure im gesamten mittelalterlichen Europa verbreitete. Indem sie die Entstehung der höfischen Dichtung vorantrieb, förderte die sufische Poesie gleichzeitig auch die epochalen Veränderungen in den Beziehungen zwischen den Geschlechtern im Westen.

Ich wünschte, ich hätte mich länger mit dem freundlichen Mann unterhalten können, der mir gegenübersaß und dessen praktisches und fleißiges Wesen so gar nicht zu den kohleschluckenden Derwischen oder den schlangenbeschwörenden Fakiren aus dem indischen Mystizismus zu passen schien. Aber die Zeit drängte, und wir mußten unsere Unterhaltung abbrechen.

Ich verließ Masar am nächsten Tag mit einem Flug des

Roten Kreuzes. Auf dem Rücksitz des Taxis, das ich mir für die Fahrt zum Flughafen genommen hatte, saß ein Junge. Als er sah, wie ich in mein Notizbuch schrieb, fragte er, ob ich ihm meinen Stift schenken würde. Obwohl es sich nur um einen wertlosen Kugelschreiber handelte, weigerte ich mich, da ich mich dazu entschlossen hatte, niemandem etwas zu geben, der mich darum bat. Doch je inständiger er mich anflehte, desto mehr bereute ich meine Hartherzigkeit. Während wir durch die Straßen fuhren, stellte er unbeirrt immer wieder die gleiche Frage. »Aber warum?« fragte er schmeichelnd. »Warum willst du ihn mir nicht geben?«

»Darum.« Ich beschloß, stur nach vorn zu schauen und ihn zu ignorieren.

»Warum nicht?«

»Darum, weil es mein Stift ist und weil ich ihn brauche.«

»Ach, *warum* gibt du ihn mir nicht?«

»Weil –« Mir fielen keine weiteren Ausreden ein, bis mir plötzlich ein Gedanke kam. »Weil ich ihn eben nicht hergeben möchte.« Und genau in diesem Moment erinnerte ich mich an die Zeile von Bedil und sah vor meinem inneren Auge, wie Jussuf mit dem Stift auf das entscheidende Wort zeigte: »Gier«.

Eine bessere Demonstration dessen, was der Sufismus in der Praxis forderte, hätte ich mir nicht wünschen können.

Doch dieser Tag wird nicht die Dinge
zurückbringenn, die wir liebten:
die hohen, klaren Tage und die blauen
Eiskappen auf den Bergen;
die Zeilen weißer Pappeln, die im Wind
zitterten, und die langen weißen Gebets-
fahnen; die Felder mit Narzissen,
die auf die Tulpen folgten …

Bruce Chatwin*

Inzwischen war es Mitte Dezember geworden. Eine dünne Schneedecke lag auf den Bergen um Kabul. Bei Tag schimmerten sie eisig, und am Abend legte sich das Sonnenlicht in den letzten Minuten als rosafarbener Schein über die vereisten Gipfel, so daß die Stadt wie von einem hohen Kranz leuchtender Blüten umgeben schien.

Ich war froh, wieder zurück zu sein. Tim, gutmütig und wortkarg wie eh und je, wurde erneut mein Vermieter. Aman, der Hasara-Koch, begrüßte mich wie einen lang vermißten Bruder. Er drückte mich in einer bärenstarken Umarmung an sich, bis meine Wirbelsäule bedenklich knackte, blickte mir liebevoll in die Augen, ließ eine endlose Folge an Begrüßungen vom Stapel und zupfte schließlich zart an meinem Bart; er sagte, ich würde aussehen wie ein *Maulawi*, ein religiöser Weiser, oder sogar – und hier kicherte er schelmisch – ein wenig wie ein Taliban.

Ich erlebte noch weitere unerwartet freundliche Begrüßungen. Die Ladenbesitzer in der Nähe meiner Unterkunft erkundigten sich nach meiner Reise, und Männer, an deren Gesichter ich mich nur vage erinnern konnte, kamen über die Straße, um mich mit einer Umarmung zu begrüßen, und sagten, wie froh sie seien, daß ich wieder gesund nach

* Bruce Chatwin: »Wehklage um Afghanistan«, in: *Was mache ich hier. Reiseberichte*, Carl Hanser Verlag, München 1991.

Kabul zurückgekehrt sei. Mein Bart, der mittlerweile eine eindrucksvolle Länge aufwies, wurde allgemein hochgelobt. Ich fühlte mich, als sei ich wieder zu Hause, und betrat einen nahe gelegenen Friseurladen, um mir die Haare schneiden zu lassen.

Der lange, sorgfältige Haarschnitt endete mit einer belebenden Kopfmassage, und anschließend wurde eine nach Moschus duftende Lotion in meinem Haar verteilt. Nachdem der Friseur die letzten abgeschnittenen Strähnen aus meinem Nacken gewischt hatte, trat er einen Schritt zurück und bewunderte mich im Spiegel. Ohne einen blassen Schimmer zu haben, wie hoch der gegenwärtige Kurs für einen Haarschnitt lag, fragte ich, wieviel ich zu bezahlen hätte.

»Was Sie wollen«, erhielt ich mit einem mißbilligenden Schulterzucken zur Antwort. Ich begriff sofort, daß mir ein Fehler unterlaufen war, denn nun konnte er aus Höflichkeit keinen Preis mehr nennen. Es schickte sich nicht, in einer solchen Situation auf einer direkten Antwort zu bestehen, denn eine solche Offenheit galt als schwerwiegender Verstoß gegen die Etikette.

Das Widerstreben, einen festen Preis zu bestimmen, ist zwar keineswegs eine ausschließlich afghanische Eigenart, doch wird man kaum vergleichbare Orte finden, an denen sich der Besucher nach einem geleisteten Dienst derartig häufig mit dieser scheinbar wehmütigen Gleichgültigkeit gegenüber der Bezahlung konfrontiert sieht. Wie ein Pendel schwankt das Gleichgewicht zwischen Höflichkeit und Opportunismus und lotet das gesamte Spektrum von aufrichtiger Großmut bis hin zu schamloser Ausbeutung aus. So gab es am einen Ende der Skala Ladenbesitzer, die sich vehement dagegen wehrten, mehr als den üblichen Preis für eine Ware von einem Ausländer anzunehmen, während gewisse Teppichverkäufer in der Chicken Street einem ahnungslosen Kunden lächelnd mottenzerfressene Wollfetzen als nationale Kostbarkeiten verkaufen wollten. Der Friseur lag vermutlich irgendwo dazwischen.

Stets ist ein Unwille spürbar, das Ereignis eines Einkaufs auf etwas zu reduzieren, das sich quantitativ bemessen läßt, und so werden verschiedene Rituale durchgeführt, um zu gewährleisten, daß der Vorgang sich nicht allein auf einen simplen Austausch von Waren beschränkt. Je höher der Wert einer Transaktion, desto mehr wird sie zu einem gesellschaftlichen Ereignis – nicht nur, weil der Kunde eines Tages vielleicht wiederkehren oder unerwartet wichtige Nachrichten mitbringen könnte, sondern auch, um den Verdacht zu widerlegen, das Ziel des Vorgangs bestünde lediglich darin, eine materielle Forderung zu befriedigen. So wird Tee gebracht, Neuigkeiten werden ausgetauscht, und man scheut allgemein keine Mühe, es dem Besucher bequem zu machen.

Nach der Begrüßung herrscht zunächst Schweigen, während man begutachtet und mit stummen Blicken gemustert wird, denen kein Detail entgeht, egal ob es Kleidung, Körperhaltung oder den körperlichen Zustand betrifft.

»*Tschutur hasti?* Wie geht es Ihnen?«

»Gut«, antwortet man, worauf einen die Augen etwas unauffälliger studieren, als würde nun innerlich ein Urteil gefällt.

»*Dschor hasti?* Geht es Ihnen gut? Ist es nicht zu kalt? Kommen Sie, setzen Sie sich etwas näher an den Ofen ...«

Man hört das Holz in den Flammen knacken und begegnet durch dem Dampf, der von dem heißen Teeglas aufsteigt, erneut einem fragenden Blick.

»*Chub!* – Gut! Wie gefällt Ihnen Afghanistan?« Und schon wird man überrumpelt.

»Afghanistan ist ... ein sehr schönes Land«, erwidert man.

»Oh, ja ... Es ist ein schönes Land«, kommt es zurück, und der Blick des Gegenübers wirkt plötzlich ganz abwesend. »Ja, das ist es ...« Aufgrund der harten Zeiten führt diese an sich unschuldige Antwort somit häufig dazu, daß sich die Miene des Verkäufers jäh verdüstert.

Natürlich kommt es auch vor – insbesondere bei Teppichhändlern –, daß sich der Kontakt zwischen Käufer und

Verkäufer auf eine effektvolle Zurschaustellung beschränkt. Blitzartig sieht man sich von einer Flut ausgerollter Teppiche umgeben, die alle »von bester Qualität!« sind. Bei anderen Anlässen dagegen, zumal wenn die Verhältnisse bescheidener sind, wird der Kunde oftmals mit beschämender Fürsorge behandelt. Ein alter Mann erhebt sich steif, staubt symbolisch das Kissen ab, auf dem man anschließend Platz nehmen wird, weist einem den Schemel neben dem Ofen zu und schickt einen leichtfüßigen Enkel los, um eine Tasse Zucker für den Tee zu holen. Kauft man in einem solchen Laden dann etwas, so versichern die Parteien einander zunächst ausführlich, daß das Geschäft für alle zufriedenstellend abgeschlossen wurde, ehe dem Päckchen aus verschnürtem Zeitungspapier in den meisten Fällen dann noch ein kleines Geschenk hinzugefügt wird: Gebetsperlen aus Plastik, ein Paar bestickter Kinderschuhe oder eine Wollmütze. Dieses Bakschisch besiegelt das Gefühl der Gegenseitigkeit, das der Transaktion innewohnt.

Den Ruf nach Bakschisch in seiner karitativen Bedeutung hört man normalerweise nur aus den Mündern geschäftstüchtiger Kinder. Und selbst in der verarmten Hauptstadt gibt es nur wenige von ihnen, da Betteln allgemein mißbilligt wird – es sei denn, es wäre der allerletzte Ausweg aus der Not. Diejenigen, die dennoch von Almosen leben, streifen in kleinen Gruppen dort um die Straßenecken und Geschäfte, wo man am ehesten Ausländern begegnet.

Mit unnatürlich scharfen Augen können sie schon aus fast einem Kilometer Entfernung den Anblick einer weißhäutigen Hand ausmachen, die in eine Tasche greift, worauf sie sich mit rasender Schnelligkeit um den vielversprechenden Spender scharen und ihn im Chor mit kläglichen Bitten überschütten. Die zerlumpten Gestalten, die an Dickenssche Romanfiguren erinnern, verstehen sich sehr geschickt darauf, auf der Klaviatur des Mitleids zu spielen. Sie beurteilen die Willensstärke ihrer Opfer anhand winzigster Veränderungen im Gesichtsausdruck – ein Hauch von Unentschlossenheit reicht schon aus, um diese zweibeinigen

Geigerzähler erwartungsvoll zum Ausschlagen zu bringen. Sie verfolgen den ausländischen Besucher mit herzerweichender Hartnäckigkeit, und je weiter der Weg, desto schwerer ist es, standhaft zu bleiben. Bröckelt die eigene Entschlossenheit zehn Straßen weiter dann doch irgendwann, so strecken sich einem unter lautem Geschrei von allen Seiten kleine, vorzeitig gealterte Hände entgegen, die gleich darauf wieder verschwunden sind. Bleibt man jedoch hart, so verfolgt einen der enttäuschte Blick auf ihren Gesichtern noch lange nach der Heimkehr, und man fühlt sich wie ein Mörder, weil man sich für ein hungriges Kind nicht von ein paar wenigen Pennys trennen konnte.

Ich kramte einige Geldscheine hervor und drückte sie dem Friseur in die Hand. Er machte sich nicht die Mühe, die Summe zu überprüfen, sondern bedankte sich herzlich bei mir, ehe ich mich verabschiedete. Ich hatte ihm umgerechnet etwa zwei Pfund gegeben, als Gegenwert für fast eine Stunde seiner Aufmerksamkeit und den besten Haarschnitt, den ich je bekommen hatte, was mir wie ein schäbiger Tausch vorkam. Nachdem ich den Laden verlassen hatte, beobachtete ich, wie der Friseur das Geld zählte. Durch das staubige Glas konnte ich sehen, wie er die Scheine im Laden herumzeigte und alle staunende Gesichter machten. Der Friseur sah aus, als hätte er in der Lotterie gewonnen.

Zunächst wollte ich einigen Leuten meinen Dank aussprechen und Neuigkeiten über Freunde einholen. Ich besuchte zunächst Amrullah, unseren Verbindungsmann zur Regierung, und dankte ihm für seinen Rat und seine Hilfe bei der Reise durch das Pandschir-Tal. Er lud mich spontan zum Mittagessen ein.

»Wir betrachten Sie nicht mehr als Fremden oder Journalisten«, sagte er, nachdem wir uns eine große Portion köstlichen *qabili palau* auf unsere Teller gehäuft hatten, »sondern als einen Freund.« Auch wenn diese Worte vermutlich lediglich Ausdruck afghanischer Höflichkeit waren, fühlte ich mich dennoch sehr geschmeichelt. Er fragte mich nach meinen weiteren Plänen, und ich äußerte den Wunsch, das Land auf der Hauptroute in Richtung Nordwesten zu durchqueren. Er sah zweifelnd drein und meinte, daß die Pässe mittlerweile sicher zugeschneit seien, außerdem verlaufe eine Frontlinie zwischen Kabul und der Landesmitte, bei deren Überquerung mir die Regierung nicht behilflich sein könne. Aber wenn ich unbedingt wolle, so sagte er schließlich, gebe es immer noch die Möglichkeit, mit einem Militärflug nach Tschaktscharan zu fliegen, einem Außenposten im Herzen des Landes, der unter Kontrolle der Zentralregierung stand. Dieses Angebot schien mir nicht nur reine Höflichkeit zu sein.

»Wir wollen, daß Sie das Land sehen«, fügte er hinzu und drückte sein Bedauern darüber aus, daß der Krieg das Reisen so erschwerte. Das Schlimmste seien die ethnischen Spannungen zwischen den verschiedenen Regionen, die früher beim Reisen keine Rolle gespielt hätten, mittlerweile jedoch zu einer Frage von Leben und Tod geworden seien.

Ich fragte mich einen Moment lang, ob seine Sorge über meine Pläne nur gespielt sei – freundliche Worte, um einem mitfühlenden Gast zu schmeicheln. Doch am folgenden Tag erhielt ich einen Brief mit dem Briefkopf des Verteidigungsministeriums, der von zwei verschiedenen Handschriften mit kalligraphischen Schnörkeln unterzeichnet war. Vorausgesetzt, ich zeigte ihn nicht den falschen Leuten, würde er mir bei meiner Reise alle Türen öffnen: Es war ein Passierschein, der die verbündeten Mudschaheddin von Ghorband, Bamjan und der Provinz Ghor höflich darum bat, den Überbringer zu unterstützen.

Ich machte mich auf die Suche nach Rafiq, mit dem ich mich einen Monat zuvor angefreundet hatte. Damals hatte er mir seine Lebensgeschichte erzählt: Er war Iraner, lebte in der Schweiz und war rein zufällig in Kabul gelandet, nachdem er seine Stelle gekündigt hatte, mit der Absicht, sich beruflich neu zu orientieren. Solange er nachwies, aktiv auf Arbeitsuche zu sein, bekam er fast sein gesamtes früheres Gehalt vom Schweizer Staat weiter bezahlt. Er war daher nicht in Eile, genoß seine freie Zeit, unternahm viel mit seinen Kindern und bewarb sich fleißig bei Organisationen und Firmen, wo er möglichst geringe Chancen hatte, tatsächlich angestellt zu werden. Darunter war auch eine Wohltätigkeitsorganisation, die sich seiner Meinung nach bestimmt nicht für jemanden ohne jegliche Qualifikation auf diesem Gebiet interessieren würde. Er hatte ja nicht ahnen können, daß sie gerade dringend einen persischen Dolmetscher für ihre Zweigstelle in Kabul benötigte …

Nun wohnte er komfortabel in der Neustadt, gemeinsam mit zwei weiteren Iranern, die wie er vier Sprachen fließend beherrschten. Sie bildeten eine kleine Enklave städtischer Distanziertheit und fühlten sich den Afghanen und westlichen Ausländern stets ein kleines bißchen überlegen.

Der Westen wirft die muslimischen Länder der Region – Afghanistan, Iran und Pakistan –, kulturell gesehen, gern in einen Topf. Bei näherer Betrachtung jedoch zeigen sich enorme Unterschiede, die sich vor allem in den nationalen Vorurteilen jedem Land gegenüber widerspiegeln. Die Iraner halten die Afghanen zwar allgemein für ungehobelt und gefährlich, betrachten sie gleichzeitig aber auch als Angehörige einer ungezähmten Urspezies, die sich unter dem Einfluß iranischer Kultiviertheit durchaus zu zivilisierten Wesen entwickeln könnten. Der südliche Nachbar des Iran, Pakistan, sieht die Afghanen im besten Fall als ein kurioses und unbegreiflicherweise patriotisches Volk, als eine Nation verarmter Schurken und im schlimmsten Fall als blinde Gewalttäter. Die Afghanen wiederum verachten die Iraner als hysterisch, weibisch und pseudoreligiös. Und sowohl die Afghanen als auch die Iraner rümpfen ihre arischen Nasen über die Pakistanis als ein Mischlingsvolk ohne Land, das von ungläubigen Speichelleckern aus dem Westen bevölkert wird. Die Tatsache, daß in diesen Ländern insgesamt zweihundert Millionen Menschen leben, die zu mehreren tausend verschiedenen Volksgruppen und

Stämmen gehören und über hundert verschiedene Sprachen sprechen, zeigt, wie unzutreffend diese Vorurteile sind.

Ich fand Rafiqs Haus und schlug gegen das Tor. Ein ältlicher *tschaukidar* mit einem Cordjackett erschien und umarmte mich so herzlich, daß ich mich fühlte wie ein verlorener Sohn.

»Sie wollen bestimmt zu Mr. Rafiq, nicht wahr? Er ist im Haus. Kommen Sie, Sie holen sich hier draußen noch den Tod...«

Er führte mich hinein und kicherte vor sich hin, bis wir zu Rafiqs Zimmer kamen. Dort zögerte er.

»Gehen Sie lieber zuerst hinein.«

»Schläft er noch?« fragte ich.

»Nein, er schläft nicht«, erwiderte er etwas irritiert.

»Ist er krank?«

»Nein, er ist auch nicht krank«, sagte er und zuckte schelmisch mit den Schultern, »aber manchmal ist er ein wenig... *seltsam*. Hören Sie selbst.« Er trat zur Seite.

Ich legte mein Ohr an die Tür. Alle paar Sekunden hörte ich ein verrücktes, hundeähnliches Geheul. Es klang, als würde er unter Drogen stehen. Ich überlegte erst, ihn einfach in Ruhe zu lassen, ehe ich dann doch leise an die Tür klopfte. Als keine Antwort kam, steckte ich den Kopf ins Zimmer.

Er saß auf seinem Bett am Fenster und hörte Musik auf seinem Walkman. »O mein Gott«, schrie er mit übertriebener Freude.

»Wir dachten schon, du seist vielleicht krank«, sagte ich zur Begrüßung.

»Ich habe gesungen. Die Musik ist so schön, da kann ich einfach nicht anders. Hör dir das an.« Er hielt den Kopfhörer in die Höhe. Das erklärte das Heulen – es war Pavarotti, der Puccinis »Nessun dorma« sang.

»Oh, *merde*, Jason«, sagte Rafiq, nachdem er mich ins Wohnzimmer geführt hatte. »Ich habe gesungen, um mich etwas aufzuheitern. Ich bin so niedergeschlagen.« Er setzte sich, zündete seine Pfeife an und schaute gedankenvoll auf das Heftplaster in seiner Armbeuge. Am Morgen hatte er im Kinderkrankenhaus Blut gespendet, um einem kleinen Mädchen das Leben zu retten. Das Erlebnis hatte ihn deprimiert und gleichzeitig seltsam aufgemuntert.

»Sieben Jahre alt – so alt wie meine Tochter«, erklärte er. »Du hättest sie sehen sollen. Sie war unglaublich tapfer.« Er drehte sich zum Fenster und schaute über die Sandsäcke hinaus.

»Was können wir tun?« sagte er und stieß den Rauch aus. »Ich weiß es nicht. *Enfin*, das Leben ist voller Erfahrungen.«

Ich mochte Rafiq. Unter den anderen Ausländern in Kabul stach er sofort heraus. Seine westliche Art war reine Show, eine nützliche Maske, wie ein Glitzern in seinen Augen verriet, das selbst in seinen professionellsten Augenblicken nicht verschwand. Die Schweizer, gestand er, seien für seinen Geschmack ein wenig zu methodisch. Doch er hatte sich ihrem Lebensstil angepaßt und verwendete diese Tarnung mit der Geschicklichkeit eines Chamäleons, während er so perfekt wie ein Verwandlungskünstler zwischen den östlichen und westlichen Welten hin und her wechselte.

Sein Englisch war von französischen Ausdrücken durchsetzt, und er sprach mit einem leichten und äußerst charmanten persischen Akzent. Seine Worte klangen stets sehr melodramatisch, passend zu seiner ausschweifenden Gestik. Er lachte nur selten aus vollem Hals, doch sein einnehmendes Lächeln ging häufig in ein heftiges Kichern über, bei dem ihm jedesmal die Tränen über die Wangen liefen. Damit gelang es ihm in allen Situationen, sein Gegenüber zu beschwichtigen, sollte er dies durch seine formvollendete Höflichkeit nicht bereits geschafft haben.

Wir unterhielten uns ausführlich und tauschten Neuigkeiten aus. Er vertraute mir an, daß sich seine europäischen Kollegen, vor allem jene, die jünger waren als er, viel zu ernst nähmen.

»Dabei sieht man genau, daß sie sich nicht wirklich engagieren«, nörgelte er. »Ich glaube nicht, daß die Leute aus dem Westen den Begriff ›Engagement‹ überhaupt verstehen. Schau dir diese Afghanen an! Du weißt doch, wie es ist – einige von ihnen würden für dich sterben. Aber was passiert im Westen? *Merde!* Sobald es ein Problem gibt: *Allez hoop! Je m'en vais!* Ich verschwinde lieber!«

Darüber hinaus hatte er auch Probleme mit dem anderen Geschlecht, wie er zugab. Aus irgendeinem Grund schienen ihm die Frauen nicht recht zu trauen, und all seine Annäherungsversuche schlugen unweigerlich fehl.

»Vielleicht bist du zu romantisch«, schlug ich vor. »Du solltest einfach etwas direkter sein.«

»Aber das *bin* ich doch!« protestierte er theatralisch und blies erbost eine Rauchwolke in die Luft. »Erst gestern habe ich einer von diesen schwedischen Krankenschwestern gesagt, daß sie spirituelle Augen habe.«

»Und was hat sie geantwortet?«

»Sie sagte: ›Hauen Sie ab.‹«

»Du hättest dich vielleicht erst einmal vorstellen sollen.«

»Sie wollen immer beides auf einmal! *Enfin* ...« Er nukkelte grübelnd an seiner Pfeife. »Ich verstehe diese europäischen Frauen nicht. Sie sind so kalt. Männer und Frauen sind dazu bestimmt, sich zu vereinigen, sich gegenseitig zu ergänzen. *L'amour! L'amour!*«

Ich fragte, wann er denn seine Frau und seine Kinder wiedersehen würde.

»Mein Gott! Wenn meine Frau mich so reden hörte! *Merde*, sie fehlen mir mehr, als du dir vorstellen kannst.« Dann wurde seine Miene auf einmal ganz ernst, und er sagte: »Du weißt natürlich, daß ich *niemals* ...«

»Natürlich nicht.«

»Aber trotzdem ...«

Wir lachten.

Tim dagegen ging es gar nicht gut. Er war an Ruhr erkrankt und sah dünn und bleich aus. Zu den Mahlzeiten war der Tisch übersät mit Tabletten, die er von der englischen Krankenschwester vom Roten Kreuz erhalten hatte.

Aman erzählte mir im Vertrauen, daß er für Tim spezielle Mahlzeiten mit einer heilenden Wirkung zubereite. Er hatte die Rezepte aus einem Buch für medizinische Nahrungsmittel und verwendete das Wort *junani*, um das Heilverfahren zu beschreiben.

»Ein dickes Buch«, flüsterte er verschwörerisch. »Es ist zu Hause in Bamjan. Ich zeige es dir, wenn du mich besuchen kommst. Dann schlachten wir ein Schaf und halten ein riesiges Festmahl ab …« Er tänzelte mit dem Tablett in Tims Zimmer.

Junani! Das bedeutete »griechisch« und bezog sich sicherlich auf das medizinische Wissen, welches die griechischen Siedler einst mit ins Land gebracht hatten. 2000 Jahre später noch behandelte Aman seinen Patienten heimlich nach den Prinzipien der vier Temperamente.

Unsere Unterkunft war nach wie vor ein einziger Widerspruch, denn trotz des herrschaftlichen Äußeren fehlte fast aller Komfort. Früher einmal mußte das Gebäude jedoch sehr luxuriös gewesen sein; immerhin hatte es dem bulgarischen Botschafter als Residenz gedient. Mittlerweile jedoch waren die Doppelglasfenster alle gesprungen oder zerbrochen, und im Kronleuchter über der Wendeltreppe fehlten sämtliche Glühbirnen. In der riesigen Einbauküche standen Resopalschränke, die alle leer waren, ein moderner Gasherd, für den man kein Gas mehr bekam, und eine Spüle mit zwei Becken, in die seit Jahren kein Wasser mehr geflossen war. Gelegentlich gab es eine stockende Telefonverbindung, doch die Vermittlung war so unzuverlässig, daß man stets mit der falschen Nummer verbunden wurde. Dschan störte dies wenig, er verwickelte sein Gegenüber in der Leitung trotzdem in ein langes Gespräch und erfuhr auf diesem Weg Neuigkeiten über entfernte Verwandte. Meines Wissens bekamen wir nie eine Telefonrechnung zugeschickt.

Wir behalfen uns mit einem kleinen Kocher beim Zubereiten der Mahlzeiten und beim Erhitzen des Wassers. Im oberen Badezimmer gab es zwar eine Dusche mit einer getönten Glastür, doch wir kauerten uns lieber gleich auf den Boden. Die Marmorfliesen waren so kalt, daß die Körperpflege einen ungewohnten Wagemut und große Geschicklichkeit erforderte, wenn man es vermeiden wollte, auszurutschen, sich zu verbrühen, zu früh kein heißes Wasser mehr zu haben oder sich an dem rußigen Metalleimer gleich wieder schmutzig zu machen.

Ein Generator im Garten sorgte dafür, daß wir über Tag einige Stunden lang elektrischen Strom hatten. Tim beheizte einen einzigen Raum mit einem selbstgebastelten Ofen, der mit Diesel befeuert wurde. Nach Einbruch der Dunkelheit saßen wir oft stundenlang schweigend zusammen. Tim und ich lasen, während Dschan neben dem Ofen kauerte, um ihn gelegentlich zu schüren, nachdachte und rauchte. Unsere Ohren lauschten immer noch auf den verräterischen Knall der Artillerie. Dschan sprang regelmäßig mit der Behendigkeit eines Mungos auf, worauf wir alle uns augenblicklich mit einem Sprung vom Fenster weg in Sicherheit brachten und an der Wand Schutz suchten. Doch es folgte nie ein Einschlag, er hatte lediglich das versprengte Echo des Artilleriefeuers gehört.

In den Gesprächen zwischen diesen Schrecksekunden lernte ich ihn besser kennen. Er stammte aus dem Pandschir-Tal. Das Leben dort war friedlich und ruhig gewesen, bis die Sowjets kamen und er allein aufgrund der Tatsache, in diesem Tal geboren zu sein, in den Augen der Behörden plötzlich zum konterrevolutionären Banditen wurde. Danach hatte er gekämpft, war nach Amerika, England und Pakistan gereist und hatte seine Eltern elf Jahre nicht mehr gesehen. Als die Kommunisten 1992 aus Kabul flüchteten, war er in die Stadt zurückgekehrt, wie unzählige andere auf ein Ende des Krieges hoffend. Statt dessen begann für ihn jedoch erneut ein Leben voller Ungewißheit und Not. Die gegenwärtige Spaltung des Landes hatte zur Folge, daß er seine Kinder nicht mehr zur Schule schicken und sein Haus im Pandschir-Tal, das von Bomben zerstört war, nicht reparieren konnte. In einem unserer Gespräche gestand er mir auch, daß er das zusätzliche Geld für Lebensmittel, das er von mir erhalten hatte, der Haushälterin für ihre kranke Tochter gegeben habe.

»Was passiert, wenn eine Rakete mein Haus trifft?« fragte er, als wir uns unterhielten. »Das wäre wirklich ein Problem, ein riesiges Problem!« Wir grinsten und schüttelten unsere Köpfe über den Wahnsinn dieser Zeit, und ich überlegte, ob ich in der gleichen Situation ebenso unbeschwert lachen könnte.

»Es wird Jahre dauern, bis alles wieder normal ist«, fuhr er fort. Seine Offenheit überraschte mich. »Selbst wenn die Taliban Kabul erobern, wird es damit nicht aufhören. Andere werden kämpfen, um ihren Platz einzunehmen. Es wird immer so weitergehen. Fünf, vielleicht zehn Jahre noch, denke ich ...«

Kein Wunder, daß er so ein düsteres Gesicht machte. Doch vielleicht war dies die bittere Medizin, die dem Land vom Schicksal aufgezwungen wurde, bis irgendwann einmal der Punkt erreicht war, an dem es keine Hoffnung mehr gab. Vielleicht war dies die einzige Möglichkeit, den verschiedenen Gruppen ihren Glauben an eine militärische Lösung auszutreiben.

Raschid kam tagsüber vorbei. Tim beschäftigte ihn nicht nur als Fahrer, sondern bemühte sich auch, ihn als Reporter auszubilden.

»Viele Leute haben gesagt, sie würden mir helfen, aber ohne ihr Versprechen zu halten«, erzählte Raschid.

Anders als Dschan, der sehr auf seine äußere Erscheinung und seine Manieren achtete, wirkte Raschid etwas heruntergekommen. Ich nahm an, daß er während seiner Zeit als Wehrpflichtiger unter den Kommunisten zuviel Schreckliches gesehen hatte und aus Verbitterung Zuflucht in Zynismus und Respektlosigkeit suchte.

Ich sprach ihn auf die Narbe auf seiner Stirn an. Er habe insgesamt drei schöne Wundmale, berichtete er zärtlich, während seine Finger die verräterischen Spuren auf seiner Kopfhaut nachzeichneten: Einmal sei er mit seinem Bruder auf einem Esel geritten und heruntergefallen, ein anderes Mal sei er in einen Stall geschlichen und von einem Bauern entdeckt worden, der ihm einen Schlag mit einer Schaufel verpaßte, und die dritte Narbe habe er sich als Jugendlicher zugezogen, als ihm von einem starken Stück Kautabak schwindelig geworden sei. Ich erzählte im Gegenzug, wie ich mit neun Jahren einen brennenden Stock in einen ausgedienten unterirdischen Öltank gehalten hatte. Obwohl es eine riesige Explosion gab, war ich ohne Verletzung davongekommen – einmal abgesehen von den kleinen Steinchen, die einen Monat lang meine Stirn zierten.

Ihm gefiel diese Geschichte, und sie brachte uns auf das Thema Unfälle im allgemeinen. Der spektakulärste, den er jemals gesehen hatte, war eine Kollision im Luftraum über dem Flughafen von Dschalalabad. Die Piloten zweier russischer Kampfhubschrauber hätten in der Nähe des Kontrollturms mit ihren Flugkünsten geprotzt, bis sich ihre Rotorblätter fatalerweise verhakten.

»Ja«, sann er verzückt, »das war wirklich ein toller Anblick.«

Ich fragte ihn, warum ihn die Kommunisten ins Gefängnis gesteckt hätten, und er stieß ein langes, verächtliches Schnauben aus. »Warum haben sie eineinhalb Millionen Afghanen getötet? Es gibt keinen Grund!«

Ich stellte erfreut fest, daß beim Roten Kreuz einige Nachrichten auf mich warteten, die über die Satellitenverbindung gekommen waren. Es war stets ein wunderbares Gefühl, Briefe von der anderen Seite des Erdballs zu erhalten, und ich überflog die Zeilen voller Demut und Vorfreude. Beim Lesen überkam mich jedoch ein unerklärliches Gefühl der Enttäuschung, als seien es nicht wirklich die Neuigkeiten, die ich mir erhofft hatte. Mir war vollkommen klar, daß ich vermutlich zu große Erwartungen an diese Briefe stellte. Doch schrieb ich selbst eine Nachricht nach Hause, so war dies für mich stets eine bedeutsame Angelegenheit, weil ich all meine Ängste und meine Einsamkeit in das Schreiben einfließen ließ. Daher glaubte ich, daß eine Antwort von diesem fernen Ort voller Wohlstand, Frieden und Privilegien, die in meiner derzeitigen Umgebung so undenkbar waren, irgendwie diesen Brückenschlag mit einer ähnlichen Großzügigkeit erwidern und mir in dieser fremden Umgebung sowohl Trost als auch Inspiration spenden müsse. Aber das war wohl ein wenig viel verlangt...

Alle Briefe schlossen mit dem Ausdruck der Hoffnung, ich würde nicht allzusehr unter der Situation in Kabul leiden, weil meine Familie mittlerweile Fotos von den zerstörten Straßen und den elend aussehenden Kindern gesehen hatte und nun offensichtlich meinte, ich stapfe ständig durch qualmenden Schutt und müsse schreckliche Entbehrungen erdulden.

Draußen scherzte ich mit drei afghanischen Jungs, die als Helfer und Fahrer arbeiteten. Sie kicherten über die ausländischen Frauen, die ständig über den Hof gingen. Eine gefiel ihnen besonders gut, doch für die drei Jugendlichen war sie ebenso rätselhaft und unnahbar wie die afghanischen Frauen für mich. Einer der drei sprach schließlich die Frage aus, die ihnen allen auf dem Herzen lag: Würde eine Ausländerin jemals mit einem afghanischen Mann »gehen«?

Nun, was glaubten denn sie, fragte ich zurück. Würde denn eine afghanische Frau jemals mit einem Ausländer gehen? Sie lachten laut und schüttelten einmütig den Kopf: Man würde ihn umbringen.

Am Abend fand in einer der ausländischen Botschaften eine Party statt – wie üblich ein lautstarkes, ausschweifendes Ereignis, bei dem sich unter Freunden die Sorgen und Ängste des Lebens in Kabul für einen Abend verdrängen ließen.

Ich stand derartigen Festivitäten, bei denen man sich dank der Gesellschaft, der Musik, des Essens und des Weins wie zu Hause fühlte, stets etwas zwiespältig gegenüber. Denn dies war nicht unser Zuhause, und der Luxus kam mir zuweilen wie eine Farce vor, von der man sich allzuleicht täuschen ließ und die mich auf eine schwer zu benennende Weise lähmte. Zudem konnte ich den Gedanken nicht loswerden, daß sich jenseits dieser Vergnügungsstätten eine Stadt voller Menschen befand, die froren und Hunger litten. Wenn ich mich zu lange bei derartigen Feierlichkeiten aufhielt, plagte mich daher stets ein Gefühl der Unehrlichkeit.

Die Musik war laut, die Leute tanzten, und die Stammgäste unterhielten sich dröhnend an der Bar. Ich traf einen englischen Fotografen, der sich auf seiner zweiten Reise durch Afghanistan befand, und entwickelte sogleich eine Zuneigung für ihn, weil er in etwa das gleiche Alter hatte wie ich auf meiner ersten Reise in dieses Land. Ich ermutigte ihn – so wie man anderen etwas wünscht, das man eigentlich für sich selbst ersehnt –, auf sich selbst zu vertrauen und sich nicht vor dem Alleinsein zu fürchten, und bestärkte ihn darin, auch in Zukunft möglichst viel zu reisen und stets alles zu hinterfragen.

In einer Ecke drängte sich eine kleine Schar französischer Krankenschwestern, die mich an eingesperrte Rebhühner erinnerten, während ich vor einer betrunkenen Amerikanerin floh, die verkündete, sie wolle mich besser kennenlernen. Ein afghanischer Koch spähte gelegentlich hinter der Küchentür hervor, um einen Blick auf die wilden, kreisenden Bewegungen einer rothaarigen Krankenschwester zu erhaschen, die mutterseelenallein in der Mitte des Raums tanzte.

Zum ersten Mal, seit ich Kabul vor einem Monat verlassen hatte, trank ich ein Glas Wein, dazu rauchte ich mit Tim die Zigarre, die auf wundersame Weise die Reise in den Norden überlebt hatte. Beides hatte eine ziemlich durchschlagende Wirkung auf mich, und mein Tagebucheintrag an diesem Abend bestand aus einem wirren Unsinn darüber, zwischen zwei Welten gefangen zu sein und welches Verlangen ich nach beiden empfand. Außerdem hatte ich Heimweh.

In diesem angeschlagenen Zustand begann ich eine lange

und ermüdende Unterhaltung mit einem niederländischen Buchhalter, der nach eigener Aussage für eine Hilfsorganisation arbeitete und zu einem kurzen Besuch in Kabul war. Er zeigte ein fast schon aggressives Interesse für mein Vorhaben, ein Buch über Afghanistan zu schreiben, und bat mich, es ihm genauer darzulegen.

Selbst in nüchternem Zustand fiel es mir schwer, meine Motive zu artikulieren, da sie sich über die Jahre mit einer ihnen innewohnenden, schwer greifbaren Rastlosigkeit entwickelt und durch die Erfahrungen des vergangenen Monats weiter verändert hatten. Ich gab zu, daß meine Erklärung selbst in meinen eigenen Ohren etwas dünn klinge, aber daß er nach einem längeren Aufenthalt im Land vielleicht besser verstehen würde, was ich meinte.

»Wenn Sie keinen Plan haben«, widersprach er grimmig, »werden Sie auch nichts finden, worüber Sie schreiben können.«

Ich fühlte mich angegriffen und begann, über das Wesen der Reiseliteratur an sich zu sinnieren. Alles hatte im dreizehnten Jahrhundert mit einem jungen Italiener namens Marco Polo angefangen, der das Erzählen von Lügengeschichten aus fremden Ländern salonfähig machte. Im großen und ganzen hatte sich das Genre seit Polos Zeiten nur wenig verändert: Ein Mann oder eine Frau macht sich auf den Weg zu unbekannten Orten, ohne Kenntnisse über Sprache oder Geographie des Landes, mit einer veralteten Landkarte und einem geliehenen Wörterbuch im Gepäck, lebt dort, solange es die familiären Vermögensverhältnisse gestatten, schamlos von der Gastfreundschaft der Einheimischen und kehrt dann nach Hause zurück, um seine oder ihre oberflächlichen Eindrücke in einer halbfiktiven Sammlung von Beschreibungen festzuhalten, welche die gängigen Vorurteile lediglich bestätigen. Angesichts der Mittelmäßigkeit der beschriebenen Erfahrungen, und um eine intellektuelle Überforderung der mikroskopisch bemessenen Aufnahmefähigkeit des Lesers zu vermeiden, erfindet er oder sie noch eine noble »Suche«, um die herum sich die Erzählung rankt, wobei die Wahrheit tunlichst verschwiegen wird. Diese Geschichte wird nun mit erfundenen Dialogen ausstaffiert, einem theoretischen Teil voller Ungenauigkeiten und falscher Übersetzungen sowie wortreichen Berichten über erlittene Unbill, mit der die einheimische Bevölkerung tagtäglich klaglos leben muß. Dazu gehört auch eine lange Liste trivialer Fakten, die im Land selbst jedes Schulkind kennt, die aber als eine Offenbarung des Wissens ausgegeben wird. Der ursprüngliche Geist einer solchen Reise wird indes durch den Versuch, mit akademischen Worthülsen im Stile längst vergriffener Enzyklopädien Gelehrsamkeit zu versprühen, zunichte gemacht; das Unbehagen aber, in einer fremden Kultur gestrandet zu sein, versteckt man hinter einer eigenartigen, herablassenden Art von Humor, den die ans Sofa gefesselte Leserschaft als lustig empfindet. Und das Fazit einer solchen Lektüre? Ist lediglich eine Bestätigung dessen, was ohnehin bereits jeder weiß: daß man besser zu Hause bleibt.

Der Niederländer blickte finster drein und fragte, wie ich ein Buch über eine Reise schreiben wolle, wenn ich keine Ahnung hätte, wohin mich diese Reise denn führen würde? Und wie, setzte er ziemlich erbost nach, könne ich eine Reise machen, wenn ich nicht wisse, was ich darüber schreiben würde?

Ich antwortete, dies seien eben die Unwägbarkeiten, die man in Kauf nehmen müsse, doch er schüttelte nur mitleidig den Kopf, wie ein Missionar angesichts eines reuelosen Sünders. Dann bohrte er jedoch unbeirrt weiter, so daß ich innerlich resignierte und mich fortan möglichst rätselhaft ausdrückte, um ihn loszuwerden. Ich wies darauf hin, daß eine Reise an sich schon eine Art Geschichte sei – vorausgesetzt, man habe den Willen, sie zu lesen –, ebenso wie auch eine Geschichte eine Reise sein könne – vorausgesetzt, man habe die nötige Erfahrung dafür –, und daß beide auf verschiedene Art und Weise unterschiedliche Leute ansprächen.

»Sie reden doch nur Unsinn!« sagte der Niederländer schließlich in angewidertem Ton. Da rührte sich die massige

Gestalt neben mir an der Bar, die schon seit einiger Zeit dort saß und uns zuhörte. Der Mann wandte sich an den Niederländer und sagte in einem starken neuseeländischen Akzent: »Warum halten Sie nicht einfach die Klappe?«

Dann drehte er sich zu mir, und ich blickte in das gutaussehende, bärtige Gesicht eines Mannes um die Fünfzig. Seine Nase sah aus, als sei sie schon einige Male gebrochen worden, und er hatte die unverwüstliche Ausstrahlung eines erfahrenen Bergsteigers. Wir schauten uns an, und er sagte: »Was du gesagt hast, war der erste kluge Satz, den ich heute abend gehört habe.«

Und so machte ich die Bekanntschaft von Bob McKerrow, Leiter des Roten Halbmonds in Afghanistan, von seinen Bekannten auch Ropate genannt. Von diesem Moment an waren wir Freunde, auch wenn ich ihn erst einen Monat später wiedersehen sollte.

Der nächste Morgen war klar, kalt und sonnendurchflutet. Ich hatte mich mit Rafiq zum Mittagessen verabredet und befand mich auf dem Weg zu seinem Haus, als eine Explosion in einer nahe gelegenen Straße den Boden erschütterte. Ich fand Rafiq mit düsterer Miene auf dem Sofa sitzen und mit seiner Pfeife im Aschenbecher herumstochern. Dort lag ein noch heißer Schrapnellsplitter, der durch den Garten gesaust und vor seinen Füßen aufgeprallt war. Die Granate, die ich zuvor gehört hatte, war auf einem leeren Grundstück in der Nähe eingeschlagen und hatte, wie wir später erfuhren, einen kleinen Jungen getötet.

»*Merde!*« sagte Rafiq.

Zum Mittagessen gab es Roastbeef mit Kartoffeln und Soße. Das war ein so seltenes Mahl in dieser Stadt, daß ich dem Koch, als er erschien, ein Kompliment machte. Er strahlte, als er hörte, daß ich aus England kam, und erklärte, er sei früher Koch bei der britischen Botschaft gewesen. Er erkundigte sich, ob ich einen Mr. Pirs kenne. Vermutlich meinte er Piers Carter, den ehemaligen britischen Botschafter, der vor über zwanzig Jahren in Kabul residiert hatte.

»Das waren gute Leute«, sagte er, »wirklich gute Leute.«

Rafiq erzählte von seiner Flucht aus dem Iran. Nach der Revolution ermittelte die Geheimpolizei gegen ihn und seine Frau. Sie saßen kurze Zeit im Gefängnis und entschlossen sich dann zu fliehen. Rafiq ging zuerst. Ein Onkel im Süden wollte ihm Unterschlupf gewähren und half, seine Flucht in die Wege zu leiten. Nach verschiedenen Abenteuern wurde er von einem Belutschen auf einem Kamel durch die Berge über die Grenze nach Pakistan geschmuggelt. Es sei die mörderischste Reise seines Lebens gewesen.

»Der Mann war unglaublich«, sagte er und erzählte mit offenkundiger Zuneigung von der Zähigkeit seines Begleiters. Die Beschreibung erinnerte mich an Schwarzbart, meinen ersten Führer nach Afghanistan. »Er hat kein Wort geredet, sondern mich nur ab und zu angeschaut. *Mon Dieu*, selbst als ich schon völlig erschöpft war, hat er mich angeschaut. Und dann, als ich schon halb tot war – *sur le point de mourir* –, gab er mir etwas Wasser zu trinken. *Quel homme!*«

Als wir nach dem Essen unseren Tee tranken, kamen einige weitere Besucher herein, darunter eine englische Krankenschwester und ein ziemlich unfreundlicher Engländer, ein Korrespondent der *Times* aus London. Da die fundierte Berichterstattung über Afghanistan so spärlich war, freuten wir uns immer, einen Reporter aus dem Ausland in unserer Mitte zu haben.

»Ich wollte eigentlich gar nicht kommen«, sagte er mürrisch. »Ich bin nur wegen ihr hier.«

Er meinte die englische Krankenschwester, eine Freundin von ihm, die ihn dazu überredet hatte, nach Kabul zu kommen, um über die Notlage der Stadt zu berichten. Er schien ganz und gar nicht begeistert über diesen Auftrag.

»Ich hoffe«, sagte ich argwöhnisch, »daß Sie nicht nur negative Dinge schreiben. Berichte über diese Stadt neigen dazu, unnötig pessimistisch zu klingen.«

»Nachrichten sind Nachrichten«, erklärte er abwehrend. »Dafür werden wir bezahlt.«

»Aber es müssen doch nicht immer nur schlechte Nachrichten sein, oder?«

»Hören Sie – es hat keinen Sinn zu jammern«, schnauzte er. »Ich mache nur meine Arbeit.«

Bislang hatte ich noch keinen einzigen ausländischen Artikel über die positiven Entwicklungen im Land gelesen. Die kreativen Bemühungen der Afghanen um Lösungen für die großen Probleme, die der Krieg mit sich brachte, wurden in den Medienberichten kaum erwähnt. Statt dessen las man nur von Anarchie und Zerstörung und Andeutungen von hoffnungsloser Dunkelheit und Verzweiflung. Offenbar existiert in uns Menschen ein tiefes, unausgesprochenes Bedürfnis nach Nachrichten über Katastrophen, die, wenn sie denn zu Hause nicht zu finden sind, eben in der Ferne gesucht werden. Kamerateams auf Besuch in der Stadt filmten daher ansonsten gern die teilamputierten Kinder in den Krankenhäusern. Selbst die in Kabul lebenden Journalisten hielten nicht viel von den Korrespondenten, die für ein Wochenende in die Stadt flogen, über die hiesigen Schwierigkeiten schimpften und anschließend wichtigtuerisch über die »Situation« berichteten.

Zusätzlich zu der selten offen ausgesprochenen Tatsache, daß gute Nachrichten keine Nachrichten sind, wurde die Situation noch durch die religiöse Dimension des Krieges verschlimmert, und die hastig exportierten Berichte über die Ereignisse waren oftmals in einem fast schon lächerlichen apokalyptischen Tonfall abgefaßt. Damit widersprachen sie ganz und gar unseren eigenen Erfahrungen; als würden sie von einem anderen, entvölkerten Ort handeln, an dem es nichts gab außer »sich bekriegenden Stämmen«, die Bedrohung durch den »Islam« und einen sogenannten »Fundamentalismus« – emotional aufgeladene und angsteinflößende Begriffe, die jedoch kaum jemand zufriedenstellend definieren konnte.

Jene, die länger im Land blieben, machten sich mit der Zeit ihr eigenes Bild von den beteiligten Kräften und waren den Argumenten verschiedener Seiten ausgeliefert, die alle ihre eigenen Beweise vorbrachten. Dabei ging es eher um konkrete Inhalte als um religiöse oder ideologische Fragen.

Für diejenigen, die das Land aus erster Hand kannten, ließ sich der Konflikt nicht in Form von abstrakten Begriffen und schon gar nicht anhand diffuser Kategorien der »Religion« analysieren. Ein umfassendes Verständnis des Landes erforderte nicht nur eine genaue Kenntnis der Geographie und der Menschen, sondern auch ein breites Spektrum an Kontakten zu den Einheimischen. Wir hatten uns mit Afghanen aus allen Regionen des Landes angefreundet und genossen ihre Gastfreundschaft. Das daraus resultierende Mosaik an Erfahrungen enthielt sowohl klare, geometrische Muster als auch geschwungene Arabesken.

Die Verunglimpfung alles Islamischen hat auf Afghanistan weit weniger übergegriffen als auf andere muslimische Staaten. Vermutlich hatten die Armut der Afghanen und ihre Freundlichkeit gegenüber Fremden einen besänftigenden Effekt auf die üblichen Verteufelungen. Dennoch zeigten sich auch hier die Folgen, wie man am Beispiel des Kriegs gegen die Sowjets sehen konnte.

Während der sowjetischen Besatzungszeit war es aufgrund der Isolation des Landes und der Gefahren beim illegalen Grenzübertritt besonders schwierig, objektive und verläßliche Nachrichten über den Konflikt zu erhalten. Dies bot allerdings auch zahlreiche Möglichkeiten für aufstrebende Reporter, ihre Karriere voranzutreiben, und zwar häufig ohne eine sorgfältige Prüfung der Fakten, wie sie andernorts üblich war. Ein bekannter amerikanischer Fernsehjournalist beispielsweise war irgendwann so frustriert über die Probleme bei der Einreise nach Afghanistan, daß er im Grenzgebiet gefilmte, nachgestellte Kämpfe als seltene Kriegsaufnahmen aus dem Inneren des Landes verkaufte. Ein anderer Dokumentarfilm porträtierte die Mudschaheddin als sadistische, haschischrauchende Aufsässige, die ihre Gefangenen enthaupteten und sich im Drogenrausch begeistert ins Gefecht stürzten.

In dem zehn Jahre währenden Krieg gegen die Sowjets

beschrieb nur ein winziger Teil der westlichen Berichte den Krieg, den Männer, Frauen und Kinder gegen die Besatzer führten, als legitime »Widerstandsbewegung«. Ansonsten wurden die Afghanen, die gegen die sowjetischen Soldaten oder gegen das kommunistische Regime kämpften, fast ausnahmslos mit Ausdrücken wie »islamische Guerillas«, »Moslemrebellen« oder, der dümmste von allen, »heilige Krieger« belegt.

Keines dieser Etiketten wurde dem Ausmaß des Volkswiderstands gerecht oder bot eine zutreffende Beschreibung für Menschen wie beispielsweise jene Hausfrau, die nach der Ermordung ihres Mannes durch russische Folterknechte irr vor Trauer einen russischen Offizier von hinten erdolchte, oder jenen afghanischen Armeeangehörigen, der wichtige Geheiminformationen über die sowjetischen Offensiven an seine Verwandten auf dem Land weitergab, oder dem Kind, das einem sowjetischen Stützpunkt vergiftete Trauben brachte. Sie ließen auch nichts von dem hohen Grad an Disziplin und Organisation innerhalb der Mudschaheddin-Gruppen erahnen. Das vorherrschende Bild des Widerstandes zeigte eine Gruppe von Desperados, die sich in den Bergen verkroch, was durch jahrhundertealte Klischees von der afghanischen Erbarmungslosigkeit und genetischen Veranlagung für den Krieg noch verstärkt wurde.

Dadurch, daß die Medien sich auf den Islam als entscheidendes Erklärungsmodell für die Situation im Land versteiften, blieben die Anstrengungen der Millionen, die den Sowjets in dieser Zeit Gegenwehr leisteten, unerwähnt. Die Wortwahl verhinderte zudem, daß die Afghanen im Westen ein menschliches Antlitz erhielten – als würden sie aufgrund ihres muslimischen Glaubens nicht ebenso unter der Zerstörung ihrer Häuser leiden oder über ihre Toten weinen wie Menschen anderen Glaubens. Die Rechtmäßigkeit ihrer an sich ganz normalen Reaktion – Widerstand gegen einen fremden Angreifer – wurde somit geleugnet, fast als müsse man Muslim sein oder zumindest ein »Rebell«, um sich gegen eine Fremdherrschaft zu stellen. Dabei bezeichnete man die Soldaten des Vietcong, die gegen die Amerikaner kämpften, meines Wissens niemals als »buddhistische Rebellen«, ebensowenig wie der französische Widerstand gegen die deutsche Besatzung während der Nazizeit als Reaktion »christlicher Aufständischer« abgetan wurde. Doch die Zuschreibungen blieben größtenteils erhalten, ohne hinterfragt zu werden, und so wird nach wie vor allen möglichen Ereignissen in islamischen Ländern eine obskure religiöse Dimension unterstellt, die man in anderen Zusammenhängen niemals erwähnen würde.

Während des Krieges gegen die Sowjets teilten die westlichen Medien die verschiedenen Widerstandsgruppen, die in den Konflikt verwickelt waren, in eine »gemäßigte« und eine »extremistische« Richtung, als wäre für den Westen ihre ideologische Orientierung das entscheidende Kriterium ihrer Existenz. Die äußerst vielschichtigen lokalen Faktoren von ethnischer, kultureller und politischer Tragweite blieben damit jedoch unberücksichtigt.

Noch heute sind solche Vereinfachungen mitverantwortlich dafür, daß der gegenwärtige Bürgerkrieg scheinbar so schwer zu durchschauen ist. Da sich der Krieg nicht einfach auf ein Schwarz-Weiß-Schema reduzieren läßt, wird er – wenn auch sehr subtil – als ein Produkt von Menschen dargestellt, die weniger rational agieren als jene in den friedliebenden Staaten des Westens.

Glücklicherweise drehten sich unsere Unterhaltungen in Kabul nur selten um dieses Thema. Wir erlebten das Ausmaß der Not so unmittelbar, daß eine ernsthafte Diskussion über den Konflikt für uns wenig verlockend war. Die Ereignisse sprachen für sich. Unsere Sorgen reduzierten sich auf einfache, aber für uns persönlich durchaus bedeutungsvolle Erfolge, wie beispielsweise am Ende eines Tages noch am Leben zu sein. Wir schreckten ganz intuitiv vor politischen Debatten zurück, es sei denn, sie waren für unsere Arbeit von Belang. Gespräche über Religion fanden sogar noch seltener statt.

Was den »Islam« anbetraf, so hatten wir im Grunde nur

einen grundlegenden Kritikpunkt: Es war unmöglich, einen halbwegs genießbaren Wein aufzutreiben.

Kabul stand immer noch unter Belagerung. Jeden Tag und jede Nacht schlängelten sich die gegnerischen Streitkräfte während der Gefechte die südliche Grenze entlang. Die Kämpfe waren in ihre entscheidende Phase getreten. Raketen und Artilleriefeuer prasselten nach wie vor erschrekkend unvorhersehbar auf die Straßen nieder, und die Not wurde immer größer. Nachts war es eisigkalt. Da die üblichen Handelswege nach Norden und Süden unterbrochen waren, gab es kaum noch Feuerholz, während sich die Preise für andere Brennstoffe in schwindelnde Höhen schraubten.

Eines Morgens – wir saßen gerade lesend und schreibend im Wohnzimmer – hörten wir aus den Bergen im Süden fünf dumpfe Schläge in Folge. Tim begann zu zählen, und wir wichen von den Fenstern zurück. Irgendwo im Osten ertönte ein lautes Krachen, ehe ganz in unserer Nähe noch drei weitere Explosionen zu hören waren. Ich konnte fast körperlich spüren, daß jemand gestorben war – so als hätte jemand im Nebenzimmer das Licht ausgeknipst.

»Das war unten am Fluß«, sagte Tim, und wir griffen nach unseren Sachen. Auf der Straße wies man uns zur Pul-i-Chischti-Moschee, wo während des Mittagsgebets eine Granate im Hof eingeschlagen war. Die Menge, die sich um die Toten und Verletzten versammelt hatte, zerstreute sich bereits wieder.

In einer blutbefleckten Steinplatte war ein flacher Krater zu sehen, auch die Fenster im unteren Stockwerk der Moschee waren zersprungen, und im Innern lagen Splitter und Scherben auf dem Teppich verstreut.

Schon seit meiner Ankunft in Kabul irritierte mich die augenscheinliche Gleichgültigkeit der Afghanen gegenüber dem Krachen der feindlichen Raketen. Wenn ich das drohende Grollen aus dem Süden hörte, versuchte ich oft, es ihnen gleichzutun und gemächlich weiterzugehen, anstatt mich in den Schutz einer Mauer zu flüchten und in Gedanken die verbleibenden Sekunden bis zum Aufprall zu zählen – allerdings stets ohne Erfolg. Es war wie eine Schwelle, auf die ich zustrebte, aber die ich nicht überschreiten konnte.

Die Gelegenheit dazu kam ganz unerwartet eines Nachmittags. In unserer Straße standen immer mehrere junge Soldaten herum, die ein Haus in der Nachbarschaft bewachten. Sie sahen mich oft mit der Kamera unter dem Arm weggehen, worauf sie klickende Geräusche machten und fragend die Hände hoben. Eines Tages war das Licht einfach perfekt, und ich fotografierte sie der Reihe nach. Natürlich gab es dabei das übliche Problem: Sobald ich mit meinem Auge hinter der Linse verschwand, schauten sie ganz finster und ernst, und sobald sich die Klappe wieder geschlossen hatte, strahlten sie über das ganze Gesicht.

Für ein Gruppenbild mit mir drückten sie mir ein Gewehr in die Hand, während einer von ihnen den Fotoapparat im schrägen Winkel auf uns richtete.

Wir stritten uns noch darüber, wer wo stehen sollte, als ein donnerndes Krachen ertönte, das von allen Seiten auf einmal zu kommen schien und sich zu einem lauten, alles erschütternden Kreischen auswuchs. Wir rannten auseinander und duckten uns vor dem furchterregenden Lärm. Nachdem wir wieder zur Besinnung gekommen waren, hörten wir eine dumpfe, donnernde Explosion im Süden und wußten daraufhin, daß ein Regierungsflugzeug eine feindliche Stellung attackiert hatte.

Der Himmel wurde vom Lärm der Flugzeugmotoren zerrissen, während der Jet nach dem Treffer steil nach oben flog und in einer Schleife zur Stadt zurückkehrte. Als der Pilot mit seinem Flugzeug fast vertikal in die Höhe schoß und drei siegestrunkene Pirouetten vollführte, konnten wir die Flügel im Sonnenlicht blitzen sehen. Diese provozierende Geste verlieh dem Ganzen die Aura eines wilden Hasch-mich-Spiels. Und tatsächlich hörten wir Sekunden später das Donnern der Artillerie, die nun als Vergeltung von den Bergen auf die Stadt abgefeuert wurde.

»Bitte, machen Sie doch noch ein paar Fotos von uns«, sagte einer der Soldaten, als er sah, wie ich zu einer Mauer trat und leise zu zählen begann.

»Aber die Raketen ...«

»Was haben wir damit zu tun?« fragte er voller Verachtung.

»Hetsch gap-e nest«, meinte ein anderer und winkte abfällig. »Keine Angst.«

Wir hatten nur noch wenige Sekunden.

»Kommen Sie – fotografieren Sie uns«, forderte mich einer der beiden anderen auf, die Schulter an Schulter für die Kamera bereitstanden. Sie grinsten alle breit, als die Druckwelle der ersten Detonation, etwa 150 Meter entfernt, unsere Körper traf. Ich schrak heftig zusammen. Wir standen mitten auf der Straße, ohne die geringste Deckung.

»Machen Sie schon! Fotografieren Sie uns endlich!«

Ich zwang meine Hände mit der Kamera nach oben und blickte durch den wackelnden Sucher. Wieder explodierte eine Rakete mit einem Krachen, als wäre eine schwere Eiche in der Nähe umgestürzt. Eine dritte Explosion ertönte, während ich mich dazu zwang, weiter zu fotografieren. Dann waren noch ein paar ferne Schläge zu hören, und die Gefahr war vorüber. Die jungen Männer klopften mir auf die Schulter.

»Sehen Sie?« sagte einer von ihnen.

Daß ich dem Impuls zu fliehen und mich zu verstecken widerstanden hatte, erfüllte mich mit einer wilden Freude und einem unglaublichen Gefühl von Freiheit und Leichtigkeit. Von diesem Tag an verband mich ein besonderes Verhältnis mit den Soldaten auf dieser Straße, und wenn wir uns begegneten, grüßten wir uns wie alte Freunde.

Gemeinsam mit Tim, Mark Levine, dem Korrespondenten von *Agence France-Presse*, und dem englischen Fotografen Sam Faulkner besuchte ich eine letzte Party im Hauptquartier der Vereinten Nationen. An der Tür stand folgender Hinweis: »Minen und Bomben bedrohen Ihre Sicherheit«.

Hier kam ich mit einem ruhigen, wortgewandten Engländer ins Gespräch, einem der wenigen UN-Mitarbeiter, die während der Kämpfe in den vergangenen Jahren in Kabul geblieben waren. Wir entdeckten schnell ein gemeinsames Interesse an verschiedenen, wenig bekannten Denkmälern in Afghanistan und stellten fest, daß wir beide von einem Dorf gelesen hatten, das sich angeblich in der Nähe einiger riesiger Felsenreliefs in einem abgelegenen Winkel im Landesinneren befand. Da es sich dabei lediglich um eine kurze Erwähnung in einem Buch von Peter Levi handelte, kamen wir uns wie zwei heimliche Schatzsucher vor und verabredeten uns sogleich für den folgenden Tag.

Im Verlauf der wilden Feier brach ein Stuhl zusammen, so daß der auf ihm Sitzende kreischend zu Boden purzelte. Sofort machte der Witz die Runde, daß in den Nachrichten am nächsten Tag sicherlich groß und breit über die Verwundung eines UN-Mitarbeiters in Kabul berichtet würde. »Friedensgespräche in Kabul finden abruptes Ende« lautete eine fiktive Schlagzeile, »Die Vereinten Nationen fordern neuen Sitz für Aktivitäten in Afghanistan« eine andere.

Humor war eben das beste Ventil für die Angst, mit der wir alle tagtäglich zu leben hatten.

Es schneite heftig, als wir nach Hause fuhren. Die Scheibenwischer des Landrovers mühten sich ab, die Windschutzscheibe von den dicken Flocken zu befreien. Wir spähten zitternd hinaus und warteten darauf, daß ein Soldat in unser Scheinwerferlicht sprang und uns anhielt. Als es schließlich passierte, duckte sich Sam auf dem Rücksitz und fluchte wortreich, während Tim und ich so taten, als wären uns die auf unsere Köpfe gerichteten Gewehre völlig gleichgültig. Wir drückten dem Wachposten ein paar Zigaretten in die Hand und wurden weitergewunken. Ich mußte ständig an das Wetter denken: Wenn es in Kabul schneite, war es auf den höhergelegenen Pässen noch viel schlimmer.

Am nächsten Morgen erwachte ich von lautem Kinderlachen unter meinem Fenster und machte mich auf den Weg zu den Büros der Vereinten Nationen. Von einer Straßenecke aus zogen sich ein Dutzend Drachenschnüre in großen Bögen über die Hausdächer.

Jolyon Leslie arbeitete seit sieben Jahren immer wieder in Afghanistan und genoß nach eigenen Angaben jede einzelne Minute dieser Zeit. Er sprach fließend Persisch und verbrachte seine Freizeit lieber mit afghanischen Freunden als mit seinen Kollegen. Der Ruf, ein Eigenbrötler zu sein, der ihm aus diesem Grund anhing, relativierte sich erst, als ein Kollege von ihm eines Tages an seine Tür klopfte – »vermutlich, weil er ein Bier wollte«, wie er witzelte – und lauter Afghanen mit ihren Kindern bei Leslie vorfand.

Zu seinen Aufgaben gehörte die Überwachung der Schutzmaßnahmen für die Kunstgegenstände aus dem Kabuler Museum. Das Museum gehört zu den traurigen Kapiteln in der Geschichte des nationalen Kulturerbes Afghanistans. Bis vor wenigen Jahren verfügte es über die größten Bestände zentralasiatischer Kunst und Artefakte der Welt. Die Vielfalt der Kulturen auf afghanischem Boden brachte eine entsprechend einzigartige archäologische Ausbeute mit sich, und seit der Gründung des Museums im Jahr 1924 waren jährlich neue, unvergleichliche Funde hinzugekommen.

Als die Sowjets einmarschierten, umfaßten die Schätze des Museums 40 000 Jahre Menschheitsgeschichte. Die ältesten Stücke waren altsteinzeitliche Feuersteinwerkzeuge, die in den sechziger Jahren in Badchschan ausgegraben worden waren. Das Museum beherbergte aber auch so einzigartige Sammlungen wie den 2000 Einzelteile umfassenden Schatz von Bagram, der einstigen kuschanischen Sommerresidenz. Anzahl und künstlerisches Niveau dieser Artefakte zeugten von einem intensiven und anhaltenden Austausch zwischen Ost und West in den frühen Jahrhunderten der christlichen Zeitrechnung. Der Schatz von Bagram umfaßte lackierte Schmuckstücke aus China, alexandrinische Glaswaren, römische Bronzestücke und eine Reihe prächtig geschnitzter Elfenbeintäfelungen aus Indien. Darüber hinaus besaß das Museum eine der größten Münzsammlungen der Welt mit 40000 Münzen aus dem achten Jahrhundert vor Christus. In den Vitrinen standen griechisch-römische Skulpturen aus Marmor, buddhistische Reliefs aus Schiefer und Kalkstein und Hunderte der allerersten Darstellungen Buddhas in menschlicher Gestalt – Beweise für jene fruchtbare Verschmelzung der orientalischen und europäischen Kunstformen, die während der ersten sechs Jahrhunderte nach Christus in der Region stattfand. Spätere Perioden waren durch mehrere tausend Bronze- und Keramikstücke aus der islamischen Dynastie der Ghasnawiden vertreten sowie durch geschnitzte, hölzerne Bildnisse aus dem vorislamischen Nuristan und mehr als 2000 seltene Schriften in der Bibliothek des Museums.

An einem Frühlingstag 1993, als die Kämpfe im Südwesten der Stadt tobten, durchbohrte eine Rakete das Dach des Museumsgebäudes und explodierte. In den oberen Stockwerken breitete sich ein Feuer aus und verschlang unzählige Artefakte. Engagierte Afghanen organisierten unter extrem gefährlichen Bedingungen die Rettung der verbleibenden Schätze und schafften Kisten und Körbe voller Skulpturen und Münzen ins Kellergewölbe des Gebäudes. Im folgenden Jahr wurden mit Hilfe der Vereinten Nationen die geretteten Stücke katalogisiert und in Metallkisten versiegelt, die zerstörten Türen des Gebäudes zugemauert und verschlossen. Doch spätere Besuche offenbarten umfangreiche Plünderungen; die Stahltüren waren mit Sprengstoff zerstört und die Schlösser durch gezielte Schüsse entfernt worden. 1994 waren auf diese Weise über drei Viertel der schönsten Stücke des Museums verschwunden. Man hatte die gesamte Münzsammlung gestohlen und die Elfenbeinskulpturen von Bagram, ja selbst ein Flachrelief mit dem Bild des Buddha Dipankara, eines der schwersten Stücke des Museums, auf rätselhafte Art und Weise weggeschleppt.

Das Verschwinden so vieler unbezahlbarer Artefakte wurde allgemein den Mudschaheddin angelastet, doch die Diebstähle zeugten von einer Sachkenntnis, die bei analphabetischen Soldaten eher unwahrscheinlich war. Die Schätze waren zweifellos im Auftrag gutinformierter Kunsthändler aus Pakistan und von weiter entfernten Orten gestohlen worden: Zehn Bagram-Elfenbeinstücke wurden bekanntermaßen in Islamabad für eine Viertelmillion Pfund zum Verkauf angeboten, einige Buddhastatuen gelangten den Gerüchten zufolge nach Japan und die islamischen Münzen in die Hände nahöstlicher Sammler. Eine Gandaran-Skulptur aus dem dritten Jahrhundert steht gar mittlerweile in einer Glasvitrine des Metropolitan Museum in New York, wie ein afghanischer Archäologe behauptet, der sie – immerhin eines seiner eigenen Ausgrabungsstücke – wiedererkannt haben will.

»Wir haben ein Vermögen dafür ausgegeben, die Gegend von Minen zu räumen«, sagte Jolyon, als wir uns über das Schicksal des Museums unterhielten. »Doch nun wünschte ich, wir hätten die Minen im Boden gelassen. *Das* hätte die Kunsthändler sicher von ihrem Vorhaben abgebracht.« Er bedauerte, daß wir das Museum nicht besichtigen konnten; es war einfach zu gefährlich.

Ich erzählte ihm von meiner Hoffnung, nach Westen reisen zu können. Er nannte mir den Namen eines afghanischen Freundes, der in einem Dorf an der Strecke lebte, und gab mir einen Brief mit auf den Weg. Einer seiner Mitarbeiter zeichnete eine ungefähre Karte des Dorfes und schrieb den Namens des Dorfvorstehers darunter, für den Fall, daß ich mich verirrte – eine der vielen netten Gesten, die mich auf meiner Reise begleiteten.

Ich suchte Amrullah auf, um ihn nach dem Militärflug nach Tschaktscharan zu fragen. Er unterhielt sich gerade mit einem anderen Afghanen in seinem Büro und unterbrach die Unterhaltung kurz, um mir mitzuteilen, daß er schlechte Nachrichten wegen des Fluges habe: Das Wetter habe sich nicht gebessert, außerdem gebe es keine Beleuchtung auf der Rollbahn und kein Radar. Dazu käme noch das Risiko, von Dostums Luftwaffe im Norden abgefangen zu werden.

Es war jedoch sehr nett von ihm gewesen, mir überhaupt das Angebot zu machen, und ich dankte ihm. Nun würde ich es eben über den Landweg versuchen.

»Ich war schon in Ghor«, sagte der andere Mann. Es klang wie ein düsteres Orakel. »Es liegt sehr hoch.« Seine Augen rollten nach oben, wie zu wolkenverhangenen Gipfeln hinauf, und richteten sich dann wieder mit einem schwachen Lächeln auf mich. »Ich glaube, Sie werden dort nicht hingehen können.«

»Warum nicht?«

»Es gibt keinen ... *Sauerstoff.*«

Später erzählte ich Tim von meinen Reiseplänen. Ich hatte einen letzten Wunsch, ehe ich aufbrach: Ich wollte den Mann treffen, der zehn Jahre zuvor meine erste Reise nach Afghanistan organisiert hatte. Chalili, so hieß es, sei angeblich kürzlich nach Kabul zurückgekehrt, und so stiefelte ich los, um das Haus seines Vaters in einem Stadtteil namens Taimaneh aufzusuchen. Ab und an ließen sich derartig tollkühne Unternehmungen mit Hilfe eifriger Einheimischer in Rekordzeit bewältigen. Doch diesmal war ich stundenlang unterwegs und fragte erfolglos Passanten oder Ladenbesitzer nach dem Weg.

An einer Kreuzung sah ich zwei Männer, die den Verkehr regelten, und marschierte hoffnungsvoll auf sie zu. Sie trugen die Mützen von Verkehrspolizisten und Mäntel aus schwerem Filz, und an ihren Schultern baumelten Maschinengewehre aus dem Zweiten Weltkrieg. Sie begrüßten mich freundlich, musterten mich jedoch von oben bis unten, als würde ich von einem fremden Planeten stammen. Ihr Verhalten legte nahe, daß sie nur über beschränkte geistige Fähigkeiten verfügten. Ich fragte sie nach dem Weg nach Taimaneh.

»Sind Sie denn kein Ausländer?«

»Doch, das bin ich.«

»Aber wo ist dann Ihr Auto?«

»Ich habe kein Auto«, antwortete ich.

»Wenn Sie ein Ausländer sind, müssen Sie aber ein Auto haben.«

»Nicht alle Ausländer haben ein Auto.«

»Bei Allah, das haben sie doch.«

»Bei Allah, nein, das haben sie nicht.«

»Aber wie sind Sie dann hierhergekommen?«

»Ich bin gelaufen.«

»Das kann nicht sein. Sie sind doch Ausländer. Sie müssen gefahren sein.«

Ich gab es auf und trottete fröstelnd und müde zurück nach Hause. Doch als ich unterwegs Männer auf staubigen Grasstreifen und in schäbigen Höfen beten sah, verflog das Gefühl der Hoffnungslosigkeit sacht. Der Abend brach herein. Und während der Tag zum letztenmal Atem holte, schien die Luft plötzlich von einer stillen Heiterkeit erfüllt zu sein. Ich spürte eine Welle jenes Wohlgefühls, das sich manchmal ganz unerklärlich einstellte, wie ein Licht in der Dunkelheit, und einem vor Augen führte, daß das Leben trotz all der Sorgen und dem Chaos nach wie vor ungehindert dahinströmte. Ich empfand mich mehr denn je als unglaublich privilegiert, weil ich immer noch am Leben und gesund war, und ging mit dem prickelnden Gefühl nach Hause, ein unerwartetes Geschenk erhalten zu haben.

Die Dunkelheit legte sich wie ein Vorhang über die Stadt; aus der Dämmerung zog die Nacht herauf, und die betenden Männer verschwanden wie ausgelöschte Kerzen.

Ich traf Chalili am nächsten Tag, nachdem ich mir eine bessere Wegbeschreibung beschafft hatte. Er wirkte älter und ein wenig gebückt. Er mußte mittlerweile schon fast fünfzig sein, schätzte ich, doch in meiner Erinnerung war er immer noch jener gutgelaunte Afghane, den ich an einem schwülen Nachmittag zehn Jahre zuvor in Peschawar aufgesucht hatte. Ich werde nie vergessen, wie er mir damals eine Zigarette anbot, ehe er wohlwollend der Bitte eines neunzehnjährigen Jungen lauschte.

Er verneigte sich leicht und führte mich ins Haus. Wir gingen nach oben und bekamen in einem Raum mit großen Fenstern, die nach Norden führten, Tee serviert. Ich machte eine Bemerkung über den schönen Ausblick, und er witzelte, daß er in New York in einem Hotel gewohnt habe, wo man ihm für den Blick auf den Central Park zweihundert Dollar extra berechnen wollte.

»Hier gibt es die Aussicht umsonst«, meinte er.

Ich rief ihm die Einzelheiten unseres ersten Treffens wieder ins Gedächtnis zurück. Die Begegnung war immer noch so lebendig in meinem Kopf wie die Ereignisse des vergangenen Tages. Die Mudschaheddin in Afghanistan zu besuchen war mir zuvor wie ein unerfüllbarer Traum vorgekommen, und ich war entsprechend aufgeregt, als er sich damals mir zugewandt und lächelnd gesagt hatte: »Keine Sorge, ich werde deine Reise so bald wie möglich arrangieren. Das kriegen wir schon hin.«

»Jetzt erinnere ich mich wieder«, nickte er langsam. »Ich hielt Sie für sehr jung. Aber was hätte ich einem neunzehnjährigen Jungen denn antworten sollen? Ich konnte einfach nicht nein sagen.«

Einem Mann von seiner privilegierten Herkunft wäre es ein leichtes gewesen, dem Krieg den Rücken zu kehren und sich anderswo ein angenehmeres Leben aufzubauen. Doch er blieb als politischer Beamter für das Widerstandsregime tätig und war ein bei den Ausländern, die mit den Mudschaheddin ins Land reisen wollten, beliebter Verbindungsmann.

Nach dem Krieg war er in die Fußstapfen seines Vater getreten und Diplomat geworden. Jüngste politische Auseinandersetzungen hatten dazu geführt, daß er aus Pakistan ausgewiesen wurde und in das Haus seiner Familie in der belagerten Hauptstadt zurückgekehrt war. Er schien jedoch nicht besonders unglücklich darüber zu sein.

Ich fragte ihn, welche schwierigen Situationen er seit damals erlebt habe, und er nannte spontan zwei Begebenheiten. Die eine fiel ins Jahr 1992, als die Kommunisten, von der auseinanderbrechenden Sowjetunion im Stich gelassen, endlich die Macht in Kabul abtraten. Im Norden übergaben sie ihre Garnisonen und Flugplätze an Masud und seine Kommandanten, und Tausende von Männern, die seit Jahren als Flüchtlinge in ihrem eigenen Land gelebt hatten, bereiteten sich auf den Einzug in die Hauptstadt vor. Damit begann jedoch erneut der Kampf um die Stadt, der sich schließlich zwischen den Truppen von Masud auf der einen Seite und Hekmatjar auf der anderen zuspitzte.

»Das hätte nicht passieren müssen«, sagte Chalili. »Masud bat ihn inständig darum, Kabul nicht in ein Schlachtfeld zu verwandeln.« Die beiden Anführer hätten sich eine halbe Stunde über Funk unterhalten, erklärte er, und das Gespräch sei auch aufgezeichnet worden. Doch Hekmatjar habe sich geweigert, die Macht mit seinem alten Rivalen zu teilen, und sich auf einen Einmarsch in die Stadt vorbereitet. Daraufhin habe Masud entschieden, den Kampf mit ihm aufzunehmen.

Vor dem Gefecht herrschte große Nervosität in der Stadt. Die Regierung war zusammengebrochen, die Mudschaheddin kamen immer näher, und wie das alles enden sollte, war mehr als ungewiß. Da ich mir vor langer Zeit geschworen hatte, beim Fall von Kabul nach Afghanistan zurückzukehren, hatte ich damals alles stehen- und liegengelassen und mich auf den Weg gemacht. In letzter Minute gelang es mir, einen Platz für einen Flug in die Stadt zu erhaschen. Ich schloß mich einem Konvoi von Kampfhubschraubern an, vollgestopft mit Männern, Gewehren und Raketen, die bei Einbruch der Nacht in Kabul landeten, während die gegnerischen Truppen aufeinanderprallten und sich Fontänen an Leuchtspurgeschossen aus allen Richtungen über die Stadt ergossen.

Mehrere Tage lang wogten heftige Kämpfe hin und her, bis Hekmatjars Truppen, geschlagen und ausgetrickst, weiter und weiter nach Süden gedrängt wurden. Nachdem sich die Schlacht gelegt hatte, schien es immerhin möglich, daß nun eine neue Ära anbrechen könnte. Journalisten, die in dem immer noch qualmenden Flughafengebäude auf ihren Flug warteten, schrieben von der Machtübernahme, als sei sie beschlossene Sache. In der Stadt herrschte Ruhe, und es war Frühling. Zum ersten Mal marschierten die Mudschaheddin und die Soldaten der Regierung Seite an Seite durch die Straßen, und Familien wurden mit ihren Verwandten wiedervereinigt, die seit Jahren im Exil lebten. Es gab erstaunlich wenige Racheakte an jenen, die mit den Kommunisten zusammengearbeitet hatten. Leitende Beamte, die am meisten von den Mudschaheddin zu befürchten hatten, waren in den vorhergehenden Wochen bereits heimlich geflüchtet und erhielten später Asyl in europäischen Ländern, wo man von ihrer verbrecherischen Vergangenheit nichts wußte. Wer nicht fliehen konnte, war Präsident Dr. Nadschibullah, dem auch die zutiefst verhaßte Geheimpolizei unterstanden hatte. Er wurde am Flughafen abgefangen und später in einem UN-Gebäude in der Stadt unter Arrest gestellt. Gerüchten zufolge schrieb er dort an seinen Memoiren.

Ich erinnere mich, daß auch ich von der Mischung aus Zuversicht und Anspannung mitgerissen wurde, soweit dies einem Außenstehenden möglich war. Zum ersten Mal sah es so aus, als hätte das Land nun die Chance, sich von den Kriegsjahren zu erholen. Niemand konnte damals vorhersehen, daß das blutigste Kapitel in Kabuls Geschichte erst noch beginnen sollte. Denn von dieser Zeit an flogen die Raketen aus dem Süden scharenweise in die Stadt und machten ganze Vororte dem Erdboden gleich. Unzählige Zivilisten wurden getötet, und Kabul, das die zehn Jahre Krieg zuvor relativ unbeschadet überstanden hatte, wurde in Schutt und Asche gebombt.

»Die Dinge begannen aus dem Ruder zu laufen«, erklärte Chalili bitter, »als Pakistan glaubte, die Kontrolle zu verlieren. Wir wurden extrem isoliert. Während des Kalten Krieges konnte man noch mit amerikanischer Hilfe rechnen, wenn man gegen Rußland kämpfte. Aber danach wurde alles anders.«

Dann erzählte er von der zweiten kritischen Situation, in der erneut alles in der Schwebe zu hängen schien. Man schrieb mittlerweile das Jahr 1994. Kabul war zum Knotenpunkt zwischen drei sich ständig verändernden Frontlinien geworden. Die schiitischen Truppen unter Masari kontrollierten den Westen, Hekmatjar den Süden und Dostum den Norden und Osten.

Auch wenn die anderen Beteiligten die Geschichte völlig anders darstellen würden, war es doch zweifellos eine dramatische Situation: Als die Feinde von allen Seiten näher rückten und die Munition gefährlich knapp wurde, hing das Schicksal der Regierung an einem seidenen Faden. Während ihre Stellungen unter Beschuß standen, übermittelten Masuds Kommandanten ihrem Führer per Funk immer verzweifeltere Berichte.

»Es war unglaublich«, erzählte Chalili. »Es sah völlig hoffnungslos aus. Aber das war eben Masud.« Bei diesen Worten neigte er sich zu mir herüber. »In dem Moment, als alle anderen nur ihre eigene Position im Auge hatten, überblickte er das gesamte Bild. Er erteilte der Reihe nach jedem der Kommandanten seine Anweisungen und sagte dann, wir sollten uns keine Sorgen machen, der Ausgang der Kämpfe liege in Gottes Hand. Wir sprachen unsere Gebete und legten uns zur Ruhe. Masud schloß einfach die Augen und schlief ein. Und am nächsten Morgen hatten wir die Lage unter Kontrolle, so wie er es gesagt hatte.«

Doch die Geschichte hatte auch einen bitteren Beigeschmack.

»Mein Gott! Wir hatten die Amerikaner von Pakistan aus gegen uns, die Usbeken im Norden und den Iran im Westen. Gab es jemals ein Land, das derartig isoliert war? Es war eine außergewöhnliche Situation. Aber wir haben sie überstanden.«

Nun hing das Schicksal der Stadt erneut in der Schwebe. Da man immer wieder Stimmen hörte, die hinter den jüngsten Ereignissen äußere Einflüsse oder zumindest das Einverständnis äußerer Mächte vermuteten, fragte ich, ob er denn glaube, daß es wirklich der amerikanischen Politik entspreche, die Taliban zu unterstützen.

»Optimistisch ausgedrückt, würde ich es eher als das *Fehlen* von Politik bezeichnen. Auf der anderen Seite weiß Amerika meiner Ansicht nach ganz genau, daß die Taliban niemals über ganz Afghanistan herrschen können. Afghanistan kann nicht von außerhalb des Landes regiert werden.« Dann fügte er, halb zu sich gewandt, hinzu: »Das ist völlig *unmöglich*.« Eine Granatenexplosion ließ die Fenster klirren, und er seufzte tief.

Wir wechselten das Thema und unterhielten uns über Lyrik. Sein Vater hatte sich durch eine typisch afghanische Kombination an Begabungen ausgezeichnet und war sowohl Diplomat als auch der »Hofdichter« des Landes gewesen.

»Die Afghanen lieben die Dichtkunst«, sagte er und fügte hinzu, daß er und Masud sich während des Krieges oft gegenseitig Gedichte vorgelesen hätten und daß Masud selbst die Sehnsucht geäußert habe, den Krieg hinter sich zu lassen, sich in die Berge zurückzuziehen und sich der Lektüre der großen Dichter des Landes zu widmen.

Wenn alles gut verlief, wollte Chalili sich im Norden Kabuls ein Haus bauen und die Studien wiederaufnehmen, die der Krieg unterbrochen hatte. Er legte die Hand auf ein schweres Buch, das auf einem kleinen Tisch neben seinem Stuhl lag.

»Fünfzehn Jahre lang hatte ich kaum Zeit zum Lesen«, sagte er und nahm das Buch in die Hand. Es war das *Tadsch at-tawarich* des Emir Abd ur-Rahman Chan, des ersten afghanischen Herrschers, der aus dem Flickenteppich aus kleinen Königreichen, aus dem sein Gebiet bestand, eine Nation geschmiedet hatte.

»Nun stehen wir wieder vor der gleichen Aufgabe wie er damals.«

Ob es etwas gebe, das er für mich tun könne, fragte er. Ich

erzählte ihm von meinen Plänen, worauf er mich an das Wetter und an die allgemeinen Gefahren erinnerte, die man bei einer Fahrt ins Landesinnere zu erwarten hatte.

»Es ist nicht ganz ungefährlich«, meinte er, »aber ich sehe, daß Ihr Entschluß feststeht.« Er lächelte. Es war das gleiche Lächeln, mit dem er mich schon vor mehr als einem Jahrzehnt angesehen hatte. Ein intensives Glücksgefühl kam in mir hoch, als hätte sich nach über zehn Jahren der Kreis endlich geschlossen. »Nun denn«, fügte er hinzu, »Risiko bleibt Risiko. Ich wünsche Ihnen viel Glück.«

Ich ging nach Hause und breitete meine Landkarten aus.

Damals dachte ich, wir wären so weit von der Welt entfernt wie niemals wieder in unserem Leben.

Peter Levi, *The Light Garden of the Angel King*

In Anbetracht der Verhältnisse fiel die Wahl der Strecke nicht schwer. Die Straßen nach Süden und Osten waren wegen der Kämpfe unpassierbar; den berühmten Salang-Paß, die wichtigste Verbindung zum Norden, hatte man geschlossen.

Ich folgte auf meiner Landkarte der großen Straße nach Westen. Sie führte von Kabul zunächst knapp sechzig Kilometer nach Norden, schlängelte sich dann durch eine Lücke des Großvatergebirges nach Westen und folgte dem gewundenen Lauf des Ghorband-Flusses. Nach dem Ort Ghorband wurde aus der Straße ein Pfad, der sich verzweigte und wie ein dünner Faden dahinschlängelte. Rund hundert Kilometer hinter der ersten Abzweigung nach Westen erreichte er Bamjan, wo sich die größten Buddhastatuen der Welt befanden. Auf der Karte konnte ich den Weg nicht länger verfolgen, er führte durch augenscheinlich enge Schluchten und wand sich über Gebirgspässe, die über 3000 Meter hoch lagen.

Eine unglaubliche Route, die manchmal auch als die Hauptstrecke nach Westen bezeichnet wurde und angeblich mit einem robusten Fahrzeug befahrbar war – allerdings nur unter idealen Bedingungen. Sie führte an den berühmten Riesenbuddhas vorbei und an den überirdisch blauen Seen von Band-i Amir, wand sich durch die abgelegene Provinzhauptstadt Tschaktscharan und führte weiter nach Westen, vorbei an dem einsamen Minarett von Dscham, den heißen Quellen von Obe und den Grabmälern von Tschescht-i Scharif, ehe sie schließlich die Hochebene östlich von Herat erreichte.

Niemand, den ich fragte, hatte die leiseste Ahnung, ob der Weg passierbar war. Von Kabul bis Bamjan waren es nur rund 150 Kilometer, doch der Versuch, Informationen über die Straßenverhältnisse einzuholen, war ebenso aussichtslos, wie einen Londoner nach dem Wetter auf den Hebriden zu fragen. Darüber hinaus verlief irgendwo in der Gegend – wo genau, konnte ich nicht herausfinden – die Grenzlinie zwischen dem Gebiet der Zentralregierung und dem Hasaradschat, das unter Kontrolle der Hasara-Mudschaheddin stand. Es gab Gerüchte über eine Waffenruhe, viel mehr war jedoch nicht zu erfahren.

Die Sowjets hatten dort während des Krieges eine kleine Garnison unterhalten, ansonsten war es in der Gegend kaum zu militärischen Handlungen gekommen. Die sowjetischen Soldaten hatten sich von den Bergen ferngehalten und nur selten die Verteidiger herausgefordert, die als wilde Krieger berüchtigt waren.

Über die Hasaras ist von allen Volksgruppen in Afghanistan am wenigsten bekannt. Erst in jüngster Zeit erschienen vermehrt Berichte über ihre Stammesgeschichte; allerdings wurden sie nicht von offiziellen afghanischen Historikern verfaßt, sondern von den Hasaras selbst. Diese relative Unbekanntheit läßt sich vor allem mit ihrem äußeren Erscheinungsbild und ihrer Religion erklären. Es gibt eine Vielzahl von Theorien über ihre Ursprünge. Die eine ist die allgemein anerkannte Ansicht, daß es sich bei den Hasaras um die blutdürstigen Nachkommen von Dschingis Khan handelt. Eine andere vertritt die sogenannte Ureinwohnerthese, wonach sie schon seit der Zeit Alexanders des Großen in der Region als Nachfahren der zentralasiatischen Turkmenen leben und somit in Wirklichkeit zu den ersten Bewohnern der Landes zählen, während die Vermischung mit dem Blut der Moguln erst relativ spät erfolgte. Allerdings behaupten alle ethnischen Gruppen des Landes von sich, Afghanistans ältestes und einziges Ursprungsvolk zu sein.

Eine dritte Theorie, die hauptsächlich auf linguistischen

Forschungen beruht, vertritt die Meinung, daß es sich bei den Hasaras um eine Mischrasse aus Turkmenen, Persern und Moguln handelt. Jede dieser Thesen besitzt eine gewisse Logik und kann schlüssige Beweise vorlegen. Fest steht jedoch, daß das Hasaradschat – jener unzugängliche Mittelteil des Landes, der im Süden ungefähr bis Bamjan, im Norden bis Sar-i Pul, im Westen bis Tschescht-i Scharif und im Süden bis Orusgan reichte – noch bis Ende des neunzehnten Jahrhunderts einen praktisch autonomen Staat darstellte.

Dank der fast uneinnehmbaren Landschaft blieb die Unabhängigkeit der Region von den verschiedenen Vorstößen der paschtunischen Herrscher in Kabul unangetastet. Dann kam jedoch der Emir Abd ur-Rahman an die Macht, ein vollkommener Soldat und pflichtbewußter Regent, der sich ganz der großen Vision einer vereinten Nation unter seiner Herrschaft verschrieben hatte. Nachdem sein territorialer Ehrgeiz im Norden durch die Russen und im Süden durch die Briten in die Schranken gewiesen wurde, wandte er sich erbarmungslos allem zu, was dazwischenlag. Seine Säuberungsaktionen rufen bei so gut wie jeder Ethnie in Afghanistan bis heute bittere Erinnerungen hervor.

Die anhaltende Unabhängigkeit des Hasaradschat betrachtete er als unerträgliche Bedrohung für die Zentralregierung. Folglich entwickelte sich die Unterjochung der Region zur größten Operation seiner Regierungszeit. Zunächst nutzte er die Uneinigkeit unter den verschiedenen Hasara-Stämmen, indem er wohlwollende Stammesführer mit besonderen Zuwendungen bedachte oder im Gegenzug für die gewährte Unabhängigkeit Tribute an die Hauptstadt verlangte. Nach einer Reihe von Rebellionen verlor der Emir jedoch die Geduld. Er erklärte die Hasaras zu Ungläubigen und führte lähmende Strafzölle in der gesamten Region ein. Traditionelle Herrschafts- und Besitzstrukturen wurden allmählich beseitigt und große Ländereien mit Unterstützung der Regierung an paschtunische Nomaden übergeben. Die religiösen Oberhäupter und Stammesführer der Hasara wurden ins Gefängnis geworfen oder ihres Amtes enthoben und durch paschtunische Gouverneure ersetzt, die dem König treu ergeben waren.

Es war ein gewalttätiger und langwieriger Prozeß mit ausufernden blutigen Aufständen. Im letzten Jahrzehnt des neunzehnten Jahrhunderts erlebte die Streitmacht des Emir ihre schwersten Gefechte. 100 000 Regierungssoldaten – das größte Heer, das je unter der Herrschaft des Emir aufgestellt wurde – zogen in den Kampf, um den Widerstand im Hasaradschat niederzuschlagen. Allein die Versorgung einer solch großen Zahl an Menschen über die unsicheren Transportwege der Region zerrüttete die Wirtschaft des gesamten Landes.

Gegen die überlegene Feuerkraft und Organisation der Regierungstruppen konnten die Widerständischen auf Dauer nicht bestehen, und zur Jahrhundertwende war die Unterwerfung des Hasaradschat praktisch vollendet. Nachfolgenden Unruhen begegnete man unerbittlich mit Exekutionen, Deportationen und Inhaftierungen. Die Hasaras wurden zu den Parias des Landes. Tausende wurden als Sklaven an die herrschenden Familien verkauft, und die Geschichte ihrer blutigen Unterwerfung geriet allmählich in Vergessenheit.

Während der letzten Periode des britischen Engagements in Afghanistan richteten die Anführer der Hasara ihren Blick auf die Briten als potentiellen Verbündeten in der anhaltenden Neuverteilung der Macht. Die Engländer wiederum standen den Hasaras aus ganz eigenen Beweggründen ebenfalls recht wohlwollend gegenüber; so wurde auf Wunsch von Lord Kitchener das 106. Pionier-Bataillon der Hasaras, das aus acht Kompanien bestand, für einen dritten Angriff auf Afghanistan zusammengezogen. Das Bündnis endete, als das kriegsmüde Großbritannien seine Bemühungen in der Region aufgab und dauerhaften Grenzen im Norden und Süden des Landes zustimmte. Die gesellschaftliche und wirtschaftliche Verelendung der Hasara nahm ihren Lauf. Mitglieder der Pioniere kämpften angeblich ruhmvoll nach Ausbruch des Ersten Weltkriegs in Frankreich sowie in Kurdistan, Bagdad und Nordafrika.

Unter der Herrschaft der Kommunisten nahm die Geschichte eine neue Wendung. Die Hasaras wurden exemplarisch als die Außenseiter des alten afghanischen Regimes vorgeführt und erhielten Privilegien, die zuvor undenkbar gewesen wären. Man vertrieb die paschtunischen Nomaden aus dem Hasaradschat, und mehrere ehrgeizige Hasaras stiegen in einflußreiche Positionen in der Regierung auf. Eine große Anzahl von Hasara-Familien suchte Zuflucht in Kabul, wo ihre Zahl bald stark anwuchs, vornehmlich in den westlichen Vororten.

Obwohl es Beweise dafür gab, daß die Hasaras mit großer Organisation, Disziplin und Entschlossenheit gegen die sowjetischen Besatzer kämpften, waren sie in der Allianz der oppositionellen Mudschaheddin-Gruppen in Pakistan kaum vertreten und wurden von unversöhnlichen Führern wie Hekmatjar als Ketzer bezeichnet.

Nach einem Jahrhundert der Unterdrückung zählten sie 1994 dennoch zu den drei wichtigsten Konkurrenten um die Hauptstadt. Der Anführer ihrer Widerstandsbewegung kämpfte zunächst sogar gemeinsam mit den Taliban gegen die Regierung, bis er in einer makabren Wendung der Ereignisse gemeinsam mit seinen leitenden Offizieren gefangengenommen, gefoltert und getötet wurde. Daraufhin zogen sich ihre Streitkräfte unter einem neuen Kommandanten nach Bamjan zurück und schlossen Frieden mit der Regierung.

Mittlerweile jedoch waren die Hasaras aus all den Wirren im Land als eine der entscheidenden Kräfte im Kampf um die Macht hervorgetreten.

»*Schischa ki maida schud testar mescha*« lautet ein Sprichwort der Hasara: Zerbrochenes Glas schneidet besser.

Das zentrale Hochland Afghanistans zählt, ebenso wie die wilderen Gegenden Nuristans, nach wie vor zu den am wenigsten erforschten Teilen des Landes. Hinter Bamjan wird der gewundene Pfad von über dreißig Pässen bewacht, die durchschnittlich etwa 3000 Meter hoch liegen und deren Namen auch heute noch all jene warnen, die an eine Überquerung denken: Schuchturchun – »Kamelblut«, Gasak – »Entzündung«, Dandanschekan – »Zahnbrecher«, Kirmu – »wurmig«, Talchao – »bitteres Wasser«.

Babur beschreibt die Durchquerung von Ghor auf der Strecke von Tschaktscharan nach Jakolang im Winter 1506 in seinen Memoiren. Ihr Führer kam vom Weg ab, der Schnee reichte ihnen bis zur Taille, und viele Männer und Pferde starben einen furchtbaren Erfrierungstod. Wieder in Sicherheit, beschrieb er den Moment, als er »all den Qualen und Prüfungen entronnen« war, als eines der eindringlichsten Erlebnisse seines ereignisreichen Lebens: »Ein solches Wohlgefühl kann nur ermessen, wer ähnliche Qualen erlebt hat, ein solches Gefühl der Ruhe nur, wer selbst durch ähnliche Prüfungen gegangen ist.«

Bis heute ist die fast straßenlose Bergwelt mit den vielen, in keiner Karte verzeichneten Schluchten kaum erforscht. Erst 1957 begann man sich ernsthaft für die Region zu interessieren, als ein Pilot, der von Herat aus ostwärts flog, im Tal des Flusses Harirud etwas bemerkte, das wie ein Schornstein aussah. Ohne es zu wissen, hatte er den weltweit zweithöchsten Turm aus der Blütezeit islamischer Baukunst erspäht, ein Wunderwerk aus dem zwölften Jahrhundert, das dem rätselhaften ghoridischen König Ghijatuddin gewidmet war. Damit hatte er das Minarett von Dscham »entdeckt«, wie westliche Archäologen so gern sagen.

Das Minarett ist schwindelerregende sechzig Meter hoch und erhebt sich über dem gefährlich unterspülten Südufer des Harirud genau an der Stelle, wo dieser Fluß mit dem Dscham zusammenfließt. Der riesige Bau ähnelt einem kleinen ausziehbaren Taschenfernrohr, das ein ungeschickter Gott versehentlich auf die Erde fallen ließ. Von der achteckigen Basis mit einem Durchmesser von fünfzehn Metern bis zu den Rundbögen an der Spitze ist das Minarett mit prächtigen Backsteintafeln geschmückt. Erste Sondierungen durch Experten zogen sofort widersprüchliche Spekulationen über die Bedeutung des Bauwerks und die Wahl des Standorts nach sich – ein unter Archäologen vermutlich normales Phänomen und in Afghanistan fast unvermeidlich.

Wenn das Bauwerk tatsächlich ein Minarett ist, wo war dann die Moschee, zu der es einst gehörte? Und was hat es mit der neunzehnten Sure des Koran, Marjam, auf sich, die Maria und der jungfräulichen Geburt gewidmet ist und sich in blauer Ziegelglasierung in dreißig Meter Höhe um den durch Kragsteine gestützten Rundbalkon windet? Welche vergessene Volksgruppe begrub ihre Toten auf dem jüdischen Friedhof aus dem zwölften Jahrhundert, der in der Nähe entdeckt wurde? Auch die abgeschiedene Lage des Turms weitab von allen bekannten größeren Siedlungen gibt noch Rätsel auf. Zwar preist eine kühn geschwungene Inschrift im Minarett die islamische Herrschaft des Königs von Ghor, die von Nordindien bis Babylonien und vom Oxus bis zur Meerenge von Hormus reichte, doch wo regierte dieser Herrscher?

Und wie überlebte dieser Staat, der Indien eroberte, an diesem furchteinflößenden Zufluchtsort inmitten rauher Felsen und Schluchten mit reißenden Sturzbächen? Schlummerten die Überreste dieses Reichs noch unentdeckt in der Erde, oder hatte irgendeine unvorstellbare erdgeschichtliche Katastrophe jegliche Spur von seiner Hauptstadt Firuskuh, dem Türkisblauen Berg, hinweggeschwemmt? Robert Byron, der Türme doch so leidenschaftlich liebte, hätte diese Stätte sicherlich sehr bewundert.

Ein paar wenige zerstörte Siedlungshügel wurden im Umkreis des großen Minaretts untersucht, doch man fand nichts, was auf die verlorene Stadt schließen ließ. Laut des ghoridischen Historikers Dschusdschani bargen die mit Mosaiken geschmückten Zinnen des Palasts Goldstatuen der mythischen Huma-Vögel in der Größe von Kamelen, während die Moschee ein Paar goldener Kesselpauken aus der geplünderten indischen Hauptstadt beherbergte. Doch irgendwann wird auch dieser Ort »entdeckt« werden, und die Einheimischen werden sich über die Aufmerksamkeit wundern, die man diesen Ruinen schenken wird, zwischen denen sie doch schon als Kinder spielten.

Ich verließ Kabul in einem alten Taxi, begleitet vom Donnern der Raketen, die aus einem halben Kilometer Entfernung auf die Stadt zuflogen. Das Fahrzeug kroch auf die Schomali-Ebene zu, nördlich der Stadt, wo die Straße dann anstieg und auf den Chairchana-Paß zuführte. Der Fahrer deutete auf eine Lücke zwischen einigen Geschäften. Dahinter befand sich ein breiter Platz, umgeben von Läden, *tschaichanas* und zahlreichen Frachtcontainern, die in Werkstätten aller Art umgewandelt worden waren. Die Luft war erfüllt vom Lärm schreiender Menschen, Motorgeräuschen und plärrenden Hupen, und aus allen Richtungen strömten Autos und Lastwagen auf den Platz – ich war am Busbahnhof angekommen.

Die afghanischen Busse sind echte Originale, sorgfältig gewartet von ihren Fahrern, die tagtäglich ihr Leben in ihnen riskieren. Sie werden so lange gefahren, bis sie auseinanderfallen, und anschließend häufig in veränderter Gestalt wiedergeboren, indem die verschiedenen Teile von Schrottplätzen geborgen und liebevoll wieder zusammengefügt werden. Lose Karosserieteile beispielsweise verstärkt man einfach durch angenietete Bleche. Ich sah einen Bus, dessen Motorgehäuse fast gänzlich aus Holz bestand, und einen anderen, dessen Gestell man mit Stücken von russischen Landebahnen geflickt hatte. In einer Straße in Kabul kam ich einmal an einem Bus vorbei, der von einem Panzer überrollt worden war. »In ein paar Tagen fährt er wieder«, witzelte der unerschrockene Besitzer.

Geschwungene Eisenbeschläge, prächtiger verziert als ein provençalischer Glockenturm, schmücken die Heckscheiben oder werden als Halterung für die Gepäckberge an die Dächer geschweißt. Manchmal sind an den Seiten des Fahrzeugs Ketten und Metallgehänge zur Zierde drapiert und klimpern melodisch beim Schaukeln des Fahrgestells – eine moderne Entsprechung der Kamelglocken der Karawanen. Fruchtbarkeitssymbole sind in das Leder über den Kühlergrillschutz gestickt, wobei zwei Fische das beliebteste Motiv darstellen. Die Busse sind ebenso wie die Lastwagen häufig liebevoll bemalt. Ich sah einige idyllische Alpenszenen, perfekt mit Schweizer Chalets und Baumwollwölkchen, während andere Fahrzeuge Abbildungen von Wellensittichen, rennenden Löwen und mondbeschienenen Wassergärten zeigten. Über ihren Windschutzscheiben prangte in bunten Buchstaben: »Heldenbus«, »Willkommen im Bus«, »Moderner Bus«, »König der Straße«, »Gute Reise« oder »Wir vertrauen auf Gott«. Der Fahrersitz ist stets geschmückt mit Troddeln, Glitzerkram, Spiegeln und Plastikblumen, Aufklebern von Autos und Tieren sowie den Augen oder der schlanken Hand Fatimas. All dies dient als Glücksbringer und Schutzzeichen, ebenso wie die traditionellen religiösen Accessoires in Form von baumelnden Anhängern, die mit dem Namen Gottes, des Propheten und seiner Kalifen verziert sind, Aufklebern mit Versen aus dem Koran oder Bildern von der Kaaba in Mekka.

Manchmal sind die Zielorte auf die Seiten des Busses geschrieben, doch häufiger muß man auf die Stimme des Fahrers hören, der den Namen des Ortes ausruft, zu dem man möchte. Es gibt keine Fahrpläne; der Bus fährt, wenn der Fahrer entscheidet, daß genug Passagiere an Bord sind. Noch bei der Abfahrt hängt sich der jugendliche Mitarbeiter des Fahrers an den Seitenspiegel und schreit das Fahrziel hinaus, in der Hoffnung, ein paar zusätzliche Passagiere anzulocken.

Ich entdeckte einen Kleinbus nach Dschabal as-Siradsch, etwa achtzig Kilometer nördlich von Kabul. Die Fahrt ging langsamer voran, als ich erwartet hatte, und ich döste ein. Als wir das Ziel erreichten, war die Dämmerung schon hereingebrochen. Die Passagiere eilten wie üblich davon, und ich fand mich allein auf einem staubigen Platz wieder, der von heruntergekommenen Holzhäusern umgeben war. Es war kalt und völlig ruhig. Kabul schien bereits Welten entfernt zu sein. Ich erspähte einen Jungen zwischen den Gebäuden und fragte nach der Straße Richtung Gulbahar.

»Da lang«, erwiderte er und zeigte auf eine Lücke zwischen einigen Häusern, wo eine Abzweigung nach Osten führte. »Aber es ist schon dunkel«, fügte er hinzu, zusammen mit einem Satz, den ich schon sehr oft gehört hatte: »*Amnijat nest*. Es ist nicht sicher.« Dann verschwand er wieder im Schatten der Häuser.

In der Dunkelheit war es unmöglich, die Adresse ausfindig zu machen, die man mir in Kabul gegeben hatte. Ich stieg eine Holztreppe hinauf und betrat eine *tschaichana*, in der ein Mann einen Ofen schürte. Auf einem erhöhten Podest in einer Ecke hockten zwei junge Männer und tranken Tee. Wir schwiegen zunächst eine Weile, bis das Essen serviert wurde und die beiden anderen Gäste mich einluden, an ihrem Mahl teilzunehmen.

Als ich sah, wie arm sie waren, lehnte ich so freundlich wie möglich ab, doch wir setzten uns zusammen und unterhielten uns. Sie trafen nicht viele Ausländer, erzählten sie, weil kaum noch Ausländer nach Afghanistan kämen. Dann kamen sie darauf zu sprechen, daß Amerika versprochen hätte, ihnen beim Wiederaufbau des Landes nach dem Krieg zu helfen, dieses Versprechen jedoch nicht gehalten habe. Ich entgegnete halbherzig, daß die Amerikaner und auch andere wirklich helfen wollten, aber erst, wenn tatsächlich Frieden im Land herrsche. Ja, meinten sie, das könnten sie verstehen.

Die kommunistischen Führer Taraqqi, Amin und Nadschibullah, ja sogar der König, hätten nichts weiter als ihren eigenen Profit im Auge gehabt, behaupteten sie. Afghanistan sei reich an Bodenschätzen und verfüge über eigene Öl-, Gas- und Mineralienvorkommen, doch was hätten ihre sogenannten Führer dazu getan, daß auch die Bevölkerung ihren Nutzen daraus ziehe? Dann wollten sie wissen, was mich hierhergeführt habe, so weit weg von der Heimat.

Ich erklärte, ich wolle nach Gulbahar weiter. Sie sahen sich an und grinsten: »Dafür ist es heute zu spät.«

Ich folgte ihrem Rat, die Nacht in dem Teehaus zu verbringen, und ohne daß ich ein Wort gesagt hätte, erhob sich einer von ihnen, ging über die Straße und kehrte mit einer Portion heißem Reis wieder zurück. Die beiden waren sehr freundlich und charmant; einer von ihnen hatte keine Arbeit und befand sich auf dem Weg nach Norden, um dort sein Glück zu versuchen, der andere verkaufte Diesel an einer Tankstelle in Kabul. Die Zeiten seien hart – so verdiene der Besitzer der *tschaichana* umgerechnet nur einen Dollar am Tag, erzählten sie.

Als ich meine Absicht kundtat, Richtung Westen nach Bamjan zu reisen, zogen sie eine aufrichtig besorgte Miene und erzählten mir die schrecklichsten Geschichten über die Hasaras.

»Sie schneiden den Leuten die Kehle durch«, sagte der eine, »und rauben sie aus, während sie verbluten.«

»Sie ziehen ihren Feinden die Haut ab«, sagte der andere, »und essen ihr Fleisch.«

Als der Betreiber der Schenke dies hörte, hob er den Kopf und warf finster ein: »Die Hasaras sind keine Muslime.«

Ich tat dies lachend ab, doch ihre Gesichter blieben ernst.

Am nächsten Morgen weigerte sich der Wirt, meine Bezahlung anzunehmen, und die jungen Männer begleiteten mich die eineinhalb Kilometer bis zu der Adresse, die Jolyon mir gegeben hatte. Die Landschaft glitzerte kalt in der morgendlichen Wintersonne. Wir erreichten eine Ansammlung von Häusern und sahen einen bejahrten Mann mit Turban, der ein Pferd vor einem Stall festband.

»Das ist er«, sagte einer der beiden Jungen, »das ist Hadschi.«

Der alte Mann drehte sich um, und ich stellte mich vor. Als ich Jolyons Namen erwähnte, zog ein strahlendes Lächeln über sein Gesicht, und er begrüßte mich mit der üblichen schmerzhaften Umarmung. Ich verabschiedete mich von meinen Gefährten, dann scheuchte Hadschi mich in den Innenhof seines Hauses und bellte den verblüfften Familienmitgliedern wie ein General ein paar Befehle zu. Jemand nahm mir meine Tasche ab, und ich wurde ins Haus geführt. Dort tauschten wir zunächst die üblichen Höflichkeitsfloskeln und Neuigkeiten aus, und Hadschi verstaute mein Empfehlungsschreiben von den Vereinten Nationen ehrfurchtsvoll in einer Tasche.

Er tat so, als sei er wütend, weil ich die vergangene Nacht in einer gewöhnlichen Herberge verbracht hatte, und überschüttete einen seiner Enkel mit einem Schwall von Anordnungen. Bald darauf wurden eine Thermoskanne mit Tee und ein Eimer mit heißem Wasser gebracht, und ich genoß den Luxus, eine Stunde allein im Gästezimmer zu verbringen, das sich in einem geräumigen Gebäude am anderen Ende des Grundstücks befand. Als Hadschi wiederkehrte, saßen wir zusammen in der Sonne auf der Veranda. Er zog eine Art Diabetrachter hervor, der wie ein Fernglas aussah, und legte eine Scheibe mit winzigen Dias hinein – ein Souvenir von seiner Pilgerfahrt nach Mekka.

»Oh, die Nimrah-Moschee beim Berg Arafat«, stellte ich fest, »das Hadschar ul-Aswad, die Kaaba …«

Er war sichtlich gerührt über meine Kenntnisse von den heiligen Stätten. Als ich begriff, daß er die englischen Namen, die in winzigen Buchstaben unter den Bildern standen, nicht lesen konnte, schämte ich mich für meine List.

Mittags folgte ich ihm ins Haus und wurde in einen langen Raum auf der anderen Seite des großen Hofes geführt. Zwanzig weitere Männer kamen herein und ließen sich zum Essen nieder, nachdem ich ihnen vorgestellt worden war. Gehörte dies zu ihrem üblichen Tagesablauf? Aß Hadschi jeden Tag mit diesen Männern zu Mittag, oder waren sie eigens hergerufen worden? Ich hoffte nicht. Unzählige Platten voller Essen wurden hereingetragen. Wir begannen mit einer Auswahl an eingelegtem Gemüse, gefolgt von Kürbis und saurer Sahne, anschließend wurden noch verschiedene *palaus* serviert. Mein aufmerksamer Tischnachbar sorgte dafür, daß mein Teller ständig neu gefüllt wurde.

Bei Tee und feinem Gebäck, das mit Zucker bestäubt war,

entspann sich eine lange und gemächliche Unterhaltung, in die ich höflich einbezogen wurde. Wir begannen mit den üblichen Allgemeinplätzen. Würde die UN in der derzeitigen Krise vermitteln? Viele der Anwesenden befürworteten das. Dann wollte man wissen, wie ich persönlich die Situation beurteilte. Es gab schallendes Gelächter, als ich mit einer Geste auf meine Umgebung und die großzügige Gastfreundschaft hinwies und erzählte, daß man mir versichert habe, ich würde in Afghanistan nur *wahschi* treffen – Desperados und Krieger. Nach und nach reduzierten sich die Themen auf ganz praktische Fragen: Wie viele Ehefrauen durfte ich in England haben? Was kostete der Weizen? Was konnte man mit einer Flinte Kaliber zwölf auf zwanzig Meter treffen? Ob ich wohl eine Schrotflinte aus England mitbringen könne, wenn ich das nächste Mal nach Afghanistan käme?

Hadschis Sohn, ein melancholisch wirkender Mann um die Vierzig, nahm mich unter seine Fittiche. Gemeinsam mit seiner siebenjährigen Tochter, die vor uns die staubigen Wege entlanghüpfte, spazierten wir durch das Dorf.

Es war wunderschön. Ich hätte im Frühjahr kommen sollen, sagte er, wenn die Obstbäume blühten. Er grüßte die anderen Dorfbewohner im Vorbeigehen, dann beobachteten wir ein paar Jungen beim Volleyball, während sich das Sonnenlicht von den vergoldeten Berghängen zurückzog. Zuletzt schauten wir noch in der Dorfmühle vorbei, einem winzigen Gebäude oberhalb eines Flußlaufs, in dem zwei alte Männer Mais und Weizen auf riesige Mühlsteine schütteten. Am Rand des Dorfes zeigte er auf ein solide gebautes Gebäude mit hohen Mauern. Es war der Militärposten, in dem er während des Krieges gedient hatte. Ich hatte gleich vermutet, daß er Soldat gewesen war; in seinen Augen spiegelten sich unverkennbar die Spuren erlittener Traumata wider.

»Hier wurde viel gekämpft«, sagte er, als ich zum Wachturm aufblickte, und erzählte, daß die Russen die afghanischen Soldaten wie Gefangene behandelt und ihnen kaum zu essen gegeben hätten. Sein Gesicht sah bei der Erinnerung daran so unglücklich aus, daß ich nicht weiter nachfragen wollte.

Ich freute mich auf ein wenig Ruhe. Ein rätselhafter Schmerz hatte sich in meinen Gelenken ausgebreitet und raubte mir alle Energie. Meine Knie und Hüften taten weh, und ich sehnte mich mehr als alles andere danach, endlich zu liegen. Doch als wir zum Haus zurückkehrten, kümmerte sich Hadschis Sohn mit einer fast einschüchternden Fürsorge um mich, was mich jedoch noch mehr anstrengte. Dann gesellten sich erneut zwei junge Männer zu uns. Einer von ihnen hatte ein tragbares Radio bei sich und begann nun, jeden Sender, den er finden konnte, in voller Lautstärke zu erforschen. Diesen Vorgang wiederholte er in verschiedenen Frequenzbereichen.

Ein neues Verhör begann, weniger förmlich und zurückhaltend, dafür sehr viel beharrlicher. Es strengte mich enorm an, mit ihnen mitzuhalten. Kaum eine Frage konnte ich angemessen beantworten: Was machte meine Frau in diesem Moment? Wieviel kostete ein Kilowatt Strom in England? Ob ich nach meiner Rückkehr in London nicht afghanischen Schmuck verkaufen könne?

Sie neigten dazu, proportional zu meinen Verständnisschwierigkeiten immer lauter zu werden, und brüllten mir alsbald von beiden Seiten in die Ohren. Dazu plärrte aus dem Radio in voller Lautstärke seltsame Musik, die leicht schepperte aufgrund des schlechten Empfangs. Ich bekam rasende Kopfschmerzen.

»Wollen Sie ein bißchen allein sein, um sich auszuruhen?« schrie einer von ihnen.

Das war so offenkundig gutgemeint, daß es mir peinlich war zu bejahen. Erst als ich das Gefühl hatte, kurz vor dem Zusammenbruch zu stehen, deutete ich an, daß es doch ein langer Tag für mich gewesen sei, und innerhalb weniger Minuten waren sie verschwunden.

Glücklich allein, rauchte ich eine Zigarette auf der Veranda und starrte zu dem aufgehängten Sternenteppich hinauf. Der Sirius strahlte wie ein Leuchtfeuer im Südwesten, so hell und nah, daß man meinte, ihn berühren zu können. Ich grübelte über all die Warnungen nach, die ich über die Strecke Richtung Westen gehört hatte und die nun langsam meinen festen Vorsatz ins Wanken brachten. In diesem Moment kamen mir die Schwierigkeiten und Gefahren so überwältigend vor, daß ich mich in eine fremde Welt verirrt fühlte, was ich einer seltsamen Laune zu verdanken hatte, die schon längst wieder verflogen war; ich hatte das Gefühl, daß der Versuch, das Land auf eigene Faust zu durchqueren, weit jenseits meiner Möglichkeiten lag. Aber es war zu früh, um kehrtzumachen. Jede Reise besaß ihre eigene Logik, und manchmal wurde man eben mit Dingen konfrontiert, die man nicht einordnen konnte. Das würde jedoch vorübergehen. Ich war entschlossen, meine Reise auch jenseits des Regierungsgebiets fortzusetzen, den düsteren Rat der jungen Männer aus dem Teehaus zu ignorieren und, wenn nötig, das Risiko einzugehen, aufgefressen zu werden.

Allerdings war es mehr als unwahrscheinlich, daß es unter den Hasaras tatsächlich Kannibalen gab. Arabische und persische Historiker hatten diese Geschichte in die Welt gesetzt, als sie vom Eindringen der gottlosen Mongolen in die islamische Welt berichteten – gottlos, weil sie angeblich das Fleisch ihrer Opfer verspeisten. Da die Hasaras fälschlicherweise im Volksmund als Nachfahren der Mongolen galten, waren diese beiden Unwahrheiten zu einem hartnäckigen Vorurteil verschmolzen. Dadurch erfuhren diese Menschen, die ursprünglich als friedliche Siedler nach Afghanistan gekommen waren, doppeltes Unrecht. Doch wie bei den meisten Gerüchten war auch hier die Wahrheit zweitrangig.

Je mehr ich versuchte, die Ängste aus meinem Kopf zu verbannen, desto blühender wurde meine Phantasie. Ich stellte mir drei Kämpfer mit mongolischen Gesichtern vor, die in der Dämmerung um ein Feuer herumsaßen und meine

Kleidung untereinander aufteilten, während mein Körper an einem improvisierten Spieß brutzelte.

»Nicht schlecht, bei Allah«, sagte einer von ihnen mit vollem Mund.

»Es geht doch nichts über einen schmackhaften Bissen von einem Ungläubigen«, nickte ein zweiter und wischte sich mit dem blutigen Ärmel das Fett von den Wangen.

»Stimmt«, kicherte der dritte. »Wer wollte da noch behaupten, daß wir keine Ausländer mögen?« Und alle drei wälzten sich lauthals lachend auf dem Boden, wobei sie sich fast an dem zarten, merkwürdig riechenden Fleisch verschluckten.

Meine Hände zitterten leicht vor Aufregung. Rissige Blätter schlugen Purzelbäume in dem kalten Wind, der über den vereisten Lehmboden des Hofes fegte. Plötzlich fiel mir ein, daß Heiligabend war. Ich wußte nicht, ob ich sehr glücklich oder sehr traurig sein sollte.

Am Morgen versammelte sich der gesamte männliche Teil der Familie vor dem Haus, um mich zu verabschieden. Sie sahen mir durch das Fenster dabei zu, wie ich meine Sachen zusammenpackte. Meine bösen Vorahnungen über den vor mir liegenden Weg waren über Nacht nicht weniger geworden, und so wirkten sie wie eine Menschenmenge, die sich versammelt, um die letzten Minuten eines zum Tode Verurteilten zu verfolgen.

Meine Schuhe, die ich auf der Türschwelle mit den Fußspitzen in Richtung Tür aufgestellt hatte, waren zuvorkommenderweise herumgedreht und die Schnürsenkel gelockert worden. Weil das Schuhpaar daneben nicht angerührt worden war, bückte ich mich, um die Geste zu erwidern. Da wurde mein Handgelenk blitzartig von einem fast schmerzhaften Griff umklammert, und als ich aufsah, begegnete ich dem bekümmerten Blick des Sohnes.

Ich knipste noch mehrere Fotos von der Familie und wurde unzählige Male umarmt, dann fuhr ich mit Hadschi und seinem Sohn klappernd in einem Karren vom Hof, der von seiner Lieblingsschimmelstute gezogen wurde. Hadschi lächelte wie ein stolzer Wagenlenker, während seine lange Peitsche über dem Rücken des Pferdes pfiff und knallte. Unvermittelt überkam mich ein schlechtes Gewissen wegen der Mühe, die er sich mit mir gemacht hatte, und ich fragte mich, ob es ehrlicher gewesen wäre, nicht unter dem Deckmantel einer offiziellen Empfehlung an seine Tür zu klopfen.

Ich hätte den einsamen Platz, an dem ich aus dem Bus gestiegen war, kaum wiedererkannt, so bevölkert war er nun von Menschen, Tieren und Fahrzeugen. Auf dem belebten Markt kaufte ich *kischmisch* für die Reise sowie Walnüsse, getrocknete Maulbeeren und eine Tüte mit *nuql*, mit Zukker überzogenen Mandeln, für Hadschi. Als ich bezahlen wollte, gab es die üblichen Proteste von seiten seines Sohnes. Ebenso wie sein Vater zeigte auch er in allen Belangen der Gastfreundschaft eine fast schon grimmige Entschlossenheit.

Wir warteten über eine Stunde, während Hadschi auf der vergeblichen Suche nach einem Wagen in Richtung Ghorband von Fahrer zu Fahrer ging. Ich sagte, ich hätte auch nichts dagegen, allein weiterzureisen, zumal dies auch gut zu meiner düsteren Stimmung gepaßt hätte, doch sie bestanden darauf, mich nach Pul-i Matak zu bringen, mehrere Kilometer in Richtung Tscharikar, wo die Straße in westlicher Richtung nach Bamjan abzweigte. Insgeheim war ich froh darüber, denn mir graute davor, wieder allein zu sein. Wir wickelten uns fest in unsere *patus* und steuerten in schnellem Trab nach Süden über eine von Kugeln durchsiebte Brücke hinaus in die archaische Ebene. Hadschis Augen tränten in der eiskalten Luft.

Ein Militärlaster brauste an uns vorbei. An den Seiten der offenen Ladefläche kauerten einige Gestalten, während sich in ihrer Mitte ein einsamer Mann mit einem verrückten Lächeln und ausgestreckten Armen wild im Kreis drehte wie ein Derwisch und unverständliche Worte in den eisigen Wind schrie.

Bei Pul-i Matak, wo sich das Ghorband-Tal durch eine enge Lücke in den schneebedeckten Bergen nach Westen erstreckte, kehrte Hadschi um, während ich mit seinem Sohn zurückblieb. Es war ein verlassener Ort, einmal abgesehen von einer kleinen Ansammlung von Häusern. Unsere Hände waren taub, und wir suchten Schutz in einer winzigen *tschaichana* an der Wegkreuzung, wo ein junger bewaffneter Soldat die Ladung der Lastwagen überprüfte, die aus dem Tal kamen.

Die Geschichte eines Ortes wird von seiner Geographie mitgeprägt; die Menschen geben lediglich etwas Farbe hinzu. Daher bildete ich mir ein, daß hier, wo die Heere so vieler Reichsgründer von den Bergen ins Flachland gezogen waren – froh darüber, endlich wieder einen Horizont vor Augen zu haben anstelle eines hohen Felskamms –, der Herzschlag des Landes weit deutlicher pulsierte.

Hier hatten der Fels und das Wasser, die diese Weggabelung prägten, das Schicksal zahlreicher Kulturen gelenkt. Ich fragte mich, welche Geschichten ein Kieselstein aus einer der zerfallenen Siedlungen im Tal wohl über all die Sprachen erzählen könnte, die dort jemals gesprochen worden waren. Er wäre sicherlich mit dem Persisch der Einheimischen vertraut gewesen, die im letzten Krieg ihre Toten gezählt oder von ihren getarnten Befestigungen aus – den *sangars* – Hinterhalte auf die langsamen russischen Konvois dort unten geplant hatten. Vielleicht hatte der kleine Stein sogar trotz des Rumpelns und Quietschens der schweren Panzerfahrzeuge und des Klapperns der Patronengurte aus den Kopfhörern eines jugendlichen Wehrpflichtigen die verzerrte Stimme eines russischen Panzerführers hören können, die brüllend den Befehl zum Angriff auf die gespenstischen Basmatschi erteilte.

Ein Jahrhundert zuvor hätte der Stein vielleicht das verstümmelte Echo der Befehle eines Kavallerieoffiziers vernommen, der ein bengalisches Husarenregiment anführte und seinen Ärger an einigen Sepoys ausließ, die sich abmühten, eine Kanone aus einer Furche herauszuziehen.

Oder die Stimme Baburs auf dem Weg zu einem Picknick in Gulbahar. Vor tausend Jahren hatte sich der Kiesel möglicherweise über die grimmigen Laute der agglutinierenden Sprache der schansabanidischen Reiter gewundert, die einen aufsässigen Vasallen unterwerfen wollten und über die Prüfungen des vor ihnen liegenden Weges jammerten. Oder er hätte sich bemüht, die Mantras eines koreanischen Mönchs zu entschlüsseln, der nach Westen in eines der einstigen buddhistischen Königreiche reiste.

Vielleicht hatte er aber auch versucht, die Verbformen eines römischen Kaufmanns zu lernen, der seine ungeschickten Träger ermahnte, auf die Bündel voller Muranoglas achtzugeben, die für die Märkte von Taxilla bestimmt waren. Oder er brütete über dem Vokalsystem eines chinesischen Karawanentreibers, der mit seiner Seide prahlte. Möglicherweise hatte er auch Mitleid mit einer kuschanischen Prinzessin, die über einen verlorenen Ohrring weinte, oder er hörte, wie sich die aramäisch sprechenden Kundschafter Aschokas nach einem geeigneten Ort umsahen, an dem sie die Erlasse ihres Herrn eingravieren konnten. Vielleicht vernahm er sogar im Frühsommer des Jahres 327 vor Christus den fremdartigen Tonfall einer Sprache, die schon längst wieder aus dieser Gegend verschwunden ist: der Stimme von Alexander dem Großen persönlich, die sich über das Meer aus 40 000 Kämpfern und ebenso vielen Soldatendirnen erhob, während er einige strategische Punkte mit seinem Lieblingsgeneral Hephaistion besprach. Und lange vor ihnen, als Zarathustra nicht mehr als ein göttliches Zwinkern im Auge des Weltenschöpfers Ahura Masdas war, hätte ein geduldiger Kieselstein schon verschiedene durchziehende Sprachen zu hören und zu bestaunen gehabt, angefangen bei den kaum entschlüsselten Dialekten Prakrit, Brahmi und Charoschti im Norden bis hin zu den heute ausgestorbenen Mundarten von Sogdien, Parthien und Baktrien.

Es herrschte kaum Verkehr, doch Hadschis Sohn weigerte sich zu gehen, ehe er mich nicht sicher in ein Fahrzeug in

Richtung Bamjan gesetzt hatte. Ich spürte seine Ungeduld, konnte ihn aber unter keinen Umständen dazu bewegen, seinen Gast zu verlassen. In Gedanken versunken und schweigsam aufgrund der Kälte, wärmten wir unsere Hände an einem Ofen, bis fast eine Stunde später ein verbeulter Bus von der Hauptstraße heranrumpelte.

Ich hatte keine andere Möglichkeit, mich bei Hadschis Sohn für all seine Bemühungen zu revanchieren, als ihm in seine kummervollen Augen zu schauen, einige Dankesworte in meinem mangelhaften Persisch von mir zu geben und ihm etwas Geld in die Hand zu drücken. Bei der Berührung der Scheine zuckte er jedoch so heftig zurück, als hätte er einen Stromschlag versetzt bekommen.

»Dann nehmen Sie das Geld wenigstens für Ihren Vater und kaufen ihm ein kleines Geschenk in meinem Namen«, drängte ich.

Erst als der Fahrer des Busses drohte, ohne mich abzufahren, gab er schließlich nach. Wir umarmten uns. Ich betrachtete sein Gesicht und versuchte zu erraten, was er wirklich empfand, wurde jedoch nicht aus ihm schlau. Dann kletterte ich zwischen einigen Säcken hindurch in den Bus. Ich fragte mich, ob er nun gekränkt war, weil ich ihn gezwungen hatte, das Geld zu nehmen, oder ob es vielleicht zuwenig gewesen war. Ich konnte es nicht sagen. Vom Bus aus erhaschte ich einen letzten Blick auf ihn, wie er meine Abfahrt mit seinen undurchdringlichen und traurigen Augen vom Straßenrand aus beobachtete; ich hatte das Gefühl, daß ich einen Teil seines Leids mit auf den Weg nahm.

Der Bus war klein und zum Bersten gefüllt mit Passagieren und ihrem Gepäck aus Säcken, Taschen, Bündeln und Kisten. Wir schlängelten uns auf der alten Straße nach Westen, dicht an den Felswänden oberhalb des Flusses, in dessen Strömung fünfzehn bis dreißig Meter unter uns gelegentlich ein russischer Truppentransporter vor sich hin rostete. Das Tal war eine weichere, zahmere Ausgabe des Pandschir, zuweilen eng wie eine Schlucht und von schroffen Felsen gesäumt, dann wieder knapp einen Kilometer breit, mit Obstgärten und Feldern neben der Straße. Um diese Jahreszeit waren sie jedoch kahl und gefroren. Die Talsohle lag in 1800 Meter Höhe, und die Berge ragten zwischen 900 und 1200 Meter über uns auf. Im Frühjahr mußte es hier wunderschön sein. Ich saß auf einem Sack voller Walnüsse zwischen dem Fahrer und einem alten Mann, der auf meinem Rucksack hockte wie eine Eule auf einer Stange und mich heimlich von Zeit zu Zeit forschend betrachtete, wenn ich durch die gesprungene Windschutzscheibe blickte. Trotz der Schaukelbewegung des Fahrzeugs war es unmöglich einzudösen.

In Friedenszeiten bot die Strecke an sich wenig Spektakuläres, doch mittlerweile war es schon fast zwanzig Jahre her, daß Ausländer in größerer Zahl diese Straße bereist hatten. Vor dem Krieg waren die Besucher auf dieser Strecke in quietschenden Bussen westwärts gefahren, um eine der berühmtesten Sehenswürdigkeiten Afghanistans zu erkunden, das Tal der Riesenbuddhas von Bamjan. Auf halber Strecke zwischen Balch und Taxilla auf einer wichtigen Nebenstrecke der einstigen Seidenstraße gelegen, diente Bamjan den Karawanen einst als Rastplatz. Mindestens seit dem dritten Jahrhundert, als sich der Buddhismus der herrschenden Lehrmeinung nach auf der von Bergen umringten Hochebene ausbreitete, galt der Ort den frühen koreanischen und chinesischen Buddhisten auch als bedeutende Wallfahrtsstätte. Während andere buddhistische Zentren, die unter den Kuschanen entstanden waren, durch die vordringenden Hephthaliten im fünften Jahrhundert zerstört wurden, entging Bamjan diesem Schicksal – vermutlich aufgrund seiner Abgelegenheit. Der chinesische Pilger Fa-hsien besuchte 400 nach Christus den Ort und berichtete, daß über tausend Mönche dort lebten, und auch Hsüan-tsang schrieb 632 nach Christus von einer blühenden buddhistischen Gemeinschaft. Bald darauf kontrollierten arabische Heere Balch im Norden und Kandahar im Süden, während sie die buddhistische Enklave in den Bergen links liegenließen. Man nimmt an, daß der Buddhismus unter ghoridischer Herrschaft bis ins zwölfte Jahrhundert überlebte.

Die Größe der Denkmäler jenes alten Reiches ist wahrhaft einzigartig. Zwei riesige Buddhastatuen wurden aus den Sandsteinwänden am Rande eines breiten, fruchtbaren Tals herausgehauen. Hinter ihnen ragt die schneeweiße Kulisse des Koh-i-Baba-Gebirges auf. Der Buddha aus dem dritten Jahrhundert hat eine Höhe von fünfunddreißig Metern, die jüngere Statue, die vermutlich im fünften Jahrhundert entstanden ist, drückt sich 53 Meter hoch in ihre Felsnische. Der Fels zu Füßen der Statuen ist ebenso wie die umliegenden Berge von Hunderten von Mönchszellen durchlöchert, von denen viele mit prächtigen Wandbildern geschmückt sind, die eine für diesen Ort bezeichnende ungewöhnliche Verschmelzung künstlerischer Elemente aufweisen. Diese Verbindung von römischen, hellenischen, iranischen, indischen und zentralasiatischen Einflüssen findet man ansonsten nur bei solch einzigartigen Artefakten wie der geflügelten goldenen Aphrodite aus dem Schatz von Tilla Teppe.

Die konzentrischen Falten der Buddhagewänder hatte man aus einer Art Mörtel über Seilen geformt, die an Holzpflöcken im Felsen verankert waren. Die Statuen waren einst bunt bemalt, und Spuren von Blattgold an Händen und Köpfen deuten noch heute auf den ursprünglichen Glanz hin. »Die goldene Farbe glänzt an allen Seiten, und die kostbaren Ornamente blenden das Auge mit ihrer Helligkeit«, schrieb Hsüan-tsang. Man nimmt an, daß die Arme der größeren Statue sogar beweglich waren.

Dennoch kann man die Statuen nicht gerade als schön bezeichnen. Derartig große Monumente in Stein zu hauen gestaltete sich technisch so schwierig, daß die ästhetische Leistung davon beeinträchtigt wurde, und die moderne Archäologie äußert sich fast abfällig über den übergroßen Kopf der großen Statue und die stämmigen Beine. Wie ihre Gesichter aussahen, ist nicht bekannt. Sie wurden systematisch zerstört, als der letzte buddhistische König gegen

Ende des zehnten Jahrhunderts unter Sebüktigin der islamischen Herrschaft weichen mußte, oder vielleicht auch später, als die Mongolen 1222 in die Region einfielen. Dschingis Khans Lieblingsenkel Mutugen wurde von den Verteidigern Bamjans getötet, und als Strafe dafür befahl der Große Khan die Tötung sämtlicher Einwohner.

Der letzte König Bamjans, Dschelaluddin, entfloh den Angreifern nach einer längeren Verfolgungsjagd durch seinen berühmten Sprung in den Indus. Die Wunden, die seinem ehemaligen Reich zugefügt wurden, sind jedoch bis heute nicht verheilt. Selbst das dreifach gesicherte Felsenschloß von Schahr-i Sohak wurde von den erbarmungslosen mongolischen Truppen überrollt und die konische Hügelstadt in der Nähe, die von den Mongolen Mubalegh – »verflucht« – genannt wurde, taufte man in Schahr-i Ghulgula um, zum Gedenken an die Bevölkerung, die den wendigen, flachgesichtigen Reitern zum Opfer fiel. *Ghulgula* bedeutet soviel wie »klagen« oder »flüstern«: Damit sind die Laute der Sterbenden oder ihrer Geister gemeint. Diese Orte wurden nie wieder aufgebaut, und siebenhundert Jahre lang blieben die Bewässerungsgräben des Tals mit Schlamm verstopft. Ende des neunzehnten Jahrhunderts wurde nach einer partiellen Wiederherstellung der Bewässerungssysteme auch wieder Ackerbau im Tal betrieben, doch die Denkmäler erinnern heute weniger an den einstigen Wohlstand der Region als vielmehr an die unbarmherzige Zerstörungswut der Mongolen.

Während des ersten angloafghanischen Krieges war Bamjan einer der abgelegensten britischen Außenposten. Einen Monat brauchten die Briten im Jahr 1840, um es von Kabul aus zu erreichen. Später erlangte es traurige Berühmtheit als Versteck britischer Geiseln, die von den Afghanen entführt wurden. Die Gefangenen kamen aufgrund von Versprechen, die niemals eingehalten wurden, wieder frei – allerdings wird in der britischen Geschichtsschreibung stets nur das Heldentum der Geiseln erwähnt. Als Vergeltung für diese und andere antibritische Aufstände wurden die Städte Istalif und Tscharikar in Brand gesteckt und der große überdachte Basar in Kabul in die Luft gejagt. Nachdem die brennende Hauptstadt geplündert worden war, zogen sich die Briten endgültig zurück.

Ich wußte nicht, wie Bamjan den jüngsten Krieg überstanden hatte, nur daß die Russen sich dort lediglich sporadisch aufhielten. Angeblich hatten in letzter Zeit die Hasara-Mudschaheddin die Riesenbuddhas als Übungsziel für ihre Panzer verwendet. Aber auch dies klang eher nach einem Gerücht oder einer alten Geschichte, die man einfach mit neuen Figuren ausgestattet hatte.

Es war Aurangseb, der letzte Großmogul und Eroberer großer Teile Indiens, der angeblich seine Kanonen an den Buddhas erprobt hatte. Modernem Panzerfeuer würden die Statuen vermutlich nicht standhalten können. Doch die Gerüchte machten mich nur noch neugieriger darauf, die Kolosse selbst einmal zu sehen.

Im Westen, jenseits der Buddhas und des Drachentals, wo der versteinerte Leichnam eines feuerspeienden Ungetüms, das von der edlen Hand Alis niedergemacht wurde, der Legende nach immer noch steinerne Tränen weint, jenseits der Schraubenziegenhörner, die das Grabmal von Mir Jachsus – dem Eis verbrennenden Heiligen – schmücken, und jenseits der paradiesisch blauen Seen von Band-i Amir lag jene Region von besonderer Anziehungskraft, die ich zu erreichen hoffte: die *terra incognita* des versunkenen Ghoridenreiches.

Das Schlingern des Fahrzeugs weckte mich aus meinem Schlummer. Die Straße führte nun spürbar bergan, und in der Ferne konnte man schon die Bergketten sehen, deren Gipfel mit dem milchigen Himmel verschmolzen. Wolkenstreifen berührten die hohen Gipfel, die vor uns aufragten, und hinter uns zog sich die Straße wie eine markante Lebenslinie durch die Landschaft.

Ich sehnte mich sehr nach einem Reisegefährten und dachte an Tim und unseren letzten gemeinsamen Abend. Es war eine lange Nacht gewesen; unter dem Einfluß des

Alkohols war die britische Zurückhaltung von ihm abgefallen, und er hatte von den Schwierigkeiten seiner Arbeit in Kabul erzählt, der ständigen Furcht, dem Mangel an echten Erholungspausen und dem Problem, nie auch nur für einen Tag aus der Stadt herauszukommen. Doch er liebte die Afghanen, ihr Lächeln, ihren Elan und ihre aufrichtige Lebensfreude, die alles wieder wettmachten. Wenn ich ihr Wesen kennenlernen wollte, sagte er, müsse ich nur das Kinderkrankenhaus aufsuchen, das nicht weit von unserem Haus entfernt war. Ich spürte, daß er sich zwischen der Sehnsucht zu bleiben und der Trauer zu gehen hin und her gerissen fühlte. Normalerweise sprach er nie so offen über sich. Er war ziemlich betrunken, als er mir davon erzählte, wie er einmal genau in dem Moment das Krankenhaus erreicht hatte, als eine Reihe von Fahrzeugen mit einer Ladung Schwerverletzter angekommen war. In einem Krankenwagen lag ein sterbender Mann. Noch während er aus dem Fahrzeug geholt wurde, erlag er in den Armen seiner jüngsten Tochter seinen Verletzungen. Den Lärm der Autos und das allgemeine Chaos hatte ein durchdringendes Wehklagen übertönt, als man das Kind von seinem toten Vater trennen wollte. Das würde er nie vergessen, sagte Tim, der Klang habe sich zu tief in sein Herz eingeschnitten.

Meine Gedanken verfinsterten sich zusehends. Ich versuchte, mich an Lawrences knappen Kommentar in *Die sieben Säulen der Weisheit* zu erinnern, als er sich in einer türkischen Garnison in der Nähe von Akaba dem sicheren Tod gegenübersah.* Ich hatte die genauen Worte nicht mehr im Kopf; sie waren unglaublich trocken und klangen irgendwie wahr. Sie lauteten ungefähr: *Ich glaubte, daß er mich töten wollte, was ein Jammer wäre …*

Zu diesem freudlosen Thema fiel mir die berühmte Geschichte ein, wie der Tod Bagdad besuchte. Der Schüler eines bestimmten Sufi hört zufällig, wie der Tod in einem

* T. E. Lawrence: *Die sieben Säulen der Weisheit. Lawrence von Arabien,* List Verlag, München 1978.

Teehaus über die Besuche plaudert, die er in der Stadt zu machen hat, und begibt sich voller Angst sofort auf den Weg ins weitentfernte Samarkand, um dem Tod ganz sicher zu entgehen. Später sucht der Tod den Sufi auf, um sich nach dem Verbleib von ebenjenem Schüler zu erkundigen.

»Ich vermute, er treibt sich irgendwo auf dem Basar herum«, antwortet der Sufi.

»Seltsam«, sinniert der Tod und schaut auf seine Namensliste. »Hier steht, ich soll ihn nächste Woche abholen, ausgerechnet in Samarkand!«

Und wieder befand ich mich an diesem Punkt, wo all das, was normalerweise so wichtig scheint, plötzlich an Bedeutung verliert. Selbst in einem Land im Kriegszustand vergißt man den Krieg, weil die Triebkraft des Lebens einfach zu stark ist – bis er auf eine boshafte Laune hin, ähnlich einem störrischen Tier, sein Gesicht entblößt und man daran erinnert wird, wie leicht ein Leben ausgelöscht werden kann. Ich verspürte ein flaues Gefühl von Panik, wie in einem Traum, in dem man von einem hohen Gebäude fällt, und begriff auf einmal, daß ich mir große Sorgen über die vor mir liegende Reise machte. Die Angst verfügt über ihre eigene hinterhältige Logik, und so wurde ihre Stimme von Minute zu Minute lauter, während sie immer überzeugendere Argumente für die Umkehr vorbrachte. *Ich glaubte, daß er mich töten wollte, was eine Schande wäre.* Aber nein, das war es auch nicht.

Nun kam alles wieder in mir hoch: Immer, wenn ich von meinem Plan erzählte, nach Westen zu reisen, hatten die Leute ein entsetztes Gesicht gemacht, ähnlich einem Wahrsager, der in den Teeblättern eines Kunden etwas Schreckliches entdeckt. Es gab viele warnende Stimmen: die jungen Männer im Teehaus, die mir prophezeit hatten, ich würde aufgefressen werden, Amrullahs Geschichte von den zwei Ausländern, die seit Jahren von *wahdat*-Kämpfern gefangengehalten wurden, und der Bericht des Italieners, den man überfallen und zusammengeschlagen hatte. Gleich darauf folgten die Gegenargumente: Die Jungen gaben lediglich ein altes, ethnisches Vorurteil zum besten, Amrullah hatte sich als Vertreter der Regierung in Panikmache geübt, und Francos Handgelenke hatten – das war mir damals aufgefallen – keine Spuren von Verletzungen aufgewiesen.

Ich wünschte, ich hätte nichts über den Ort gewußt. Mich plagte weniger die Angst vor dem Tod an sich als vielmehr der Gedanke, wie unerträglich es im Fall einer Entführung für meine Familie wäre, nichts über meinen Verbleib zu erfahren. Ich dachte an meine Tochter, und meine Entschlußkraft geriet ins Wanken. Dann fiel mir auf einmal der richtige Schluß des Zitats wieder ein: *Ich glaubte, daß er mich töten wollte, und war traurig.*

Nichts führt einem die Fragilität von Plänen deutlicher vor Augen als eine Reise durch ein fremdes Land, das sich im Kriegszustand befindet. Mit einem tiefen Gefühl der Enttäuschung wurde mir klar, daß mich der Mut verließ. Ich hatte zuvor eine regelrechte Sehnsucht entwickelt, Risiken einzugehen, mich jenseits aller Kalkulierbarkeit auf den Weg zu machen, mich nicht vor Situationen zu scheuen, in denen es unmöglich war, die bevorstehenden Gefahren einzuschätzen. Ich wollte frei sein – und sei es nur für einen Tag – von der Tyrannei, schon im Vorfeld zu wissen, was mich erwartete, wollte auf einer Welle der Unsicherheit reiten, bis ich ihre Bewegung nicht länger spüren konnte. Ich wollte beweisen, daß es möglich war, Orte zu bereisen, die andere mieden, und die geplante Route gab mir die perfekte Gelegenheit, all das auszuprobieren. Ich würde alles hinter mir lassen, mich auf unbekanntes Terrain begeben, ohne Freunde oder Kontakte, ohne Vorwissen, in ein Kriegsgebiet, das eisig kalt war und bevölkert von jugendlichen Kannibalen. In Kabul war mir dies wie ein durchaus vertretbares Vorhaben erschienen. Nun gab es ein Problem: Ich hatte mittlerweile Angst vor meinen eigenen Plänen.

Der Bus bremste und kam ruckelnd zum Stehen. Wir befanden uns in einem wild aussehenden Dorf – vermutlich

Ghorband, auf halber Strecke nach Bamjan –, und die Passagiere hievten ihr Gepäck auf ihre Schultern. Es war der letzte Halt, und als ich allein auf die schmutzige Straße trat, fühlte ich mich sehr verlassen. Die Passagiere mischten sich rasch unter die Passanten.

»Wo wollen Sie übernachten, Bruder?«

Ich wandte mich um. Es war der junge Mann, der im Bus hinter mir gesessen hatte. Ich dachte kurz über den Sinn dieser Frage nach und blickte dann in ein Paar leuchtender, dunkler Augen in einem Gesicht mit mäuseartigen Zügen.

»Gibt es hier im Ort eine *mehmanchana*?« fragte ich matt.

»Eine *mehmanchana*? Hier?« Er lachte spöttisch. »Kommen Sie. Sie können bei mir übernachten.« Er warf den Zipfel seines *patu* über die Schulter und marschierte in die entgegengesetzte Richtung davon. Dies war offenbar als Aufforderung an mich gedacht.

In der schmalen Hauptstraße standen zwei ausgeschlachtete russische Panzer im schmutzigen Gras vor einigen schäbigen Schuppen. Ich stolperte hinter meinem neuen Gastgeber her und rutschte unter dem Gewicht meines Rucksacks immer wieder auf dem vereisten Pfad aus, während er flink vor mir herlief. Wir folgten der gewundenen Straße am Fuße eines steilen Felsens, bis nach ein oder zwei Kilometern ein weiteres Dorf vor uns auftauchte. Hier wurden wir von einem Mann begrüßt, der uns entgegenkam. Als er mich sah, senkte er die Stimme und fragte: »Wer ist denn dein Frcund, Sajjid?«

»Der? Das ist mein Cousin aus … Kabul.«

»Aber Sajjid«, sagte der Mann, »du hast doch gar keinen Cousin in Kabul.«

»Jetzt hab' ich einen«, murmelte Sajjid und führte mich durch ein Labyrinth kleiner Gassen, ehe ich noch mehr Aufmerksamkeit erregen konnte. Wir kletterten auf einer Leiter in einen langgestreckten Raum über einem Stall und tranken dort Tee mit Maulbeeren und Walnüssen. Das Dorf hieß Baham. Es war ein eiskalter und trüber Tag. Sajjid verschwand für eine halbe Stunde und kehrte dann mit einem enttäuschten Gesicht zurück. Er entschuldigte sich, daß er kein Huhn für unser Abendessen hatte auftreiben können.

»Der Schibar-Paß ist bestimmt geschlossen«, meinte er düster.

Bei Sonnenuntergang gingen wir zu einem anderen Haus innerhalb eines ummauerten Hofes, wo er in einem winzigen Zimmer einen Ofen anzündete. Ich stand in der Tür und beobachtete, wie auf der anderen Seite des Tals von winzigen Häusern, die zwischen kahlen Bäumen hervorblitzten, Rauchschwaden aufstiegen. Dahinter hallte das Heulen der Wölfe von den Bergen wider. Es war der erste Weihnachtstag.

Die Nachricht von der Ankunft eines ausländischen Besuchers sprach sich schnell herum, und bald gesellten sich einige andere Männer zu uns, deren Neugier schon bald über die Umgangsformen siegte. Sie kauerten mir gegenüber und tauschten untereinander Fragen aus, die sie nicht zu stellen wagten, während ich mich innerlich schon für das unvermeidliche Kreuzverhör wappnete. Hatte ich gute Laune, so genoß ich diese Fragestunden für gewöhnlich, die schließlich nur einen geringen Preis für die Gastfreundschaft der Menschen darstellten. Doch an diesem Tag fühlte ich mich unerklärlich ausgelaugt. Obwohl mich deswegen ein schlechtes Gewissen plagte, war ich es müde, meine Erschöpfung immer verbergen zu müssen.

Der Raum war kahl – bis auf die Teppiche und eine Pfauenfeder, die neben einem Foto von Sajjid als jungem Soldat an der Wand hing. Das graue Licht wurde zusehends schwächer, so als würden wir uns immer tiefer in eine Höhle zurückziehen. Männer kamen und gingen nach einem unergründlichen Takt, nur Sajjids Gesicht schwebte konstant in meinem Gesichtsfeld wie eine Boje vor einer Hafeneinfahrt. Pessimistische Spekulationen über meine Chancen, den Schibar-Paß zu überqueren, machten die Runde. Wir unterhielten uns, bis unsere Gesichter im Schatten verschwanden. Dann zündete Sajjid eine Paraffinlampe an, und wir tranken

Tee, während sich die Nacht wie eine kalte Schlinge um uns zusammenzog.

»Was bringt die Zukunft?« Einer der Männer stellte mir schließlich diese unvermeidliche Frage. »Was wird Ihrer Meinung nach mit Afghanistan passieren?«

»Selbst Gott weiß nicht, wie sich Afghanistans Zukunft entwickeln wird«, antwortete ich, und sie lachten alle herzlich darüber, dies aus dem Mund eines Ausländers zu hören. Doch selbst im Dämmer des Raumes konnte ich erkennen, wie sich ihre Mundwinkel nach unten zogen, während das Lachen verklang – so als könnten sie die bittere Wahrheit dieser Bemerkung schmecken. Ich fügte hinzu: »Nach allem, was ich gesehen habe, hat die Bevölkerung im ganzen Land genug vom Krieg«, worauf die Köpfe vor mir zustimmend nickten.

»Unsere Bevölkerung schon«, sagte der Dorflehrer. Sein Auftreten war schulisch, sein Tonfall resigniert. »Aber nicht die der anderen Länder. Nicht die von Pakistan, nicht die von Amerika und auch nicht die von Rußland und dem Iran. *Sie* leiden schließlich nicht unter diesem Krieg!«

Darauf wußte ich nichts zu sagen.

»Niemand hat genug davon, bis auf uns!« fuhr er fort. »Solange sie ausreichend Geld haben für ihre Kommandeure, die damit andere für das Kämpfen bezahlen, läßt sich der Krieg nicht beenden.«

Das ließ sich nicht leugnen. Ich hatte auf meiner Reise nicht einen einzigen Afghanen getroffen, dessen Leben von der brutalen Gewalt der Kämpfe nicht beeinflußt worden war und der sich nicht wünschte, daß der Krieg endlich vorbei wäre. Dieses Elend wurde jedoch von außen zusätzlich geschürt, von Spielern, die selbst nicht von der Katastrophe betroffen waren.

»Das ist wahr«, pflichtete ihm einer der Männer ernst bei. »In diesem Krieg geht es nur um Geld. In anderen Ländern verdienen die Menschen ihren Lebensunterhalt mit Handel und Geschäften, aber hier – hier ist der Krieg das beste Geschäft.«

Da drang eine klagende alte Stimme durch die Stille und schreckte uns auf. Sie kam von einem alten Mann, der, in seinen *patu* gewickelt, im Schatten des Ofens kauerte.

»Afghanistan, Afghanistan.«

Eine dünne Schneedecke hatte über Nacht das Land bestäubt; es war bitterkalt. Wir tranken ungesüßten Tee und kauten harte Brotstreifen zum Frühstück. Über eine Stunde lang kam kein Fahrzeug an uns vorbei, als wir unter einem mit Einschüssen übersäten Felsdach am Dorfrand warteten. Einmal stiegen unsere Hoffnungen beim Anblick eines herannahenden Jeeps, aber er war voller bewaffneter Männer und jagte an uns vorbei. Eine weitere Stunde plauderte ich mit einigen kleinen Jungen, die sich abwechselnd um mich drängten und dann wieder davonstoben wie Spatzen, und wackelte mit den Zehen, die mittlerweile schon ganz taub geworden waren.

Ein Mann mit rötlichem Haar und stark ausgeprägten mongolischen Gesichtszügen schlug mir vor, ein Stück mit ihm zu Fuß zu gehen; entnervt von der Warterei, verabschiedete ich mich von Sajjid und schloß mich diesem Fremden an. Wir marschierten einige Kilometer schweigend die Straße entlang, bis die Stille irgendwann vom Poltern eines sich nähernden Lasters unterbrochen wurde. Ich kletterte auf die offene Ladefläche, wo schon zwanzig Männer in *patus* gewickelt zwischen den Säcken kauerten, und setzte mit einem Winken meine Reise fort.

Unter den forschenden Blicken der Männer spürte ich, wie die alte Sehnsucht wieder in mir aufkam: mit einem afghanischen Freund zu reisen. In der richtigen Gesellschaft ließe sich der unvermeidliche Ansturm der Fragen gleichmäßig zwischen Besucher und Gastgeber aufteilen, und meine eigenen wirren Antworten würden durch wohlformulierte Repliken ersetzt werden. Ich würde auch nicht mehr jenen Zustand mentaler Erschöpfung ertragen müssen, in dem es so unerträglich viel Kraft kostet, sich in einer fremden Sprache auszudrücken. Nur ein afghanischer

Freund könnte dabei behilflich sein, wahre Sachverhalte von kulturellen Vorurteilen zu unterscheiden oder, umgekehrt, den anderen die seltsamen westlichen Gewohnheiten, die möglicherweise beleidigend wirken konnten, zufriedenstellend zu erklären: den Wunsch, sich zurückzuziehen und zu schreiben, gelegentlich einmal allein zu sein, die Namen bestimmter Dinge zu erfahren oder Orte ohne eine bestimmte Absicht aufzusuchen.

In einer fremden Sprache macht man das, was einem beim gesprochenen Wort fehlt, durch die Interpretation von Stimmen, Gesten und Ritualen wett, um daraus den Sinn der Rede des Gesprächspartners zu erraten. An einem fremden oder sogar gefährlichen Ort ist man – bewußt oder unbewußt – ständig dabei, diese Signale durch eine Verknüpfung von Analyse und Intuition zu entschlüsseln, und je gefährlicher oder unvertrauter die Umstände, desto größer wird die Bedeutung, die man aus immer kleineren Ereignissen herauszulesen meint. Manchmal scheint ein Mangel an Sprache die Dinge zu erleichtern, da dann der Kontakt mit den anderen von der Last der Definitionen befreit ist. Doch in anderen Momenten erreicht man schnell einen Punkt der Erschöpfung, an dem man sich einfach nur über ganz normale Dinge unterhalten und nicht über jedes einzelne Wort nachdenken möchte. Eine Reise verstärkt beide Extreme. In diesem Augenblick litt ich sehr unter der Last der Erschöpfung und fühlte mich stumm und hilflos, als ich den Blicken der zwanzig schweigenden Männer begegnete.

Der Laster kam in Schaich Ali holpernd zum Stehen, 147 Kilometer von Kabul und 74 Kilometer von Pul-i Matak entfernt. Hinter dem Dorf versiegte der Einfluß der Regierung wie ein Fluß in der Wüste. An dieser Stelle erweiterte sich das Tal zu einem steinigen Ödland, etwa eineinhalb Kilometer breit; auf der anderen Seite konnte ich eine zweite Straße erkennen, die völlig verlassen war und zu schneeweißen Bergen im Süden führte. Ich suchte sie hoffnungsvoll nach einem Lebenszeichen ab, doch nichts bewegte sich auf dieser gewundenen Narbe zwischen den Bergen. Statt dessen donnerte aus den verschachtelten Ausläufern eine gedämpfte Feuersalve hervor, und ich wußte, daß ganz in der Nähe gekämpft wurde.

Ein Dorfbewohner wies mir den Weg auf den Gipfel einer nahe gelegenen Erhebung, wo sich das Hauptquartier des örtlichen Kommandanten befand. Auf dem Bergrücken bewachten bewaffnete Männer eine Ansammlung von ummauerten Lehmhäusern. Eine Flagge mit dem Abzeichen einer Mudschaheddin-Gruppe, die ich nicht kannte, flatterte an einer Antenne auf dem Dach. Man führte mich durch einen dunklen Flur, an dessen Ende sich eine Tür befand. Ich zog meine Stiefel aus, warf den *patu* über meine Schulter und wurde eingelassen.

Ich platzte mitten in einen Kriegsrat. An den Wänden saßen dreißig Kommandeure, die Gewehre im Schoß, mit erschöpften und vom Krieg gezeichneten Gesichtern. Von wenigen Ausnahmen abgesehen, hatten sie mongolische Gesichtszüge. Sie trugen Granaten bei sich und Gurte mit Reservemunition, und ihre Kleider waren abgetragen und schmutzig.

Die Männer rückten unter dem metallischen Klicken der Gewehre zusammen und schufen so Platz für mich neben ihrem Anführer, zu dem man mich, nachdem ich verwirrt in der Tür stehengeblieben war, unter dem Flattern vieler ausgestreckter Hände leitete. Der Kommandant sprach zu den anderen mit ruhigem Nachdruck, der mich etwas verunsicherte, und in einem schwer verständlichen Dialekt. Ich betrachtete ihre Gesichter, konnte aber nichts in ihnen lesen. Die Männer sahen aus wie Luchse. Neben ihnen wirkten die harten Pandschiri-Krieger, die ich getroffen hatte, wie verhätschelte Angorakätzchen. Die Stimmung war nicht bedrohlich, aber unbeschreiblich ernst.

Beim Tee wandte sich der Kommandant schließlich mir zu. Wir unterhielten uns allgemein über den Krieg, die Situation in Kabul und meine Reise. Er fragte, warum die Journalisten aus Kabul denn nie hier herauskämen. Ich warf einen Blick auf die Gewehre und die ernsten mongolischen Gesichter und hätte am liebsten geantwortet: Weil es hier viel zu bedrohlich ist. Statt dessen erklärte ich, daß es für Journalisten schwierig sei, im Land herumzureisen, und kam dann auf meine eigenen Pläne zu sprechen.

»Und mit Ihrer Erlaubnis, Kommandant-Sahib«, sagte ich, »hoffe ich nach Bamjan zu kommen.«

Alles hing von seiner Antwort ab. Er seufzte, und ein düsteres Lächeln zog über sein Gesicht.

»Ich kann Sie zwar nicht davon abhalten, Ihre Reise fortzusetzen«, erwiderte er, »doch Sie sollten wissen, daß an dem Paß, den Sie zu überqueren gedenken und den ich verteidigen muß, 2000 feindliche Soldaten liegen. Jeder einzelne von ihnen würde Sie, ohne zu zögern, töten, allein schon wegen Ihrer Jacke.« Er zupfte an dem Stoff über seiner Brust. »Kein Huhn könnte diesen Paß überqueren, ohne von allen Seiten beschossen zu werden.« Er hielt inne und ließ seine Worte wirken. »Aber wenn Sie es versuchen wollen, Bruder…«, fügte er hinzu und hob die Hände in einer ehrerbietigen Geste an die Launen des Schicksals gen Himmel. »Die Entscheidung liegt bei Ihnen.« Und wieder lächelte er.

Das mit dem Huhn glaubte ich ihm zwar nicht, aber als ich mich so zur Rückkehr gezwungen sah, machte sich eine tiefe Erleichterung in mir breit und verdrängte mein Gefühl des Versagens.

Neun bewaffnete Männer brachten mich in einem russischen Jeep zurück nach Baham. Die ernste Zurückhaltung, die sie vor ihrem Kommandanten an den Tag gelegt hatten, lockerte sich in der erzwungenen Nähe des überbordenden Rücksitzes, und sie feuerten salvenweise aufgeregte Fragen auf diesen *charidschi* ab, der ihnen nun ausgeliefert war. Der Mann neben mir wiederholte die Fragen und verpackte dann meine Antworten (die er mit schamloser Autorität ausführlich ausschmückte) mit Rücksicht auf die anderen in einer gefälligeren Ausdrucksweise. Dann diskutierten sie einige Augenblicke schnell und hitzig darüber, ehe die nächste Frage gestellt wurde. Die ganze Rückfahrt verging auf diese Art und Weise.

Zu Beginn kamen die üblichen Fragen über mein Ansinnen und wieviel mir meine Regierung dafür bezahlte, dann das gewohnte erstaunte Stirnrunzeln bei meiner Behauptung, für keine Regierung zu arbeiten. Ihre Fragen offenbarten jedoch mehr von ihrer Welt als meine Antworten von meiner. Ob es Muslime in England gebe, fragten sie, und ob sie ihre Religion ungehindert ausüben dürften. Und ob es wirklich mein Ernst sei, wenn ich behauptete, daß man sie dort nicht verfolge.

Gab es Alkohol und würde ich auch welchen trinken? Manchmal, antwortete ich mit einem plötzlichen Verlangen. Stellten wir in England unsere eigenen Autos her? Wer war der beste Hersteller? Welches Getreide wurde bei uns angebaut? Was bedeutete das Kürzel USA? Wer war die stärkere Militärmacht, Amerika oder Rußland? Könnte ein englischer Arzt den blinden Jungen heilen, den wir im Dorf gesehen hatten? Welchen Stellenwert hatte die Pilgerfahrt in meiner Religion? Waren die Männer beschnitten? War ich beschnitten (allgemeines Gelächter)? Hatten wir Götzenbilder, oder beteten wir das Feuer an, und gab es verschiedene Sekten in meiner Religion?

Die Läufe zweier Gewehre stachen in meine Beine, während der Fahrer den Jeep über die Schlaglöcher lenkte. Stimmte es wirklich, daß man bei einem Überfall einfach die Polizei anrief und daß diese dann auch tatsächlich kam? War Salman Rushdie Engländer, und war die Fatwa gerechtfertigt oder nicht? War Ajatullah Chomeini ein guter oder ein böser Mann?

Konnten ein Mann und eine Frau vor der Heirat miteinander schlafen? Die Fragen wurden zusehends provokativer, während die Männer immer mehr Zutrauen faßten. Was passierte, wenn ein anderer Mann meine Frau ansah? Ich wagte nicht zu sagen, daß das keine Rolle spielte, um nicht das alte muslimische Vorurteil zu bestätigen, daß es im Westen keine moralischen Regeln für den Umgang zwischen den Geschlechtern gebe. Daher antwortete ich, daß sich ein Mann im allgemeinen in solchen Situation nicht einmischen mußte. Wenn sich ein Mann einer Frau gegenüber schlecht benahm, konnte sie ihm das auch selbst sagen. Die Männer wechselten einige zweifelnde Blicke. Aber wenn ein Mann nicht davon abließe, fragten sie, dürfe ich ihn dann töten? Nein, sagte ich, aber ich könne ihn verprügeln, falls es nötig wäre. Das empfanden sie als ausgezeichneten Kompromiß. Es sei richtig, daß das Töten von Menschen verboten sei, stimmten sie zu. Ich dachte daran, wie gut und wie bemerkenswert es war, daß diese Männer, von jahrelangem Kampf verroht, dennoch die Gewalttätigkeit ihrer eigenen Welt wahrnehmen konnten.

Und ob es zuträfe, fragten sie schließlich, daß westliche Frauen im Sommer nur sehr wenig Kleidung trugen? Ich mußte an eine Miß-Bikini-Wahl denken, die ich einmal in Kalifornien miterlebt hatte, und wurde vorübergehend von quälenden Phantasien heimgesucht. Das hänge davon ab, seufzte ich schließlich, aus was für einer Familie sie stamme, worauf sie wissend nickten und murmelten: »Der Stamm, natürlich, es hängt von ihrem Stamm ab.«

Sajjid zeigte sich nicht überrascht darüber, mich so bald schon wiederzusehen, und bat mich herein. Ich hatte genug von geschlossenen Räumen und endlosen Fragen, die sicherlich erneut auf mich niederprasseln würden, wenn ich im Haus blieb. In der Hoffnung, mich allein einem vorübergehenden Anflug von Heimweh hingeben zu können, fragte ich, ob es möglich sei, einen Spaziergang zu machen.

»Wohin?«

»Auf den Berg hinter dem Dorf.«

»Wozu?«

»Um die Berge zu betrachten, und die Aussicht ...«

»Warum?«

Ich habe noch nie, weder vorher noch nachher, einem Afghanen die Bedeutung eines solchen Wunsches zufriedenstellend erklären können. Doch Sajjid war zu höflich, um einem *charidschi* dessen unbegreifliche Gewohnheiten zu versagen, und rief drei Freunde zusammen, die uns begleiten sollten. Zwei ältere Jungen rannten die Abhänge wie Bergziegen auf und ab, während ich mich atemlos bis auf den Gipfel des Hügels kämpfte, voller Angst vor verborgenen Minen beim Anblick eines verlassenen Militärstützpunktes. Oben hob ich, ohne nachzudenken, einige bunte Steine auf und bemerkte dann, wie mich die anderen aufmerksam beobachteten.

»Dieses Gestein enthält Mineralien«, sagte Sajjid leise, als würde er damit ein konspiratives Wissen preisgeben. Sein Verdacht bestätigte sich, als ich ihm erklärte, daß die rote Farbe vom Eisen käme.

»Und was ist mit den anderen Bergen?« fragte er und deutete auf drei riesige, seltsam gefärbte Erhebungen in der Ferne, als würde unser gemeinsames Wissen vielleicht irgendeinen verborgenen Schatz ans Tageslicht bringen.

»Gold!« riefen wir beide im selben Moment.

Der Anblick weckte in mir die Sehnsucht, die Gegend zu erkunden, mit einem Freund zu Pferde einfach in die namenlosen Berge zu ziehen und zu wandern, aus dem Reichtum ihrer majestätischen Einsamkeit zu schöpfen und all das in mich aufzunehmen, was der Geist solcher Orte zu bieten hat. Dabei fiel mir jedoch ein, daß diese Sehnsucht, die ich noch nie groß hinterfragt hatte, in Sajjids Universum wohl kaum existierte. Unter gewöhnlichen Umständen schien dies ein ganz natürlicher Wunsch zu sein, doch nach dem neugierigen Ausdruck auf Sajjids Gesicht zu schließen, als ich in Richtung Berge starrte, war dies für ihn ein ziemlich merkwürdiger Zeitvertreib.

Kam einem Afghanen das Wandern durch einsame Gegenden aus Lust und Laune nur deshalb seltsam vor, weil er selbst dafür nie Zeit hatte? Oder entsprang diese meine Neigung dem instinktiven Streben, die Trennung von der natürlichen Welt wieder aufzuheben, die das moderne Leben mit sich bringt und die jene Völker, die täglich der Natur nahe sind, gar nicht kennen?

Auf der anderen Seite des Tals reichten die Schatten in den ockerfarbenen Bergschluchten immer tiefer, und der Horizont ähnelte immer mehr der zinnenbekrönten und von zerstörten Wachtürmen durchsetzten Mauer einer Bergfestung, die aus einer anderen Zeit zu stammen schien. Die Dämmerung brach herein, und graue Rauchwolken stiegen von den winzigen Häusern unter uns auf. Wir konnten die leisen Schreie der Jungen hören, die auf einem Platz hinter dem Dorf Fußball spielten, und dann den zeitlosen Ruf des Muezzin. Auf einmal fiel mir Wordsworth ein:

... that blessed moment
In which the burden of the mystery
In which the heavy and the weary weight
Of all this unintelligible world
Is lightened

... dieser gesegnete Moment,
in dem die Last des Rätselhaften,
in dem das schwere und drückende Gewicht
dieser unverständlichen Welt
leichter wird.

Als ich mich umdrehte, schauten mich die anderen an, als würden sie eine Erklärung erwarten.

Wir wanderten an den von Bomben zerstörten Häusern vorbei den Hügel hinab und kehrten in Sajjids Haus zurück, wo ich meine Tagebucheintragungen vervollständigte. Ich hatte gelernt, mich für dieses Ritual gewandt zu entschuldigen; und obgleich ein höfliches Schweigen im Raum herrschte, solange ich in mein Buch kritzelte, knieten sich die besonders Neugierigen neben mich und schauten mit freudiger Verblüffung auf die seltsamen Schnörkel, die meinem Stift entströmten.

»Er kann auch Persisch lesen und schreiben«, sagte Sajjid mit einem Hauch von Stolz. Daraufhin reichte man mir ein Schulbuch für Kinder und bat mich vorzulesen. Es war die Geschichte von Joseph.

»Und was ist mit eurem Propheten?« fragte einer der Männer, nachdem ich fertig war.

»Das wäre dann Jesus«, murmelte ein anderer.

»Ja, Jesus – lebt er oder ist er tot?« fragte ein dritter, und eine unerwartete Stille senkte sich bei dieser entscheidenden Frage über den Raum.

Es dürfte höchst selten vorkommen, daß sich ungebildete europäische Dorfbewohner mit einem muslimischen Besucher über die Bedeutung des Propheten Mohammed unterhalten. Doch hier, in diesem winzigen und abgelegenen afghanischen Dorf, bekundeten die Anwesenden ein ernsthaftes Interesse daran, wie der Gast ein für Muslime entscheidendes Ereignis interpretierte.

Nur wenige Menschen, die nicht dem Islam zugehörig sind, wissen um die tiefe Verehrung, die man in der islamischen Welt Jesus entgegenbringt, oder welch große Achtung Maria, Marjam, bei praktizierenden Muslimen genießt. Umgekehrt findet sich in der gesamten Menschheitsgeschichte kein vergleichbares Beispiel für die Art und Weise, wie im Westen der Islam als Glaube über Jahrhunderte hinweg diffamiert und sein Prophet verleumdet wurde. Doch während sich das Christentum vom Islam so radikal distanziert hat, gibt es in der islamischen Welt nach wie vor ein tiefes Bewußtsein für die gemeinsamen Wurzeln der beiden Religionen, die einst in derselben Erde gediehen.

Die Bewunderung der Muslime für den Begründer des Christentums wird durch zwei entscheidende Punkte beeinträchtigt, die eher dogmatischer als historischer Natur sind und mit dem entschiedenen Monotheismus des orthodoxen Islam zusammenhängen. Der eine Punkt ist die vermeintliche Verwechslung von Jesus und Gott, die als Verwechslung des Boten mit der Quelle betrachtet wird. Der zweite Punkt ist die Dreifaltigkeit, die stark nach Vielgötterei schmeckt – für die Muslime vermutlich die größte aller metaphysischen Ketzereien.

Die Kritik der Muslime richtet sich daher auch gegen so zentrale Ereignisse wie die Kreuzigung. Jeder vernünftige Muslim weiß, daß Jesus nicht am Kreuz gestorben sein kann; entweder ist also jemand anders für ihn gekreuzigt worden, oder er starb eben einfach nicht. Der Glaube, daß ein Mensch sterben und dann wieder ins Leben zurückkehren könne, gilt den Muslimen als eine verwirrend fehlgeleitete Vorstellung.

Damit haben sie nicht unrecht. Die Wiederauferstehung mag für den christlichen Glauben unverzichtbar sein, aber warum sollte deswegen der Islam gezwungen sein, sich an der Quadratur eines metyphysischen Kreises zu versuchen, wenn eine einfache Antwort doch genügt? Es gibt nun einmal keine Vermenschlichung des Absoluten im Islam. Daher besteht auch keine Gefahr, das Kind der Religion mit dem Bade eines anthropomorphen Symbolismus auszuschütten. Folglich leidet der Islam auch nicht unter den Unsicherheiten, die sich aus den rauschhaften Mysterien ergeben, welche dem Christentum immanent sind, oder unter den schrecklichen Zweiteilungen zwischen Gott und Mensch, irdischer und himmlischer Welt, Fleisch und Geist.

Im Islam gibt es keine Verwirrung darüber, was was und wer wer ist, keinen vernünftigen Grund, warum ein toter Mann leben und drei gleich eins und umgekehrt sein sollte; es gibt keinen Konflikt zwischen einem geistigen und einem weltlichen Streben und daher auch keine Notwendigkeit für eine ganze Schicht an Männern (und mittlerweile auch Frauen), so zu tun, als würden sie zwischen dem Göttlichen und seinen Dienern vermitteln – alles Dinge, die nach Vielgötterei und irregeleitetem Glauben schmecken. Dies sind für Muslime, die an eine starke, eindeutige Religion gewöhnt sind, in der Tat große metaphysische Brocken, die von den Christen jedoch, ohne mit der Wimper zu zucken, im Ganzen heruntergeschluckt werden.

Selbst die modernsten und intellektuellsten Muslime finden die christliche Version der Dinge unnötig kompliziert und, ob sie es nun zugeben oder nicht, vom Weg abgekommen. Umgekehrt liegt im Kern des Islam etwas, das der christlichen oder zumindest der westlichen Vorstellung verstörend – ja fast enttäuschend – geradlinig erscheint; etwas allzu Kompromißloses, wenn nicht gar bedrückend Statisches. Gemeint ist die *Schahada,* das Glaubensbekenntnis des Islam, das so mächtig ist, daß es sich mit wenigen Silben begnügt – ein felsenfestes Zentrum der Religion von einer Milliarde Gläubigen:

La illaha ill 'allah.

Es gibt keinen Gott außer Allah.

Es herrschte Stille im Raum, und das Licht der Laterne flakkerte über die Gesichter der Männer, die sich nach vorn lehnten, um meine Antwort zu hören. Doch mich schreckte die Aussicht, mich mit meinem dürftigen Persisch auf so heikles Gebiet zu begeben.

Ich sagte daher: »So wie die Seele eines Mannes in seinen Kindern weiterlebt, so ist auch Jesus in seinen Anhängern lebendig.« Sie diskutierten die Antwort einige Minuten untereinander und schienen sich damit zufriedenzugeben. Damit war ich aus dem Schneider.

»Und wo ist dann Gott?« ertönte eine Stimme.

Es war derselbe Mann, der dieses lästige Thema zuvor angeschnitten hatte.

»Hier«, sagte ich und legte die Hand auf mein Herz. Der Mann wurde auf einmal ganz ernst, verstummte und verließ kurz darauf den Raum.

Am nächsten Morgen begleitete mich Sajjid zu dem Dorf, wo wir uns vor ein paar Tagen zum ersten Mal begegnet waren, und suchte für mich einen Jeep, der nach Kabul fuhr. Nach einer beschwerlichen Reise, bei der wir streckenweise nicht schneller als fünfzehn Stundenkilometer fuhren, erreichten wir endlich unser Ziel. Unter uns lag plötzlich das Tal von Kabul, und wir rollten bergab auf die zerstörte Stadt zu. Nach den düsteren Bergen wirkte sie wie eine riesige, glitzernde Metropole.

Gleich nachdem ich den Fahrer bezahlt hatte, plumpste neben mir fast ein Mann von seinem Fahrrad, so eilig hatte er es, mich zu begrüßen. Ich verspürte einen Anflug von Scham, weil ich keine Ahnung hatte, woher ich ihn kannte. Ganz beseelt von dem Gefühl, nach Hause gekommen zu sein, machte ich mich auf den Weg zum nahe gelegenen Rot-Kreuz-Hauptquartier, in der Hoffnung, dort Rafiq zu treffen. Unterwegs begegnete ich zahlreichen bekannten und lächelnden Gesichtern. Auf einmal befand ich mich wieder in einer ganz anderen Welt und sah glattrasierte Männer in Anzügen mit Funksprechgeräten, unzählige Autos ohne Beulen, flackernde Computerbildschirme und unverschleierte Frauen, die den Blick nicht abwandten.

Da es offensichtlich keine Möglichkeit gab, auf dem Landweg durch Afghanistan zu reisen, reichte ich beim Roten Kreuz ein Gesuch für einen Flug nach Herat ein.

Im Obergeschoß begrüßte mich die afghanische Sekretärin, mit der ich mich zuvor angefreundet hatte, voll sittsamer Anmut. Sie brachte mir Tee und beobachtete mich von der Kante ihres Stuhls aus, während ich trank. Nun, endlich zur Ruhe gekommen, spürte ich plötzlich die Bewegung der Reise, wie ein Matrose, dem nach vielen Tagen auf See der Boden unter den Füßen schwankt. Meine Welt war immer noch in Bewegung und polterte durch Schlaglöcher und Furchen, bei denen jeden Moment ein Achsenbruch drohte, gepeitscht von einem eisigen Wind und grauen Wolken; Felsen, Geröll, Schotter, Ödnis und überall Gewehre. Meine Hände und Kleider waren schmutzig und von einer dünnen Staubschicht bedeckt.

»Auf den ersten Blick habe ich Sie für einen Afghanen gehalten«, kicherte sie.

Wir sahen uns an und lächelten; sie sah einfach wunderschön aus.

Ich ging zurück zu meiner Unterkunft und grübelte darüber nach, welcher Wahnsinn mich auf meinen mißlungenen Ausflug in den Westen getrieben hatte. Tim öffnete das Tor, musterte mich von oben bis unten und sagte: »Du bist ein bißchen früh zurück, findest du nicht?«

»Man hat mich als Geisel genommen, und hundert persische Jungfrauen sind über mich hergefallen.«

»Da will ich auch hin!« erwiderte er müde.

Ich war nur vier Tage fort gewesen, doch sie kamen mir vor wie Jahre.

Hier endlich erlebt man Asien ohne Minderwertigkeitskomplex.
Robert Byron, *The Road to Oxiana*

Es war Silvester. Die französische Hilfsorganisation Ärzte ohne Grenzen lud zu einem Kostümfest. Tim trug seine russische Militärjacke, und ich riß ein altes Leintuch in Streifen und wickelte mich wie eine Mumie darin ein. Es gab Unmengen zu essen und zu trinken. An die Wände hatte jemand eine Reihe trauriger Zitate von französischen Philosophen geklebt. Eines davon hätte bestimmt auch einem Afghanen gefallen, es waren die Worte des Fuchses an den Kleinen Prinzen bei St. Exupéry:

Man sieht nur mit dem Herzen gut.
*Das Wesentliche ist für die Augen unsichtbar.**

Es waren auch Frauen anwesend. In der Mitte des Zimmers saß eine erst kürzlich eingetroffene Journalistin aus den Niederlanden, die auf die versammelten Männer eine ähnliche Wirkung hatte wie Honig auf Bienen. Eine Phalanx von Bewunderern hatte sich formiert, um sich mit ihr zu unterhalten, während sie kurz davor stand, die Geduld zu verlieren, sichtlich genervt von den endlosen Mutmaßungen, Anzüglichkeiten und einfallslosen Anträgen. In diesem Moment kam Tim vorbei, dessen gewohnte Schüchternheit zu diesem Zeitpunkt schon angenehm aus dem Gleichgewicht geraten war, genau in dem Moment, als sich die geballte Wucht ihrer Wut entlud. Er zupfte im Vorübergehen leicht an dem elastischen Stoff ihres Kleids, worauf ein Geräusch ertönte, das dem Feuer einer kleinkalibrigen Pistole ähnelte,

* Antoine de Saint-Exupéry: *Der Kleine Prinz.* Karl Rauch Verlag, Düsseldorf 1998.

während ihre Handflächen in schneller Folge rechts und links in sein Gesicht klatschten. Seine Brille flog in hohem Bogen in eine Ecke des Raums. Er machte jedoch keinerlei Anstalten, sich zu wehren, entweder aufgrund einer angeborenen Zurückhaltung oder weil er zu überrascht war, um zu reagieren. Die Schläge prasselten auf ihn nieder, begleitet von einem lauten Schwall niederländischer Schimpfworte, und er sah aus wie eine Zeichentrickfigur, die in eine Rauferei geraten war.

Die Anwesenden verstummten kurz, doch gleich darauf ging wieder alles seinen gewohnten Gang. Die Niederländerin floh aus dem Raum, und ich angelte Tims Brille unter einem Schrank hervor.

»Mein Gott«, sinnierte er, während er sie aufsetzte. »Ich *hasse* Menschen, die sich selbst so ernst nehmen.«

Um zwei Uhr morgens fuhren wir zurück nach Hause. Die Straßen waren in einen eisigen Nebel gehüllt, der im Mondlicht fahl leuchtete. Zu unserem Erstaunen gerieten wir in keine Kontrolle. Erst viel später stellte sich heraus, daß man sie an diesem Abend um unseretwillen abgezogen hatte.

Unsere Aktivitäten bei Tag hatten dagegen eine eher ernüchternde Wirkung. Ich begleitete Tim auf mehreren haarsträubenden Fahrten durch die Stadt, um die Opferzahlen der Raketenangriffe aufzunehmen. Die Unberechenbarkeit und die anonyme Gewalt dieser Ereignisse waren immer zutiefst verstörend. Einmal schlug auf dem Textilmarkt eine Rakete fast genau an der Stelle ein, an der ich zehn Minuten zuvor noch um einen Schal gefeilscht hatte. Bei einem anderen Angriff in der Nähe des Präsidentenpalastes wollten zwei Männer im Auto vor den Raketen flüchten. Eines der Geschosse landete jedoch auf ihrem Wagen und tötete sie auf der Stelle, während jene, die nicht geflohen waren, überlebten. Eine andere Rakete flog durch das Fenster einer Filmproduktionsfirma und tötete ein halbes Dutzend Schauspieler sowie den Regisseur.

Ein großer Teil der Belegschaft in den Krankenhäusern bestand aus Frauen. Angeblich gab es eine Chirurgin, der man den Rang eines Generals verliehen hatte. Sie war so erfahren auf dem Gebiet der Unfallchirurgie, daß sie von Spezialisten aus der ganzen Welt aufgesucht wurde.

Eines Tages erreichten wir eine enge, ungepflasterte Gasse im Westen der Stadt nur wenige Minuten nach einem Raketeneinschlag. Ein Ladenfenster war zerstört worden, jemand fegte die Scherben beiseite, und mein Blick fiel auf das Blut, das durch den Sand schimmerte, mit welchem man die Lache bestreut hatte.

Im örtlichen Krankenhaus nannte uns eine afghanische Ärztin, die wunderschön und sehr müde aussah, die Zahlen: sechs Tote, davon zwei kleine Kinder, und zwei Schwerverletzte. Insgesamt hatten wir an diesem Tag vierundzwanzig Tote gezählt.

Auf dem Nachhauseweg mußte ich beim Anblick der zerstörten und zerfallenen Häuser von Deh Masang unwillkürlich an Wilfred Owen denken, der in seinen Gedichten die Schützengräben des Ersten Weltkriegs beschrieb. Obwohl mir das Bild, das sich uns bot, nicht fremd war, wurde mir angesichts des Ausmaßes der Zerstörung schwindelig. Unser Leben in Wasir Akbar Chan wirkte im Vergleich dazu geradezu königlich und frivol – ein bedrückendes Gefühl.

Im Osten der Stadt hatten die wechselnden Frontlinien dafür gesorgt, daß jedes Gebäude von Einschüssen durchsiebt war. Die Gegend um das alte Stadion, im Schatten des Tap-i Marandschan, war besonders schlimm getroffen worden. In den von den Sowjets gebauten Wohnblöcken in Microrayon sahen wir bunte Wäscheleinen an Balkonen hängen, die von Granatexplosionen halb zerstört waren.

Tim erzählte mir die schlimme Geschichte von einer Frau namens Mahgul, die dort lebte. Ihre kleine Enkelin war als Säugling von einer Rakete getötet worden. Vor dem Krieg war ihr Mann ein relativ wohlhabender Ladenbesitzer gewesen, doch sie hatte ihn und den ältesten Sohn durch die Russen verloren; ein zweiter Sohn war in späteren Kämpfen zum Krüppel geworden und ihre Tochter in den Iran geflohen. Nun wurde sie von ihren zwei jüngsten Söhnen unterstützt, elf und fünfzehn Jahre alt, die eine Mechanikerlehre machten und gemeinsam umgerechnet etwa zehn Pfund im Monat nach Hause brachten. Die alte Redensart, daß jeder Mensch das bekommt, was er verdient, kam mir nie so bedeutungslos vor wie in diesem Moment.

Meinem Fluggesuch wurde wenig später stattgegeben. Ein Kleinbus des Roten Kreuzes brachte uns zum Flughafen bei Bagram. Ich saß neben einer französischen Krankenschwester in den besten Jahren namens Madeleine, deren derbe Gesichtszüge mich an eine närrische Figur aus Bruegels Gemälde *Die flämischen Sprichwörter* erinnerten. Sie trug voller stolz einen langen Wolfspelzmantel, den sie in der Chicken Street gekauft hatte, in der Meinung, sie würde damit »afghanischer« aussehen. Damit hatte sie in etwa soviel Erfolg wie eine afghanische Frau, die in London mit einer altertümlichen Tracht aus dem schottischen Hochland in dem Glauben herumlief, nun wie eine Einheimische zu wirken. Eigentlich war es nicht weiter überraschend, daß die Afghanen uns Ausländer reichlich merkwürdig fanden; erstaunlich war vielmehr die Geduld, mit der sie die Fremden im allgemeinen behandelten.

Ich erzählte ihr von den Schmerzen in meinen Gelenken, was sie fröhlich als Hirnhautentzündung diagnostizierte, die ich unbedingt behandeln lassen sollte. Angesichts ihres starren Lächelns und ihres etwas manischen Blicks war es schwer zu sagen, ob sie es ernst meinte.

Wir stiegen in das kleine Flugzeug. Die Piloten rückten zärtlich die Designer-Sonnenbrillen auf ihren Nasen zurecht und gaben Gas, bis der Motor zu einem zitternden Dröhnen erwachte. Dann brausten wir an den Wracks der MiG-Kampfflugzeuge vorbei, die auf der Wiese neben dem Rollfeld vor sich hin rosteten. Bei 115 Knoten hoben wir ab und stiegen in einem steilen Kreis auf 20000 Fuß, ehe wir nach Nordwesten in Richtung Herat flogen. Der Erdboden fiel unter uns zurück, und wir glitten über ein Meer von Bergen dahin. Im Osten wölbten sie sich in eisigen Zinnen bis zum Himalaja, im Westen stiegen sie in sanften Wellen zum zentralen Rückgrat des Paropamisus-Gebirges hinauf, das knapp fünfhundert Kilometer vor Herat endete.

Ich drückte meine Nase gegen das vibrierende Fenster und spürte den Kitzel, aus der Höhe in eine andere Welt hinabzublicken, die ihrer Geheimnisse beraubt war. Eine mächtige Schneedecke bedeckte die obersten Gipfel und ergoß sich über die gezackten Flanken wie Zuckerguß über den Rand eines Kuchens. Weiter unten sahen wir winzige Dörfer in Tälern ohne Straßen, zahllose vergrabene Buckel und Furchen von längst vergessenen Siedlungen sowie Flüsse, die sich wie Nervenstränge verzweigten.

Beim Anflug auf Herat sanken wir durch dicke Wolken, worauf das Flugzeug zu hüpfen und zu schlingern begann. Der Kopilot erhob sich von seinem Sitz, hielt sich im Gang fest und informierte von dort aus wie in einem Katastrophenfilm die Passagiere. Wir müßten uns auf eine rauhe Landung gefaßt machen. Das Wetter habe sich unerwartet verschlechtert, sagte er, und die Navigationsgeräte funktionierten nicht richtig – aber sie würden dennoch ihr Bestes geben.

Bald schlingerten wir durch die Wolken weiter abwärts. Ich versuchte, einen kurzen Blick auf den Boden zu erhaschen, aber jenseits der Flügelspitzen war nichts zu erkennen, nur die trübe Nebelsuppe, in der das Flugzeug wie ein Papierboot hin und her geworfen wurde. Die Piloten nahmen ihre Sonnenbrillen ab und bereiteten sich auf die Landung vor. Mein Magen schlug Purzelbäume, und die Krankenschwester im Wolfspelz, deren Augen mittlerweile ihr verrücktes Glitzern verloren hatten, umarmte die Lehne des leeren Sitzes vor ihr und beugte sich von Zeit zu Zeit zum Gang hin, als wäre ihr schlecht.

Plötzlich riß das Weiß um uns herum auf, und wir schossen 150 Meter über dem Boden im Sturzflug aus der Wolkendecke hervor, während die Erde wie eine große braune

Scheibe auf uns zuschnellte. Durch die von Rinnsalen überströmten Fenster blickte ich auf eine Ebene, umringt von düsteren Bergen, die in der einfarbigen Ferne vor sich hin brüteten. Dann setzten wir mit einem Holpern auf der Landebahn auf; die Passagiere applaudierten spontan, aber matt.

Wieder mit festem Boden unter den Füßen rollten wir auf den Kontrollturm zu, an einem Dutzend Flugzeuge vorbei, die neben der Landebahn vor sich hin verrotteten wie Skelette in geöffneten Gräbern. Daneben stand ein alterndes MiG-Kampfflugzeug, dessen Nase und Kabine wie bei einem Hund einen Maulkorb trugen.

Es war kalt und nieselte. Wir kauerten uns neben das Flugzeug, während ein russischer Tanklastwagen über das geteerte Rollfeld rumpelte und ein Mann mit Overall und Cowboystiefeln auf den Flügel kletterte und nach der Tanköffnung suchte. Ein Rot-Kreuz-Jeep brauste heran. Ich saß zwischen dem nassen Pelzmantel der Krankenschwester und einem zurückhaltenden Franzosen, den ich hoffnungsvoll in ein Gespräch zu ziehen versuchte. Er reagierte jedoch ungewohnt unfreundlich. Die Abneigung, die ich ihm gegenüber daraufhin verspürte, schien angesichts der Tatsache, daß er eine Woche später versuchen würde, mich umzubringen, nur gerechtfertigt.

Die Straße vom Flughafen führte von Norden direkt in die Stadt und war alle fünfzig Meter von tiefen Spurrillen durchzogen. Die russischen Betonblöcke waren noch holpriger als die Furchen der Felder daneben, daher fuhren wir auf einer matschigen Piste neben der Straße durch die bedrückende Umgebung des Flughafens, einen Vorort, der nur aus zerstörten Militärgerätschaften und verlassenen Bunkern zu bestehen schien. Wir passierten Gebäude, die einst Fabriken gewesen waren, und danach einen Friedhof mit russischen Panzern und fuhren schließlich unter einem Baldachin aus hohen Pinienbäumen dahin.

Ich hatte jahrelang davon geträumt, Herat zu besuchen, aber nie so recht daran geglaubt, daß ich diese Stadt tatsächlich einmal sehen würde. Während der sowjetischen Besatzungszeit war Herat für Ausländer der unzugänglichste Ort der Welt. Neuigkeiten erreichten die Außenwelt nur in spärlichen Häppchen; es gab keine ausländischen Botschaften, die Einzelheiten über den Krieg nach außen hätten weitergeben können. Selbst das Rote Kreuz durfte nur sehr selten die Gefängnisse aufsuchen – und wenn, dann waren sie für diese Gelegenheiten vorübergehend geräumt worden. Für diejenigen, die damals mit den Gefahren des Reisens in Afghanistan vertraut waren, besaß die bloße Erwähnung von Herat eine Anziehungskraft, die nur noch von der Angst vor den Gefahren einer solchen Reise übertroffen wurde. Nur sehr wenige unerschrockene Ausländer wagten den Weg.

Ich weiß nicht genau, was die anderen sahen; vielleicht eine verarmte Stadt, die von Fanatikern besetzt war. Der Eindruck eines Ortes wird schließlich maßgeblich von den Verhältnissen der Zeit bestimmt. Bruce Chatwin notierte über die Ankunft in Herat nach einem Aufenthalt im Iran, es sei, als würde man »zum Luftholen nach oben kommen«. Und Robert Byron, der 1933 zum ersten Mal nach Afghanistan reiste, schrieb in seinem regelmäßig wiederentdeckten Klassiker *The Road to Oxiana*: »Hier endlich erlebt man ein Asien ohne Minderwertigkeitskomplexe.« Byron war beeindruckt vom Selbstvertrauen und der tollkühnen Haltung der Afghanen und verliebte sich in Herat, in der Überzeugung, die vergessene Hauptstadt der »orientalischen Medici« entdeckt zu haben. Afghanistan war 1933, ebenso wie heute, ein eher unkomfortables Reiseland und zog nur wenige Besucher an, und folglich wurde Herat im westlichen Bewußtsein von dem besser erreichbaren Samarkand in den Schatten gestellt.

Ich war mir nur vage bewußt, daß die Geschichte der Stadt sich wie ein Gobelin darstellte, der von Oxford bis Peking reichte – es war ein legendärer Ort, dessen Religion, Sprachen und Münzprägung jahrtausendelang den Pulsschlag Asiens widergespiegelt hatten.

Herats Name wird schon früh in schriftlichen Aufzeichnungen erwähnt. Als der Monotheismus noch ein völlig neuer Gedanke war, kannte man die Gegend des heutigen Herat schon als Oase der Hera; sie war bewohnt von iranischen Stämmen, die vom wachsenden Großreich der Assyrer nach Osten verdrängt worden waren.

Die Stadt war bereits im vierten Jahrhundert vor Christus ein bedeutendes Zentrum, berichten die Chronisten Alexanders des Großen. Um 330 vor Christus machte sich der junge Mazedonier, selbst nach der Plünderung von Persepolis immer noch eroberungshungrig, auf den Weg nach Osten, um dem persischen Satrapen Satibarzanes das Gebiet um Herat zu entreißen; danach wurde die Stadt in »Alexandria in Aria« umbenannt und vermutlich auch neu aufgebaut (die Region hieß bei den Griechen Aria; Peter Levi kennt Herat als Artokana). Das griechische Heer zog weiter nach Süden, allerdings nicht, wie man meinen könnte, mit Unterstützung der bereits existierenden Kolonien in dieser Gegend. Vielmehr begegnete den Griechen dort der schärfste Widerstand ihres gesamten Ostfeldzugs. Befreit vom Joch der persischen Herrschaft, kämpften die griechischen und einheimischen Reiche nun erbittert um ihre Unabhängigkeit.

Herat entstand an einem antiken Knotenpunkt nicht nur des Handels, sondern auch der Invasionen und mußte einen entsprechend hohen Preis dafür bezahlen. Aufgrund seiner Lage in einer breiten, offenen Ebene, gespeist von den Wassern des Harirud, der nach Westen fließt und dann in den Dünen der Karakum-Wüste versickert, ließ es sich praktisch nicht verteidigen. Im Osten erheben sich die steilen Felshänge des Paropamisus-Gebirges, das über den früheren Bergreichen von Ghor und dem Hasaradschat aufragt und schließlich im stolzen Gewirr des Hindukusch gipfelt. Im Norden führt der Weg nach Balch und zu den Steppengebieten jenseits des Amudarja. Im Süden zieht sich die Route, die schon Alexander der Große nahm, über das staubige Tiefland am Rand der Dascht-i Margo, der sogenannten Todeswüste, entlang und schlängelt sich einerseits weiter nach Osten in Richtung Indien und andererseits in südlicher Richtung nach Belutschistan bis zum Indischen Ozean.

Die Herrscherhäuser, die im blutigen Kielwasser Alexanders über diesen Teil von Chorasan regierten, erlebten in einem Wechsel von Heldentum und Blutvergießen ihren Aufstieg und Niedergang. Ihre Namen lassen die moderne Geschichte verblassen: Seleukiden, Parther, Skythen, Kuschanen, Ephtaliten, Sassaniden, Samaniden, Saffariden, Ghasnawiden, Ghoriden, Mongolen, Timuriden, Usbeken, Safawiden, Durrani, Baraksai. Und ganz kurz auch die Russen.

Zwischen den verschiedenen Aufständen und Umbrüchen blühte Herat auf. Klassische und islamische Autoren bezeichneten die Stadt als »Perle«, »Brotkorb« oder »Oase« von Chorasan und bestaunten ihr kompliziertes Bewässerungssystem. Unter den Kuschanen, also etwa während des ersten Jahrhunderts der christlichen Zeitrechnung, als der Handel zwischen Ost und West, von China bis Rom und mit unzähligen anderen Orten auf der Strecke, blühte, fanden die Menschen und Tiere der Karawanen Unterschlupf in der Karawanserei von Herat, das an der südlichen Nebenstrecke der berühmten Seidenstraße lag.

Für Straßenräuber muß es eine goldene Zeit gewesen sein. Seide, nach der im Westen große Nachfrage herrschte und deren Herstellungsweise von den Chinesen eifersüchtig geheimgehalten wurde, war natürlich das wichtigste Handelsgut. Doch der Osten stellte eine Schatzkammer dar, die auch mit vielen anderen kostbaren Waren gefüllt war: Elfenbein, exotische Hölzer, Tierfelle und -häute, Kautschuk, Harze und Parfüme, Gewürze, Arzneimittel, Früchte, Korallen, Perlen, Bernstein und Metalle gelangten aus Indien und Südostasien in die europäischen Hauptstädte, besonders in das kaiserliche Rom und die hellenisierte Welt. China lieferte außerdem Hanf, Papier, Sättel, Schmuck und den teuren Moschus der chinesischen und tibetanischen Moschushirsche. Auch lebende Ware – Tiere wie Menschen – wurde an die Höfe der westlichen Länder geschickt. Papageien, Affen, Schlangen und Elefanten waren dort besonders begehrt, während mit Sklaven in beiden Richtungen gehandelt wurde. Silber und Bronzeteller, Glasgeschirr, Töpferwaren, Weine und Öle reisten dagegen in den Osten.

Seit Beginn der schriftlichen Überlieferung wurde das kostbare Wasser Herats von seinen Einwohnern durch ein ausgeklügeltes System von Bewässerungskanälen herangeführt, die unzählige Gärten, Weinberge, Getreide- und Reisfelder versorgten. Während wir durch die Stadt fuhren, fielen mir auf einmal wieder die ersten Zeilen eines Märchens ein, das von dem Besuch eines samanidischen Fürsten aus Buchara in der Gegend erzählt. Er war so bezaubert von deren Schönheit, dem milden Klima und den siebzig verschiedenen Traubensorten, daß er zwei ganze Jahre blieb. In der Zwischenzeit sehnten sich seine Höflinge und Soldaten nach ihrer Heimat zurück und wandten sich irgendwann mit der Bitte an den Hofdichter Rudaki, ihren Herren mit einem Gedicht zur Heimkehr zu bewegen. Der blinde alte Mann nahm seine Laute zur Hand und begann die Saiten zu zupfen, während er die Erinnerung an den geliebten Mulijan, einen großen Kanal in Buchara, heraufbeschwor:

Bu-ji dschu-ji mulijan ajad hami,
jad-i jar-i mehriban ajad hami.

Der süße Duft des Mulijan dringt herüber,
die Erinnerung an den lieben Freund dringt herüber.

Die Wirkung auf den Fürsten war überwältigend: Er griff sich das nächstbeste Pferd und ritt, ohne seine Stiefel anzuziehen, auf direktem Weg nach Buchara zurück.

Unter den Timuriden, mit deren Name die Stadt am häufigsten in Verbindung gebracht wird, erreichte Herat im fünfzehnten Jahrhundert den Höhepunkt seiner kulturellen

Entwicklung. Die Timuriden waren nach Timur benannt, den man auch unter dem Namen Tamerlan kennt. Wie Dschingis Khan hatte auch er den Ehrgeiz, die Welt zu beherrschen. Von Chorasan aus eroberte er ein Reich, das von der Türkei bis nach China und von Moskau bis zum Persischen Golf reichte; dabei machte er ganze Städte dem Erdboden gleich und ließ unzählige Tote zurück. Die großen Hauptstädte des Ostens fürchteten nichts so sehr wie seine flinken und erbarmungslosen Reiterscharen und wurden eine nach der anderen ausgelöscht. Im glorreichen Bagdad errichteten seine Generäle Pyramiden aus menschlichen Schädeln, in Ankara wurde der osmanische Sultan Bajasid angeblich gezwungen, niederzuknien und Timur als Fußbank zu dienen, und im geplünderten Delhi regte sich zwischen dem Schutt und den Leichen drei Monate lang nicht einmal ein Vogel. Timurs Hauptstützpunkt befand sich in Samarkand, wo er zwischen seinen blutigen Feldzügen eindrucksvolle Denkmäler in Auftrag gab und Parks mit kleinen Pavillons bauen ließ, gestaltet von gefangenen Handwerkern, die er mitsamt ihren Familien aus den entlegensten Winkeln seines Reichs entführt hatte. Der rätselhafte »Welteroberer« starb 1405 auf dem Weg zur Eroberung Chinas. Danach begann sein Reich wie ein verlandendes Meer zu schrumpfen.

Unter der Herrschaft seiner beiden fähigsten Söhne konnten sich zwei große Reiche ihre Macht bewahren: Westpersien und der Irak wurden an Dschelaluddin Miranschah übergeben, und Chorasan mit der Hauptstadt Herat ging an Schah Ruch. Die prekäre Lage im Osten entspannte sich durch Schah Ruchs kluge Freilassung des chinesischen Abgesandten, den noch sein Vater festgesetzt hatte. In den folgenden Jahren tauschten die beiden Reiche Geschenke aus und bauten Gesandtschaften auf.

Schah Ruch hatte offenbar nicht die Eroberungswut seines Vaters geerbt und lenkte die Rastlosigkeit seines mongolischen Blutes in kreativere Bahnen. Herat, das nun unter einem menschenfreundlicheren Regime stand, erbte die

Handwerker, Künstler und Dichter, die einst Timurs Samarkand verschönert hatten, und ihre Kunstfertigkeit befruchtete die persischen Einflüsse aus dem Westen.

Zu Beginn des fünfzehnten Jahrhunderts blühte Herat. Im Bereich der Architektur, Dichtkunst, Malerei, Musik, Textilherstellung und Goldschmiedekunst nahm die Stadt in Asien eine herausragende Stellung ein und entwickelte sich auch zur politischen und kulturellen Metropole des Kontinents. Gesandtschaften und Botschafter von Kairo bis Peking reisten herbei und tauschten königliche Gaben wie Vollblutpferde, Löwen und Tiger aus. Zudem brachte Herat eine Fülle von weisen und heiligen Männern hervor.

Schah Ruch hatte eine außergewöhnliche Frau, Königin Gohar Schad – was soviel bedeutet wie »fröhliches Juwel« –, die oft auch die Bilkis – die Königin von Saba – ihrer Zeit genannt wurde. Die Königin zählte zu den größten Schutzpatroninnen Asiens, und noch heute, vierhundert Jahre später, wird sie als eine der außergewöhnlichsten Frauen der Welt beschrieben. Ihr Einfluß in öffentlichen Angelegenheiten deutet auf eine Toleranz gegenüber Frauen hin, die für diese Dynastie kennzeichnend war. Sie gab neben zahlreichen anderen öffentlichen Gebäuden auch die legendäre Musalla in Auftrag sowie eine einzigartige Moschee in Meschhed. Diese rätselhafte Königin spielte eine aktive Rolle in der Politik der Dynastie, was sie allerdings mit über achtzig Jahren das Leben kosten sollte.

Ihr Sohn Ulug Beg wurde Vizekönig von Samarkand und errichtete dort aufgrund seines Interesses für weltliche Bildung (was später sein Untergang war) das berühmte Observatorium. Er zeichnete die Bewegungen von tausend Sternen auf und berechnete die Länge des Sonnenjahres auf Sekunden genau. Hundertfünfzig Jahre später wurden seine astronomischen Tabellen in Oxford veröffentlicht.

Unter Husein Baikara, der eine zwanzig Jahre währende Familienfehde um die Nachfolge von Schah Ruch beendete und 1486 den Thron bestieg, erlebte Herat seine letzte und größte Blüte. Der jüngere Neffe des Sultans, bei dem es sich um keinen Geringeren als Babur handelte, schrieb, die Stadt sei voller »gelehrter und unvergleichlicher Männer«.

Der Minister Ali Sher Nawa'i war nicht nur der Führer und Vertraute des Sultans, sondern auch Meister des literarischen Tschaghatai-Türkisch, ein berühmter Dichter ebenso wie ein begeisterter Baumeister und Restaurator, dem der Bau von mehreren hundert Moscheen, Schulen, Krankenhäusern, Bibliotheken und Karawansereien zugeschrieben wird.

Herats berühmtester Künstler, Kamaluddin, im Westen auch als Behsad bekannt, machte die persischen Miniaturen weltweit berühmt. Seine außergewöhnlichen Darstellungen von Jagdausflügen, königlichen Picknicks, höfischen Zeremonien, Gefechten, Derwischen in einsamen Höhlen und Szenen von Ritterromanzen erwecken den Geist dieses Zeitalters zu neuem Leben. Der Hofhistoriker Mirchwand schrieb eine Weltgeschichte, die die muslimische Sicht auf die Geschichte noch Jahrhunderte später beeinflußte; sein Enkel Chwandamir verfaßte eine weitere, die einen ähnlichen Einfluß auf die westliche Sicht der islamischen Geschichte hatte. Die Stadt war auch die Heimat von Abdurrahman Dschami, dem berühmtesten persischen Dichter des fünfzehnten Jahrhunderts und großen Mystiker, der von Sufis und Gelehrten aus ganz Asien wegen seiner Weisheit aufgesucht wurde. Es heißt, der Sultan habe stundenlang an Dschamis Grab geweint.

Herats kulturelles Leuchtfeuer brannte noch hundert Jahre lang strahlend hell, bis es aufgrund eines verhängnisvollen Windes aus dem Norden zu flackern begann. Um die Jahrhundertwende eroberten marodierende Usbeken Samarkand, und die Grenzen des Reiches wurden stetig durchlässiger. Doch auch von innen wurde die Herrscherfamilie vom Fluch des guten Lebens und – Baburs Berichten zufolge – einer Schwäche für nächtliche Trinkgelage zusehends geschwächt. Gichtgeplagt und vom Luxus verweichlicht, hatte der Sultan die Lust am Kampf verloren, so daß die Stadt immer mehr in die Defensive geriet. Nachdem der alte Mann 1506 gestorben war, sahen seine Söhne, die über keine militärischen Erfahrungen verfügten, tatenlos zu, wie Herat im folgenden Jahr von den ungebildeten Usbeken erobert wurde. Drei Jahre später gelang es dem persischen Schah Ismael Safawi, die Stadt zurückzuerobern. Angeblich trank er seinen Wein aus dem Schädel des usbekischen Anführers.

Der entsetzte Babur, der hilflos zusehen mußte, wie das Reich seines Onkels allmählich zerfiel, war dagegen aus ganz anderem Holz geschnitzt. Da ihm sein geliebtes Zentralasien vorenthalten wurde, fiel er in Indien ein und wurde dort der erste Mogul-Kaiser. Seit Mitte des fünfzehnten Jahrhunderts war Herat nurmehr eine Schachfigur zwischen den persischen Safawiden im Westen und Baburs Nachfahren. Chorasan und allmählich auch ganz Zentralasien zog sich immer mehr zurück und verschwand langsam im Schatten der Geschichte.

Drei Gründe trugen die Verantwortung für diesen Niedergang: Zum einen waren das die überlegene Taktik und die modernen Schußwaffen der umliegenden Königreiche, zum anderen das Auftauchen eines portugiesischen Handelsschiffs unter dem Befehl des Vasco da Gama im fernen Hafen von Calicut und die damit einhergehende Öffnung der ersten Seewege Richtung Osten. Der dritte Grund war der unaufhaltsame Aufstieg einer bis dato unbedeutenden Provinz weit im Norden namens Rußland.

Wir holperten in die Stadt, vorbei an einem verlassenen Park, einem zugenagelten Kino, einem ausgetrockneten Brunnen auf einer überwucherten Verkehrsinsel und dem verfallenen Park Hotel, wo Byron, Zigarren rauchend und Arrak trinkend, die Geschichte der Stadt studiert hatte. Die Hotels waren entweder Ausländern nicht zugänglich oder voll von Taliban-Kämpfern. Die Mauern entlang der Straßen hatte man hastig mit den Slogans der neuesten Eroberer der Stadt vollgeschmiert.

Herat war vor wenigen Monaten den Taliban in die

Hände gefallen, nachdem der ehemalige Emir, ein erfahrener Guerillaführer namens Ismael Chan, mit seinen engsten Gefolgsleuten in den Iran geflohen war. Es gab Dutzende verschiedener Versionen darüber, wie und warum dies geschehen konnte; jedenfalls hatte es keine Kämpfe gegeben. Der Fall der Stadt kam nicht nur für Herat überraschend, sondern auch für die Regierung in Kabul und die Taliban selbst. Letztere hatten, verwundert über ihren unerwarteten Sieg, die Verwaltung der Stadt größtenteils den einheimischen Beamten überlassen. Allerdings hatten sie zahlreiche Gesetze verhängt, die ihnen in der Bevölkerung, die sich von mehr als zehn Jahren Krieg erholte, wenig Sympathien einbrachten.

Die Universität war geschlossen worden, Mädchen durften nicht mehr zur Schule gehen und männliche Ärzte keine weiblichen Patienten behandeln. Sport in der Öffentlichkeit war verboten, der Besitz eines Musikinstruments illegal, und alle Männer wurden aufgefordert, sich die Köpfe zu rasieren. Jeden Tag wurden neue, unmögliche Gesetze bekanntgegeben. Es gab sogar einen Taliban-Rundfunksender, der täglich die »Befreiung« der Stadt feierte und die Bevölkerung ermahnte, die neuen moralischen Regeln freudig zu begrüßen, während den verbitterten Hörern die Einführung immer strengerer Gesetze verkündet wurde.

All dies deutete auf eine fremde und ungewöhnlich fanatische Geisteshaltung hin. In Herat waren die Taliban, anders als im Süden, Fremde und wichen in äußerem Erscheinungsbild, Kleidung, Stammesherkunft, Sprache, Sitten und religiöser Auslegung von den Traditionen des Nordens ab. Das sowie der zutiefst unabhängige und gemäßigt liberale Geist von Herats Bevölkerung führte dazu, daß nicht nur ich mir die Frage stellte, wie lange sich ihre Herrschaft wohl halten würde. Einige neue Graffiti tauchten bereits an den Wänden der Freitagsmoschee auf: »Wir Mädchen wollen wieder in die Schule«, forderte eines. Und ein anderes lautete: »Taliban, kehrt zurück nach Amerika.« Ich fand es sehr spannend, in einer Stadt zu sein, in der solche Themen die Menschen beschäftigten; es kam mir ein wenig wie ein Dampfkochtopf vor. Früher oder später würde er überkochen.

In einer matschigen Seitenstraße wurden Madeleine und ich vor ihrem Hauptquartier abgesetzt. Es gehörte einer französischen Ärzteorganisation; ihr Einsatzleiter in Kabul hatte mir empfohlen, dort nach einer Unterkunft zu fragen. Doch schon bei unserer Ankunft überkam mich eine böse Vorahnung. Sie beruhte zwar nur auf einigen wenigen Beobachtungen, aber ich hatte gelernt, mich auf meinen Instinkt zu verlassen. Die afghanischen Mitarbeiter waren kurz angebunden und ungewöhnlich zurückhaltend und legten, wie ich völlig überrascht feststellte, ein fast schon europäisches Verhalten an den Tag. Das konnte nur bedeuten, daß die Afghanen in Herat allgemein weniger offen waren oder daß sie aufgrund ihrer Erfahrungen mit Ausländern ihre natürliche Freundlichkeit verloren hatten.

Madeleine wurden von ihren Freunden in einem Raum mit begeisterten Wangenküssen empfangen, dann schloß sich die Tür hinter ihr. Ich stand allein im Flur und kämpfte noch mit meinen schmutzigen Schnürsenkeln; als ich ebenfalls in den Raum trat, brach die Unterhaltung abrupt ab. Fünf Mitarbeiter musterten mich von oben bis unten, und ich kam mir plötzlich wie ein ungebetener Eindringling vor. Die anderen machten keinerlei Anstalten, diesen Eindruck zu mildern, und ich begriff, wie verwöhnt ich durch die Herzlichkeit der Afghanen mittlerweile war.

Ich erklärte dem Leiter der Niederlassung meine Lage und sagte, das Büro seiner Organisation in Kabul habe mir empfohlen, hier Unterschlupf zu suchen. Aber schon während ich sprach, verzogen sich seine Mundwinkel merklich nach unten, als hätte ich ihm ein Glas korkigen Weins serviert, und in dem folgenden Schweigen schien sein Blick zu sagen: »Nun, das mag ja in Kabul üblich sein, aber jetzt sind Sie in Herat.« Er gab sich keine Mühe zu verbergen, wie ungelegen ihm meine Bitte kam, und sagte, er müsse sich erst mit den anderen beraten.

Seine Antwort erstaunte mich zutiefst, fast so sehr wie die heiße Wut, die daraufhin in mir aufstieg. In Kabul hatte der Krieg und seine erschreckende Heimtücke jeden Tag aufs neue die Menschen ihres Hochmuts beraubt, doch hier stank es förmlich danach: Genau so roch nämlich jene neugierige Arroganz, die man so oft bei Ausländern am Rande eines Kriegsgeschehens findet.

In Kabul – wo die Raketen täglich niedergingen und die Menschen Tag und Nacht fürchten mußten, die Stadt könne erobert werden – fand man nicht die winzigste Spur dieser Plage. Obwohl die Hauptstadt sich zum Zentrum des Konflikts entwickelt hatte, blieb sie dennoch der freundlichste Ort, den man sich nur vorstellen konnte. Herat dagegen lag am Rande der Kämpfe, und die Reaktion meines Gastgebers sollte nur die erste von vielen Begegnungen mit dieser eigentümlichen und schäbigen Gesinnung sein, wie sie manchmal Ausländer ergreift, die in einer fremden Kultur leben. Es erinnerte mich an die westlichen Besucher in Pakistan, die sich kenntnisreicher und überheblicher über die Situation in Afghanistan äußerten als alle anderen, obgleich viele von ihnen noch nie einen Fuß in das Land gesetzt hatten. Der Krieg war wie ein Gewehrschuß, der seinen Beobachtern je nach Entfernung unterschiedliche Wunden zufügte: Ein Streifschuß hatte einen unerklärlichen Egoismus zur Folge, dank der kleinlichen Grausamkeit von Leuten, die wissen, daß sie von etwas ausgeschlossen sind, während eine tiefe Fleischwunde Großzügigkeit und Menschlichkeit auslöste.

Ich sehnte mich nur nach einer Ecke, um mich auszuruhen und meine tobenden Zahnschmerzen zu kurieren.

»Also, wenn es Ihnen nicht zu viele Umstände macht...«, sagte ich, aber er blieb unerbittlich. Das *problème* sei, erklärte er, daß in ein paar Tagen noch mehr Mitarbeiter ihrer Organisation einträfen, und *en plus* sei es auch eine Frage der *sécurité* – was immer das heißen sollte. *Mais enfin*, gab er schließlich nach, wenn es nur für eine Nacht sei, *bouf*...

Selber *bouf*, dachte ich. Damals war mir noch nicht bewußt, daß dieser kühle Empfang vielleicht auch von meiner äußeren Erscheinung und von meiner recht unwahrscheinlich klingenden Geschichte beeinflußt war. Niemand reiste allein durch Afghanistan, niemand kam nach Herat für einen harmlosen Besuch. Darüber hinaus trug ich zwei Dinge, die neunundneunzig Prozent aller Ausländer tunlichst mieden, nämlich Militärkleidung und einen Bart. Das lag daran, daß ich nicht auffallen wollte, während die meisten Ausländer versuchten, sich von den Afghanen abzuheben. Im Rückblick muß ich sagen, daß ich Glück hatte, überhaupt bleiben zu dürfen, denn ich sah aus wie ein herumstreunender Söldner.

Wir saßen um einen Tisch mit Schweizer Schokolade und Whiskey herum. Die anderen rauchten eine Zigarette nach der anderen und redeten in schnellem Tempo durcheinander, ohne mich in ihre Unterhaltung einzubeziehen. Zum ersten Mal während meiner gesamten Reise fühlte ich mich wie ein ungebetener Gast. Die Zahnschmerzen quälten mich, und irgendwann schlief ich auf meinem Stuhl ein.

Passend zu der wechselhaften Geschichte der Stadt, spielte Herat auch eine zentrale Rolle bei der sowjetischen Invasion. Zu Beginn des Jahres 1979 wuchs die antikommunistische Stimmung im ganzen Land. Wie anderswo auch verwechselten die Kommunisten in Herat die Durchhaltefähigkeit der Afghanen mit Unterwürfigkeit und machten sich mit einer Schnelligkeit ans Werk, die für die Bevölkerung nicht nachvollziehbar war. Sowjetische Berater tauchten in Herat auf, um die Unterwanderung von Verwaltung und Militär durch Parteimitglieder zu steuern und zu überwachen. Hochrangige Militäroffiziere wurden degradiert und durch kommunistische Offiziere von niedrigerem Rang ersetzt. Russische Ingenieure begannen mit der Arbeit zur Verlängerung der Rollbahn am Flughafen der Stadt und dem Ausbau der Straße nach Turkmenistan. In Rundfunk und Zeitungen war nun das arrogante Vokabular der neuen Ideologie, die nichts als Verachtung für die alten Bräuche übrig hatte, an der Tagesordnung. Die Händler erhielten den Befehl, ihre Läden rot anzustreichen und Fotos von Taraki oder seinem Premierminister Amin aufzuhängen.

Aber die Afghanen waren eben Afghanen geblieben, und so wunderte sich außer den Russen niemand darüber, daß es daraufhin zu Aufständen kam. Afghanische Offiziere meuterten und weigerten sich, auf Zivilisten zu schießen; gleichzeitig wurden Kommunisten und ihre Sympathisanten aus ihren Häusern geholt und getötet, ebenso wie mehrere sowjetische Militärberater mit ihren Familien. Die von den sowjetischen Truppen sekundierte Regierung brauchte zehn Tage, um die Ordnung im Land wiederherzustellen; mehrere tausend Zivilisten verloren dabei ihr Leben. Dieser Aufstand beeinflußte die sowjetische Entscheidung, in Afghanistan einzumarschieren, maßgeblich. Es war das erste Mal, daß man sowjetische Soldaten im Land einsetzte – zu diesem Zeitpunkt allerdings noch nicht offiziell –, um die Unruhen in Afghanistan niederzuschlagen. Sie wurden von Flugzeugen unterstützt, die von der Sowjetunion aus Einsätze flogen. Die Leichen der Getöteten wurden in Massengräbern auf einem steilen Felsen oberhalb des Grabmals des heiligen Ansari verscharrt. Der Ort wurde später zu einer Gedenkstätte für die Mudschaheddin und Herats Bevölkerung. Ich sah die Gräber später aus der Ferne, brachte es aber nicht über mich, sie aufzusuchen.

Unter den afghanischen Soldaten, die aus der brennenden Stadt geflüchtet waren, befand sich auch Ismael Chan, der mit sechzig Getreuen in die Berge geflüchtet war, um von dort aus den Widerstand gegen das neue Regime zu organisieren. Dieser außergewöhnliche Mann, dessen Namen im Westen niemand kannte, wurde bald zum führenden Kommandanten der Region und leitete zehn Jahre lang einen Widerstandsfeldzug gegen die brutalsten Besatzer der modernen Geschichte. Jene, die ihn getroffen haben, beschrieben Ismael Chan mit einmütiger Hochachtung als einen gewinnenden, zutiefst religiösen Mann, der nichts für Äußerlichkeiten übrig hatte, und als einen geborenen Redner, der von seinen Männern verehrt wurde.

Nach der Machtergreifung der Russen im folgenden Jahr mußte Herat für seinen Widerstand besonders büßen. Schon zu Beginn des Krieges wurden die westlichen Vororte der Stadt aus großer Höhe von einem Bombenteppich überzogen, dem zahlreiche Zivilisten zum Opfer fielen. Unter russischer Leitung wurde die Gegend um die Stadt herum in Freifeuerzonen eingeteilt, um die Nester des Widerstands zu isolieren und ihnen Nachschub und Unterschlupf zu entziehen. Von der Skrupellosigkeit und Sinnlosigkeit dieser Kampagne – dies galt nicht nur für Herat, sondern für das ganze Land – zeugen die Ruinen, die heute die Stadt umgeben, sowie die Tatsache, daß es der damaligen Regierung nicht gelang, dadurch bedeutende territoriale Gewinne zu erzielen.

Von Beginn an herrschte eine blutige Pattsituation. Bei Nacht verschanzten sich die Sowjets innnerhalb ihrer von Minengürteln geschützten Militärbasen, während die Mudschaheddin auftauchten, um Minen zu legen, Hinterhalte vorzubereiten und in den zerstörten Häusern nach brauchbaren Waffen zu suchen. Tagsüber war alles, was sich jenseits des Sicherheitsgürtels der Stadt befand – Mudschaheddin, Zivilisten, ihre Ernten, ihr Vieh und ihr Bewässerungssystem –, ein rechtmäßiges Ziel für die sowjetischen Panzer, Kampfhubschrauber, Artillerie und Bombenflugzeuge. Keine Seite konnte die andere längerfristig aus der Stellung drängen, und über eine Million Afghanen suchten Zuflucht im benachbarten Iran. Über den Krieg in dieser Region, der zehn Jahre währte, wurde im Westen praktisch nicht berichtet.

Eine Handvoll unabhängiger Journalisten und freiwilliger Ärzte legte heimlich den langen und gefährlichen Weg aus Pakistan zurück und fand Zuflucht bei den Mudschaheddin in den Bergen jenseits der Hochebene oder unter den verarmten Dorfbewohnern, die sich von Tee und Reis und gelegentlich einem Stückchen Fleisch ernährten. Der englische Journalist Nick Danziger verglich den Anblick der Ruinen im Ostteil von Herat mit Hiroshima. Ein polnischer Journalist erlebte das tägliche Bombardement auf zivile Dörfer. Doch nur wenige ihrer spektakulären Berichte erregten internationale Aufmerksamkeit.

In der vergessenen Hochebene mit ihrer immer größer werdenden Ruinenlandschaft und ihren geheimen Bergverstecken vereitelten die afghanischen Widerständischen die Strategie der Sowjets durch ein tödliches Katz-und-Maus-Spiel. Der sowjetische General in Herat, Andruschkin, schrieb an Ismael Chan, er habe schon zuvor mit »Banditen« wie ihm zu tun gehabt – Chan könne sich auf ein ähnliches Schicksal gefaßt machen wie der usbekische Basmatschi Ibrahim Beg. Dieser hatte den Russen um die Jahrhundertwende erbitterten Widerstand geleistet und war am Ende doch besiegt worden. Der Bote des Generals brachte folgende Antwort zurück: »Ihr Russen erinnert euch nach siebzig Jahren immer noch an Ibrahim Beg. Mich werdet ihr auch nach zweihundert Jahren nicht vergessen haben.« Man kann sich gut vorstellen, daß vor 2300 Jahren auf ebenjener Erde ein Bote Alexanders des Großen ein ähnliches Ultimatum an einen gerissenen Stammeshäuptling überbracht und zweifellos eine ähnliche Antwort erhalten haben muß.

Am Nachmittag spazierte ich durch die schmutzigen Gassen zum Musalla-Komplex. Von allen Denkmälern der Stadt, die noch aus dem goldenen Zeitalter unter den Timuriden erhalten sind, ist die Musalla am bekanntesten. Byron nannte sie »das schönste Farbenbeispiel in der Architektur, das der Mensch zu Ehren Gottes und seiner selbst erbaut hat« – ein großes Lob aus dem Munde dieses kritischen Reisenden. Die Musalla ist eine Mischung zwischen Lehranstalt und Moschee, die von Königin Gohar Schad in Auftrag gegeben und von dem berühmten persischen Architekten Qawamuddin im Jahr 1417 erbaut wurde. Ein halbes Jahrhundert später wurde unter der Herrschaft von Sultan Husein Baikara eine Medresse – eine Koranschule – mit vier riesigen Minaretten daneben errichtet, ebenso wie ein überdachter Basar und ein Krankenhaus.

Europäische Berichte über den Ort stammen vom Anfang und aus der Mitte des neunzehnten Jahrhunderts – fast alle von den verschiedenen Spielern des Great Game: Hauptmann Alexander Burnes von der ersten leichten Division, dem deutschen Spion Oskar Neidermayer, Vambéry, dem ungarischen Erforscher Zentralasiens, dem russischen Gelehrten Chanikow und dem französischen General und Glücksritter Ferrier. Unter ihnen war auch der beste Spieler in Großbritanniens Great Game schlechthin, Hauptmann Arthur Conolly, dessen grausames Schicksal in den Händen des fanatischen Emir von Buchara im Viktorianischen Zeitalter zur Legende stilisiert wurde. Alle waren sich über die Schönheit und die strahlende Pracht der Musalla-Gebäude, ihrer Farben, Mosaiken und Inschriften einig.

Ich hatte einen Bericht von Ferrier darüber gelesen, der Mitte des neunzehnten Jahrhunderts Herat besucht hatte, nachdem es ihm nicht gelungen war, getarnt nach Kabul zu gelangen. In einer der seltenen Beschreibungen des Gebäudes schwärmt er: »Die Moschee ist zur Gänze mit einem Mosaik aus glasierten Ziegeln in vielfältigen und prächtigen Mustern bedeckt. Das Kuppeldach hat erstaunliche Ausmaße. Mehrere Rundbögen, getragen von Ziegelsäulen, ähneln in ihren Proportionen dem gewölbten *iwan* von Ktesiphon; die sieben prunkvollen Minarette, die es umgeben, scheinen unbeschädigt zu sein.« Dieser Bericht ist vor allem deshalb von Bedeutung, weil es sich um eine der letzten Beschreibungen des Musalla-Komplexes handelt, die je von einem Europäer verfaßt wurden.

Ein Artikel über Herat in der damaligen Ausgabe der *Encyclopaedia Britannica* nimmt das Schicksal der Stadt schon vorweg. Gegen einen möglichen neuen Angriff aus Persien, schreibt der Autor, könne die Stadt »durch den geschickten Einsatz moderner Wissenschaft« vollständig gesichert werden. Weiter heißt es: »Wird jedoch ein Angriff von einer gut ausgerüsteten europäischen Streitmacht erwartet, so wären umfassendere Vorbereitungen für die Verteidigung vonnöten.«

Die Briten fürchteten sich nicht vor einem persischen Angriff auf Herat, doch die »gut ausgerüstete europäische Streitmacht« – es gab in Zentralasien nur eine – waren natürlich die Russen. Die zaristische Expansion in der Region hatte die russischen Soldaten immer näher an die Nordgrenze Afghanistans vorrücken lassen, so daß die Briten mit Sorge auf den scheinbar unaufhaltsamen Vormarsch reagierten. Rußland hatte 1864 die Steppen Kasachstans in sein Reich eingegliedert, 1865 Taschkent, 1873 Chiwa, 1876 Buchara und Kokand, 1881 Transkaspien und 1884 schließlich noch Merw.

Die zaristischen Frontgeneräle galten als äußerst skrupellos. Die Ermordung von 20000 Turkmenen bei Gök Tepe nordwestlich von Herat unter General »Blutauge« Skobeljew war in der Erinnerung der britischen Öffentlichkeit nach wie vor lebendig. Im März 1885 kämpften die Russen bei Pandsche an der Nordgrenze gegen die Afghanen und postierten dort eine Besatzungsstreitmacht. Das Great Game war in vollem Gange, und der russische Angriff auf Herat – der erste Preis in diesem Spiel und nach allgemeiner Ansicht der zentrale Punkt für einen Vormarsch auf Indien – wurde täglich erwartet. England setzte Rußland davon in Kenntnis, daß man einen Angriff auf Herat als offene Kriegserklärung deuten werde. In beiden Ländern wurden die Reservisten einberufen, und in beiden Hauptstädten sprach man ständig von einem unvermeidlichen Krieg.

Herat wurde in den Verteidigungszustand versetzt, und man nahm »umfassendere Vorbereitungen« unter britischer Anleitung vor. Alle Gebäude, die einer vordringenden russischen Streitmacht Deckung bieten konnten, wurden zerstört. Dazu zählten die Musalla, die Medresse des Sultans Husein, eine unbekannte Anzahl an Minaretten und ihre umliegenden Gebäude. Um mit Byron zu sprechen: »Die prächtigsten Zeugnisse der mohammedanischen Architektur des fünfzehnten Jahrhunderts, die die Barbarei von vier Jahrhunderten überdauert hatten, wurden nun dem Erdboden gleichgemacht.«

Neun Minarette blieben erhalten, wovon zwei 1931 und eines 1951 von Erdbeben zerstört wurden. Den gebliebenen Resten nach zu schließen, schrieb Byron, »hat es weder vorher noch nachher je eine solche Moschee gegeben«. Bei dem Gedanken, mich so heiligem Boden zu nähern, wurde ich ganz aufgeregt und hüpfte und schlitterte durch den Schmutz einer Straße, die mich meiner Vermutung nach dorthin führen würde. Tatsächlich stolperte ich an ihrem Ende über eine der berühmtesten architektonischen Sehenswürdigkeiten Asiens. Der Anblick war ein Schock.

Vor mir lag ein baumloser, schmutziger Platz, so groß wie zwei Fußballfelder, umrahmt von den Ruinen zahlreicher Lehmhäuser, braunen Schutthaufen und verfallenen Mauern. Etwa fünfzig Meter entfernt befand sich ein Gebäude, das einem gedrungenen Betonklotz ähnelte, mit einer Kuppel wie ein Observatorium. Neben der Straße stand ein Minarett, ähnlich schief wie der Turm von Pisa, an dessen Sockel sich Geröll auftürmte. In halber Höhe hatte ein Raketentreffer ein Stück herausgerissen. Dahinter duckte sich ein weiteres Gebäude mit einer flacheren Kuppel verlassen auf dem Geröllfeld, ebenso schmucklos wie die anderen.

Diese Gebäude waren, wie ich erschüttert erkannte, das Mausoleum von Königin Gohar Schad, das einzige überlebende Minarett ihrer Lehranstalt und das Grabmal von Sultan Huseins Premierminister, Mir Ali Scher Nawa'i.

Wie betäubt näherte ich mich zuerst dem Minarett. Es war in trauriger Verfassung – ein Eindruck, der sich durch den Nieselregen, den Schmutz und die Minengefahr noch verstärkte –, hatte aber noch genug von seiner einstigen Pracht bewahrt, daß ich verstehen konnte, warum man soviel Aufhebens darum gemacht hatte. Im Sockel waren noch Fragmente glasierter Kacheln in Jadegrün, Türkis, Azurblau und Gelb zu erkennen. Aus der Nähe betrachtet, ist das Minarett riesig, und jeder Quadratzentimeter der Oberfläche hat seinen Anteil am Gesamteindruck; kein Stück wirkt überflüssig.

Der Hauptteil der Säule ist mit sich wiederholenden Mosaiktafeln besetzt, die von horizontalen Ziegelreihen voneinander getrennt sind. Jede der Rauten enthält ein fünfzig Zentimeter hohes Mosaik mit einem stilisierten Blumenmotiv, das ein schwarzes Herz und senfgelbe Blütenblätter aufweist. Die Blume selbst und auch die dazugehörigen Ranken bestehen aus noch kleineren Mosaiksteinen.

Es gibt zwei Balkone: Der erste befindet sich in etwa fünfundzwanzig Meter Höhe und wird von gestuften, muschelartigen Nischen getragen, die ebenfalls von kunstvollen Kacheln bedeckt und von waagrechten, leuchtendbunten Schriftbändern umrahmt sind. Der obere Balkon bildet mittlerweile die Spitze des Minaretts, also sind mindestens sechs Meter des Turms verschwunden, seit Byron das Bauwerk 1933 fotografierte. Der gesamte Bau neigt sich um etwa fünf Grad zur Seite.

Dieses Minarett überlebte vermutlich deswegen, weil es von allen am unauffälligsten war. Bis 1885 gehörte es zum Haupttor der Medresse, doch offensichtlich war sein Zwilling bereits damals zerstört. Die wirklich schönen Minarette, die einst an den Ecken der Musalla standen und von Byron und den anderen als Beispiele der schönsten Mosaikkunst, die je eine menschliche Hand vollbracht habe, gepriesen wurden, existieren nicht mehr.

Wir wissen, daß noch eines 1951 einstürzte, so daß nur ein letztes Exemplar übrigblieb. Doch auch dieses war irgendwann während der russischen Besatzung zerstört worden. Alles, was von seinem »glitzernden Netz« weißer Marmorfayence, den »azurblauen Blüten«, den »tiefen und leuchtenden« Farben und dem »Reichtum an Mustern« übrigblieb, ist ein amputiert wirkender Stumpf auf einem schmutzigen Platz, der sich nur wenig über einen langsam zerfallenden Schutthaufen erhebt.

Wann, fragte ich mich, als ich zu ihm hinaufschaute. Und wie? Wer hatte es fallen sehen? Noch nie zuvor hatte ich um ein zerstörtes Denkmal getrauert; nun kannte ich auch dieses Gefühl.

Vier weitere Minarette ragen im Nordosten zum Himmel hinauf. Einst zierten sie die Ecken von Sultan Husein Baikaras berühmter Medresse. Ich lief über eine Erhebung auf sie zu, die einen ausgetrockneten Kanal überbrückte, an welchem zwei winzige Obstläden und ein paar wenige ärmliche Kunden die trostlose Szenerie belebten. In der Nähe ertönte eine Maschinengewehrsalve, und ich duckte mich instinktiv. Die Männer in den Verkaufsbuden blickten nicht einmal auf.

Mein Wunsch, die Stadt von einem der Minarette aus zu fotografieren, zerschlug sich rasch. Auch hier waren die Sockel mit roter Farbe beschmiert, um vor Minen zu warnen. Die Eingänge aller vier Minarette befinden sich in zwölf Meter Höhe, weil die Türme an dieser Stelle einst mit den Wänden und Rundbögen des verschwundenen Gebäudes verbunden waren. Ihre Größe ist beeindruckend. Die Sockel haben einen Durchmesser von sechs Metern und ragen knapp vierzig Meter in die Höhe. Sie sind alle leicht zur Seite geneigt, und zwei wirken fast gebogen – so als hätten sie sich der Bewegung ihrer uralten Fundamente mit der natürlichen Intelligenz eines lebenden Wesens angepaßt. Doch das Gitterwerk aus marmorweißer Fayence und die leuchtende Farbe ihrer Oberfläche schienen auf immer verloren zu sein. Lediglich ein verwüsteter Schatten des damaligen Prunks war noch erkennbar. Die Oberflächen waren vom Gewehrfeuer aufgerissen und mit Raketenlöchern übersät, die die dicken Ziegelschichten durchbrochen und den inneren Kern der Türme freigelegt hatten. Und trotzdem standen sie noch.

Der Himmel war bewölkt, und der Nieselregen verstärkte meine Trauer über den Anblick dieser einst so stolzen Bauwerke noch. Ich lief zurück zum Mausoleum der Königin Gohar Schad. An den Seiten waren keinerlei Ornamente mehr zu erkennen; die Rippenkuppel war zwar repariert worden, doch die türkisfarbenen Ziegel darauf hatte man nicht ersetzt. Das Band mit der früher reichverzierten Schrift war zu drei Vierteln zerstört und die Tür verriegelt.

Ein Kleinlaster voller bewaffneter Taliban-Kämpfer rumpelte vorbei, gefolgt von einem alten Mann mit einem mageren Esel, der unter einer Ladung Feuerholz schwankte. Auf dem Platz, auf dem ich einen schattigen Garten zu finden gehofft hatte, stieß ich dort, wo sich einst hohe Pinien im Wind wiegten, auf zahlreiche Gruben wie von Granateinschlägen. Ein matschiger Pfad schlängelte sich auf die andere Seite hinüber zu dem Stumpf des letzten Musalla-Minaretts. Kein einziger Baum stand mehr. Was die Russen nicht zu Kriegszwecken entfernt hatten, war erst den Granaten zum Opfer gefallen und dann den Äxten der Bauern, die verzweifelt nach Feuerholz suchten.

Drei Frauen eilten wie Phantome auf mich zu und zogen ihre Schleier vors Gesicht, als sie sich mir näherten. Ich verlor die Lust, noch länger zu bleiben, weil mich der Anblick dieser Zerstörung zu sehr bedrückte. Ich drehte mich ein letztes Mal um; in diesem Moment brachen irgendwo weit im Westen die Wolken auf und ließen die Strahlen der Nachmittagssonne durch, die sich wie ein leuchtendes Band über das Tal legten. Ganz plötzlich schienen die Minarette wie verwandelt. Sie erwachten unerwartet zum Leben und waren nicht länger schmutzigbraun, sondern schimmerten in einem königlichen Türkis und Gold vor der Kulisse aus dunklen Wolken. Dies währte nur einen kurzen Moment, aber auf einmal verschwand meine Trauer, als hätte mich der Atem der Vergangenheit angeweht und mir eine Ahnung von einstiger Pracht und Schönheit eingeflüstert.

Ich ging nach Süden zur Zitadelle, die in Herats Schicksal eine so wichtige Rolle gespielt hatte. Sie war ein stabiles Bauwerk, das nach den verwahrlosten Läden und Buden, die man auf dem Weg passierte, besonders mächtig vor einem aufragte. Man hatte sie auf einem alten Hügel im Nordwesten der Stadt erbaut, am Rande von Herats einstigem äußerem Verteidigungsring. Die Mauern erheben sich auf den Ruinen einer früheren Festung, die von der Kart-Dynastie im vierzehnten Jahrhundert errichtet und unter dem Ansturm von Timurs Mongolen zerstört wurde. In den Tagen von Schah Ruch arbeiteten den Aufzeichnungen zufolge 7000 Männer an ihrem Wiederaufbau; bis heute hat sie alle Angriffe mehr oder weniger unbeschädigt überstanden.

Als 1837 eine persische Streitmacht unter russischer Führung die Stadt umzingelte, kam es zu einer großen Schlacht um Herat. Hilfe für die Afghanen erschien in Gestalt eines sechsundzwanzigjährigen irischen Leutnants mit dem Namen Eldred Pottinger, der, als Pilger verkleidet, auf einem Erkundungseinsatz in die Stadt geschlüpft war. Als er vom Anmarsch der Perser erfuhr, bot Pottinger dem Wesir seine Dienste an und übernahm den Befehl über Herats Verteidigungsanlagen und die Soldaten in der Festung.

Es folgte eine zehn Monate währende Belagerung. Die hungernde Stadt ernährte sich von Pferdefleisch und duckte sich unter den Geschossen der persischen Kanonen. Auf den Zinnen der Festung prangten die abgetrennten Köpfe der Angreifer, die es fast geschafft hätten, die Mauern der Stadt zu überwinden.

Im Juni des folgenden Jahres wurde die Belagerung aufgehoben; die Perser schlichen zurück nach Teheran, und ihr russischer Berater Graf Simonitsch wurde offiziell vom Zaren degradiert. Doch die Briten waren sehr nervös, vor allem wegen des großen russischen Einflusses auf das persische Lager, und schmiedeten einen Plan, um eine britische Marionette in Kabul auf den Thron zu bringen. Bald darauf begannen sie mit ihrer verhängnisvollen Besetzung des Landes, in deren Verlauf sie den zaristischen Vormarsch in Zentralasien förderten. Die Einsätze im Great Game, der Bolschaja Igra, wurden immer höher. Die historischen Berichte über diesen groben Fehler ähneln jenen, die nun allmählich auch über die sowjetische Invasion in Afghanistan erscheinen, und legen beredt Zeugnis ab von Gier, Arroganz und mangelndem Urteilsvermögen.

»Friede sei mit Ihnen! Dürfte ich fragen, woher Sie stammen, Bruder?«

Ich hatte im Schatten der Zitadelle neben einer Hütte haltgemacht und war dem Besitzer sofort aufgefallen. Meine Stiefel und meine zögernde Antwort hatten mich verraten.

»Ich wußte es!« sagte er. »Heutzutage sehen wir kaum noch Fremde hier. Sie sind allein unterwegs? Dann sollten Sie besser vorsichtig sein; die Dinge haben sich geändert, seit diese Taliban gekommen sind.«

Ich saß eine Weile bei ihm. Er war nicht viel älter als ich und hatte zu Zeiten Ismael Chans als Polizist gearbeitet. Doch als die Taliban kamen, war er aus Gründen, die ich nicht verstand, gezwungen gewesen, seine Stellung aufzugeben. Er brannte darauf, sich mit mir zu unterhalten, und fragte, wie groß wohl seine Chancen wären, nach Amerika einreisen zu können. Sein Bruder sei vor achtzehn Jahren nach New York gegangen, dort jedoch an einem Gehirntumor gestorben, ehe er seiner Familie helfen konnte. Wenigstens habe er selbst eine Ausbildung, sagte er, nicht wie diese Taliban, die die Stadt herunterwirtschafteten. Nun, da die Preise so gestiegen seien und er seinen alten Job verloren habe, könne er kaum mehr seinen Lebensunterhalt verdienen, auch wenn Gott die Güte besessen habe, ihm diesen kleinen Laden zu schenken... Dann wollte er wissen, was mich nach Afghanistan geführt hatte und wie mir das Land gefalle.

In solchen Momenten trat das größte Privileg, das ein Ausländer genoß, am deutlichsten zutage: jederzeit das Land verlassen zu können. Er stellte mir noch zahlreiche Fragen über Visa und Wechselkurse, die ich ihm nicht beantworten konnte. Als er erfuhr, daß ich über keinerlei offiziellen Einfluß verfügte, war er sichtlich enttäuscht. Wir plauderten eine Weile über weniger wichtige Dinge, doch dann überkam ihn erneut der Drang, mir seine Sorgen mitzuteilen.

Als er sich wieder beruhigt hatte, fragte ich ihn nach der Festung. Unter Ismael Chan sei sie ein Museum gewesen, sagte er. Das wußte ich bereits. Doch seit Ankunft der Taliban dürfe kein Mensch sie mehr betreten. Sie hätten das Gebäude geplündert und unvorstellbare Kostbarkeiten in ihre Stellungen nach Pakistan geschafft. Die Zitadelle sei voller alter und wunderbarer Dinge gewesen, die nun für immer verschwunden seien. Seine Erzählung enthielt eine typische Mischung aus Realität und Fiktion. Im Museum habe es sogar die Statue eines goldenen Vogels gegeben.

»Was für ein Vogel?« fragte ich.

»Oh, sehr groß, mit ausgebreiteten Flügeln wie ein Phönix oder ein Simurgh – zu schwer, als daß ein Mann ihn allein tragen könnte.«

»Aus Gold, sagen Sie?«

»Aus reinem Gold!«

»Er muß unbezahlbar sein.«

»Bei Gott, ja, es gibt kein vergleichbares Stück auf der Welt.«

»Und auch alt.«

»Ja, er war jahrhundertelang in der Festung versteckt. Gott allein weiß, wie lange er dort schon lag. Mindestens seit der Zeit der Feueranbeter.« Vielleicht handelte es sich um die Phönixkrone, die Ahura Masda selbst König Rustam verliehen hatte, dem Herrscher über die erste Stadt der Arianer …

»Und die Taliban haben ihn gestohlen?«

»O ja, er ist weg. Für immer verschwunden.«

Mich überraschte, daß die Silhouetten und Oberflächen der Wände und Türme so sauber und glatt waren. Die Festung war damit das einzige Gebäude Afghanistans, das in Realität schöner wirkte als auf den Fotos, die ich zuvor gesehen hatte. Wenn man am Fuß der Festung von der südöstlichen Ecke aus einen schmutzigen Graben entlanggeht, gelangt man zu einem Bogengang mit vierzig Rundbögen, der zum Haupteingang führt.

Dort standen ein Panzer, an dessen Antenne die Taliban-Flagge flatterte, und drei bewaffnete Männer. Als ich durch den Schlamm auf sie zukam, sah ich einige Meter vor ihnen ein englisches Schild mit den Öffnungszeiten des Museums. Einen Moment lang war ich versucht, den neuen Eroberern zu sagen, daß das Schild Touristen möglicherweise zu einem verhängnisvollen Irrtum verleiten könne, nun, da die Zitadelle in eine Miltärbasis verwandelt war.

Ich spazierte so langsam wie möglich am Tor vorbei, ohne ihre Aufmerksamkeit auf mich zu lenken, in der vagen Hoffnung, ich würde vielleicht sehen, wie in dem dahinterliegenden Hof heimlich eine Atomrakete abgeladen wurde. Meine Meldung des Vorfalls würde die schockierenden Berichte der Geheimdienste bestätigen, die vor sechs Monaten aus Islamabad gekommen waren und von einer einzelnen, illegal aus Kasachstan eingeschmuggelten Rakete sprachen. Dies würde dann wenig später die Luftaufklärung bestätigen, worauf die abhörsicheren Telefonleitungen in Langley und Vauxhall Cross heißlaufen würden, um mit Mühe und Not einen Weltkrieg zu verhindern ... Byron hatte in der gleichen Stimmung einen Blick auf den Geschützpark erhascht, und es war schwierig, sich in der momentanen Stimmung nicht von seinen Flausen anstecken zu lassen.

Als ich einen Pfad entdeckte, der um den Fuß des Felsens herumführte, schlitterte und rutschte ich durch den Schlamm bis zu dem riesigen Turm an der nordwestlichen Ecke. Ich hatte geglaubt, daß die Zitadelle wie alle Festungen immer schon braun gewesen war – so wie man gern vergißt, daß die nackte Steinwand einer Kathedrale keinen richtigen Eindruck von den Dekorationen gibt, die sie einst zierten. Doch wenn die Spuren der Ornamente, die am Turm noch zu sehen waren, einen Hinweis auf den ursprünglichen Zustand gaben, mußte die gesamte Anlage einst einen noch weitaus beeindruckenderen Anblick geboten haben – wie eine psychedelisch leuchtende Oase in einer staubigen Ebene.

Der Turm selbst scheint den jüngsten Restaurationsbemühungen entronnen zu sein; er ist in einem schlechten Zustand, wenn auch nicht nach afghanischen Maßstäben. Er wurde an mehreren Stellen von Granaten beschädigt, und seine Spitze sieht aus, als sei sie abgebissen worden. Die ursprüngliche Oberfläche ist nur noch an wenigen Stellen zu erkennen; dies kann allerdings auch ein Überbleibsel früherer Erneuerungen sein. An seinen Fuß klammern sich die letzten Reste eines Bandes mit Kalligraphien in kufischer Schrift, deren schwungvolle weiße Buchstaben zweimal so hoch wie ein Mensch und von einem blauen Rand gesäumt sind. Darüber finden sich, in einem noch schlechteren Zustand, die letzten Mosaikrauten, neun Meter hoch, aus bunten Kacheln in Blau und Rot.

Wieviel Blut muß hier geflossen sein! Der Pfad wand sich weiter neben dem Graben zur verlassenen Nordseite der Festung, und als ich unerwartet einige Augenblicke ganz allein war, zog ich meine Kamera hervor und fotografierte die dicken Mauern.

Es nieselte und wurde kalt, der Straßenlärm war kaum noch zu hören, und die Festung wirkte auf einmal sehr bedrohlich. Erschrocken eilte ich weiter, während mir ein beängstigender Gedanke im Kopf herumspukte: Wie lange kann das Gehirn in einem abgetrennten Haupt noch denken und fühlen? Und wie viele der Schädel, die an diesen Mauern aufgereiht worden waren, hatten in ihren allerletzten Momenten noch gespürt, wie ihr Bewußtsein zögernd aus seiner körperlichen Hülle wich, und durch sich trübende Augen von den Zinnen hinuntergestarrt auf die Haufen verstümmelter Leichen, im Ohr die Schreie der Kameraden, das Donnern der Gewehre und Kanonen und den unverkennbaren weichen Aufschlag, wenn Blei auf Fleisch trifft – ehe das Leben sie schließlich verließ.

Drei Menschen kamen mir entgegen: ein Mann, der fröhlich versuchte, ein Fahrrad mit einer großen Lastwagenbatterie auf dem Sattel zu lenken, und zwei Frauen in bauschigen Gewändern und Plastikschuhen. Der Anblick ihrer schlanken, weißen Knöchel, die mit Dreckspritzern übersät waren, wirkte ein wenig irritierend.

Am Ende des Wegs befand sich eine Reihe baufälliger Schuppen. Vor einem von ihnen hockte ein alter Mann neben einem Haufen Kohle, der fast bis zur Decke reichte. Unsere Blicke trafen sich; seine Zähne blitzten weiß in seinem geschwärzten Gesicht, als er lächelte, und wir nickten uns grüßend zu. Wenige Schritte weiter trat ich aus der Ruhe dieser Gasse in den Trubel einer belebten Straße. Ponykutschen, mit tanzenden Troddeln geschmückt, schlängelten sich zwischen den Lastern und Jeeps hindurch. An einer Ecke kaufte ich ein Glas heiße Milch und Gebäck von einem siebenjährigen Jungen, und als ein Mann neben mir sah, wie ich meine kalten Hände um das Glas schloß, warf er mir von seinem Karren eine Orange zu und rief: »*Manda nabaschi!* Werde nicht müde!« – eine traditionelle Begrüßungsformel.

Ich bedankte mich mit einem »*Sinda baschi!* Du mögest leben!« und hielt an einer Bäckerei an, deren Schaufenster mit Kuchen und Keksen gefüllt war, um einige Gebäckstücke zu kaufen. Als ich zahlen wollte, sagte der Besitzer: »Sie sind mein Gast, bezahlen Sie, was Sie wollen.« Ich gab ihm 5000 Afghanis – etwa dreißig Pence – und sagte, er solle das Wechselgeld behalten, während ich bei mir dachte: Diese asiatischen Ladenbesitzer wissen genau, daß die Leute aus dem Westen ihnen viel zuviel bezahlen. Doch in diesem Moment zog eine Welle der Entrüstung durch den Laden, weil ich ihm zuviel gegeben hatte – etwa zehn Pence. Der Bäcker wollte den Geldschein nicht annehmen. Ich beharrte darauf, bis sich die Hand eines anderen Kunden sanft protestierend auf meine legte. Am Ende gestattete ich dem Bäcker, ein paar zusätzliche Kekse in das Päckchen zu legen, worauf alle zufrieden nickten.

Ich spazierte zurück zu der französischen Hilfsorganisation, um mich etwas auszuruhen und zu schreiben, und ließ die Kekse als Gastgeschenk auf dem Tisch liegen. Am Abend servierte uns ein ernster afghanischer Koch, mit dem niemand ein Wort wechselte, das Essen. Die Anwesenden waren von einer eigenartigen Borniertheit und zeigten mir gegenüber nicht einmal einen Hauch von Interesse oder Neugier. Ich war froh über diesen Mangel an Aufmerksamkeit, weil ich immer noch ausgelaugt war von meinen Zahnschmerzen. Doch die Atmosphäre war eisig, und so sehnte ich mich wie die heimwehkranken Höflinge des samanidischen Prinzen in einem von Rudakis Gedichten nach vertrauter Gesellschaft.

Da ich keine Straßenkarte von Herat besaß, beschloß ich, selbst eine anzufertigen, und machte mich auf den Weg zur großen Moschee. Von dort zweigte ein Netz geteerter Straßen ab, deren Zustand schnell schlechter wurde; in jeder Richtung verwandelten sie sich schon nach knapp einem Kilometer in schlammige Rinnsale. Südwestlich der Moschee befand sich der Basar, in dessen engen Gassen rege Betriebsamkeit herrschte – der Basar, nicht die Moschee oder die Festung, war das Zentrum der Stadt.

Die Häuserfassaden an der Hauptstraße des Basars wirken modern, was bedeutet, daß sie nach 1900 gebaut wurden; doch heute sind nur noch Spuren ihres einstigen Äußeren zu erkennen, etwa in Form einer einsamen gekachelten Borte, eines einzelnen geschnitzten Geländers oder einer halb abgebrochenen Inschrift über einem einstmals stolzen Durchgang. Von einigen neu erbauten Läden abgesehen, bröckeln die Fassaden überall und sind kaputt, abgenutzt, schäbig oder von Einschußlöchern übersät. Die ausgebrannten russischen Panzer und Panzerfahrzeuge hatte man mittlerweile an verschiedene abgelegene Orte außerhalb des Stadtzentrums geschleppt. Obgleich die Gebäude allesamt ramponiert wirken, stehen sie noch und erfüllen ihren Zweck, und ihr Inneres ist zumindest dort, wo die Art dieses Geschäfts es eben zuläßt, peinlich sauber und aufgeräumt.

Läuft man von der Moschee in Richtung Westen, so folgt man einer Straße, in der gebrauchte Kleider verkauft werden. Dort liegen ganze Ladungen von westlichen Altkleidern am Straßenrand ausgebreitet oder zu Haufen aufgetürmt, in denen die Passanten herumwühlen und dann heftig um einen Fund handeln. Stiefel und Schuhe werden besonders gründlich untersucht. Die abgetragenen liegen auf einem kleinen Berg an der Straße oder hängen wie Dörrobst an Schnüren zwischen den Bäumen; die besten aber werden aussortiert und von wohlhabenderen Händlern gekauft, die sie dann wieder aufarbeiten. Viele sind kaum getragen und sehen brandneu aus. Ein Laden war voller Cowboystiefel, ein anderer voller italienischer Halbschuhe, und in einem dritten handelte ich eine halbe Stunde um ein Paar ausgezeichneter Wanderschuhe; dabei verließ ich den Laden dreimal in gespielter Empörung über den Preis, ehe wir handelseinig wurden. Später sah ich einen furchteinflößenden paschtunischen Hünen, zwei Meter groß, mit einem Turban auf dem Kopf und in einen bestickten *patu* gewickelt, der stolz aus demselben Laden schritt, mit einem Paar Birkenstocksandalen aus grünem Wildleder an den Füßen.

Es gibt auch unzählige Jacken – die Hälfte der Läden auf der Nordseite ist voll davon. Hier findet man ebenso Soldatenmäntel aus grober Wolle wie Golfjacken aus grellbunter Seide von jüdischen Schneidern aus New York oder ungetragene Jacketts aus Harris-Tweed. Ich kaufte einen Wollmantel – der in dem Moment, in dem ich dies schreibe, über meinem Stuhl hängt –, der in Udine von Chiussi & Figlio handgenäht und laut Etikett von einem gewissen Dino B. zwei Jahre vor meiner Geburt kontrolliert und abgenommen worden war.

Von der Straße aus kann man kaum erkennen, was sich im Innern der schattigen Räume befindet, und so spazierte ich versehentlich in einen Laden voller Damenkleider, worüber die anwesenden Frauen leise kicherten.

Am Ende der Straße befand sich ein Brunnen, aus dem ein Junge mit einem aus einem alten Autoreifen gefertigten Eimer Wasser heraufzog. Ging man von hier aus weiter nach Norden, so betrat man die Straße der Gewürzhändler, deren Läden mit vielfarbigen Pulvern gefüllt waren, welche in russischen Munitionsdosen oder in Gläser geschichtet aufbewahrt wurden, ähnlich einem indianischen Sandgemälde. Hier findet man säcke- und bergeweise Körner und Hülsenfrüchte, Kichererbsen, Erdnüsse, Linsen, Rosinen, Sonnenblumenkerne und alle Arten von Wurzeln und

Schoten, die ich noch nie zuvor gesehen hatte. In der Luft lag der Geruch von gerösteten Nüssen und Popcorn. Im Süden kam man an Stoffläden und Juwelieren vorbei, vor denen kleine Gruppen von Frauen, die Köpfe verschwörerisch zusammengesteckt, auf die Schmuckstücke im Schaufenster zeigten.

Vor den Bäckereien lag frisches Brot auf einem Podest; drinnen, in der rauchigen Kammer, bildeten einige Jungen eine Art Produktionskette: Einer bediente den Blasebalg für das Feuer unter einem runden Ofen, ein anderer knetete und formte den Teig zu langgezogenen Ovalen, ein weiterer klatschte diese an die Wände des Ofens, und der letzte holte sie mit einem langen, hölzernen Schieber wieder heraus.

Hier, wo laut der *Encyclopaedia Britannica* »die große Vielfalt an Rassen und Sitten die Umgebung so lebendig macht«, bewegt man sich auf den Gehsteigen durch ein lebhaftes Getümmel. Im allgemeinen Gedränge wird man oft nicht als Fremder erkannt – es sei denn, man verweilt mit den Augen, die alle Eindrücke gierig aufsaugen, etwas länger auf dem Gesicht eines anderen. Eine Wolke blauen Rauchs zog über einem Mann durch die Luft, der Kebabs über einem improvisierten Grill briet, ein anderer Verkäufer kochte Tee, und neben ihm zerdrückte ein Junge Knoblauch in einem Messingmörser. Ein alter Mann schleppte sich unter dem Gewicht eines riesigen Sacks die Straße entlang und konnte trotzdem noch lächeln. Ein auffallend schönes Mädchen in einem türkisfarbenen Samtkleid, das mit einer Goldborte verziert war, ging in Begleitung seiner Mutter vorbei.

Im Herzen des Basars passiert man zwei der alten gewölbten Zisternen der Stadt. Sie waren noch in Gebrauch, bis die Russen kamen; mittlerweile sind sie leer, die neun Meter tief hinabreichenden, trockenen Böden von Schutt bedeckt. Das Licht sickert durch die achteckigen Oberlichter im akkuraten Mauerwerk. Ich vergaß alles um mich herum bei dem Versuch, ihr Volumen zu berechnen.

In der Nähe befinden sich die wenigen überdachten Abschnitte des Basars: zweistöckige Gebäude mit kuppelförmigen Holzdächern. Ich betrat eines durch ein großes, grünes Tor und fand mich in einem hohen Raum wieder, flankiert von getünchten, gewölbten Kammern, die an Mönchszellen erinnerten; darin flochten Männer Hanfstricke und Seile. Ein Dutzend Augenpaare folgten mir mit einer wachsamen, aber freundlichen Neugier, während ich auf den offenen Hof dahinter zusteuerte. Zwei andere, ähnliche Gebäude beherbergten kleine Teppichbasare; die schönsten Teppiche zeigten die dunklen Rot- und Blautöne Afghanistans und erinnerten mit ihrem Muster stark an ihre persischen Brüder.

Wenn man diese Geräuschkulisse hinter sich läßt und in eine winzige Seitenstraße eintaucht, fällt der Lärm von einem ab wie ein Traum am Morgen. Der Widerhall der eigenen Fußtritte verstärkt das Gefühl, ein ungebetener Eindringling zu sein, und plötzlich eilt man förmlich durch die Gassen. Es gibt dort nur wenige Männer, statt dessen sieht man plötzlich junge Mädchen in bunten Kleidern, die Gießkannen aus Plastik auf dem Kopf tragen, oder Frauen, deren Gesichter plötzlich hinter einem Schleier verschwinden, wenn man näher kommt. Zwischen den Mauern reicht der Platz gerade aus, daß zwei Menschen aneinander vorbeigehen können; allerdings hinterläßt eine solche Begegnung ohne den Trubel der Hauptstraßen einen weit intensiveren Eindruck. Der eigenen Anonymität beraubt, sieht man sich, wenn sich die Augen begegnen, in vollem Umfang dem fragenden Blick des anderen ausgeliefert und wird wieder daran erinnert, daß man ein Fremder bleibt, wie sehr man sich auch verkleiden mag.

Mit Hilfe eines dünnen Geräuschrinnsals, das beim Näherkommen zu einer tosenden Flutwelle anschwillt, findet man voller Erleichterung wieder den Weg hinaus, denn es ist zu ruhig in diesen Gassen. Nun steht man mitten auf der Straße der Metallhandwerker. Hier biegen, drehen und hämmern die Männer auf Zink- und Aluminiumbleche ein wie ein lärmendes, klopfendes Orchester und stellen Öfen,

Fahrradbleche, Eimer, Spaten und Truhen her. Letztere werden unbeholfen mit ganz unpassenden Szenen bemalt: einem tropischen Strand etwa vor einem sanft gewellten Ozean und einem Vogelschwarm zwischen Wattewolken darüber.

Das Klirren von Metall auf Metall verwandelt sich in einer anderen Straße in das Klappern von Webstühlen. Hier werden in düsteren Räumen Seidenturbane gefertigt. Bleibt man vor einer Tür stehen, so taucht vielleicht ein Gesicht hinter einem dichten Vorhang auf und mustert einen aufmerksam. Die Turbane, größtenteils in gesprenkeltem Weiß, sind sechs Meter lang, eng gewickelt und unglaublich stabil.

Schließlich fand ich mich am südlichen Ende des Basars wieder; auf einem offenen Platz dort wimmelte es nur so von Obstverkäufern, die ihre Waren mit der gleichen heiseren Begeisterung anpriesen wie ihre Kollegen in der Berwick Street in London. Zwischen ihren schmutzverkrusteten Karren mühte sich ein Talib, sein Motorrad durch die schlammige Straße zu steuern, während ihm sein Gewehr wiederholt von der Schulter rutschte. Im Südwesten, etwa eine Meile entfernt, fiel mir die riesige Kuppel einer scheinbar neu erbauten Moschee ins Auge. Ihre Form erinnerte mich an den Tadsch Mahal. Architektonisch gesehen, verhielt es sich jedoch genau umgekehrt: Der Tadsch Mahal, der allgemein als urindische Form betrachtet wird, ist die Mogul-Adaptation eines ursprünglich afghanischen Baustils. Aber ich ging nicht hin, und so fiel die Moschee dem typischen Fehler des Reisenden zum Opfer, nämlich zu glauben, daß später noch genug Zeit dafür wäre.

Ich aß für zwanzig Pence Kebab und Joghurt und wanderte zurück zur Moschee und den drei kleinen Läden daneben, die vor zwanzig Jahren, als Herat noch eine Karawanserei auf den Routen der Hippies war, die Reisenden mit exotischen Souvenirs versorgt hatten. Ich überlegte, wer wohl heutzutage dort einkaufte, und betrat eines der Geschäfte, angelockt von der winkenden Hand eines alten Mannes.

Der Laden war voller Antiquitäten, die fleckig vor Alter und mit der unvermeidlichen Staubschicht überzogen waren. Der barfüßige Verkäufer erhob sich, um mich zu begrüßen, und wedelte mit einem Tuch über die alten Restbestände in seinen Regalen. Dann häufte er etwas Anzündholz auf die glühende Asche in einer Metallschale, fuhrwerkte mit einem Teekessel herum und lud mich ein, meine Hände zu wärmen.

Der Laden erinnerte an die Höhle eines Alchimisten: Überall stand Glasgeschirr in blassen Farben herum – Vasen, Wasserkrüge, Teller, Gläser und Leuchter in Türkis, Blau, Grün und Gelb. Der Besitzer fertige all dies nebenan, sagte der Alte und zeigte mir einen zweiten Raum voller langhalsiger Vasen, um die sich gewundene Bänder wie Weinranken schlangen. Er brachte mir auch ein Besucherbuch voller Visitenkarten von Ausländern, die gekommen waren, um das berühmte Herati-Glasgeschirr bei ihm zu kaufen. Der Besitzer war einer der letzten Glasbläser der Stadt.

In diesem Moment traten einige Männer in den Laden, deren Köpfe durch den von der Decke herabbaumelnden Krimskrams verdeckt wurden. Ich erspähte ein etwas deplaziert wirkendes Paar glänzender schwarzer Schuhe, den tadellosen Saum eines Kaschmirmantels, gebügelte Ärmelaufschläge und eine Seidenkrawatte und dachte: Das ist bestimmt ein Franzose. Dann wurden zwei Gesichter sichtbar – es war Peter Stocker, Leiter des Roten Kreuzes in Afghanistan, angetan mit Pfeife, Schal und Hut, in Begleitung eines französischen Kollegen. Dieser war an diesem Tag mit der holländischen Reporterin Antoinette De Jung, die ich schon in Kabul kennengelernt hatte, eingetroffen. Wir duckten uns unter den Ballen mit Seide und schüttelten uns die Hand.

»Wo wohnen Sie?« fragte er.

Ich sagte, ich hätte eine frostige Nacht bei den Franzosen verbracht.

»Gehen Sie zu Beat beim Roten Kreuz«, sagte er, hilfsbereit wie immer. »Er wird sich um Sie kümmern.« Das hörte sich sehr beruhigend an, und eine Weile schien es, als hätten sich meine Unterkunftssorgen gelöst. Die zwei Männer blickten sich kurz im Laden um und fuhren dann in ihrem strahlendweißen Jeep davon. Ich versprach dem Verkäufer wiederzukommen und schlitterte durch die matschigen Straßen sogleich zum Roten Kreuz.

Auf dem Schild stand:

Internationales Komitee des Roten Kreuzes (IKRK)
Abteilung Afghanistan
Blutbankstraße
Herat – Afghanistan

Hinter den Toren befand sich ein gepflegter Rosengarten, der auf drei Seiten von langen Gebäuden gesäumt war. Ich konnte niemanden entdecken, also zog ich meine schmutzigen Schuhe aus und spazierte hinein. Hinter der Imitation einer karibischen Bar mit einem palmengeschmückten Vordach und einem Raum mit Fitnessgeräten gelangte ich in den Hauptraum. Antoinette lag wie die Haremsdame eines Sultans ausgestreckt auf einem Haufen purpurroter Samtkissen, umgeben von ihren Aufnahmegeräten.

»Sieht gemütlich aus!«

»Ach ja, es geht«, witzelte sie und nahm einen Schluck aus einem türkisfarbenen Glas.

Ich war sicher, daß es mir hier gefallen würde.

Beat, der Leiter der örtlichen Delegation, war ein gutgelaunter Schweizer Anfang Dreißig. Gemeinsam mit Antoinette aßen wir in freundlicher Atmosphäre zu Mittag und tauschten Reisegeschichten aus. Nein, er sei noch nie in England gewesen. Ja, ich hätte schon die Schweiz besucht, sei sogar als Schüler einen Sommer lang per Anhalter durch das Land gereist.

»Per Anhalter?« wiederholte er. »Faszinierend.« Er lächelte, doch nur mit dem Mund; seine Augen verrieten Geringschätzung. »Dann sind Sie also ein echter *Reisender*«, meinte er, aber die Art und Weise, wie er es sagte, legte nahe, daß er dabei weniger an Odysseus dachte als an einen Landstreicher oder einen Aussätzigen.

Nach dem Essen fragte ich ihn, ob ich bei ihnen bleiben könne – schließlich hatte mir sein Vorgesetzter das empfohlen. Ich war sprachlos, als er verneinte. Es war die erste offene Abfuhr auf meiner gesamten Reise. Er fügte eine längere Erklärung hinzu, sprach von »Problemen mit Reisenden« in der Vergangenheit, die er selbst gar nicht miterlebt hatte. Ich hatte eine solche Antwort nicht erwartet und fühlte mich nun fürchterlich im Stich gelassen. Auf dem Gelände wimmelte es nur so von leeren Zimmern. Aber es schien zu spät, ihm zu sagen, daß es sein eigener Boß gewesen war, der mich eingeladen hatte.

Im Flur stand er neben mir, während ich meine Schuhe zuband, und nickte, während er versuchte, den Rausschmiß etwas zu mildern, und sich mit einer kaum zu ertragenden Fröhlichkeit entschuldigte.

»Also, ich bin wirklich neidisch auf Sie – ein *Reisender*!« Wieder dieses Wort. »Ein Anhalter! Also, es tut mir leid. Es ist auch wirklich nicht persönlich gemeint«, fügte er noch hinzu, obwohl es ganz offensichtlich etwas Persönliches war.

»Ich werde schon drüber wegkommen«, entgegnete ich, was natürlich gelogen war.

Später unternahm ich mit Antoinette einen Spaziergang durch den Basar.

»Tut mir leid wegen Beat«, sagte sie.

»Mir auch.« Gleichzeitig überlegte ich fieberhaft, wo ich einen Pferdekopf finden konnte, um ihn in Beats Bett zu legen.

»Es ist mir richtig peinlich, daß ich dort übernachten darf, nur weil ich eine Frau bin.«

»Wenn es dir so peinlich ist, hättest du dich ja weigern können.«

»Ach, hör bloß auf zu jammern. Ich habe dir doch gesagt, du sollst nicht ständig diese armeegrünen Klamotten tragen. Und dann noch dieser Bart ... Da brauchst du dich nicht zu wundern.«

Ich fragte mich, ob ich statt dessen lieber ein Kleid hätte anziehen sollen.

Zankend liefen wir durch die Stadt. Überall verfolgten uns neugierige und erfreute Blicke. Dieses Mal galt die Aufmerksamkeit zur Abwechslung einmal nicht mir, sondern der unverschleierten Frau an meiner Seite, was mir die Gelegenheit gab, ein paar Fotos zu machen. In einem Antiquitätenladen nahe der Moschee spähten wir durch ein Fenster auf einige verstaubte Kuriositäten, worauf uns ein alter Mann hereinwinkte. Der Laden machte den Eindruck, als hätte er die letzten zwanzig Jahre keinen Kunden mehr gesehen.

Der Mann wischte einen Stuhl sauber, suchte noch einen zusätzlichen Schemel und zündete in einer Eisenschale ein Feuer an, um einen winzigen Teekessel zu erhitzen. Seine traurigen, alten Augen beobachteten uns von der Seite, um zu sehen, wofür wir uns interessierten. Mein Blick fiel sofort auf einige grobschlächtige, eigenartig geformte Steinfigurinen mit teuflischen Gesichtern, die weder menschlich noch tierisch wirkten. So etwas hatte ich in Kabul noch nie gesehen. Nach welchem Vorbild sie wohl erschaffen worden waren? Sie ähnelten am ehesten den Dämonen aus persischen Miniaturen. Ihr Alter war schwer zu bestimmen, sie konnten tausend Jahre alt oder vor einer Woche von einem neunjährigen Kind gefertigt worden sein. Der alte Mann erklärte, sie seien vor zweihundert Jahren von einem Frauenstamm hergestellt worden, und fügte die übliche Versicherung hinzu, daß es sich um sehr seltene Stücke handle, die man sonst nirgends finde. Wir schauten uns eingehender in dem düsteren Laden um und nahmen dann Platz.

Beim Tee zog er eine Rolle tadellos erhaltener, vorrevolutionärer 500-Rubel-Scheine aus der Tasche.

»So etwas findet man heute nicht mehr«, sagte er. Sie

waren schön, aber mir hatten es die Statuen angetan. Ich handelte mit ihm um eines der dämonischen Gesichter und ein seltsames Tier in Gestalt eines Löwen mit einem breiten Grinsen und einem Reptilienbaby auf dem Rücken, das wie ein Krokodil aussah. Als wir uns auf einen Preis geeinigt hatten, verschwand er im Hinterzimmer und kehrte mit einem dicken Dokument zurück. Es war eine Doktorarbeit über Herati-Musik von der Universität von Chicago aus dem Jahr 1974. Auf der Innenseite des Titelblatts klebte ein Foto von dem Autor und dem Ladeninhaber, der den langen Hals eines Tamburs mit wunderschönen Intarsien in der Hand hielt. Er sah jünger aus und auch sehr viel glücklicher.

Wir kauften uns heißes Brot an einem Stand, wo sich beim Anblick meiner Kamera eine Schar von Kindern um uns versammelte, und gingen dann weiter nach Westen. Dort nahmen die Trümmer zu, und wir versanken bei jedem Schritt tiefer im Matsch. Ein Mann, der den Wiederaufbau seines Hauses überwachte, lud uns zum Tee ein. Es sei von den Russen zerstört worden, »so wie alle Häuser hier«, erklärte er unerwartet gutgelaunt und deutete auf das Meer von Ruinen in Richtung Westen. Er sagte, daß die Straße, auf der wir uns befanden, einst zu einem Sicherheitsgürtel gehört habe und während des Krieges schwer vermint worden sei. Dahinter habe sich eine Freifeuerzone befunden, die täglich von russischen Jets bombardiert wurde.

»Ich bin so froh, daß wir uns begegnet sind«, sagte er, als wir unseren Weg fortsetzten. »Wenn mein Haus wiederaufgebaut ist, würde ich mich über die Ehre freuen, Sie als meine Gäste begrüßen zu dürfen.«

Ich begleitete Antoinette zurück zu den Toren des Roten Kreuzes, weigerte mich jedoch, mit hineinzukommen, da die morgendliche Abfuhr immer noch brannte. Statt dessen machte ich mich auf den Weg, anderswo in der Stadt nach einer freundlicheren Unterkunft zu suchen, doch die Lage war nicht gerade ermutigend. Ich hatte keine Lust, zu den

Franzosen zurückzukehren, die Hotels waren mit bewaffneten Taliban vollgestopft, und das Gästehaus der Vereinten Nationen, von dem ich gehört hatte, kostete fünfzig Dollar pro Nacht, was meine Mittel bei weitem überstieg. Ich wußte, daß mich fast jede afghanische Familie aufnehmen würde, aber es kam mir falsch vor, darauf zu bauen.

Die einfachsten Dinge schienen eine große Anstrengung zu erfordern. Ich wollte doch nur irgendwohin gehen, wo ich mich ausruhen, etwas lesen und allein sein konnte, ohne mich ständig erklären zu müssen. Beats Weigerung hatte mich durch und durch ernüchtert. Sein Verhalten war weniger eine persönliche Beleidigung als ein Verstoß gegen die Bräuche eines Landes, in dem auch er nur zu Gast war.

Dennoch hatte ich den ganzen Tag damit verbracht, ihn im Geiste zu ermorden. Immer wieder mußte ich an unsere Unterhaltung und seine offenkundig unaufrichtige Fröhlichkeit denken. Ich überlegte, ihm einen Brief zu schreiben, in dem ich ihn auf seinen unmoralischen Mangel an Gastfreundschaft aufmerksam machte. Ich fragte mich auch, ob ich irgendwie mit dem Leiter des IKRK in Verbindung treten sollte, um Beat auf diese Weise von seinem eigenen Boß tadeln zu lassen. Wie konnte eine derart ignorante Person nur zu einem solch verantwortungsvollen Posten aufsteigen? Er wußte nichts über Afghanistan; er hatte ja nicht einmal gewußt, daß sich das heiligste Grabmal des Landes bei Gusargah befand. Er war noch nie per Anhalter unterwegs gewesen. Seine Fleecejacke hatte ein scheußliches Muster und er ein dämliches Lächeln. Er hatte mich ausgelacht. Ich machte ihn in Gedanken so klein, bis er ganz verschwunden war.

Ein brillanter Einfall rettete mich vor meinem Selbstmitleid: die »christlichen Spinner«! So hatte Rafiq sie genannt. Sie unterhielten eine Niederlassung in Herat, an der ich am vorherigen Tag sogar vorbeigekommen war.

Am späten Nachmittag war ich im Haus eines freundlichen niederländischen Ehepaars untergebracht. Sie zählten zu den herzlichsten Ausländern, die ich in Afghanistan jemals getroffen habe – moderne Missionare, die durch ihre Gastfreundschaft und ihren Charme die unfreundlichen Beinamen Lügen straften, mit denen man ihre Organisation in Kabul bedachte. Sie hatten im Stadtzentrum ein Haus mit eigenen Mitteln restauriert, und für eine bescheidene Summe durfte ich ihr erster Gast sein.

Ich war ebenso beeindruckt von diesen Menschen wie schon von ihren Kollegen in Kabul. Sie hielten nichts von den lauten Generatoren, die die gesamte Nachbarschaft um den Schlaf brachten, und kochten sich ihr Essen selbst. Unter ihren rund zwanzig Mitarbeitern befanden sich auch einige jener glücklichen Ausländer, die während des Aufstands 1979 in Herat von dem rasenden Mob verschont worden waren. Später erzählte mir ihr getreuer *tschaukidar* die Geschichte. Als die wütende Menge die Tür zur Mission erreicht hatte, stellte er sich ihnen in den Weg und sagte: »Wenn ihr sie töten wollt, dann müßt ihr zuerst mich umbringen.« Eingeschüchtert von einer solch entschiedenen Verteidigung durch einen der Ihren, zog die wütende Masse weiter, vermutlich um einige gottlose Russen aufzutreiben.

Meine neuen Gastgeber waren herzliche Menschen, die sich sehr dafür interessierten, die eine oder andere Reisegeschichte auszutauschen. Sie waren ganz anders als die Missionare, denen Byron im Iran begegnet war und deren Hintern, wie er sagte, »hervorstand, als wäre ihr Rückgrat zu rechtschaffen, um sich zu beugen«. Sie kannten die Gegend besser als die örtlichen Hilfsorganisationen, sprachen fließend Persisch und hielten sich über lange Zeit im Land auf; einige hatten sogar ihre Kinder mitgebracht, während andere planten, sie nachzuholen. In Afghanistan zu leben und zu arbeiten war sehr schwierig, und so war es unmöglich, von ihrem Engagement nicht beeindruckt zu sein.

Irgend etwas hielt mich jedoch zurück, nach der Ursache für ihren Eifer zu fragen – vielleicht weil ich fürchtete, die Antwort könne mich verstören und einen Schatten über meine aufrichtige Freude werfen, nicht mehr wie ein Aussätziger behandelt zu werden. Da ich nicht zu fragen wagte, überlege ich noch heute ab und an, ob ihre Arbeit über den Bau und den Betrieb von Krankenhäusern und Kliniken hinausging. Ihr Krankenhaus in Herat war besser ausgestattet und geführt als alle anderen in der ganzen Region. Dennoch hätte mich interessiert, wie reich die Ernte der Seelen hier, in einem der strengsten muslimischen Länder der Welt, wohl sein konnte.

Vermutlich hatten sie etwas mehr Erfolg als der Erzdiakon, dem Byron im Iran begegnete und der in dreißig Jahren nur einen einzigen Konvertiten zu verzeichnen hatte. Diese Fragen schwirrten mir beim Abendessen im Kopf herum, als mein neuer Gastgeber beim Tischgebet für die »heimlichen Christen« in Herat betete. Meinte er damit Muslime mit einem latenten Hang zum Christentum, oder sprach er von einer existierenden Gruppe von Gläubigen? Wenn ja, waren es erst kürzlich Konvertierte oder die Nachfahren früherer christlicher Gemeinden, die in Chorasan vor dem Einfall der Mongolen gelebt hatten? Falls letzteres der Fall war, inwieweit ähnelte das praktizierte – oder nicht praktizierte – Christentum solch entlegener Außenposten des Glaubens in Worten und Werken der europäischen Exportversion für das Asien des zwanzigsten Jahrhunderts?

Vor Jahren hatte ich von einem Dorf bei Ghasni gehört, das angeblich christlich sein sollte und dessen Bewohner behaupteten, Christus habe sich nach den Anfeindungen seiner Jugend anonym in Indien niedergelassen und in den Vorgebirgen des Himalaja ein hohes Alter erreicht. Vielleicht hatten sie sich ja mittlerweile bis nach Herat ausgebreitet.

Ich behielt diese Gedanken jedoch für mich. Die Geschichte von dem Dorf klang, wie so viele andere, einfach zu unwahrscheinlich, um wahr, und gleichzeitig zu glaubwürdig, um ganz falsch zu sein; sie ließ sich einfach nicht beweisen, zumindest nicht unter den derzeitigen Verhältnissen im Land. Und zwar nicht, weil der Osten so mystisch oder unergründlich ist, sondern weil er seine Geheimnisse in einer Langsamkeit preisgibt, auf die sich ein westlicher Besucher oftmals nicht einlassen kann: Man braucht einfach *Zeit*.

Meine Gastgeber entschuldigten sich dafür, daß es keine Heizung in meinem Zimmer gab, in dem es so kalt war wie in einem Iglu; aber in Anbetracht der glücklichen Aussicht, die nächsten Tage kommen und gehen zu können, ohne mich vor jemandem rechtfertigen zu müssen, störte mich das nicht weiter. Ich ließ das Badefenster offen, damit der *tschaukidar* am nächsten Morgen ins Haus klettern und frisches Brot für mein Frühstück bringen konnte, und machte es mir in dem blitzsauberen Zimmer gemütlich. Wenige Stunden zuvor war ich noch voller Selbstmitleid durch die Straßen gewandert, und nun auf einmal fühlte ich mich wie ein König. Es gab ein kleines Bücherregal mit bewährter Lektüre. Ich wunderte mich nur, daß keine Bücher über das Christentum von Schweitzer, Goethe, Nietzsche oder Blake vorhanden waren. Dafür entdeckte ich Bernanos' *Tagebuch eines Landpfarrers* und schlief kurz darauf tief und fest.

Schrecklich früh am nächsten Morgen wurde ich vom gellenden Kreischen der Kinder geweckt, die vor dem Fenster spielten, und von geschäftigem Klappern aus der Küche. Ich kam aus meinem Schlafzimmer und blickte auf den Rücken einer großen, schlanken Frau in einem geblümten Kleid und einem lose um den Hals geschlungenen Schal. Da sie an der Spüle stand und mich nicht kommen hörte, schrak sie zusammen, als auf einmal ein Fremder vor ihr auftauchte. Sie war Afghanin. Ihr Blick wechselte rasch von grimmigem Erstaunen zu einer sanften, aber durchdringenden Neugier und ließ mich wie angewurzelt stehenbleiben. Ihre langen Arme und ihr Hals waren entblößt, und sie strahlte eine müde, aber gepflegte Schönheit aus. Auf ihrer Stirn konnte man die türkisfarbenen Spuren einer Stammestätowierung erkennen.

Unsere Augen trafen sich für einen kurzen, wortlosen Augenblick, bis wir uns plötzlich an die üblichen Begrüßungsformeln erinnerten und über die Worte stolperten in dem Bemühen, das jähe Schweigen zu überspielen. Ich konnte meinen Blick nicht von ihr abwenden. Sie entschuldigte sich für ihr Aussehen, trocknete die Hände ab und schob mit einer anmutigen Handbewegung eine Haarsträhne aus ihrem Gesicht. Dann erklärte sie, daß sie jeden Tag käme, um zu waschen und zu putzen, und wie froh sie über die Arbeit bei solch guten Leuten sei. Ihre Stimme hatte einen weichen, flehenden Klang, den ich unwiderstehlich fand, und während ich unruhig von einem Fuß auf den anderen trat, stellte ich ihr einige Fragen, ohne auf ihre Antworten zu achten, nur um sie sprechen zu hören. Nach wenigen Minuten schon fragte sie, ob ich verheiratet sei. Ja, antwortete ich. »Aber Sie haben Ihre Frau nicht mitgebracht, oder?« entgegnete sie. Ich war schockiert und entzückt über ihre Kühnheit.

Hier im Haus konnten wir uns mit einer Freizügigkeit unterhalten, die in der Öffentlichkeit nicht möglich gewesen wäre. Doch selbst in der Zuflucht einer ausländischen Enklave hing ein Gefühl der Unschicklichkeit wie eine dunkle Gewitterwolke über unserer Begegnung, und die Spannung zwischen uns war fast greifbar. Wir umschwirrten einander wie Bienen, wagten jedoch keine Sekunde lang, den elektrisch aufgeladenen Abstand zwischen uns zu verringern. Lieber sprachen wir von trivialen Dingen – trotz des Pulsschlags, der sich in der Nähe des anderen beschleunigte – und zuckten schuldbewußt zusammen, wenn im Flur eine Tür zuschlug.

In einem plötzlichen und quälenden Anflug von Neugier, wie sie wohl darauf reagieren würde, hätte ich ihr am liebsten gesagt, wie schön ich sie fand. Doch in diesem Land gab es keine unschuldigen Begegnungen zwischen den Geschlechtern. Selbst die liberalsten Afghanen mißbilligen es zutiefst, wenn Ausländer mit ihren Frauen in Kontakt kommen, und so schienen selbst die Wände zu dünn, um unser flüchtiges Gespräch für sich zu behalten.

Die Gesetze der neuen Besatzer Herats ließen sämtliche früheren Vorschriften noch harmlos erscheinen. Ginge es nach ihnen, so durften Frauen nicht einmal mehr das Haus verlassen, ganz zu schweigen davon, mit fremden Männern zu verkehren. Darüber hinaus befanden wir uns in einem Missionarshaushalt. Doch sperrt man eine Katze ein, so wird sie zum Tiger: Wären die Gedanken, die mich in dieser Nacht wach hielten, meinen Gastgebern und den Herrschern der Stadt zu Ohren gekommen, so hätte ich sicherlich sofort in der christlichen und der muslimischen Hölle geschmort (letztere orientiert sich in puncto Bösartigkeit übrigens gern an der christlichen). Es war noch nicht einmal Frühstückszeit, und ich hatte mich bereits verliebt. Kein Wunder, daß die Afghanen ihre Frauen unter Verschluß hielten – bei der Wirkung, die sie auf ungewappnete Herzen hatten!

Als einige andere Gäste in den Raum kamen, tat meine neue Liebe, als wäre sie mit dem Abwasch beschäftigt – während ich am Boden zerstört das Haus verließ, in dem Wissen, daß ein Geständnis meiner Gefühle in etwa so wahrscheinlich war wie ein Durchbruch im Friedensprozeß des Landes. Ich stellte mir nicht ernsthaft vor, daß etwas zwischen uns passieren könnte; es war vielmehr die reine Hoffnungslosigkeit meines Begehrens, die meine Phantasie Purzelbäume schlagen ließ. Für die jungen Männer in der Stadt mußte es noch viel schwieriger sein, denn selbst jene Freuden, die in der westlichen Welt lediglich als harmloser Zeitvertreib betrachtet werden, lagen für sie noch in weiter Ferne. Erst im Paradies würden sie von den attraktiven und rehäugigen Mädchen bedient werden, die den Gläubigen versprochen sind – ein äußerst grausamer eschatologischer Trick, wie mir damals schien.

Bei den Besuchern handelte es sich um ein amerikanisches Ehepaar, Freunde meiner Gastgeber. Herb, ein großer schlanker Mann mit einem silbernen Haarschopf und dem ruhigen, undeutlichen Akzent des Mittleren Westens, war ein Arzt aus Kansas und, wie ich später selbst zu spüren bekam, »ein überzeugter Missionar«. Seine sanfte Frau Dorothy, die mit einem glückseligen Lächeln auf den Lippen stets an seiner Seite hing, stammte aus einer Familie, die schon seit drei Generationen missionarisch tätig war. Ich stellte mir vor – zu Recht, wie sich später herausstellte – wie sie lächelnd und klatschend, aber ja nicht zu laut, zu christlichen Liedern hin und her schunkelten. Sie waren sehr fröhlich und sehr freundlich, und ich mied sie nach Kräften.

In Herat waren die Taliban und die neuen Gesetze, die sie erließen, das vorherrschende Gesprächsthema. Am meisten schockierte mich der Erlaß, daß Frauen während des Fastenmonats Ramadan das Haus nicht verlassen durften, damit ihr Anblick die Männer nicht von ihren heiligen Pflichten abhielt. Auch Fernsehgeräte waren verboten, wie ich gehört hatte. Doch anstatt sie einzeln aus den Häusern zu holen und an Laternenmasten zu hängen, wie sie es in Dschalalabad getan hatten, befahlen die Taliban, die Antennen von den Dächern der Häuser zu entfernen. Nun mehrten sich die Gerüchte über eine Schließung des Schmuckbasars, wo sich die Frauen gern trafen. Schon die traditionelle afghanische Gesellschaft schränkt nicht nur die Freiheit der Frauen, sondern auch die der Männer ein; doch selbst die konservativsten Afghanen, die ich in Herat traf, fühlten sich von der neuen Gesetzgebung unterdrückt.

Ein Jeep der Taliban hatte auf dem Basar ein kleines Kind überfahren und war einfach weitergefahren. Kämpfer aus den Reihen der Taliban raubten die Einwohner nachts aus, ohne dafür bestraft zu werden. Die Berichte über die Taliban ähnelten sich sehr, und jeden Tag hörte ich neue Geschichten, von Afghanen ebenso wie von Ausländern, die bei einer der wenigen Wohltätigkeitsorganisationen in der

Stadt arbeiteten. Der Direktor einer dieser Organisationen wurde bedrängt, seine weiblichen Mitarbeiter zu entlassen, und diese wiederum fürchteten sich tagtäglich mehr davor, zur Arbeit zu gehen. Eine andere Organisation, die von einer Frau geleitet wurde, hatte den Befehl erhalten, ihr hiesiges Büro zu schließen, und wurde immer massiver bedroht, während sich die Taliban weigerten, mit der Direktorin persönlich zu sprechen.

Dann gab es noch die Geschichte von einem alten Meistermaler und Kalligraphen, einem der wenigen großen Künstler im Land, der noch die Miniaturmalerei nach dem Vorbild Behsads beherrschte. Kurz nach der Eroberung Herats durch die Taliban wurde der alte Mann zum Haus des Gouverneurs gerufen, wo er sieben Jahre lang an einem Wandgemälde gearbeitet hatte, das in kunstvollen Szenen die historische Pracht Herats zeigte. Die Anführer der Taliban erklärten ihm, seine Kunst sei »unislamisch«, und dann wurden vor seinen Augen die Wände überstrichen. Seitdem war der alte Mann vor Kummer ans Bett gefesselt.

»Es ist ein großes Unglück«, meinte der Mann, der die Geschichte erzählte. »*Hitsch namescha fe'lan.* Nichts geht jetzt mehr«, murmelte er vor sich hin. Während wir uns unterhielten, wurde er von einer Ansprache abgelenkt, die knisternd aus seinem kleinen Radio drang.

»Die Taliban«, sagte er mit einem Nicken.

»Was sagen sie?«

»Immer dasselbe: daß alles in Ordnung ist und die bösen Menschen weg sind.«

Am freimütigsten berichteten die Frauen über ihre Erfahrungen. Mit Antoinette besuchte ich einige Familien, die sie für ihre Radioreportagen interviewte. Allein hätte ich diese Möglichkeit nie gehabt. Die Frauen tauchten immer wie aus dem Nichts auf, zuerst die Mutter, dann eine Tochter, eine Schwester, ihre Tante, drei Nichten, die beste Freundin der Mutter und die zahnlose alte Großmutter. Anfangs waren sie noch ganz vorsichtig und sagten kaum etwas. Nach gutem Zureden brach schließlich eine von ihnen das Schweigen und erzählte eine Geschichte, die offenbarte, daß das Leben wohl doch ein wenig schwieriger geworden war. Dadurch ermutigt, sprach die nächste mit weniger Hemmungen, bis schließlich eine nach der anderen – mit der Bitte, ihre Identität niemals preiszugeben – von ihren Erfahrungen berichtete, die immer bedrückender klangen.

Ihre Worte zeichneten ein schlimmes Bild von ihrem Schicksal. Wie konnte man von ihnen erwarten, im Haus zu bleiben, wenn die Hälfte, manchmal sogar alle Pflichten des Haushalts auf ihnen lasteten? Ob ich von der Frau gehört hätte, der die Taliban die medizinische Versorgung verweigert hatten? Eine der Frauen war Universitätsdozentin und durfte nun nicht mehr zur Arbeit gehen. Wie sie nun ihre Kinder ernähren solle, fragte sie mich. Der Redefluß schwoll an und versiegte dann kurz, ehe er sich erneut steigerte. Die Emotionen kamen hoch, und am Ende weinten alle.

Später am Abend schrieb ich in der Mission in mein Tagebuch, als ich auf einmal von einem sanften Klopfen unterbrochen wurde. Es klang nach einer Frauenhand – war *sie* es vielleicht? Die Tür öffnete sich, und Herbs Gesicht wurde sichtbar.

»Hoffentlich störe ich Sie nicht?« Ich fand, daß er ein bißchen wie ein Raubtier um den Tisch herumschlich.

»Aber natürlich nicht, Herb«, erwiderte ich – die erste von mehreren Lügen.

»Haben Sie es auch warm genug hier?«

»O ja, vielen Dank.«

»Wollte nur mal sehen, ob Sie alles haben, was Sie brauchen.«

»Das ist sehr freundlich von Ihnen, Herb. Mir geht es hier wirklich gut. Vielen Dank.«

»Schön. Wir sehen uns beim Frühstück.«

»Prima.«

»Dorothy macht ein sehr gutes Frühstück.«

»Ich freue mich auch schon sehr darauf.«

»Dann werde ich Sie mal wieder in Ruhe lassen.«

Er zögerte ein wenig an der Tür. Dann fragte er auf einmal, als sei es ihm erst in diesem Moment in den Sinn gekommen: »Haben Sie etwas dagegen, wenn ich für Sie bete, Jason?«

Etwas in der Art hatte ich schon erwartet.

»Ich würde mich darüber sehr freuen, Herb«, entgegnete ich und legte meinen Stift beiseite.

Er plazierte seine Hand auf meiner Schulter und hob die Augen gen Himmel – vermutlich in Richtung Kansas.

»O Herr«, fing er an, »wir bitten dich, segne unseren Bruder … und schütze ihn … und führe ihn die vielen Meilen über, die noch vor ihm liegen.« Mit seinem ehrfurchtsvollen Näseln lenkte er die Aufmerksamkeit des Herrn weit mehr auf mich, als mir lieb war.

»… und Herr, Prinz des Friedens, wir bitten dich …«

In mir sträubte sich alles – *Prinz des Friedens*? Erzähl das mal den Afghanen, dachte ich, nach zwanzig Jahren Krieg! Nachdem Herb geendet hatte, dankte ich ihm. Er ging zur Tür, wo er sich im letzten Moment noch einmal zu mir umdrehte.

»Ich nehme an, Sie sind … ein Christ, Jason?«

Am liebsten hätte ich geantwortet, daß ich ein jesidischer Teufelsanbeter und in Afghanistan auf den Spuren meiner Urreligion unterwegs sei. Ich war mir nicht sicher, ob unsere Definitionen von Christentum viel gemeinsam hatten.

»Ich finde, es ist eine gute Sache, Christ zu sein, aber ich denke auch, daß man ständig daran arbeiten muß.«

Offenbar mißfielen ihm meine Worte, denn er schüttelte den Kopf und stieß einen warnenden Seufzer aus. »Der Weg steht allen Menschen offen, Jason.«

»Und sicherlich muß jeder Mensch seinen eigenen Weg finden«, entgegnete ich. Doch das Prinzip »Im Zweifel für den Angeklagten« schien offenbar nicht zu seinen Grundsätzen zu gehören.

Und dann kam das, worauf ich schon gewartet hatte:

»Haben Sie je daran gedacht, eine persönliche Beziehung zu Christus aufzubauen?«

Herb, das spürte ich genau, würde sich nur mit einem umfassenden Reuebekenntnis zufriedengeben. Ich lächelte und sagte nichts.

»Wissen Sie«, fügte er mit einem warnenden Unterton hinzu, »wir predigen heutzutage zwar nicht mehr das Fegefeuer, aber die Bibel drückt sich in dieser Hinsicht ziemlich eindeutig aus.«

Er ließ diese Worte erst einmal wirken und sagte dann: »Melden Sie sich, wenn Sie darüber reden möchten.« Dann ging er.

Ich hatte wichtigere Dinge im Kopf: Ich war auf eine Party eingeladen.

Im Hauptquartier der Franzosen, wo mein Gastgeschenk, die Kekse, immer noch unberührt auf dem Tisch lag, war die »Party« schon in vollem Gange. Sie bestand aus einer kläglichen Ansammlung von etwa dreißig einsamen Ausländern im Exil, die bei den verschiedenen Hilfsorganisationen in der Stadt tätig waren.

In der Hoffnung auf ein Gespräch, bei dem ich mir nicht wie ein ausgebrochener Häftling vorkommen würde, steuerte ich schnurstracks auf eine attraktive, dunkelhaarige Frau Mitte Zwanzig zu. Alleinstehend, intelligent und einsam, wie sie war, hatte sie an diesen langen Winterabenden sicherlich genug von der üblichen Gesellschaft und würde sich unwiderstehlich zu dem fremden Mann hingezogen fühlen, der so unerwartet aufgetaucht war …

Sie war Schweizerin, Single und für Augen, die mittlerweile Frauen nur noch in Gestalt bauschiger Gespenster kannten, geradezu himmlisch wohlgeformt.

»Und?« fragte ich, nachdem wir uns vorgestellt hatten. »Warum sind Sie nach Afghanistan gekommen?«

Ich konnte sehen, wie sich ihr Blick plötzlich nach innen kehrte und ihr Atem ganz unregelmäßig wurde, als hätte sie dort eine riesige Wunde entdeckt.

»Weil ich Christin bin«, erwiderte sie.
Und mein Heidenherz rutschte mir in die Hose.

Einer der anderen Mitarbeiter brachte mich in seinem Auto zurück zum Missionshaus. Ich war mir deutlich bewußt, daß man in der Enge des Wagens das kleine Bier, das ich vorher getrunken hatte, deutlich riechen konnte. Ich fühlte mich lächerlich schuldbewußt und versuchte, beim Sprechen nicht in seine Richtung zu atmen, während ich dabei über die Absurdität nachgrübelte, daß mich vermutlich keine puritanischen Mullahs, sondern meine eigenen Glaubensbrüder zur Hölle schicken würden.

Ich schlich mich in mein Zimmer und wartete, bis das Haus still war. In der Absicht, einen Anfall von Klaustrophobie abzuschütteln, der mich jäh ergriffen hatte, nahm ich die Öllampe aus meinem Schlafzimmer und setzte mich grübelnd auf die Stufen draußen im Hof.

Ich spürte den kalten Stein durch meine Kleidung. Es war weit unter dem Gefrierpunkt, aber ich empfand eine fast schon körperliche Abneigung dagegen, wieder zurück ins Haus zu gehen. Der Vollmond starrte durch die Wolken hinunter in den Garten und breitete einen Silberschein über den Rasen. Hinter den Mauern schwankten und flüsterten hohe Zypressen. Der Mondschatten wurde abwechselnd dunkler und heller, während die Wolken am Himmel vorbeizogen und sich mit Licht füllten, verwaiste weiße Strähnen hinter sich herziehend wie die Nachzügler einer langen Himmelskarawane auf dem Weg ins Dunkel.

Mit zitternden Fingern rauchte ich meine Zigarre und grübelte über die großen Widersprüche dieses Tages und den immer weiter entfernten Planeten namens Heimat nach. Ich war nach wie vor zutiefst enttäuscht über den Mangel an Gastfreundschaft, dem ich beim Roten Kreuz und bei den Franzosen begegnet war; zudem beschäftigte mich der unfreundliche Glaubenseifer der jungen Schweizerin. Ich hatte allmählich genug von diesem christlichen Getue, den unnahbaren Frauen und den immer grausameren Vorschriften der Taliban: All dies spielte sich unter dem grotesken Banner des Glaubens ab. Menschen des »Glaubens« hatten alles Schöne in Herat zerstört und zerstörten es immer noch. Gab es denn nicht irgendwo noch einen Glauben, der stärker und versöhnlicher war und nicht einfach nur das morsche Gerüst der Religion starrköpfig mit alten Inhalten füllte? Gab es überhaupt jemanden, der seine Identität und seinen Lebenssinn nicht nur von einer einzigen Sache ableitete? Gab es auch normale westliche Ausländer in Herat, die nichts beweisen mußten und ein ehrliches Verlangen eingestehen würden?

Ich fühlte mich von Menschen umringt, die so von ihrer eigenen Rechtschaffenheit überzeugt waren, daß sie sich sofort in Luft auflösen würden, wenn auch nur der leiseste Hauch eines Selbstzweifels die erhabenen Mauern ihrer Überzeugung durchbrach. Trotzig blies ich eine Rauchwolke zum Mond hinauf; dann noch eine für die Schweizerin und eine weitere für den Taliban-Soldaten, den ich dabei beobachtet hatte, wie er einen alten Mann auf der Straße schikanierte. Bald war der Himmel über mir gesprenkelt mit den wirbelnden Rauchschwaden ausgemerzter Gesichter, und als sich der Rauch verzogen hatte, blieben nur noch die Menschen übrig, die nichts weiter wollten, als ihr Leben zu leben und mit eigenen Mitteln nach der Erlösung zu suchen.

Wäre es Frühling gewesen, so hätte ich die schöne Haushälterin mitgenommen (und auch die Schweizerin, falls ihre sogenannte Religion dies gestattete), mit Gänseleberpastete und einer anständigen Flasche Weißwein im Gepäck, und wäre zu einem Pavillon gefahren, in einem nach Jasmin duftenden Park, wo wir den Mond durch die Wolken beobachtet und uns gegenseitig Gedichte übersetzt hätten. Sie hätte mir die Geschichte ihrer Tätowierung erzählt, und ich hätte wiederum berichtet, wie ich zu dieser kleinen Narbe an meinem Kopf gekommen war, und dann wären wir etwas näher zusammengerückt und...

Eine laute Salve von Maschinengewehrfeuer in der Nähe

brach den Zauberbann. Ich zitterte heftig; meine Zigarre war schon lange erloschen. Es war alles zu hoffnungslos, um darüber nachzudenken. Schon die unschuldigste Begegnung zwischen den Geschlechtern war in der Öffentlichkeit undenkbar, vom Weißwein einmal ganz zu schweigen. Nach Beginn der Ausgangssperre würde man sowieso von den Soldaten erschossen, und die Stadtparks waren schon lange verwüstet vom Krieg und den Äxten der Bauern, die auf der Suche nach Feuerholz waren.

Ich blies die Lampe aus und ging ins Haus.

Afghanistan ist einer der unerreichbarsten Orte der Welt; es gibt 48000 Moscheen, aber keine einzige Kirche und lediglich in ein paar wenigen Volksgruppen des Landes eine lebensfähige Gemeinde.

Evangelische Quelle über Afghanistan

Am nächsten Tag stieß ich auf einen Schatz in Gestalt eines Taxifahrers namens Rahim. Er besaß einen alten Ford Granada mit getönten Scheiben, dessen Spitzengeschwindigkeit bei etwa zehn Stundenkilometern lag. Wir fuhren einfach aus Spaß durch die Gegend – soweit man dies als Spaß bezeichnen konnte –, und er zeigte mir die Sehenswürdigkeiten.

Er war siebenundzwanzig Jahre alt und unverheiratet; früher war er Soldat der Regierung und danach Mitglied von Ismael Chans Mudschaheddin gewesen. Ich mochte sein freundliches, bedächtiges Wesen und seine direkte Art, Fragen zu beantworten. Wenn er eine Antwort nicht wußte, erging er sich nicht in wilden Vermutungen, sondern zuckte lediglich mit den Schultern. Er erzählte mir, daß Ismael Chan Herat den Taliban überlassen hatte, um ein Blutvergießen zu verhindern. Die Regierung wolle die Besatzer einfach ein oder zwei Winter frieren lassen, dann werde sich Ismael Chan die Stadt wieder zurückholen. Ich hoffte zwar, daß alles so glattgehen würde, bezweifelte es aber.

Warum man so wenige Taliban auf den Straßen sehe, fragte ich. In anderen Städten standen an jeder Ecke bewaffnete Männer herum.

»Sie haben Angst«, erklärte er. »Deswegen kommen sie nur nachts heraus.« Dann ging er noch ein wenig weiter und fügte hinzu: »Genau wie Hunde – die schlafen auch tagsüber.« In diesen Tagen sei es für alle gefährlicher geworden, meinte er. Die Leute würden nach Einbruch der Dunkelheit nur noch ungern ihr Haus verlassen. Eine hochschwangere Frau sei auf dem Weg ins Krankenhaus gezwungen worden, das Taxi zu verlassen, und ihn selbst habe ein Taliban-Soldat angewiesen, sich die Haare abzuschneiden. Mit diesen Worten strich er sich zärtlich durch die vollen Locken über seinem Hemdkragen. Selbst die Fußballmannschaft dürfe keine kurzen Hosen mehr tragen, das sei doch wirklich dumm, sagte er und lachte leise. Seine große Leidenschaft gehörte den asiatischen Kampfsportarten. Er zog ein Foto aus dem Handschuhfach und präsentierte es stolz. Es zeigte einen am Boden liegenden Mann mit bloßem Oberkörper, auf dessen Torso ein Auto abgesenkt worden war. Im Hintergrund sah man die verschwommenen Köpfe einer großen Menschenmenge. Ich studierte das verzerrte Gesicht des Mannes am Boden. Es war Rahim. Mittlerweile war eine solche öffentliche Darbietung ganz undenkbar.

»Ich hatte einen chinesischen Lehrer«, erklärte er, »und habe immer fleißig trainiert. Sehen Sie!« Er führte meine Finger an sein Brustbein, damit ich die steinharten Muskeln fühlen konnte. »Hier kommt nicht mal ein Schwert durch.«

Um seine Reaktion zu testen, fragte ich, ob er mir seine Technik zeigen könne.

»Wenn Sie mir versprechen, niemandem davon zu erzählen«, erwiderte er.

Wir fuhren zu den nördlichen Randbezirken der Stadt, um die berühmtesten Heiligengräber zu besuchen. Zwischen den Ruinen hatte man neue Gebäude errichtet. Irgendwann erreichten wir einen Kontrollpunkt, an dem die Straße von einer Kette versperrt war und ein Talib mit einem Gewehr im Schoß herumsaß. Ich schaute nervös zu Rahim.

»Keine Sorge«, sagte er und grinste, klappte aber doch den Kragen seiner Jacke nach oben, um die Länge seiner Haare zu verbergen. Der Talib steckte den Kopf und den Gewehrlauf durch das Fenster und fragte, wohin wir wollten.

»Nur zum Grabmal«, erklärte Rahim.

Als wir weitergefahren waren, schaute er in den Rückspiegel.

»Haben Sie das gesehen?« Er klappte den Kragen wieder um. »Dieser Talib hat nicht einmal guten Tag gesagt. Sie wissen doch, wie wir sind; wir sagen immer guten Tag oder ›Wie geht's?‹, ›Geht's dir gut?‹ und so weiter. Aber diese Taliban haben einfach keine Manieren.« Wörtlich sagte er, sie seien *be-farhang*, kulturlos.

Zuerst machten wir unsere Aufwartung dem Grab von Abdurrahman Dschami, einem der großen persischen Dichter. Als junger Mann galt Dschami als hervorragender Gelehrter, bis er sein Studium aufgab, um seiner Neigung zum Sufismus zu folgen. Sein spiritueller Lehrmeister war Sa'aduddin Kaschgari gewesen. »Zum ersten Mal seit fünfhundert Jahren ist wieder ein echter Gelehrter aus dem Volk von Chorasan hervorgegangen«, hatte einer von Dschamis Professoren geklagt, »und dann hat er nichts Besseres zu tun, als Kaschgari hinterherzulaufen!« Dschami korrespondierte mit dem Kaiser von Indien, beriet den osmanischen Sultan mit seiner Weisheit und führte Ali Scher Nawa'i, den Premierminister von Sultan Husein, in das Sufitum der Naqschbandija ein. In seiner Jugend reiste er viel, ehe er sich in Herat niederließ, wo er ganz zurückgezogen lebte und sich zu einem herausragenden Schriftsteller entwickelte. Er verfaßte über vierzig Schriften, darunter die berühmte Hagiographie *Nafahat al-uns* sowie Gedichte und Kommentare über Leben und Werk berühmter Sufis sowie Abhandlungen über Literatur, Musik und Theologie, die den Sufismus in Persien, der Türkei und Indien stark beeinflußten und auch von heutigen Sufis noch viel gelesen werden. Dschami starb 1492. Bei der Beerdigung wurde sein Sarg von den Würdenträgern der Stadt geschultert; eine weinende Menschenmenge folgte ihm, und selbst Sultan Husein und sein gesamtes Gefolge trugen Trauer.

Die Gegend um das Grabmal herum war während des Krieges vermint und die angrenzende Moschee durch Bombenangriffe teilweise zerstört worden. Eine neue Moschee war an der Stelle errichtet worden, die laut Rahim allerdings nicht von der Regierung, sondern von den Anhängern des

Dichters finanziert wurde. Die UN hatte den Ort mittlerweile von Minen geräumt, und so zogen wir am Tor unsere Schuhe aus und liefen hinüber zum Grab.

Ein uralter Pistazienbaum wiegt sich noch immer über der gewölbten Marmorplatte, und es scheint, als seien seine Wurzeln im Herzen des toten Dichters verankert. Die kunstfertig geschnitzten Gitter, die das Grab einst umgaben, sind verschwunden, und der Eisenzaun um das Podest des Grabmals ist von einer Explosion verbogen worden. Zwei alte Männer arbeiteten schweigend an dem zerstörten Mauerwerk und den zerbrochenen Platten und wanderten zwischen einigen Haufen mit Grabsteinen von einem angrenzenden Friedhof umher. Auf einer beschädigten Mauer hatte jemand einen einsamen Kopfstein mit gemeißelten Verzierungen aufgestellt, der vom Grabmal eines Naqschbandi-Scheichs stammte, und ich verspürte ein instinktives Verlangen, ihn vor dem Herunterfallen zu bewahren.

In einem Hof bei der Moschee stand ein verlassenes Gebäude, das laut Rahim einst eine Bibliothek gewesen war. Auf der Mauer, die das Haus umgab, prangten in persischen Buchstaben die Worte: »Dieses Gelände ist von Minen geräumt«. Überall lagen die Stücke eines Keramikfrieses mit bunter Schrift und Blumenmosaiken herum. Eine Eule flog von einem Bogenfenster auf, als wir ins Innere traten. Der Boden unter der gewölbten Kuppel bestand aus bloßen Ziegeln, und in einer Ecke säugte eine streunende Katze ihre Jungen.

Wir fuhren am Fuß der Berge entlang und besuchten noch ein Dutzend weiterer Heiligengräber, wo wir die üblichen Gebete sprachen und den Wächtern dieser einsamen Orte eine kleine Spende gaben. Das Grabmal, das am weitesten von der Stadt entfernt lag, befand sich im Norden auf halber Höhe eines Berges; aus der Ferne erinnerten der hohe, gewölbte Eingang und die umliegenden Ruinen an eine uralte, verlassene Stadt. Auf dem einsamen Bergplateau fand sich eine Ansammlung wunderschön behauener Grabsteine aus weißem und schwarzem Marmor, die allmählich in der Erde versanken. In den Ruinen dahinter erspähten wir für die Derwische, die sich in die Einsamkeit zurückziehen wollten, eine Reihe winziger Kammern mit geschwärzten Decken von den offenen Feuern, die hier über Generationen gebrannt hatten.

Am Heiligtum von Chodscha Goltan saßen zwei Männer neben einem Grabmal. Sie lasen sich Gedichte vor und wiegten sich leicht im Rhythmus der Worte hin und her.

»Kommen Sie, Bruder, und setzen Sie sich ein Weilchen zu uns«, sagte einer von ihnen mit einem durchdringenden Blick.

Später fuhren wir zurück in die Stadt.

»Die Derwische, die sich um die Heiligengräber kümmern, sind sehr freundlich«, bemerkte ich.

»Das waren keine Derwische«, erwiderte Rahim. »Das waren Ismael Chans Männer.«

»Aber woher wissen Sie das?« Vielleicht gab es ja ein geheimes Zeichen, an dem man sie erkennen konnte.

»Ich habe sie gefragt.«

»Oh. Und was machen sie dort?«

»Sie beobachten nur. Und warten.« Er zwinkerte mir zu.

Es gab ein letztes Grabmal bei Gusargah, das ich sehen wollte, weil es zu den heiligsten Stätten des Landes zählt. Hier wurde einer der großen Heiligen vor fast tausend Jahren beerdigt: Der Pir-i Herat, Chodscha Abdullah Ansari, war ein Philosoph, Dichter und Mystiker; nach ihm ist auch eine Sufi-Bruderschaft benannt. Er soll angeblich 100 000 Verse auswendig gewußt haben, und sein dichterisches Werk auf persisch wie auf arabisch beläuft sich auf 20 000 Strophen. Seine umfangreichen Schriften umfassen Hagiographien über die wichtigsten Sufis sowie Kommentare zum Koran und den Rätseln des Sufismus und werden aufgrund seiner klaren Prosa noch heute gern gelesen. 1428 gab Schah Ruch den Wiederaufbau der ihm zu Ehren errichteten Grabstätte in Auftrag, die sich heute auf einem flachen Berg wenige Kilometer außerhalb der Stadt befindet, im Schatten der nördlichen Berge. Früher diente dieser Ort auch als Zufluchtsstätte.

Das Tageslicht schwand, und ich fürchtete, daß wir vielleicht nicht mehr genügend Zeit für einen Besuch dort haben würden, weil es nach Einbruch der Dunkelheit zu gefährlich war, durch diese Gegend zu fahren. Rahim zuckte jedoch nur mit den Schultern. Das Auto holperte auf einer geraden, aber stark beschädigten Straße, die einst von stattlichen Pinien gesäumt war, nach Nordosten. Heute waren nur noch wenige Bäume erhalten. Ein alter Mann hackte auf einen Baumstumpf ein, als wir vorbeifuhren.

Wir hielten in einem staubigen Wäldchen. Das Scheppern der Stoßdämpfer erstarb, die Bäume seufzten in der leichten, vorabendlichen Brise, und wir schauten über das Tal, das sich unter uns erstreckte. Zwischen dem dunklen, niedrigen Wolkengürtel und den zerklüfteten südlichen Berggipfeln am Horizont zog sich ein goldenes Lichtband über die Ebene.

Etwas weckte Rahims Aufmerksamkeit; er sprang über eine Steinmauer am Rand des Abhangs und winkte mich zu sich. Wir standen nun inmitten einer Ansammlung von Gräbern. Eines davon war frisch ausgehoben. Er spähte hinein und betrachtete die Steine an den Wänden.

»Ein merkwürdiger Gedanke, finden Sie nicht?« sagte er leise. »Daß man eines Tages – Sie und ich –, daß wir in so einem Loch enden werden.« Wir waren allein und schauten uns um. Noch einmal blickten wir über die große Ebene und hörten das Rascheln der Lumpen, die an die Grabstellen gebunden waren und nun im Wind flatterten wie stumme Seelen.

Dann machten wir uns auf den Weg zum Schrein, wo mich die dort herrschende ehrfurchtgebietende Stille sogleich in ihren Bann zog. Drei Stufen führten zum Grab hinauf, und bei jedem Schritt schien die Zeit langsamer zu verstreichen, bis sie bei meinem Eintritt ihren Griff ganz gelöst hatte. An ihrer Statt umgab mich eigenartiges, lebhaftes Flüstern, das das übliche Plappern der Gedanken verstummen ließ. Es hat nicht viel Sinn, einen solchen Moment zu beschreiben; ich hatte das Gefühl, eine verzauberte Schwelle überschritten zu haben, hinter der alle Zeit aufhörte zu existieren.

Einige alte Männer mit Turbanen wanderten barfuß zwischen den Bäumen und einigen Gebäuden umher. Wir schritten über die gemusterten Mamorfliesen und zogen unter den unbeweglichen Blicken zweier Aufseher mit biblischen Bärten, die in den Nischen neben dem Haupteingang saßen, unsere Schuhe aus. Diese Nischen sind etwa drei Meter hoch und mit schwarzen und türkisfarbenen Zickzacklinien bedeckt, die sich bis zu ihrem Scheitelpunkt hinaufziehen – ein Muster, das sich auch in den fünf Seiten in der größeren Wölbung des Torbogens widerspiegelt. Die zwei Wandtafeln neben dem Eingang bestehen aus geometrischen Mosaiken in Türkis und Gelb und erinnern auffallend an die Atommuster in Molekülen, wie man sie mit Hilfe von Röntgenstrahlen erkennen kann. Wir gingen weiter.

Im Innern fand sich ein Hof voller kunstvoll behauener Grabsteine von timuridischen Berühmtheiten, die aufgrund ihres Alters schief aus dem Boden hervorragten. Am anderen Ende erhob sich der dreißig Meter hohe *iwan* mit seinen zwei Türmchen, die wie Laternen geformt waren. Zwischen ihnen zog sich in der Höhe ein Bogengang dahin. Das Grabmal des Heiligen befand sich darunter, in grünen Stoff gehüllt und von einem hölzernen Baldachin und einem türkisgestrichenen Geländer geschützt. Am Kopfteil des Grabes wuchs ein wilder, ausladender Baum, dessen Stamm aufgrund der winzigen Nägel, die die Gläubigen hineingehämmert hatten, wie erstarrt wirkte. Das Grab selbst besteht aus einer soliden, knapp fünf Meter hohen Säule aus cremefarbenem Marmor, die wunderbar verziert ist.

Das kunstvollste Dekor des Schreins findet man an den Wänden hinter der Grabstätte, ganz am Ende des Hofes. In seiner Blütezeit war jeder Zentimeter der Oberfläche mit leuchtendbunten Mosaikfliesen bedeckt. Die Ornamente waren zu üppig, als daß man alles auf einmal in sich hätte aufnehmen können, und berauschend reich in Gestaltung und Detail. Jede Wand zierte ein eigenes Muster, und eines davon stach mir besonders ins Auge.

Dieser Abschnitt betrug etwa sechs Quadratmeter und gliederte sich in rechteckige und quadratische Wandtafeln, deren Mittelpunkte abwechselnd aus hellen oder dunklen Mosaiksteinen bestanden. Der Hintergrund der einzelnen Tafeln war jeweils in einem mittleren Farbton gehalten, so daß der Gesamteindruck einen Wechsel von positiven und negativen Formen ergab. Was von ferne wie eine Schattierung innerhalb dieses Musters aussah, war in Wirklichkeit ein Mosaik aus eckig stilisierten, arabischen Schriftzeichen, wobei jeder Buchstabe wiederum aus kleineren Fliesen bestand. Die Farbkontraste verliehen den Tafeln eine dreidimensionale Wirkung. Während mein Blick nach außen gezogen wurde, stellte ich fest, daß die ineinander verzahnten Ränder der Tafeln aus den erweiterten Linien einer geschwungenen schwarzen Beschriftung bestanden, die das gesamte Muster einrahmte. Somit waren verwinkelte und geschwungene Linien untrennbar miteinander verwoben, ohne ihre eigene Identität aufgeben zu müssen, die allein schon vom Gesamteindruck des Musters in den Schatten gestellt worden wäre. Daß die Mosaiken selbst Verse aus dem Koran darstellten, fügte dem Ganzen noch eine weitere Bedeutungsebene hinzu.

Über diesem Abschnitt zog sich ein breites Band mit einer leuchtenden, eng geschriebenen Kalligraphie in Weiß auf tiefblauem Grund dahin. Und wiederum darüber befand sich ein weiterer Fries, der ebenso außergewöhnlich war wie der erste. Hier waren ineinandergeschobene Quadrate und Dreiecke, die alle in einem unterschiedlichen Muster gestaltet waren, so kunstvoll angeordnet worden, daß das Ganze regelrechte Tiefenwirkung besaß. Das Muster der Fliesen mußte in drei gedachten Ebenen entwickelt worden sein, ehe man es in einer Ebene verwirklicht hatte. Die resultierenden Formen schienen das Auge wie ein Rätsel zu necken, und die Quadrate sahen aus wie die Seiten aufgeklappter Würfel, die sich von einer Ebene in die nächste verlagerten und dann in noch eine, ehe ich entscheiden konnte, zu welcher sie eigentlich gehörten. Ich war verblüfft; sie schienen sich von der Wand zu lösen und sich zu öffnen und zu schließen, wobei das Hauptmuster – ein kalligraphisches Motiv mit dem Namen Gottes – wie die Flügel eines Schmetterlings, der sich in der Sonne räkelt, immer wieder aufblitzte.

Dennoch hatte dieser geniale Entwurf eine Klarheit und eine Sachlichkeit, die verhinderten, daß ich mich völlig in diesen Formen verlor. Und trotz des komplexen Musters fand sich keine Spur von Protzerei. Woher rührte dann, so fragte ich mich, dieser hypnotische Eindruck?

Wie die meisten Neulinge in diesem Medium fand ich die Abstraktion der islamischen Kunst merkwürdig ansprechend, ohne mir weiter groß Gedanken darüber zu machen. Es ist sicherlich zutreffend, daß die Muster auf das westliche Auge – das ja an einen ganz anderen Kunststil gewöhnt ist – einen starken Reiz ausüben. Ebensooft wird darauf hingewiesen, daß die Betonung des Geometrischen in der islamischen Kunst von dem allgemeinen Verbot naturalistischer Bilder herrührt, die in den heiligen Texten als Götzenbilder abgelehnt werden. Während im Westen die höchsten Kunstformen in der Malerei und Bildhauerkunst entstanden, fand die Kreativität der islamischen Kunst von Beginn an in komplizierten geometrischen Formen ihren Ausdruck, in Gestalt von abstrakten Mustern, Kalligraphien, geschwungenen Arabesken und, vor allem in Persien, stilisierten Motiven aus der Natur wie Bäumen und Blumen. Diese fanden auch in anderen Kunstformen als im Westen ihren Niederschlag. Obgleich dies alles richtig sein mag, beantwortet es jedoch nicht die Frage nach der Bedeutung, die hinter alldem steckt.

Etwas ging mir unter die Haut, während mein Blick über die Wände schweifte. Ich hatte das Gefühl, eine solche Kunst noch nie zuvor gesehen zu haben. Und in dieser kalten Dämmerung, in diesem schäbigen Innenhof, wo die Kacheln zu einem Drittel zerstört waren, schien auf einmal ein »Bedeutungsstrahl« von den Wänden auszugehen: Als würden sie sich Gehör verschaffen und für einen Moment ihre fast formale Exaktheit von sich abwerfen wollen, fingen sie auf einmal an, sich vielsagend zu winden und zu tanzen. Es war die Mathematik dahinter, ähnlich der geometrischen Präzision von Atomen in einem Kristall, die ihnen solche Kraft verlieh. In jeder Wandtafel, jedem Fries wurde der Ausdruck desselben schöpferischen Atems sichtbar, jedes Teil war ein verschlüsseltes Fragment des Göttlichen. Dies war keine Ornamentik, sondern die Kunst der heiligen Geheimschriften, die den Betrachter dazu einladen, an ihnen teilzuhaben – anstatt lediglich ehrfurchtsvoll davor zu stehen – und ihre Muster zu entschlüsseln.

Rahim beobachtete mich mit freundlicher Neugier, amüsiert darüber, daß ein Heide sich so sehr in den Anblick einiger alter Wandfliesen versenken konnte; dann gingen wir weiter. Ich merkte, daß er gern fahren würde, jedoch zu höflich war, um mich zu drängen. Es wurde dunkel, aber der Ort hatte mich schon zu sehr in seinen Bann gezogen.

»Fahren Sie zurück«, sagte ich. »Ich möchte hier übernachten.«

»Hier?«

»Ja, bitte stellen Sie mich dem Aufseher vor.«

Wir klopften an eine winzige grüne Tür unter einem Torbogen in der Mauer des Hofes. Ein großer, alter Mann mit einem Turban und einem vornehmen, müden Gesicht öffnete uns.

»Willkommen, Brüder, kommt herein. Es ist kalt draußen«, sagte er mit krächzender Stimme.

In einer Kammer mit einer gewölbten Decke befand sich ein rechteckiger Sarkophag, der in grünen Stoff gehüllt war. Zwei andere Männer saßen im Schneidersitz in einer Ecke und beobachteten uns, während Rahim mein Anliegen erklärte. Der alte Mann, der eine unendliche Güte ausstrahlte, schien nicht überrascht zu sein.

»Willkommen, Sie sind uns willkommen. Bleiben Sie bei uns, Bruder, und seien Sie unser Gast, solange Sie möchten.«

Rahim erklärte sich bereit, mich am nächsten Morgen abzuholen, auch wenn er mich sichtlich ungern an diesem einsamen Ort zurückließ. Ich wandte mich an den alten Mann.

»Sie erweisen mir eine große Freundlichkeit.«

»Im Gegenteil. Sie ehren uns, indem Sie unser Gast sind. Setzen Sie sich doch bitte, dann werden wir einen Tee trinken.« Die anderen Männer gestikulierten protestierend, als ich mich zu ihnen auf den Boden setzen wollte. »Nein, nein, nicht dort – hier …« Der alte Mann führte mich zu einem Winkel zwischen Sarkophag und Wand, wo eine Matratze auf dem Boden lag, die eindeutig ihm gehörte. Doch aller Protest war nutzlos.

»Bismillah! Hol Wasser, wir haben einen Gast!«

Ein junger Mann mit heller Haut und blondem Haar eilte aus der Kammer, während der alte Hadschi einen schwarz angelaufenen Blechkessel von einem Stock nahm, der zwischen den Ziegeln steckte. Mit präzisen und sparsamen Bewegungen begann er, den Paraffinkocher vorzubereiten.

»O ja«, sinnierte er dabei, »wir hatten auch schon einmal einen Franzosen hier, der drei Monate blieb. Und noch einen, wenn ich mich recht entsinne, vor einiger Zeit, aus Kolumbien.«

Bismillah kehrte mit einer Dose voll Wasser zurück.

»Sechsundvierzig Jahre lang war ich Aufseher dieser heiligen Stätte. So, bitte sehr.« Der Alte stellte den Kessel auf den Kocher. »Ich habe alle möglichen Menschen kommen und gehen sehen. Durch die Gnade Gottes haben wir hier sogar Strom.« Er deutete auf die nackte Glühbirne an der Decke.

Über eine Stunde verstrich, in der ich mich innerlich schon für das übliche Kreuzfeuer an Fragen wappnete, doch nichts dergleichen geschah. Hadschi saß neben der Tür und kümmerte sich um den Kocher, niemals untätig, auch wenn er ab und an in Gedanken versank. Es war das erste Mal, daß ich unter Afghanen einfach in Ruhe dasitzen konnte.

Andere Männer gingen aus und ein, setzten sich zu uns

und unterhielten sich eine Weile, ehe sie wieder den Raum verließen. Zwischen den Begrüßungen saß ich allein in meiner Ecke. Ein Mann, der beide Beine durch eine Mine verloren hatte, stemmte sich über die Türschwelle und setzte sich neben einige andere mir gegenüber. Ein weiterer Gast kam herein, kauerte sich schweigend an die Wand und starrte mit bekümmertem Gesicht zu Boden. Jedesmal, wenn die Tür geöffnet wurde, fegte ein eisiger Zug durch den Raum.

Später breitete Hadschi ein Plastiktuch auf dem Boden aus, um das wir uns alle versammelten. Mittlerweile waren wir zu acht. Der traurige Mann blieb wie angewurzelt an seinem Platz sitzen, doch der Alte bat ihn so lange mit freundlichen Worten, sich uns anzuschließen, bis er nachgab und sich mit Heißhunger auf das Essen stürzte.

Wir aßen, wie immer, mit den Händen von gemeinsamen Tellern, die mit Bergen von Reis gefüllt waren, in dem sich einige Brocken Hammelfleisch versteckten. Mein Nachbar, der Mann ohne Beine, holte die besten Fleischstücke aus dem dampfenden Reis und türmte sie auf meiner Seite des Tellers auf, wenn er meinte, daß ich nicht hinsah. Ich kannte diese List bereits und eiferte ihm nach, so daß wir gegen Ende der Mahlzeit erbittert darum kämpften, dem anderen die besten Bissen zuzuschieben. Die Männer sprachen kaum. Hadschi krächzte ein Dankgebet über den Knochen und den verstreuten Reisresten, dann wurde ein Krug mit Wasser für unsere Hände gebracht.

Später fragte ich, ob ich mich entschuldigen dürfe. Bismillah führte mich nach draußen und leuchtete mir sorgsam den Weg, während wir barfuß über den eiskalten Marmor aus der Hauptanlage hinausgingen. Die schattenhaften Umrisse anderer Männer tauchten vor uns auf und passierten uns schweigend wie Geister. Wir kamen an einem riesigen *iwan* vorbei, wo sich das Licht von Bismillahs Laterne in einem Wasserbecken widerspiegelte; vermutlich war dies die Zisterne der Grabanlage.

Schließlich erreichten wir eine Lehmmauer, wo Bismillah auf mich wartete. Als ich wiederkam, hatte er einen Krug mit warmem Wasser in der Hand, den er über meine Hände goß. Wir gingen schweigend durch den staubigen Hof zurück. Im ganzen Komplex flackerten Laternen wie Sterne aus Nischen oder hinter geschnitzten Gittern hervor, und aus allen Richtungen tönten die Schreie von Männern durch die Nacht, die sich der Ekstase eines einsamen Gebets hingaben. Es schien, als sei die Zeit hier stehengeblieben, als hätte sich die Szenerie seit Jahrhunderten kaum verändert.

Wieder im Innenhof, wandte sich Bismillah zu mir und fragte: »Haben Sie schon den Stein der sieben Federn gesehen?«

Ich hatte irgendwo davon gelesen. Er führte mich in eine der Kammern neben dem Hof und hielt seine Laterne dicht an einen einsamen rechteckigen Sarkophag. Er war aus schwarzem Marmor, der kunstvoll in drei Ebenen behauen worden war. Die Ecken bestanden aus kleinen, schneckenförmigen Säulen mit winzigen Wölbungen an der Spitze, und die gesamte Oberfläche war mit schwungvollen, kalligraphischen Versen und Blumenmustern bedeckt. In neueren Steinmetzarbeiten werden die Buchstaben aus dem Stein herausgehauen; doch die alten Steinmetze meißelten um die Form der Buchstaben herum, so daß die fertige Figur stolz aus dem umliegenden Stein hervorragt – eine weitaus wagemutigere und anspruchsvollere Technik als die moderne.

»Die Russen haben versucht, den Grabstein mitzunehmen«, erzählte Bismillah schadenfroh, »aber sie konnten ihn nicht von der Stelle bewegen. Kommen Sie.«

Wir gingen durch drei hohe, miteinander verbundene Kammern, wo er mit seiner Laterne ein Dutzend weiterer Grabsteine beleuchtete. Das flackernde Licht schickte irre Schatten über die nackten Wände, ähnlich den flatternden Flügeln riesiger Fledermäuse, die immer wieder aus der Dunkelheit hervortanzen. Manchmal fiel der Schein auch auf den Körper eines schlafenden Mannes, der wie eine Leiche von Kopf bis Fuß in einen langen *patu* gehüllt war.

Im Freien beteten wir vor dem Grab des Heiligen. Mir

fiel auf, daß Bismillah das Ritual weit sorgfältiger ausführte als Rahim. Erst liebkoste er voller Ehrerbietung das Holzgitter des Schutzdachs, die Seiten des Grabmals, den Grabstein und die Vorhängeschlösser des winzigen Gatters, dann berührte er sein Gesicht, um den Segen auf sich zu übertragen. Schließlich versank er in ein lautloses Gebet, die Hände unter dem nächtlichen Sternenzelt offen zum Himmel erhoben.

Während er eine ganze Weile schweigend betete, trat ich unruhig von einem Fuß auf den anderen – beide schienen auf dem eiskalten Stein zu brennen – und hoffte sehnlichst, ohne mich dafür allzusehr zu schämen, daß Bismillah mit seinen Gebeten bald fertig wäre. Doch all das war jäh vergessen, als ein betörendes Geräusch von jenseits des Schreins zu uns drang und wir uns wie hypnotisiert dorthin wandten.

Der Laut klang zwar gerade noch menschlich, dennoch hatte ich so etwas noch nie gehört. Er kam vom Tor der Grabstätte, wo dunkle Schatten wild durcheinanderschwirrten wie Motten um eine Kerze. Ein Mann mit Turban erschien, eine Laterne in der einen und einen glänzenden Stock in der anderen Hand, und kam mit dem gemessenen Schritt eines Sargträgers auf uns zu. Die Laute folgten ihm und drangen mal leiser, mal lauter an unser Ohr; es war der verrückte und doch rhythmische Gesang aus dem Mund einer absonderlichen Gestalt, die im Torbogen angehalten hatte. Als der erste Mann langsam näher kam, konnte ich erkennen, daß es sich bei ihm um einen Taliban-Kämpfer handelte und bei dem leuchtenden Stock um den verchromten Lauf einer Kalaschnikow. Hinter ihm kroch ein dunkles Etwas, dessen Schatten an den Wänden tanzte. Die Stimme wurde immer lauter.

Bismillah wandte den Kopf und musterte mich streng, als sei dieser Anblick vielleicht nicht für meine Augen bestimmt.

»Sollen wir wieder hineingehen?«

»Nein«, flüsterte ich, da ich spürte, daß auch er ganz gebannt war.

Die Gestalt bestand eigentlich aus drei Männern, zwei davon mit kahlrasierten Köpfen, die in krampfartiger Trance vorantaumelten, während ihre Körper zuckten wie wahnsinnige Marionetten. Zwischen ihnen ging ein dritter Mann, der sie wie ein Zauberer durch seine bloße Anwesenheit bei jedem einzelnen Schritt führte. Aus den Kehlen, nein, den Bäuchen der beiden ertönte der irre Laut, der uns so fasziniert hatte: ein rhythmischer Zwiegesang aus einem heiseren Einatmen, gefolgt von einem tiefen Ausatmen wie das Brummen eines Bären, nur eigenartiger, weil es aus der Kehle eines Menschen stammte. Über diesem Geräusch erhob sich alle paar Minuten der Gesang ihres Führers, ein hohes, vielstimmiges Jammern, das die Trance der beiden noch zu steigern schien.

Als sie den Schrein erreichten, legte der Talib sein Gewehr und die Laterne neben meinen Füßen zu Boden und setzte sich, ohne uns eines Blickes zu würdigen. Die zwei kreisten wild um ihren Meister, ihre Brustkörbe hoben sich bei jedem Atemzug, ihre Körper bogen sich wie Stoffetzen im Wind, während ihre Arme immer wieder über den Boden schleiften. Zehn Minuten standen wir so da, bis der singende Mann sich abwandte und die beiden wilden Männer im Bann seiner übernatürlichen Melodie hinter dem bewaffneten Begleiter den Weg entlang- und aus dem Schrein in die schwarze Dunkelheit hinausführte. Wir eilten zurück zur Kammer.

»Was war da draußen los?« krächzte Hadschi, während wir unsere Füße vor dem offenen Feuer des Ofens auftauten. »Ich habe Schreie gehört.«

»Nur ein paar Taliban«, sagte Bismillah, »bei ihrem *sikr.*« Seine Stimme hatte einen mürrischen Beiklang, wie ich fand, als er von den Männern erzählte, die mitsamt ihren Waffen und ihrer seltsamen Art des Betens in den Schrein eingedrungen waren.

Dies schien eine günstige Nacht für derartige Aktivitäten zu sein. Hadschi, Bismillah und die anderen im Raum waren Derwische der Qadirija-*tariqat*, wie jene jungen Männer, die ich in Masar getroffen hatte, und sie hatten einen eigenen *sikr*. Die Männer saßen im Kreis, als Hadschi mit dem Gebet begann, wobei er mit seinem singenden Bittgebet die anderen zunächst in eine leichte Schwingbewegung versetzte. Dann wurde plötzlich der *sikr* eröffnet, nachdem Hadschi mit einem tiefen Luftzug den Beginn des Bittgesangs angekündigt hatte. Aus seiner Brust ertönten fast schon unmenschliche Laute, und plötzlich füllte sich der Raum mit einem kehligen Keuchen. Der Laut wurde immer höher und schneller, während sich die Männer, ohne ins Stocken zu geraten, erhoben und noch stärker vor und zurück wiegten, so daß sich ihr Kreis abwechselnd zusammenzog und weitete wie eine Herzkammer. Ich war sicher, daß sie irgendwann mit den Köpfen zusammenstoßen würden, als ihre Bewegungen immer wilder wurden; aber wie bei den verzückten Männern im Hof hatte offenbar auch hier ein anderer Instinkt die Kontrolle übernommen, der sie leitete. Die Wände schienen zu beben von der Wucht des Gesangs, der die Schärfe eines wütenden Sägens erreichte, welches Minute für Minute tiefer drang – nur wohin, das wußte ich nicht.

Eine rasche Bewegung in dem kleinen Fenster über der Tür lenkte meine Aufmerksamkeit auf sich. Ein dunkles Gesicht starrte auf uns hinab. Die Tür schwang langsam auf, und ein Talib trat fast schüchtern in den Raum, während der Klang des Gebets über ihn hereinbrach. Hadschi entdeckte ihn sofort und begrüßte ihn, nahm ihm sanft sein Maschinengewehr aus der Hand und lehnte es gegen die Wand, indes der *sikr* ohne Stocken weiterging. Der Talib nahm Platz, und kurz darauf gesellte sich ein weiterer zu ihm. Es waren gutaussehende Männer in schwarzen Turbanen mit einer schönen kastanienbraunen Haut.

Noch einer kam herein und wieder einer, und so wuchs der Stapel an Waffen allmählich, während Hadschi einen nach dem anderen begrüßte. Über den Gesang hinweg hörte ich ihn sagen: »Komm, setz dich und mach es dir bequem. Laß dein Gewehr hier, mein Bruder, du wirst es nicht brauchen. Der Krieg ist eine mühselige Angelegenheit.«

Ein eindrucksvoller Kämpfer, dessen schwarze Augen mit türkisfarbenem Kajal bemalt waren, setzte sich neben mich. Dann zog er ein Halfter, eine Maschinenpistole und zwei Handgranaten unter seiner Weste hervor und warf sie auf den Sarg neben mir, als wären es Hut und Handschuhe. Nachdem sich am Ende fünfundzwanzig Taliban hereingedrängt hatten, war der Raum brechend voll. Hadschi trat zurück in den Kreis und verhalf dem *sikr* kraft der Autorität seiner Stimme wieder zu seiner früheren Intensität; doch seine Augen blieben wachsam und huschten immer wieder gewandt über seine Gäste, deren Bewegungen er genau registrierte.

Ein paar der Taliban schlossen sich dem Kreis an und sanken nach einer Weile wieder benommen auf ihre Plätze zurück, wenn sie nicht mehr stehen konnten. Ihre Turbane purzelten hinunter oder lösten sich wie Luftschlangen auf. Einer von ihnen sang einige Minuten lang auf paschtu, worauf Hadschi sich mit ausgesuchter Höflichkeit bei ihm bedankte. Andere starrten gebannt auf dieses Schauspiel, das ihnen offenkundig fremd war, während einige weitere rauchten und in schockierender Respektlosigkeit kicherten. Irgendwann verließ Bismillah den Kreis und setzte sich schwitzend und zerzaust an die Wand. Er beobachtete die Taliban streng und warf mir einen bedeutungsvollen Blick zu, bevor er sich wieder in den schwingenden Kreis einreihte. Niemals hatte ich den Unterschied zwischen Paschtunen und Tadschiken deutlicher erkannt als in diesem Moment.

Vielleicht hatten die Derwische, die vor fünfhundert Jahren während des Niedergangs der timuridischen Herrschaft ihren *sikr* in dieser Grabstätte durchgeführt hatten, ähnliche Blicke gewechselt – unter den neugierigen Augen der ungehobelten usbekischen Soldaten, die dem fremden Ritual beiwohnten, und möglicherweise sogar in ebendieser Kammer.

Bald nach Sonnenaufgang erschien Rahim wie versprochen und brachte den Geruch einer Welt mit sich, in der die Zeit wieder ihren normalen Lauf nahm. Ich war traurig darüber, Abschied nehmen zu müssen. Bismillah umarmte mich mit finsterem Blick an den Stufen des Schreins und entlockte mir das Versprechen wiederzukommen.

Wir holperten im Schneckentempo bergab in Richtung Stadt. Im Westen erblickte ich eine türkisfarbene Kuppel, und zwischen den Pinien an den Berghängen blitzte etwas hervor, das aussah wie mit Säulen versehene Höfe. Eine vertraute Trauer durchzuckte mich, die durch das Bewußtsein der Vergänglichkeit nur um so heftiger in mir brannte. Vielleicht hatte in einem dieser Häuser einst Behsad seine kunstvollen Miniaturen angefertigt und mit der Spitze eines einzelnen Haars eine Augenwimper auf einem winzigen Pergament aufgetragen.

»Was sind das für Häuser?« fragte ich Rahim.

»Ach, Häuser eben.«

In der Mission erklärte ich, ich hätte den Schrein von Gusargah besucht. Zu meiner Freude hatte auch mein Gastgeber das Heiligtum schon gesehen.

»Ja, dort oben ist es wirklich schön«, stimmte er mir mit einem sehnsüchtigen Seufzer zu. »Ich habe oft gedacht, daß es ein wunderbarer Ort für eine Kirche wäre.«

Ich wollte Herat verlassen und nach Osten zu dem alten Bergreich Ghor reisen. Ich hatte von heißen Quellen gehört, Ruinen und Sufis. Doch niemand, mit dem ich sprach, schien zu wissen, wie ich dorthin gelangen könnte. Rahim führte mich in den Teil der Stadt, von dem die Busse nach Osten abfuhren. Ein Ladenbesitzer, dem ich meinen Plan erzählte, zuckte nur mit den Schultern.

»Allein? Das ist vielleicht keine so gute Idee.« Und dann, als würde er sich ein wenig schämen, dies zu erwähnen, fügte er hinzu: »*Amnijat nest.* Es ist nicht sicher. Die Menschen dort sind nicht an den Anblick von Fremden gewöhnt. Ich sehe, daß Sie ein guter Mann sind, aber andere erkennen das vielleicht nicht.« Er seufzte und bedauerte, mir offenbaren zu müssen, daß ich im Fall eines Mißgeschicks leichte Beute sein würde.

Die Gegend östlich von Herat war ein weißer Fleck in meinem Kopf. Ich wollte die Landschaft gern selbst sehen, in sie vordringen, beweisen, daß das Gebiet zugänglich war, und sehen, wie dieser verrückte Bürgerkrieg tatsächlich ablief. Das Zentrum des Landes wurde von der Regierung kontrolliert, während Herat den Taliban unterstand. Doch wo trafen diese zwei Gebiete aufeinander? Gab es eine Front? Herrschte dort Ruhe oder wurde gekämpft? Bewegte sich die Linie, oder blieb sie stabil? Gab es Panzerkolonnen oder nur einige jugendliche Soldaten, die mit antiquierten Gewehren herumlümmelten?

Ich verfolgte meinen Plan noch eine Weile, indem ich versuchte, eine Mitfahrgelegenheit nach Osten zu finden, dachte dann aber noch einmal über den traurigen Rat des Ladenbesitzers nach und sah mich schon kurz vor Einbruch der Dunkelheit in einem fremden Ort mitten im Nichts aus einem Fahrzeug klettern. Da wußte ich mit einem Mal, daß ich nicht den Mut oder die Zeit hatte, um mein Vorhaben tatsächlich auszuführen.

So entschied ich mich schließlich dafür, einen kurzen Ausflug nach Norden zu unternehmen, um einen Eindruck vom Umland der Stadt zu bekommen. Die Fahrzeuge starteten in der ersten Dämmerung an einer kleinen Straße bei der Festung. Am nächsten Morgen brach ich deshalb noch vor Anbruch der Dämmerung auf, lediglich mit meinem Notizbuch und meiner Kamera bewaffnet. Der Vollmond am Himmel war von einem eisigen Heiligenschein umgeben. Ich fand die Straße und bereitete mich auf eine lange Wartezeit vor. Die Umrisse von Männern, gesichtslos und gebeugt wie Höhlenbewohner unter der durchdringenden Kälte, huschten nacheinander zum Morgengebet in die benachbarte Moschee.

Allmählich nahm der Himmel im Osten eine graue Färbung an. Mehrere Jeeps kamen und fuhren dann wieder davon, begleitet von den üblichen Diskussionen, Verhandlungen und abrupten Fahrplanänderungen. Es gab einige Unsicherheiten bezüglich der Strecke, die ich nicht verstand. Sie sei nicht passierbar, sie sei doch passierbar, ein Jeep würde kommen, es würde kein Jeep kommen ...

Ich kauerte mich mit einem Dutzend anderer hoffnungsvoller Seelen in einen Verschlag, wo wir unsere Hände an einer Laterne wärmten, während wir warteten. Es war schon fast Mittag, als wir uns endlich in einen russischen Jeep zwängten, der nach Qal'a-i Nau fuhr. Ich saß vorn, mit je zwei Männern rechts und links von mir (ein Mann hatte sich noch zwischen den Fahrer und die Tür quetschen müssen). Insgesamt drängten wir uns zu zehnt in dem Wagen.

Die Straße führte unter einem Baldachin aus prächtigen Kiefern nach Osten. Die Berge im Norden schienen nur eine Armeslänge entfernt zu sein, waren aber immer noch stundenweit weg. Nach den riesigen Gipfeln des Nordostens wirkten diese aus der Ferne sanft und unschuldig mit ihren Hängen, die sich in weichen Falten zu den glatten, vereisten Kuppeln in strahlendem Weiß hinaufzogen. Der Maßstab war jedoch irreführend, weil die Augen die Entfernungen nicht präzise einschätzen konnten. Ich hatte mir über die Strecke so gut wie keine Gedanken gemacht, bis wir uns dem Gebirge näherten und die Straße nach dem Ort Karruch anzusteigen begann. Bald verloren die Berge ihr sanftes Aussehen, die Schluchten wurden tiefer, die Gipfel höher und zerklüfteter.

Qal'a-i Nau liegt hinter einem Paß namens Band-i Sabsak, der auf einer Höhe von etwa 3000 Metern die Berge durchschneidet. Die Ebene verengte sich nun immer mehr, die Straße wurde allmählich schlechter und begann, sich zwischen zwei Fingern der Weißen Berge, der Safed Koh, hindurchzuschlängeln. Winzige Dörfer schmiegten sich an den Fuß der Berge; in einem davon, wo die Straße von glitzernden Silberbirken gesäumt war, machten wir halt und nahmen ein kurzes Mittagessen mit Reis und Tee zu uns. Danach stieg die Straße bald steiler an, und die Umgebung verbarg sich zusehends unter einer immer höher werdenden Schneedecke. Bald drangen wir in eine weiße Wüste vor, auch die Straße wurde weiß, und das Knirschen der Räder auf dem Schotter verwandelte sich in das Knirschen von vereistem Schnee. Die Abhänge zu beiden Seiten der Straße rückten näher heran und wurden weiß, und auch der Horizont war weiß, als würden wir in eine gefrorene Wolke hineinfahren.

Die Temperatur begann zu fallen. Über uns flatterte die Plane wütend im aufkommenden Wind. Der Fahrer namens Chalifa schaltete auf Allradantrieb um, während sich unsere Geschwindigkeit verringerte und der Motor ungleichmäßiger dröhnte. Ich starrte durch die Windschutzscheibe, deren Gesichtsfeld zusehends zusammenschrumpfte. Eine Eisschicht kroch vom Rand des Fensters über das Glas, doch nicht von außen, wo die Scheibenwischer die Eiskristalle wegwischten, sondern von innen. Die Wände aus zusammengedrücktem Schnee am Straßenrand wurden immer höher, bis wir durch eine Art Rodelkanal fuhren, voller frischer Schneewehen, über denen ein weißer Nebel wild wirbelte. Die Verwehungen wurden immer tiefer, bis der Jeep schließlich in einer großen Wehe bis zu den Achsen einsank und nicht mehr vom Fleck kam. Ich gab die Hoffnung auf, Qal'a-i Nau jemals zu erreichen – nicht ohne ein Gefühl der Erleichterung, da der Gedanke, noch weiter oben in den Bergen liegenzubleiben, ziemlich beängstigend war. Nun würden wir wohl den Hang im Rückwärtsgang hinunterfahren müssen.

Aber wieder einmal hatte ich die heldenhafte Entschlossenheit der afghanischen Fahrer unterschätzt. Gerade als es schien, daß an eine Weiterfahrt nicht mehr zu denken war, befahl uns Chalifa, aus dem Wagen zu steigen. Anschließend holte er eine Schaufel aus dem Kofferraum und begann, um die Räder herum zu graben. Mit nackten Händen befestigte er Schneeketten an den Reifen, und mit Hilfe einiger Männer, die von hinten schoben, befreite sich der Jeep schlingernd aus dem Schnee.

Es war lähmend kalt, und der Wind schnitt wie eine Messerklinge in die ungeschützte Haut. Obwohl wir wahrscheinlich die Nacht nicht überleben würden, wenn wir irgendwo liegenblieben, peitschte Chalifa den Jeep weiter voran. Die Fahrt wurde immer surrealer. Der Passagier auf der anderen Seite des Fahrers hielt seine Hand an die Windschutzscheibe, um ein kleines Fleckchen freizutauen, damit Chalifa den Weg erkennen konnte, während ich auf meiner Seite dasselbe versuchte. Meine Hände brannten vor Kälte, dann wurden sie taub. Wieder versanken wir in einer Schneewehe, scharrten hektisch um die Reifen herum im Schnee, schoben den Wagen, bis die Räder wieder Halt fanden, nur um dann knapp einen Kilometer weiter so tief stekkenzubleiben, daß wir uns nicht mehr befreien konnten. Es sah hoffnungslos aus; wir kämpften zwar erneut mit dem Schnee, doch die Räder drehten ständig durch, und mittlerweile waren wir auch sehr erschöpft. In diesem Moment erblickten wir mit einem Gefühl wundersamer Erleichterung einen verschwommenen Lichtpunkt, der den Berg hinabkam und sich uns näherte – es war ein Jeep, der in die entgegengesetzte Richtung fuhr.

Der Wagen, dessen Fenster mit etwas unpassenden rosafarbenen Vorhängen geschmückt waren, hielt neben uns. Der Fahrer hatte weiter oben mit ähnlichen Problemen zu kämpfen gehabt; eine Reihe dicker Eiszapfen hing an seiner Stoßstange. Nachdem er sich in Position gebracht hatte, befreite er uns mit Hilfe einer Metallkette aus unserer Falle.

»Wenn es Nacht gewesen wäre«, lachte der Mann neben mir, als es wieder weiterging, »hätten wir nicht überlebt.«

Am Paß öffnete sich vor unseren Augen eine neue Welt. Der Himmel leuchtete wieder in einem intensiven Dunkelblau, das weiter hinten über einem nördlichen Horizont – der so weit entfernt lag, daß man den Eindruck hatte, er würde der Erdkrümmung folgen – in ein helles Violett überging. Die Berge waren von der Landschaft verschluckt worden, statt dessen erstreckte sich nun unter uns ein breites Tal, umringt von dreihundert Meter hohen Felsen, die sich in Form eines vollkommenen Tafellandes flach in die Ferne zogen. Unter der schneebedeckten Felskante verliefen rote Gesteinsschichten. Im Westen ragte eine Felswand mit rostbraunen Zinnen auf, durchschnitten von mit Kiefern gesprenkelten Schluchten. Die Straße zog sich recht sanft nach unten, war aber heimtückisch rutschig. Zweimal passierten wir Lastwagen, die an diesem Tag schon von der Straße abgekommen waren. Beide hatten das Glück (oder Unglück) gehabt, in relativ flache Spalten zu rutschen; doch die verbogenen Fahrgestelle und die verstreute Ladung zeugten von ihrem unsanften Weg abwärts. Bei einem schlängelte sich eine Prozession von Männern wie Ameisen nach oben, auf dem Rücken die Säcke mit der geretteten Ladung, die neben der Straße aufgehäuft wurden. Bei dem anderen saß der Besitzer auf seinem *patu* an der Straße und starrte, den Kopf in die Hände gestützt, auf die Überreste seines Lastwagens.

Wir krochen bergab. An den äußeren Enden der Haarnadelkurven bemerkten wir Gebilde, die an Steinpyramiden erinnerten – allerdings bestanden sie nicht aus Steinen, sondern aus Metallschrott, der von anderen Wracks in den Schluchten unter uns stammte. Alte Motorblöcke und Achsen bildeten die Sockel, in der Mitte fanden sich verrostete Reifen und Nockenwellen und oben dann ein Getriebe oder ein verbogenes Auspuffrohr, ein Türgriff oder ein Seitenspiegel.

Nach der vorsichtigen Abfahrt hielten wir an einem Kontrollposten im Tal. Ein Panzer kauerte in einer Felsspalte, das Geschützrohr auf die Straße hinter uns gerichtet. Der Jeep wurde kurz durchsucht, während wir danebenstanden. Ich hörte, wie hinter mir ein Gewehr entsichert wurde, und drehte mich schaudernd um, halb in Erwartung, nun Zeuge einer Hinrichtung zu werden. Doch das Gewehr hatte einen einsamen Fuchs im Visier, der in etwa fünfzig Metern Entfernung über den Schnee lief. Ein Knall ließ unsere Ohren klingeln, und eine kleine weiße Fontäne stob wenige Zentimeter vor dem Fuchs auf, der davonflitzte.

Die Straße war wenig mehr als eine gewundene Piste aus Furchen und Buckeln, die Chalifa fachmännisch meisterte. In einem Dorf namens Tschaman kletterten zwei drahtige alte Männer, die ganz hinten im Jeep gekauert hatten, hinaus. Ich beobachtete, wie sie unter den Bäumen davongingen, deren Äste unter dem Gewicht des vereisten Schnees bis zum Boden hingen; es war ein hübsches Motiv für eine Weihnachtskarte, falls man das Fest hier überhaupt feierte.

In einigen Dörfern verfolgten uns wütend bellende Hütehunde von der Größe von Bernhardinern. Als es dunkel wurde, wirkten sämtliche Ansiedlungen gespenstisch und verlassen. Mehrere Male durchquerten wir schnell dahinströmende Flüsse, und ich fragte mich, wie weit Qal'a-i Nau überhaupt entfernt lag, denn auf der Karte hatte es so unkompliziert und nah ausgesehen. Wir fuhren jedoch noch vier Stunden durch die Dunkelheit, ehe wir unser Ziel erreicht hatten; ich verspürte ein nur allzu vertrautes Gefühl der Sorge, weil ich erwartet hatte, bei Tag anzukommen, so daß ich eine der dort befindlichen Missionen noch hätte aufsuchen können.

Bald darauf kam der bedrückende Augenblick, da wir endgültig zum Stehen kamen. Der Motor erstarb, und die Passagiere verschwanden mit der üblichen Eile. Mein Sitznachbar erklärte sich bereit, mich zu einem Gebäude zu bringen, in dem er schon Ausländern begegnet sein wollte. Wir liefen im Dunkeln durch ein Gewirr enger Gassen und hielten kurz an seinem Haus, wo er seine Frau begrüßte, die er seit vier Monaten nicht mehr gesehen hatte. Wenige Minuten später standen wir vor einem Tor mit einem Schild der UN. Ein *tschaukidar* erschien mit einer Öllampe und starrte uns an. Im Moment seien keine Ausländer da, sagte er, und es sei ihm nicht erlaubt, Gäste aufzunehmen.

Als wir auf dem Rückweg zum Haus meines neuen Freundes an einer hohen Mauer vorbeikamen, bildete ich mir ein, dahinter die Stimme eines Mannes zu hören, der Englisch sprach.

Erst meinte ich, unter Wahnvorstellungen zu leiden, aber

dann fiel mir plötzlich ein, daß ich noch in Kabul von einem englischen Ehepaar gehört hatte, das »irgendwo im Norden« lebte. Vielleicht war dies ihr Haus.

»Ich werde hier klopfen«, teilte ich meinem erstaunten Begleiter mit, und so hämmerten wir an die Tür. Wir hörten, wie ein Riegel zurückgeschoben wurde, die Tür schwang auf, und das besorgte Gesicht eines Mannes erschien.

»Was wollen Sie?« fragte er auf persisch in einem fast gereizten Tonfall.

Einen Augenblick lang war ich zu überrascht, um zu antworten. Er sah so aus, wie ich mir Aristoteles immer vorgestellt hatte: groß und hager, mit einer hohen, zerfurchten Stirn, die auf einen enormen Intellekt hindeutete. Ich schätzte ihn auf rund fünfzig Jahre. Seine Wangen waren eingefallen, und um seinen Mund lag ein aristokratischer Ernst, der durch die im Licht der Laterne glänzenden, zerzausten silbergrauen Locken etwas gemildert wurde.

Ich stellte mich vor, und seine großen Augen blinzelten wie die einer Eule, als er fragte, wie ich sein Haus gefunden hätte. Seine Stimme verströmte einen melodischen Klang von Gelehrsamkeit und verstärkte seine Aura eines asketischen Intellektuellen. Mir war auch, als trüge er einen togaähnlichen *patu* – aber vielleicht habe ich dies auch erst später in meiner Phantasie hinzugefügt.

Er blinzelte erneut, wie um zu entscheiden, was er nun machen sollte, dann blickte er mich an und sagte: »Also, dann kommen Sie besser mal herein.«

Ich dankte meinem afghanischen Begleiter, der über diese unerwartete Begegnung ebenso überrascht war wie ich, und verabschiedete mich von ihm. Nun hatte ich einen neuen Gastgeber. Er hielt die Laterne in die Höhe und führte mich über einen grasbewachsenen Hof. Wir kamen in ein einstöckiges Gebäude, dessen Boden mit Spielsachen übersät war. An den Wänden standen überall Bücherregale. Bei unserem Eintreten rief er: »Liebling, wir haben Besuch.«

Wie sich herausstellte, war ich ihr erster Gast seit einem Jahr. Natürlich bekämen sie Besuch von Afghanen, erklärte

Nick, aber ihre ausländischen Freunde aus Herat seien schon seit Ewigkeiten nicht mehr vorbeigekommen. Der schwere Schneefall und der allgemein schlechte Straßenzustand schrecke die Leute vom Reisen ab.

Wir saßen im Schneidersitz auf Kissen im Wohnzimmer, dessen Boden von afghanischen Teppichen bedeckt war, und kurz darauf gesellte sich auch Nicks bescheidene und attraktive Frau zu uns, die wie ihr Mann als Lehrerin tätig war.

»Es stimmt, daß wir nicht oft Besuch bekommen«, sagte sie sachlich, während sie einen Teewärmer von einer Porzellankanne hob, »aber wir haben meistens zuviel zu tun, um einsam zu sein.«

Sie waren sehr liebenswürdige Menschen, und bald lachten wir über unser beiderseitiges Erstaunen – das ihre angesichts des englischen Gasts, der an einem Winterabend unvermittelt vor ihrer Tür auftauchte, das meine darüber, wie dieses bezaubernde Ehepaar mit seinen Kindern in einem Dorf am äußersten Zipfel des Hindukusch gelandet war. Die beiden arbeiteten gemeinsam mit afghanischen Kollegen von der örtlichen Schule an einem Lehrplan, der im ganzen Land als Vorlage dienen sollte.

Obwohl die Versuchung, noch ein wenig länger bei ihnen zu bleiben, groß war, brach ich nach zwei Tagen wieder auf. Da die Straße nach Norden bereits gesperrt und der Paß nur noch für kurze Zeit passierbar war, bestand sonst die Gefahr, auf Monate hier festzusitzen.

Nick begab sich mit mir auf die Suche nach einem Jeep, der zurück nach Herat fuhr, ehe er sich genauso sachlich und trocken von mir verabschiedete, wie er mich ein paar Tage zuvor begrüßt hatte. Ich fragte mich, wie lange er und seine Frau es in Qal'a-i Nau noch aushalten würden. Noch heute denke ich sehr oft an die beiden zurück.

In Herat war es kalt und bewölkt. Ich machte mich auf den Weg zu meiner Unterkunft bei den Christen. Weil das Tor verschlossen war, spazierte ich die Straße hinunter zu einem anderen Gebäude der Mission in der Hoffnung, jemanden zu finden, der mir öffnen könnte. Der dortige *tschaukidar* ließ mich auf das Gelände und entschuldigte sich dafür, daß sonst niemand anwesend war. Als er meine Müdigkeit bemerkte, führte er mich in sein enges Quartier. Dort hantierte er mit einem Teekessel herum, schürte den Ofen und bot mir sein Bett an, um eine Weile auszuruhen. Wir unterhielten uns ein bißchen, bis meine Augenlider immer schwerer nach unten klappten. Ich weiß zwar nicht mehr, worüber wir sprachen, doch aufgrund meiner Erschöpfung und der seltsamen Ruhe im Kopf, die manchmal damit einhergeht, erinnere ich mich noch lebhaft an die köstliche Wärme des Raums und die Fürsorge des *tschaukidars*.

Ich schlief einige Stunden und machte mich am späten Nachmittag erneut auf den Weg. Doch wieder stand ich bei der Mission vor verschlossenen Toren. Allmählich begann ich mir Sorgen zu machen, wo ich übernachten sollte, bis ich schließlich angesichts der anbrechenden Dunkelheit meinen Stolz hinunterschluckte und zum Roten Kreuz ging – in der Hoffnung, dort für eine Nacht ein Dach über dem Kopf zu bekommen, und diesmal mit dem festen Entschluß, notfalls auch darum zu betteln.

Beim Betreten des Gartens sah ich zu meinem Erstaunen einen halbnackten, dampfenden Mann mit einem Handtuch um die Hüften.

»Hallo!« rief er mir zu. »Lust auf Sauna?«

Er war Australier und leitete eine Hilfsorganisation in der Stadt. Freundlich bat er mich ins Haus, wo wir uns in einer behelfsmäßigen Sauna – einem winzigen, umgebauten Abstellraum mit einem Ofen und einem schummrigen Rotlicht – angeregt unterhielten. Er vertraute mir an, daß er sich Sorgen um seine weiblichen Mitarbeiter mache, die seit Ankunft der Taliban aus Angst nicht mehr zur Arbeit kämen. Und vor ein paar Tagen habe ein Taliban-Kämpfer, weit vor Beginn der Ausgangssperre, auf seinen Jeep geschossen, als er sich auf dem Heimweg befunden habe.

Wenige Minuten später gesellte sich der melancholische Franzose zu uns, neben dem ich auf der Fahrt vom Flughafen in die Stadt gesessen hatte. Sein Schweizer Kollege, mit dem ich zuvor das Vergnügen gehabt hatte, war für ein paar Tage nach Kabul gereist, und solange lag die Leitung des Hauses bei ihm. Er sagte kaum etwas, musterte mich aber mit unangenehm stechenden Blicken, während der Schweiß über die affenartigen Wülste seiner Augenbrauen perlte. Sein Name war Pierre-Luc.

Der Australier ging hinaus, um sich im Garten abzukühlen, so daß wir ein paar Minuten allein in der Sauna saßen. Ich hatte die jüngsten Geschehnisse nicht vergessen und beschwerte mich bei ihm über die Entscheidung seines Vorgesetzten, mir die Unterkunft zu verweigern, während Antoinette bleiben durfte. Wenn sie schon Vorschriften für die Aufnahme von Besuchern hätten, sollten diese wenigstens für alle gelten. Er sah zur Seite und tat das Thema mit einem aufreizend gleichgültigen Schulterzucken ab. Ich ließ jedoch nicht locker.

»*Eh bien, c'est vrai*«, räumte er schließlich ein. Dann sagte er: »Wir glauben, daß Sie vielleischt für den Ge'eimdienst arbeiten.«

Das war es also – sie hielten mich für einen Agenten! Derartige Sicherheitsbedenken seien natürlich vollkommen legitim, erwiderte ich, aber ob es ihm denn schon in den Sinn gekommen sei, daß ein Agent vielleicht eine etwas bessere Tarnung angenommen hätte? Antoinette beispielsweise, so argumentierte ich, die sich in diesem Moment nur ein paar Zimmer entfernt aufhielt, sei mit ihrer beruflichen Tarnung als Journalistin eine weitaus wahrscheinlichere Kandidatin als ich.

»*Peut-être.*« Er zuckte bei diesem Einwand nur mit den Schultern, als wären meine Worte völlig irrelevant.

Was also habe dann, bohrte ich weiter, Beats Entscheidung beeinflußt?

»Das Problem mit Ihnen«, entgegnete er, »ist, daß Sie 'ier und dort waren, Sie 'aben dies gesehen, und Sie 'aben das gesehen – und Sie wissen zuviel.«

Ich fragte ihn, ob er denn so genau mit der Tätigkeit von

Agenten vertraut sei. Er schüttelte den Kopf, und wir beließen es dabei. Zumindest dachte ich das.

Wir duschten, zogen uns an und unterhielten uns bei einem Bier im Aufenthaltsraum mit dem Australier und Antoinette. Es war halb neun vorbei, die Ausgangssperre begann um neun, und so schien es auf der Hand zu liegen, daß wir alle dort übernachten würden, denn selbst nach sieben gingen die Menschen nur noch ungern aus dem Haus. Die zwei Männer verließen den Raum. Ich unterhielt mich weiter mit Antoinette, als ich durch ein kleines Gitter in der Wand Stimmen vernahm, die verschwörerisch flüsterten. Ich meinte, meinen Namen zu hören, und legte mein Ohr an das Metall, so daß ich Fetzen von den Worten des Franzosen aufschnappte: »... ist eine Frage der *sécurité* ... mit Ihnen ist das etwas anderes ... können ihm nischt erlauben zu bleiben ... Ge'eimdienst.«

Ich hätte darüber gelacht, wäre es nicht schon so spät am Abend gewesen. Daß er mich in seiner überhitzten Vorstellung als Spion sah, war an sich ein Witz, doch leider wurde ich wegen dieser Phantasie nun vor die Tür gesetzt. In zwanzig Minuten begann die Ausgangssperre, was hieß, daß mir kaum genug Zeit blieb, um zurück zur Mission zu gelangen. Ich mußte sofort aufbrechen.

Als er wieder ins Zimmer kam, zog ich bereits meine Jacke an. Ich hatte kein Interesse daran, mir seine Gründe anzuhören. Indem er mich aus dem Haus wies, brachte er mein Leben vorsätzlich in Gefahr, und ich muß zugeben, daß ich ihm dies sehr übelnahm.

»*Désolé*«, sagte Pierre-Luc und zuckte mit den Schultern.

»*Moi aussi.*« Ich war zu stolz und zu verärgert, um etwas zu sagen. Auf dem Tisch stand eine Flasche Wodka. Ich goß einen Schluck davon in ein Glas und stürzte es hinunter. Die anderen waren ebenfalls fassungslos, sagten aber kein Wort – soviel also zu der vielgerühmten Solidarität von Fremden in der Fremde. Ich verabschiedete mich und trat in die eiskalte Luft.

Draußen bereute ich meine Tollkühnheit sofort. Der

Mond war hinter den Wolken verborgen, und ich hatte keine Taschenlampe bei mir. Ich begann, mir alle möglichen schlauen Sätze zurechtzulegen, die ich hätte sagen können; aber nun war es zu spät. Am Tor ließ mich ein erstaunter *tschaukidar* hinaus. Er fragte, wo mein Auto stehe und ob ich wisse, wie spät es sei. Ich log und sagte, ich müsse nur ein paar Straßen weiter, aber der besorgte Ausdruck auf seinem Gesicht weckte in mir den instinktiven Drang, ins Haus zurückzugehen und darum zu bitten, bleiben zu dürfen; doch mein Stolz hatte mittlerweile bereits zu einem unverhältnismäßigen Höhenflug angesetzt. Mir blieben noch fünfzehn Minuten, um einen Weg von einer halben Stunde zurückzulegen.

Ich wußte, daß der Weg in der Dunkelheit länger dauerte als bei Tag, und trat von dem tröstenden Licht über dem Tor auf die Straße. Es war still und schrecklich finster. Ich dachte daran, daß irgendwo hier draußen Männer herumgeisterten, die den Befehl hatten, jeden zu erschießen, den sie auf der Straße trafen, und fühlte einen vertrauten Anflug von Panik, eine Art atemloser Übelkeit sich in meinem Magen ausbreiten.

Ich marschierte in die Dunkelheit hinein und versuchte zu überlegen, an welchen Stellen auf meinem Weg wahrscheinlich Soldaten postiert waren. Wenn ich unversehrt die Mission erreichte, hatte ich wahrlich mehr Glück als Verstand. Aber ich kann nicht leugnen, daß mich neben meiner Furcht auch der Drang erfüllte, dem Schicksal, dem Franzosen und den Wachposten der Taliban ein Schnippchen zu schlagen – und zwar allen auf einmal.

Hundert Meter eilte ich orientierungslos eine enge Gasse hinab, die von der Hauptstraße wegführte. Als ich auf den gelben Lichtschein einer einsamen Öllaterne zuhuschte, stolperte ich über ein Schlammloch im Boden. Da ertönte der furchterregende Ruf eines Soldaten und das unvergeßliche metallische Geräusch einer Kugel, die sich in den Lauf eines automatischen Gewehrs schiebt.

»Schon gut, schon gut«, murmelte ich und hielt die Hände in die Höhe. Ich war starr vor Angst und hörte die künstliche Gelassenheit in meiner Stimme, als sei es gar nicht meine. In einem Torweg standen drei Männer, einer leuchtete mir mit einer Taschenlampe ins Gesicht, ein weiterer richtete ein entsichertes Gewehr auf meine Brust, und ein dritter kam nach vorn, um mich zu durchsuchen.

Ein schroffe Stimme fragte mich, wo ich zu dieser Stunde hinwolle.

»Tut mir leid«, sagte ich und ging auf sie zu, während mein Herz laut hämmerte, »aber mein Wagen ist kaputt, und nun muß ich zu Fuß nach Hause laufen. Es ist nicht mehr weit.«

Was ich eigentlich sagen wollte, wofür mein Persisch jedoch nicht mehr ausreichte, war: »Bitte, bitte, nicht schießen!« Wenn sie jemanden erschießen wollten, dann doch lieber jenen Dreckskerl von einem Franzosen, der mich kurz vor der Ausgangssperre aus seinem Haus geworfen hatte.

Ein dunkles, ernstes Augenpaar, umrahmt von einem schwarzen Turban und einem dichten Bart, erschien im Licht, und ich fühlte, wie eine Hand über meine Taschen strich.

»Waffen?«

»Nein, keine Waffen.«

»Was ist das?« Der Soldat trat erschrocken einen Schritt zurück, während sich der Mann mit dem Gewehr merklich verkrampfte. Der Lauf, obwohl noch einen halben Meter von mir entfernt, schien sich wie eine unendlich lange Lanze in meine Brust zu bohren. Ganz sachte zog ich ein Kameraobjektiv aus meiner Tasche.

»Und das hier?« Die Hände tasteten über eine zweite Ausbeulung von der Größe und Form einer Handgranate.

»Ein Stein«, erklärte ich. »Von einem Heiligengrab.«

Seine Augen verrieten einen Moment lang seine Verwirrung. Vielleicht überlegte er, ob wohl alle Ausländer Steine und Teile von Fotoapparaten mit sich herumtrugen.

»Gehen Sie weiter«, sagte eine Stimme dann, und das Gewehr senkte sich.

»Danke, Bruder. Ist der Weg sicher?« Mein Mund war trocken.

»Es ist schon spät«, lautete die strenge Antwort.

Einige hundert Meter weiter hörte ich das Seufzen der Kiefern über mir in der Finsternis. Vor mir konnte ich erneut einen Lichtschein sehen und daneben die Gestalten von Männern; einer stand, die anderen beiden saßen. Ich wich ihnen aus und schlug einen Haken durch einige kleinere Straßen. Eine davon war eine Sackgasse. Irgendwann kam ich wieder an einer Hauptstraße heraus. Meine Angst wurde immer größer, während die Minuten verrannen. Vor mir befanden sich erneut zwei Wachposten, denen ich nicht aus dem Weg gehen konnte, also marschierte ich auf sie zu und grüßte sie kühn. Ich nehme an, sie waren zu erstaunt, um mich anzuhalten, und winkten mich wortlos weiter, während sich meine gemurmelte Entschuldigung in der Dunkelheit verlor.

Es war neun, und die Geschichte des Mullah Nasruddin über die Ausgangssperre spulte sich mit erschreckender Eindringlichkeit immer wieder vor meinen Augen ab. Ich schlich weiter und hielt von Zeit zu Zeit hinter den Bäumen an der Straße an, um zu lauschen. Dann wich ich erneut einem Kontrollposten aus. Was, wenn mich ein Soldat von einem Dach aus durch die Straßen schleichen sah und zu schießen begann? Die verschiedensten Möglichkeiten lieferten sich ein Kopf-an-Kopf-Rennen in meinem Geist.

Weiter vorn sah ich den letzten Posten: eine Hütte mit einer Laterne und zwei bewaffneten Männern davor. Ich huschte durch den Schatten, bis ich mich genau gegenüber befand. Direkt vor ihnen lag jedoch eine breite Kreuzung, die ich unmöglich überqueren konnte, ohne gesehen zu werden. Eine elektrische Lampe strahlte wie die Sonne von einem angrenzenden Gebäude herüber. Es war die iranische Botschaft.

Plötzlich fiel mir auf, daß ich keine Ahnung mehr hatte,

was ich sagen sollte, wenn man mich sah und aufforderte stehenzubleiben – mein Persisch hatte mich völlig verlassen. Einige Minuten lang duckte ich mich hinter einen Baum und überlegte, ob ich blitzschnell hinüberflitzen oder mich lieber mutig einer Gruppe bewaffneter Männer stellen sollte, deren Pflicht es war, mich zu erschießen. Das sind Fragen, die man vor und nach einem solchen Ereignis ganz kühl und vernünftig entscheiden kann. Doch in der Situation selbst spielte meine Vorstellungskraft mit unnatürlicher Lebhaftigkeit eine Reihe möglicher Szenarien durch, die alle dank meiner Angst nicht besonders ermutigend wirkten.

In diesem Moment kam mir wie in einem schlechten Roman das Geräusch eines Motorrads zu Hilfe. Plötzlich klapperten die Gewehre, während sie geladen wurden. Ein dritter Mann eilte aus dem Verschlag und stolperte dabei über seine eigenen Füße. Er rappelte sich auf und hielt eine Laterne in die Höhe, während die anderen ihre Waffen auf den näher kommenden Scheinwerfer richteten.

O Gott, dachte ich, sie werden ihn erschießen, und sein Tod wird es mir ermöglichen, die Straße zu überqueren. Es war ein quälender Moment. Der Fahrer gehörte jedoch offenbar ebenfalls zu den Taliban, und während sie sich alle begrüßten, schlich ich über die offene Straße und verschwand dankbar in der unvergleichlich süßen Zuflucht des Schattens auf der anderen Seite.

Fünf Minuten später stand ich vor dem Tor der Mission, wo ich über die Mauer kletterte und in den Garten plumpste – voller Stolz auf meine Tat und voll von jenem übertriebenen Selbstvertrauen, das einen nach einer überstandenen Gefahr gern überkommt. Doch ich merkte sofort, daß der liebe Gott, der mich von Kansas aus genau im Blick behielt, von meinem Stolz schon erfahren hatte. Denn ehe ich in meinem Zimmer verschwinden konnte, hatte mich Dorothy schon im Flur abgepaßt und ins Wohnzimmer geführt, wo sie und Herb, in einem Schauspiel an Frömmigkeit, das selbst die Taliban beschämt hätte, in der Bibel lasen. Ich mußte die ganze Zeit daran denken, daß diese guten Menschen, anstatt zu beten, lieber ein paarmal in der Woche nach Beginn der Ausgangssperre nach Hause laufen sollten, wenn sie Gott nahe sein wollten.

Hoffnungsvoll begann ich, ganz unverbindlich mit ihnen zu plaudern, aber wieder einmal war mein religiöser Leumund auf dem Prüfstand. Dorothy nahm die Bibel zur Hand wie ein Verkehrspolizist, der einen Strafzettel ausstellt.

»Haben Sie eine Lieblingsstelle?« fragte sie so süß wie Honig.

Megusarad. Es geht vorbei.
Graffito an der Wand eines
Teehauses in Faisabad

Wie Gefangene in einem von Scheherazades Märchen flüchteten wir am folgenden Morgen aus der Stadt. Unser Zauberpferd war ein Flug des Roten Kreuzes, und der Ort unserer Sehnsüchte hieß Kabul. Das Flugzeug durchbrach einen Nieselschleier, und bald glitten wir ruhig über einem Meer schneeverhüllter Gipfel dahin, die sich bis zum Horizont erstreckten.

Gefühle der Reue begleiteten meinen Flug. Ich spürte einen wohlbekannten Kummer darüber, leichtfertig in das gefahrvolle Leben Herats eingedrungen zu sein und die Stadt mit einer Mühelosigkeit wieder verlassen zu haben, von der die Bewohner selbst nur träumen konnten. Und so wurden in meinem Geiste die eisigen Gebirgskämme und Schluchten von den Gesichtern verängstigter Menschen überlagert, die mir zuwinkten – ein Bild, das ich nicht abschütteln konnte.

Wie Gespenster durch eine Wand stießen wir durch ein Dach aus schön geformten Wolken hinab und umkreisten den prächtigen Gebirgsgürtel der Schomali-Ebene im goldgelben Licht der sinkenden Sonne. Während wir nach unten zirkelten, blitzte sie wie eine riesige leuchtende Goldmünze zuerst über dem rechten Flügel auf und dann über dem linken. Schließlich schoß die glühende Scheibe eine letzte Salve langer Lichtspeere zwischen den Zinnen der oberen Bergkämme hindurch in Richtung Erde; in ihrem goldenen Schimmer funkelten die winzigen Siedlungen inmitten der schneebedeckten Felder am Boden wie Goldlettern auf Pergamentpapier.

Ein Bus brachte uns zurück nach Kabul. Als wir durch die weitläufigen Randbezirke der Stadt fuhren, tröstete mich ein Gefühl der Erleichterung und der Heimkehr: Ich sah eine trotz aller Zerstörung schöne Umgebung vor mir, die selbst Jahre des Krieges nicht zugrunde gerichtet hatten. Vielleicht war es aber auch gerade die Erinnerung an die Zerbrechlichkeit von Glas und Beton und Asphalt, die mir die unzerstörbare Heiterkeit der natürlichen Umgebung neu zu Bewußtsein brachte.

Tim war abgereist und das Haus, in dem ich gewohnt hatte, verschlossen. Ich ging zum Gebäude der BBC, um dort nach einer Unterkunft zu fragen, wo mich der alte, zahnlose Koch sogleich wiedererkannte. Er führte mich ins Haus und gluckste vor Freude, als sei ich sein eigener Sohn. Im Wohnzimmer lief im Satellitenfernsehen eine Reisesendung über die Karibik mit Frauen in bunten und knappen Badeanzügen, die um einen glitzernden Swimmingpool herum Cocktails schlürften.

Der neue Korrespondent Alain Pearce war erst kürzlich aus dem Fernen Osten nach Afghanistan gekommen. Er richtete sich mit Wonne auf seinem neuen Posten ein und berichtete voller Stolz von seinen bisherigen Großtaten: Entsetzt darüber, in einem Haus ohne Vorhänge zu wohnen, habe er zu einem ausgezeichneten Preis auf dem Textilmarkt einige Stoffbahnen erworben und vor wenigen Tagen neue Vorhänge aufhängen lassen. Darüber hinaus bringe er dem Koch bei, genießbare Spaghetti Bolognese zu kochen.

Im Flur lag ein Stapel mit kugelsicheren Westen, die er mit spöttischer Verachtung links liegenließ. Sein ganzer Stolz hingegen war eine Schweizer Armeejacke in Tarnfarben, die genug Taschen besaß, um all seine Habseligkeiten unterzubringen, wenn er die Front besuchte. Das Muster der Jacke, das von unregelmäßigen roten Klecksen dominiert wurde, suchte in ganz Kabul seinesgleichen und war ein beliebtes Gesprächsthema unter den Afghanen. Zudem hatte es den zusätzlichen Vorteil, ihm eine perfekte Tarnung zu bieten, sollte er je unter feindlichem Beschuß zufällig durch ein Erdbeerfeld kriechen.

Er machte uns einen Kaffee mit einem Schuß Rum und bot mir ein Zimmer im oberen Stock an, das allerdings, wie er entschuldigend hinzufügte, keine Fensterscheiben mehr hatte. Dafür brannte im Wohnzimmer stets ein warmes Feuer in einem offenen Kamin, vor dem wir in den kommenden Tagen die meiste Zeit verbringen sollten.

Während wir Neuigkeiten austauschten, deutete er auf ein schweres, gebundenes Buch neben dem Kamin, ein Exemplar von Margaret Thatchers *Downing Street No. 10*. Ich reichte es ihm, worauf er etwa ein halbes Dutzend Seiten herausriß und sie unter die Holzspäne stopfte. Dann schob er mit der Spitze eines russischen Bajonetts einige Scheite darüber, und bald darauf starrten wir in die tanzenden Flammen.

Mehrere Tage lang trug ich noch eine Art geistiges Nachbild meiner Abreise aus Herat mit mir herum und durchlebte die Fahrt zum Flughafen immer wieder wie das Ende eines traurigen Films. Zusammen mit Antoinette hatte ich in letzter Minute den Laden des Glasbläsers bei der Freitagsmoschee aufgesucht und eilig zwei türkisfarbene Vasen gekauft, ehe wir uns ein Taxi zum Flughafen nahmen. Wir rumpelten über die kaputten Straßen und betrachteten durch den Nieselregen die Verkäufer und Passanten in den heruntergekommenen und schlecht sortierten Ständen und Geschäften. In mir machte sich ein Gefühl der Hoffnungslosigkeit breit, als würde ich die Stadt im Stich lassen. Ein paar Arbeiter am Flughafen beobachteten uns, während wir dem beruhigenden Brummen des heranfliegenden Flugzeugs lauschten; ich konnte ihnen kaum in die Augen sehen.

Nun ruhten die Vasen wie erbeutete Kunstwerke in meinem Zimmer, inmitten einer Sammlung einsamer Souvenirs: drei Geschoßhülsen in verschiedenen Größen, die wie russische Babuschkas nebeneinanderhockten, einige grüne und türkisfarbene Kacheln, ein schartiger Schrapnellsplitter und der aufgeplatzte Zünder eines Artilleriegeschosses, eine weiße Bohne, gesegnet von den Derwischen in Masar, mehrere Brocken Lapislazuli, ein Jadekrug, den Hamid mir für meine Tochter gegeben hatte, ein besticktes, mit Hasenfell gesäumtes Paar Kinderschuhe, eine reife Baumwollkapsel, ein Buch mit afghanischen Kurzgeschichten und ein Bündel grüner 50-Afghani-Scheine.

Nach der einengenden Atmosphäre von Herat wirkte Kabul sehr freizügig. Wieder von vertrauten Gesichtern umgeben, überkam mich sogleich das merkwürdige Verlangen des Ausländers nach einer weinseligen Erlösung. Erst in einem Land, in dem der Genuß von Alkohol nicht an der Tagesordnung ist, erkennt man, wie tief die Rituale, die mit dem Trauben- und Gerstensaft verbunden sind, anderswo im Alltag verwurzelt sind. Hier gibt es keine Cocktailstunde, die eine gesellige Zusammenkunft motivieren könnte, kein abendliches Bier, um die Schranken der Förmlichkeit niederzureißen, keine erwartungsvoll klirrende Verbrüderung von Gläsern bei der launigen Rede eines Gastes, kein Schwelgen der Zunge in erlesenen Weinen, keine winzigen Schlucke oder letzten Tropfen, keine »Toasts« oder »Absakker« oder »Halbe«, kein Leeren des Glases auf einen Zug zum Abschied und auch keinen mehr »auf den Weg«, denn der Weg in diesem Land ist ein entschieden nüchternerer, und derjenige, der sich auch nur ein wenig auf diese Gewohnheiten verläßt, wird vermutlich allein durch ihre Abwesenheit schon ins Schlingern geraten.

Nur ein winzig kleiner Teil der Afghanen trinkt Alkohol – das gilt zumindest für die Afghanen in ihrem eigenen Land. Außerhalb der großen Städte ist der Genuß von Alkohol praktisch unbekannt. Man sieht ebenso selten einen Afghanen trinken wie einen Europäer Betelnuß kauen. Bis zu Beginn des zwanzigsten Jahrhunderts, als ihr Gebiet von Abd ur-Rahman zum Islam bekehrt wurde, kelterten die Stämme der Nuristanis angeblich noch Wein, und vor der sowjetischen Besatzungszeit gab es sogar einige ausländische Weinproduzenten in Kabul. Aber seitdem orientiert sich das Angebot streng an der Nachfrage, die Kreise der Ausländer einmal ausgenommen. Während meines Aufenthalts in Kabul gab es Gerüchte über schwarzgebrannten

Schnaps aus der Gegend; aber die Neugier verflog rasch, nachdem von Erblindungen infolge der unheilbaren Schäden, die Methanol dem menschlichen Sehnerv zufügt, berichtet wurde.

Das religiöse Verbot von Alkohol in der islamischen Welt paßt sich natürlich den jeweiligen örtlichen Gegebenheiten an; so variiert auch die Kritik an seinem Konsum erheblich innerhalb des großen Spektrums an Kulturen, das er umfaßt. Dementsprechend habe ich oft voller Vorfreude in einer türkischen *lokanta* über dem Bosporus dem Raki gefrönt oder mich in der kühlen Abendbrise unter den wiegenden Blättern einer Dattelpalme in Tozeur mit einem Glas köstlichen Palmweins in der Hand ausgestreckt. Ich habe sogar den *kumys* – gegorene Stutenmilch – eines kirgisischen Bauern aus Alma-Ata gekostet, auch wenn ich gestehen muß, daß dieser damals in Washington lebte.

Doch im allgemeinen werden in muslimischen Ländern nur von den weltlichsten Bewohnern – eine zweideutige Definition – die berauschenden Nebenprodukte der alkoholischen Gärung ohne Reue genossen. Alle anderen werden bei einem Trinkgelage vom schlechten Gewissen geplagt, das jegliche Gemütlichkeit im Keim erstickt.

Manchmal wirkt die Jagd nach dem Verbotenen auch etwas schäbig. Im benachbarten Pakistan, einem offiziell »trockenen« Staat, türmen sich in den Hausbars der Wohlhabenden die eigentlich verbotenen Destillate, und doch beteuern die Konsumenten beim Klirren der Eiswürfel aus vollem Herzen ihre Religiosität. Auf der Straße und in den Hotellobbys nimmt die Erwähnung solcher Getränke dagegen einen eher mitleiderregenden Beigeschmack an, besonders wenn es sich bei den Sprechern um erwachsene, ansonsten durchaus würdevolle Männer handelt. Manchmal redet man in Form eines Angebots darüber (»Möchten Sie nicht…?«), häufiger jedoch wird es als Bitte verpackt (»Bitte, mein Herr, haben Sie nicht…?«) – stets kombiniert mit der fast schon götzenhaften Anrufung von Johnny Walker.

Zum Glück für uns wurde diese westliche Gewohnheit von der Regierung freundschaftlich toleriert, und es gab auch keine Einschränkungen in der Gästezahl. Die importierten Vorräte erfüllten fast immer alle Erwartungen. Ich persönlich mußte feststellen, daß ich mich in Gesellschaft ausländischer Freunde gern an der rituellen Huldigung an den Weingott beteiligte, aber wenn ich mich in Gesellschaft von Afghanen befand, war dafür einfach kein Raum. Diesen Widerspruch, der teils aus mir selbst kam und teils von den Umständen bestimmt wurde, empfand ich manchmal durchaus als Belastung. Doch als ich mich eines Abends auf den Weg zu einem Haus in Wasir Akbar Chan machte, das Ausländern als allgemeine Abfüllstation und Umschlagplatz von Gerüchten und Nachrichten diente, waren derartige Spitzfindigkeiten schnell vergessen. Hier kam regelmäßig an den Abenden eine Gruppe von Ausländern zusammen, eingelassen von einem afghanischen *tschaukidar*, der an der Tür in der Kälte Wache stand. Die Bar befand sich im Keller, man stieg einige Stufen in die Tiefe, nicht ohne dabei einen Anflug von Verderbtheit zu verspüren, und stieß sich den Kopf am niedrigen Türsturz des Eingangs.

Auf der einen Seite befand sich ein langgezogener Raum, in dem rechts und links an den Wänden je eine Reihe schreiendroter Matratzen und Kissen lagen. Zwischen ihnen standen einige niedrige lackierte Tischchen, auf denen kleine elektrische Lampen mit tulpenförmigen Schirmen aus rotem Milchglas leuchteten. Unwillkürlich mußte man an Opiumpfeifen und orientalisch anmutende Frauen in schillernden Seidenpyjamas denken – allerdings vornehmlich aufgrund des geschmacklosen Ambientes, das so abschrekkend wirkte, daß kaum jemand diesen Raum betrat.

Statt dessen fand man sich an der Bar zu qualmenden Grüppchen zusammen und unterhielt sich über die dröhnende Musik hinweg. Einmal lernte ich dort einen aufschneiderischen italienischen Fotojournalisten mit einer Schwäche für Lügenmärchen kennen. Er erzählte, daß er in Bamjan gewesen sei, als die Regierung von dort vertrieben wurde, und gerade noch mit einem flüchtenden Panzer entkommen konnte. Unterwegs habe der Panzer versehentlich eine Frau überfahren, aus deren Armen er in letzter Minute einen Säugling rettete. Diesen letzten Satz unterstrich er mit einer wiegenden Geste seiner Arme. Er beschrieb mit einstudierter Gleichgültigkeit sein geheimes Treffen mit einem hochrangigen Mittelsmann in Pakistan, der den Verkauf von erbeuteten afghanischen Kunstgegenständen in die Wege leitete. Unter anderem habe man ihm auch einen Buddha aus massivem Gold gezeigt, der für einen japanischen Kunsthändler bestimmt war. Dann war da noch die Sache, als er mit dem CIA über die Rückgabe ihrer restlichen Stinger-Raketen verhandelt habe…

Dessenungeachtet wirkte er nicht wie jemand, der absichtlich log, sondern lediglich die Trennung von Fakten und Fiktion als überflüssig betrachtete. Ich spielte bei seinem kleinen Theaterstück gern mit, und wir freundeten uns an, wenn auch vermutlich aus unterschiedlichen Motiven. Inspiriert von seinen Geschichten, sah ich vor meinen Augen schon einen Abenteuerroman ablaufen, wie man ihn an Flughäfen kaufen kann; es ging um die angloitalienische Jagd nach dem verlorengegangenen Buddha Diapankara mit den Rubinaugen. Die beiden Helden werden von einem verrückten Franzosen verraten und anschließend von Gewehre schwingenden und drogenbenebelten Hasaras gefangen. Doch das unerschrockene Paar kann in einem Panzer entkommen und rettet auf der Flucht noch ein Baby; dann schießen die beiden den Franzosen in seinem Hubschrauber mit einer Stinger-Rakete ab, die ihnen der dankbare Vater des Babys übergeben hat…

Einige Zeit später sah ich jedoch die Bilder, die er von dem flüchtenden Panzer aus gemacht hatte, und fragte mich, ob mein Urteil über ihn nicht etwas zu vorschnell gewesen war.

An diesem Abend hielt sich eine sehr gemischte Besucherschar in der Bar auf. Darunter war ein skandinavischer Arzt, der von den Kämpfen in Kabul 1994 erzählte; er hatte seine Patienten zurücklassen müssen und sich – voller Angst, nun umgebracht zu werden – mit seinen Mitarbeitern in einem Abstellraum versteckt, während die Kugeln von außen gegen die Wände prallten.

Ich kann mich auch an einen jungen Franzosen erinnern, der sich schweigend allein betrank. Einmal kreuzten sich unsere Wege, er sah mich an und blinzelte einige Male, ehe er sprach. Leicht hin und her schwankend fragte er, wie ich den afghanischen Charakter definieren würde. Ich erklärte ihm, daß ich das schon seit Jahren erfolglos versuchte.

»Also«, erwiderte er, während er mit seinem Glas taumelnde Spiralen zwischen uns in die Luft malte, »dann werde ich es Ihnen erklären.« Die Afghanen, sagte er, seien *un people qui reste debout* – ein Volk, das immer aufrecht stehen bleibt. Anschließend erzählte er von dem Vorfall, der ihn so verstört hatte. Er arbeitete für das Rote Kreuz und hatte an diesem Tag die Gefängnisse der Stadt inspiziert, um die Bedingungen zu prüfen, unter denen die Gefangenen lebten. Nachdem er alle Namen abgehakt hatte, bemerkte er eine Tür, die verschlossen geblieben war. Der Gefängniswärter zögerte, sie zu öffnen, mit der Begründung, dahinter sitze nur ein alter Mann in Einzelhaft. Aber da der Franzose den Auftrag hatte, alle Gefangenen zu zählen, bestand er darauf, hineingeführt zu werden.

Als sich die Tür öffnete, erblickte er einen halbnackten alten Mann in einer eiskalten, fensterlosen Zelle.

»Und was, glauben Sie, hat er dann gemacht?« fragte er, während sich seine Augen mit Tränen füllten. Der alte Mann war schwankend aufgestanden, hatte den Stoffetzen, auf dem er saß, aufgehoben, den Staub abgeschüttelt und war dann lächelnd zurückgetreten, um seinem Gast den Sitzplatz anzubieten.

»*Et moi*«, sinnierte er, »*je n'ai jamais cru en rien, moi. Mais là, je me suis demandé*... Ich habe nie so recht an etwas geglaubt. Aber in diesem Moment fragte ich mich ...« Seine Stimme zitterte, und er verschwand bekümmert in den Rauchschwaden an der Bar.

Mein alter Freund Rafiq tauchte ein wenig später auf, und nachdem wir uns gegenseitig die neuesten Ereignisse erzählt hatten, drängelte er sich geschickt neben eine französische Krankenschwester an die Bar.

»Glauben Sie an die Einheit von Mann und Frau?« hörte ich ihn fragen. Als sein Opfer demonstrativ mit den Augen rollte, täuschte er einen raffinierten Rückzug vor.

»Ist Ihnen das unangenehm? Oh, das tut mir leid. Wir können uns auch gern über etwas anderes unterhalten. *Enfin* ... worüber möchten Sie gern sprechen? *Life is an experience* ...«

Ich war sehr erleichtert, als ein Mann, der aussah wie der Anführer einer Polarexpedition, die Treppe herunterstapfte und den Raum betrat. Es war Bob McKerrow.

Bald unterhielten wir uns über das Klettern. Während seiner Zeit in Afghanistan hatte er Expeditionen zu den höchsten Gipfeln des Pandschir- und Paghman-Gebirges unternommen und war dort sogar Ski gelaufen (nachdem ihm ein Freund und ehemaliger Soldat versichert hatte, daß die Gefahr, eine Mine auszulösen, auf Skiern weitaus geringer sei). Er sagte wehmütig voraus, daß man schon bald nach Kriegsende, wenn die Regierung erneut die Bewegungsfreiheit der Ausländer reglementierte, wieder Führer und Genehmigungen brauchen würde, um Expeditionen in die Berge zu unternehmen. Damit wäre der Geist einer solchen Unternehmung zerstört, so wie es in den meisten anderen Ländern schon heute der Fall sei. Afghanistan sei eine der letzten Weltgegenden, in denen man ohne bürokratische Einmischung auf einen der großen Berge, von denen viele noch nie bezwungen worden waren, klettern könne, um anschließend einfach auf der anderen Seite in ein anderes Land wieder abzusteigen – seine Hand schien auf die unmarkierten Grenzen zu Tadschikistan, Tschitral oder China zu deuten. Das Risiko trage eben jeder selbst.

Er hatte für das kommende Frühjahr eine Besteigung des höchsten Gipfels des Landes geplant, des 7000 Meter hohen Noschaq nahe der pakistanischen Grenze. Es würde jedoch keine kommerzielle Expedition werden, erklärte er – keine Hierarchie, kein Budget, keine Fahnen, kein strenger Zeitplan; nur eine Gruppe von begeisterten Freunden, die die Freuden und Gefahren des Berges miteinander teilen wollten. Ich war gerührt, als er mich einlud, mich ihnen anzuschließen.

»Jemand aus der Regierung hat mich mal gefragt, ob ich nicht Tourismusminister werden wolle«, erzählte er nachdenklich. »Ich sagte, ich sei doch kein Afghane. ›Das ist egal‹, erwiderten sie. ›Sie sehen ja aus wie einer.‹«

Während wir uns unterhielten, fiel ihm plötzlich eine Textpassage ein, auf die er zufällig einmal gestoßen war. Er zog ein Blatt Papier aus seiner Tasche und faltete es auf. Der Text hieß *Der Wanderer*, und ich hatte keinen Schimmer, von wem er stammte.

»Du kannst das vorlesen, wenn du willst«, grinste er. Die Musik hatte vorübergehend aufgehört, die Atmosphäre war angenehm aufgekratzt, und wir ließen uns von der Stimmung mitreißen. Ich stellte mich auf einen Stuhl und las von dem Blatt ab:

»Eines wäre für diese Menschen fatal, nämlich nicht zu gehen – zu sehr sind sie bereits in den wie ein Krebsgeschwür wuchernden Kodex der ›Sicherheit‹ verstrickt. Indem wir diese Sicherheit anbeten, werfen wir unser Leben dem täglichen Einerlei zum Fraß vor. Und ehe wir uns versehen, ist das Leben vorüber.

Doch was braucht ein Mensch im Grunde? Etwas zu essen jeden Tag, Wärme und ein Obdach, ein Bett, in das er sich legen kann, und irgendeine Art von Betätigung, die ihm ein Gefühl von Erfüllung gibt. Das ist alles – zumindest soweit es das Materielle betrifft. Und das wissen wir auch. Aber unser Wirtschaftssystem hat uns einer derartigen Gehirnwäsche unterzogen, daß wir in einem Grab enden werden unter eine Pyramide von Ratenzahlungen, Hypotheken, absurden technischen Spielereien und Spielzeugen, die unsere Aufmerksamkeit von dieser idiotischen Farce ablenken.

Die Jahre brausen vorbei, und die Träume der Jugend verblassen, während sie in den Schrankfächern der Geduld verstauben. Und ehe wir uns versehen, ist der Sarg versiegelt. Aber worin liegt dann die Antwort? Ganz einfach – in der Tatsache, daß wir wählen können, zwischen dem Bankrott der Brieftasche oder dem Bankrott des Lebens.«

Vereinzelt klatschte jemand. Dann fing die Musik wieder an zu spielen, und ich kletterte von dem Stuhl herunter. Bob grinste, während er mir ein volles Glas reichte.

»Mir gefällt die Stelle mit den Jahren, die vorbeibrausen«, meinte er nachdenklich. »›Aber worin liegt dann die Antwort?‹« Er prostete mir zu. Wir blieben noch ein Weilchen und machten uns dann auf den Weg zu ihm nach Hause.

Ein *tschaukidar* öffnete das Tor und leuchtete uns mit erhobener Laterne den Weg zur Haustür. Bob erwähnte, daß seine Mitarbeiter manchmal, wenn er zuviel getrunken habe, Kerzen am Wegesrand aufstellten, damit er den Weg zur Tür besser fand.

»Genau«, sagte er in der Tür, »laß uns einen Whiskey trinken, während diese armen Leute verhungern.« Er führte mich ins Haus.

Karten, Tabellen, Fotos und Manuskriptfragmente türmten sich auf dem Tisch. Die hohen Gipfel Afghanistans hatten Bobs Herz erobert; er schrieb ein Buch darüber. Im Moment arbeitete er an einem Kapitel über den Jesuiten Benito de Goës, der Kabul 1603 am Ende einer sechsmonatigen Wanderung von Lahore aus erreicht hatte.

Er hatte auch eine Schwäche für den englischen Dichter James Elroy Flecker, der als Diplomat im Nahen Osten tätig war, ehe er 1915 im Alter von nur dreißig Jahren starb. Es war Flecker, der, wie ich nun entdeckte, jene bekannten Zeilen geschrieben hatte:

We travel not for trafficking alone;
By hotter winds our fiery hearts are fanned:

For lust of knowing what should not be known,
We take the Golden Road to Samarkand.

Wir reisen nicht allein um des Reisens willen;
unsere feurigen Herzen werden von heißen Winden angefacht:
Um kennenzulernen, was nicht bekannt werden soll,
nehmen wir die Goldene Straße nach Samarkand.

Ebendiese Reislust hatte meinen Gastgeber dazu getrieben, als Jugendlicher auf einem Pazifikdampfer anzuheuern, in der Hoffnung, sich Che Guevara anschließen zu können. Nur erhielt er leider unterwegs die traurige Nachricht von dessen Tod. Später hatte ihn seine Ruhelosigkeit unter anderem nach Polynesien, Vietnam, Äthiopien und in die Antarktis geführt; doch erst in Afghanistan hatte er nach eigenen Worten seine spirituelle Heimat gefunden. Dies war sein dritter Winter in Kabul. Er schrieb gewöhnlich einige Stunden vor Sonnenaufgang, ehe er seinen Schreibtisch gegen ein Büro beim Roten Halbmond eintauschte, von dem aus er eine Vielzahl von Hilfsprojekten in der Stadt und ihrer Umgebung überwachte.

Wie viele andere, die längere Zeit im uralten Kernland Afghanistans zugebracht hatten, fühlte er sich zum Sufismus hingezogen, und er war der einzige Ausländer, den ich kannte, der ebenfalls gern die Possen des Mullah Nasruddin zitierte. Er organisierte die Betreuung für die Blinden der Stadt und erzählte mir von einem Paar, das von Geburt an blind war und drei Kinder hatte, von denen eines ebenfalls nicht sehen konnte. Sie gingen nur selten aus dem Haus, weil sie häufig von Kindern verspottet wurden, daher besuchte Bob sie regelmäßig, um sich nach ihrem Wohlergehen zu erkundigen.

Dazu würde ihm gerade etwas einfallen, sagte er. Ob ich je die Nasruddin-Geschichte von dem blinden Mann gehört hätte? Als ich verneinte, erzählte er sie mir mit der ihm eigenen warmherzigen Respektlosigkeit:

In einem Dorf lebte ein blinder Mann, der glücklich verheiratet war – allerdings mit einer häßlichen Frau. Eines Tages kam ein Heiler und bot an, den Mann von seiner Blindheit zu befreien. Der Rat der Dorfältesten kam zusammen, um über die Angelegenheit zu beraten, und stimmte schließlich dafür, den Heiler gewähren zu lassen. Da regte sich auf einmal Widerspruch hinten im Raum.

»Bitte bedenkt doch folgendes, ehrwürdige Dorfälteste!« rief Nasruddin. »Was ist besser: sehen zu können oder glücklich zu sein?« Und so ließ man den Heiler seines Weges ziehen.

»Was soll man nur mit all diesen Erfahrungen anfangen?« seufzte Bob. Wir saßen am Feuer, während die Flasche langsam leerer wurde, und unterhielten uns bis weit in die Nacht hinein.

Am nächsten Morgen war er verschwunden. Er hatte einen Zettel unter meiner Tür durchgeschoben mit der Einladung, zum Frühstück zu bleiben, und einer Notiz an die Haushälterin.

Sie stand am Treppenabsatz, bügelte ein Hemd und lächelte liebreizend und ohne eine Spur von Überraschung, als ich leicht verkatert aus dem Zimmer kam.

Ihr sandfarbenes Haar war mit einem geblümten Tuch nach hinten gebunden, wodurch die weichen Linien ihres perfekt geschnittenen ovalen Gesichts betont wurden. Diese Weichheit schien sich in jeder Geste, jedem Blick, jedem Wort fortzusetzen, und wieder einmal stand ich wie angewurzelt vor einer solchen Schönheit da.

Wir plauderten ein bißchen, und sie fragte: »Aber warum wohnen Sie denn nicht hier?«

Ich stammelte etwas davon, andere Vorkehrungen getroffen zu haben.

»Wie schade«, entgegnete sie, »aber Sie können ja wiederkommen und dann hier wohnen.« Sie sah auf und lächelte kühn. »Ich könnte Ihre Hemden bügeln. Oder Ihnen sogar so etwas nähen ...« Sie deutete auf eine seidene Männerbluse, die mit zierlichen geometrischen Mustern bestickt war. Ich hatte so eine Bluse schon vor Jahren gekauft, mit einer so feinen und präzisen Stickerei, daß es mir nie jemand glaubte, wenn ich sagte, sie sei von Hand gefertigt worden.

Bob hatte für den folgenden Tag einen Ausflug zum Salang-Tunnel vorgeschlagen, der durch die Berge nördlich der Hauptstadt führte. Ich war ungemein neugierig auf das Ziel unserer Fahrt. Der Tunnel selbst war unseres Wissens nach geschlossen, da er die Grenze des von der Regierung kontrollierten Gebiets darstellte. Es gab ständig Gerüchte, daß Masuds Truppen ihn blockierten, um den Vormarsch von Dostums Truppen auf Kabul aufzuhalten. Ich vermutete, daß sich der Verlauf der Front regelmäßig änderte und wir deshalb bald wieder würden umdrehen müssen.

Der Tunnel war von den Sowjets im Zuge einiger großer Hilfsprojekte in Afghanistan gebaut worden und zählt zu den technischen Meisterleistungen seiner Zeit. Er liegt 3300 Meter über dem Meeresspiegel und ist damit einer der höchsten Pässe der Welt, die mit dem Fahrzeug passierbar sind. Drei Kilometer lang bohrt er sich durch die oberen Hänge des Hindukusch und verbindet die steilen und von Felsvorsprüngen überschatteten Straßen auf den nördlichen und südlichen Gebirgsflanken. Die Kosten für den Bau beliefen sich auf über sechshundert Millionen Dollar. Nach sechs Jahren Arbeit wurde er 1964 eröffnet und ersetzte die lange und unbefestigte Straße durch die Berge weiter westlich über den Schibar-Paß. Von da an konnte man in nur einem Tag mit dem Auto die Strecke zwischen Pakistan und der Sowjetunion zurücklegen.

Der Tunnel hat mittlerweile fast schon einen legendären Ruf. Fünfzehn Jahre nach dem Bau wurde er zur logistischen Schlagader der sowjetischen Invasion. Durch ihn waren die langen Kolonnen der angreifenden Panzerfahrzeuge sowie der Großteil des Benzins, der Lebensmittel und anderer Nachschub für die Streitkräfte geströmt. Jahrelang war am Paß schwer gekämpft worden. Die Sowjets hatten sich die Dörfer an der Straße, die zum Tunnel führte, mit Gewalt gefügig gemacht, damit sie den Mudschaheddin keinen Unterschlupf für ihre Attacken auf die langsamen feindlichen Konvois boten. Die Tunnelflanken sind heute mit den hohlen Gerippen der Panzerfahrzeuge übersät und mit zahlreichen geschändeten Mahnmalen, die man damals für die vielen durch Hinterhalte getöteten sowjetischen Soldaten errichtet hatte.

Es war ein strahlender, sonniger Morgen, als wir aufbrachen; ein erfahrener afghanischer Fahrer steuerte den Jeep des Roten Halbmondes. Etwa sechzig Kilometer außerhalb Kabuls verließen wir die Ebene und folgten der Straße hinter Dschabal as-Siradsch. Die Dörfer wurden spärlicher und kleiner, und ein Fluß wand sich glitzernd neben uns die Straße entlang, während die Bergwände immer näher heranrückten. Einmal hielten wir neben einem einsamen, zerstörten Panzer, der mit Schnee bedeckt war, um zwischen den ansteigenden, ineinander verschachtelten Ausläufern hindurch das Tal zu fotografieren. Die Straße wand sich in immer engeren Kurven, und die frische Schneeschicht auf den Felsterrassen wurde immer höher, je weiter wir den Berg hinaufkamen. Bald war alles um uns herum weiß, kein anderes Auto ließ sich mehr blicken, und wir näherten uns langsam der eiskalten Welt des Hochgebirges, das von engen Schluchten mit reißenden Sturzbächen zerschnitten war.

Wir fuhren durch eine Reihe langer Galerien, die die Straße vor Lawinen und Erdrutschen schützten. Ein starker Wind trieb den Schnee zwischen die Betonpfeiler der Galerien und häufte ihn auf der offenen Seite zu kühnen Verwehungen auf. Es war ein unglaublich einsamer Ort, und außer uns war offenbar niemand auf dieser Straße unterwegs. Wir fragten uns, wie weit wir wohl kommen würden. Die verblaßten Wegweiser mit kyrillischen Buchstaben und die von Einschüssen übersäten Poller verliehen der Strecke eine unheimliche Atmosphäre, und unsere Gespräche verstummten.

Dann bogen wir unerwartet um eine letzte Biegung und sahen uns vor dem Eingang des Tunnels. Ich hatte mir vage vorgestellt, daß dieser – in seiner Funktion als lebenswichtige Trennlinie zwischen den nördlichen und südlichen Gebieten – mit Stacheldraht und Hindernissen blockiert sein würde. Er schien jedoch gänzlich ungeschützt, und ich war sehr erstaunt, daß wir ungehindert zu einem strategisch so wichtigen Punkt hatten vordringen können. Erst später erzählte man uns – unter lautstarkem und ungläubigem Staunen angesichts unserer Tollkühnheit (und unseres Glücks) –, daß sowohl die Straße als auch der Tunnel vermint waren.

Wir hielten an und stiegen kurz aus dem Auto, um einen Blick auf die hinter uns liegende Strecke zu werfen. Die Straße wand sich den Berg entlang wie ein halb aufgeklappter Zollstock, schwindelerregend steil und voller Haarnadelkurven. Wieder hatte ich keinen Zweifel daran, auf welche Seite ich mich in jenen Tagen geschlagen hätte, als die sowjetischen Konvois die praktisch nicht zu verteidigenden Hänge unter uns hinauf und hinunter gerumpelt waren.

Dann fuhren wir in die bunkerähnliche Einfahrt hinein, und die weiße Landschaft blieb hinter uns zurück. Die ersten Minuten war die Dunkelheit erwartungsgemäß unerträglich, und es schien unendlich lange so weiterzugehen, ohne daß wir auch nur den kleinsten Lichtpunkt vor uns gesehen hätten. Ich blickte nach hinten; auch hier war das Licht verschwunden. Meine Abneigung gegen Tunnel machte sich in einem plötzlichen Anfall von Übelkeit bemerkbar.

Als wir uns dem nördlichen Ende näherten, hörte der glatte Belag der Straße ohne Vorwarnung plötzlich auf. Der Fahrer war zu schnell gefahren und bremste nun so hart, daß wir ins Schleudern gerieten. Hätten wir in diesem Moment einen Unfall gebaut, wäre unser Schicksal besiegelt gewesen.

»Jetzt aber langsam«, sagte Bob ganz gelassen zu unserem Fahrer und legte ihm beruhigend die Hand auf die Schulter. Wir fuhren vorsichtig weiter und starrten wie Höhlenforscher mit grimmiger Faszination vor uns in den Strahl der

Scheinwerfer. Abgetrennte Kabel baumelten wie Schlangen von der Decke herab, und die zerbrochenen Lampengehäuse über uns verliehen dem Tunnel die trostlose Aura eines stillgelegten Bergwerks. Die Wände waren rauchgeschwärzt, und ich erinnerte mich mit einem plötzlichen Schaudern, daß die Sowjets einen ihrer schlimmsten Kriegsunfälle in ebendiesem Tunnel erlebt hatten.

Im November 1982 war ein Tanklastwagen im Tunnel verunglückt, worauf im gesamten Konvoi Panik ausbrach. Da die Wachposten auf beiden Seiten des Tunnels einen Angriff der Mudschaheddin vermuteten, wurden die Ausgänge verschlossen, während drinnen Feuer ausbrach. In dem daraus folgenden Chaos verloren nach Schätzungen vierhundert sowjetische und siebenhundert afghanische Soldaten ihr Leben. Egal, ob es nur dieses Wissen war, das in mir arbeitete, oder ob die Wände selbst das Grauen dieses Vorfalls in sich aufgesogen hatten – die Atmosphäre war düster und bedrückend.

Am anderen Ende des Tunnels kam der Jeep vor einer Eisenwand zum Stehen. In der Wand befand sich eine kleine Tür, die von einem dünnen Lichtstrahl umrahmt wurde. Wir konnten es kaum glauben, daß sie sich durch sanftes Ziehen öffnen ließ, und traten staunend hinaus in eine phantastische Welt. Vor uns erstreckte sich eine Landschaft, die so farblos war, als würden wir in einer gefrorenen Wolke stecken. Die einzig erkennbaren Formen waren der Betonhalbkreis des Tunneleingangs und die verblaßte persische Schrift darüber. Alles andere entschwand in einem die Sinne betäubenden Weiß. Etwas weiter die Straße entlang befanden sich die Stellungen des Feindes, aber wie weit entfernt, das konnten wir nur schätzen.

Die Kälte ließ uns nur kurz verweilen. Die Verschlußklappe meines Fotoapparats war zugefroren, und ein heftiger Wind raubte unseren Körpern erschreckend schnell alle Wärme. Wir fuhren wieder zurück zum Eingang und hielten dort ein letztes Mal an, eingeschüchtert von der Einsamkeit und der Kälte, um die Aussicht in uns aufzunehmen. Während der Jeep sich um eine nahe gelegene Felsnase herumschlängelte, rutschten wir zu Fuß die Abkürzung zur Straße hinunter. Es schneite nicht, aber ein heimtückischer Luftzug wirbelte den Schnee vom Boden auf und schleuderte ihn in Böen durch die Luft, so daß er wie gemahlenes Eis auf der Haut brannte. Der Wind heulte in unseren Ohren, und obwohl ich meine Hände in den Hosentaschen zusammenballte, waren sie nach kurzer Zeit taub. Wieder im Auto, schob ich sie unter meine Schenkel, bis sie zehn Minuten später mit einem feurigen Brennen wieder zum Leben erwachten.

»Ein kleines bißchen länger dort draußen, und wir hätten uns Erfrierungen geholt«, meinte Bob. Es war der kälteste und der unheimlichste Ort, den ich je gesehen hatte.

Wir fuhren mit einem Gefühl des Staunens in die Stadt zurück, so als wären wir monatelang weg gewesen. Unsere Sinne waren nur wenige Stunden lang vom Schnee, Wind und der Abgelegenheit des Passes überwältigt, aber wie so häufig in diesem Land war diese Gefangenschaft so umfassend gewesen, daß man es bei der Rückkehr in die vertraute Welt kaum fassen konnte, eine Stadt in der Nähe vorzufinden. Ich wurde wieder daran erinnert, daß man das Land im Grunde nur zu Fuß oder auf einem Pferd in angemessener Geschwindigkeit erleben konnte, so viele Eindrücke stürmten überall auf den Reisenden ein. Der Anblick der vielen zerstörten Panzer und Fahrzeuge dämpfte unsere Stimmung zusätzlich. Eine wahrhaft unerbittliche Straße.

Die Tage waren kalt und strahlend hell. Gelegentlich wurde ich vom müden Ruf eines Lumpensammlers geweckt, der seinen Karren unter meinem Zimmer vorbeizog. Ähnliche Rufe kann man auch in einigen Teilen Londons noch heute hören. Drachen tanzten über der Stadt. Vom Dach des Hauses aus beobachtete ich oft einen kleinen Jungen, der mit der zielstrebigen Beweglichkeit eines jungen Katers in den schlanken Ästen eines Baumes balancierte, um seinen Drachen zu holen, der nach einem Wettbewerb in der Luft abgestürzt war und sich in den Zweigen verheddert hatte.

Ausflüge zu den Sehenswürdigkeiten außerhalb der Stadt waren aufgrund des Krieges so gut wie unmöglich. Ich hätte gern Pagham, den einstigen königlichen Zufluchtsort mit der von Amanullah erbauten Elefantenrennbahn, besucht, wo die Reichen ihre Gärten mit Orchideen bepflanzt hatten, die von Gebirgsbächen bewässert wurden. Doch Pagham war während der sowjetischen Jahre ein Zentrum des Widerstands gewesen und schwer bombardiert worden. Ein Taxifahrer, ein Hasara, den ich darum bat, mich dorthin zu fahren, weigerte sich und sagte, es sei zu gefährlich. Ich witzelte, ich würde ihn beschützen – ein leichtfertiger Spaß, den ich später bereute, als ich erfuhr, daß Pagham mittlerweile zum Hauptquartier einer Mudschaheddin-Gruppe geworden war, die mehr Hasaras auf dem Gewissen hatte als alle anderen Parteien.

Ich erhielt zwar die offizielle Genehmigung, die Front zu überqueren, um das Dorf Tschakarai zu besuchen, wo ich vor Jahren bei den Mudschaheddin gelebt hatte, gab es jedoch nach vielen vergeblichen Versuchen auf, ein Fahrzeug zu finden, das in diese Richtung fuhr.

Entmutigt von diesen Einschränkungen und an die Stadt gefesselt, unternahm ich viele Spaziergänge. Unglücklicherweise befanden sich die interessantesten historischen Sehenswürdigkeiten wie die Grabstätte Baburs und die Festung Bala Hisar in den gesetzlosen und gefährlichen Gebieten außerhalb des Radius, den ich auf eigene Faust erkunden konnte; von dem einst berühmten überdachten Basar, den die abziehenden Briten zerstört hatten, stand kein Stein mehr auf dem anderen.

Ich schaute regelmäßig beim Büro des Roten Kreuzes vorbei und warf einen Blick in das Postfach im Funkraum, um zu sehen, ob ich Nachrichten von zu Hause bekommen hatte. Der Funker Aman war vor zwanzig Jahren in England gewesen und hatte dort einen Kurs bei der zivilen Luftfahrtbehörde absolviert, wie ein vergilbtes Diplom über seinem Schreibtisch mit den blinkenden Schaltpulten bezeugte. Während des Krieges hatte er als Fluglotse auf der sowjetischen Flugbasis in Kundus gearbeitet.

»Die Engländer sind gute Menschen«, lobte er. Er erzählte, daß er einmal in London gewesen sei und sich auf dem Weg zum Piccadilly Circus verlaufen habe. Ein englisches Ehepaar habe daraufhin einfach angehalten und ihn an sein Ziel gebracht.

»Wir Afghanen vergessen so etwas nicht«, sagte er. »Das war das Problem mit den Russen. Sie haben unsere Lebensart nicht verstanden.«

Eines Morgens traf ich in der Chicken Street den Ladenbesitzer, der mir bei meinem ersten kurzen Abstecher in die Stadt vor vier Jahren, als die Mudschaheddin die Kommunisten endlich aus der Regierung vertrieben hatten, eine Lapislazulikette verkauft hatte. Er führte mich in seinen Laden und schickte einen kleinen Jungen, um Tee zu holen. Er wußte noch den genauen Preis und den Schliff des Steins, den ich damals bei ihm erworben hatte. Ich fragte, wie es ihm in der Zwischenzeit ergangen sei; er erzählte, es sei schwierig gewesen, und wandte den Blick ab. Während wir uns unterhielten, öffnete sich die Tür. »Friede sei mit Ihnen«, rief eine würdevolle Stimme, worauf mein Gastgeber sogleich aufsprang.

»Und mit Ihnen, Kommandant«, erwiderte er.

Der Besucher war ein gutaussehender Mann in den Vierzigern mit einem langen, schwarzen Bart. Er trug einen *pakul* und eine schwarze Lederjacke und war nur etwa einen Meter zwanzig groß. Über seiner rechten Schulter baumelte eine Kalaschnikow, deren Lauf ihm bis zum Knöchel reichte.

Der Ladenbesitzer erzählte ihm in aller Ausführlichkeit, wie wir uns kennengelernt hatten, und entschuldigte sich dann bei mir, weil er mit dem Kommandanten eine dringende Angelegenheit zu besprechen habe. Dieser lehnte indes sein Gewehr gegen die Wand, setzte sich im Schneidersitz auf einen Stuhl und hörte aufmerksam zu.

Es handelte sich um eine Beschwerde, die sich allmählich

zu einer flehentlichen Bitte steigerte. Die Details wurden mit einem solchen Ungestüm vorgetragen, daß ich nur Bruchstücke davon verstehen konnte. Offenbar war der Verkäufer hereingelegt worden und appellierte nun an den Kommandanten zu intervenieren; es war die Rede von Geld und einem Paß, gefolgt von einer Litanei verschiedener Probleme, die damit zusammenhingen.

Die Situation wurde mir immer unheimlicher. Der Ladenbesitzer, ein schmächtiger Mann mit einer ansonsten ruhigen und ehrerbietigen Art, steigerte sich in einen richtigen Wutanfall hinein. Auf einmal griff seine Hand mit schockierender Schnelligkeit unter seinen Stuhl und zog ein Bajonettmesser hervor, mit dem er nun drohend herumfuchtelte, als stünde der Bösewicht aus seiner Geschichte direkt vor ihm. Diese abrupte Verwandlung jagte mir einen gehörigen Schrecken ein. Der Kommandant hörte sich die Beschwerde gelassen an und erteilte ihm in aller Ruhe einige praktische Ratschläge.

Es passierte zwar nicht jeden Tag, daß man mit einem Bajonett schwingenden Lapislazulihändler und einem Zwerg mit Maschinengewehr Tee trank, dennoch hatte mich dieser Wutausbruch so verstört, daß ich mich kurz darauf entschuldigte und ging. Auf dem Heimweg überfielen mich Zweifel, ob ich die afghanische Lebensart wirklich besser verstand als die Russen.

In diesem Teil der Stadt gibt es Geschäfte, in deren staubigen Schaufenstern man eine angenehm unordentliche Vielfalt fremdartiger und reizvoller Dinge erblickt. Es handelt sich dabei, je nach Definition, um Antiquitätenläden, Raritätengeschäfte oder Trödelläden; allesamt erinnern sie aber ein wenig an Aladins Höhle und wecken ein eigenartiges Verlangen danach, alles zu durchsuchen, in der Hoffnung auf irgendeinen raren Schatz aus der Vergangenheit der Stadt.

Einige Lieblinge dominieren die Auslagen: riesige Messingsamoware, deren angelaufene Deckel und Wände von zaristischen Familienwappen verziert sind und die plump wie zerlegte Dampfmaschinen in der Ecke stehen. Dahinter sieht man die eher deplaziert wirkenden Hörner von Bergtieren, meistens handelt es sich um den ausladenden, wulstigen Kopfschmuck der Steinböcke und gelegentlich auch um die prächtigen Spiralen eines Marco-Polo-Schafs. Manchmal ist sogar der ganze Kopf erhalten, und die lidlosen Augen starren stumpf aus dem Halbschatten hervor.

Als ich mich vor solch einem Laden wiederfand, konnte ich der Versuchung nicht widerstehen. Also trat ich ein und war erleichtert, als der Besitzer mich ohne weiteres durch den Verkaufsraum schlendern ließ.

»Lassen Sie sich ruhig Zeit«, sagte er.

Meine Augen wanderten über die Regale und die darin versammelten Schätze, während sie sich über die ungewohnten Formen freuten. Dann allmählich wurden die Umrisse verschiedener Dinge erkennbar, wie Gesichter in einem verdunkelten Raum. Zuerst fiel mein Blick auf riesige Holzstößel in niedrigen, breiten Mörsern, deren Ränder vom jahrzehntelangen Gebrauch ganz glattpoliert waren. Um sie herum standen dichtgedrängt Scharen von kegelförmigen Ton- und Metallgefäßen und zahlreiche Hexenkessel sowie eine in eine staubige Nische verbannte Gruppe kleinerer Samoware. Es gab Messing- und Kupfertabletts und Krüge, in denen kunstvoll geschwungene Lettern in Form von konzentrischen Schleifen eingeritzt waren, Tonkrüge und geschwärzte Schöpfkellen und Porzellankannen aus St. Petersburg, Wasserpfeifen mit grünblauer Glasur und Öllampen, deren Muster sich seit Jahrtausenden nicht verändert hat. Darüber hingen Gürtel, Gürtelschnallen und Steigbügel, befleckt und rissig vom Alter, Peitschen, Kürbisflaschen, Beutel und eine Vielzahl an Taschen, Perlen aus Knochen, Bernstein und Lapislazuli, Schmuckstücke, Amulette und Glücksbringer, die in Lederbeutel eingenäht waren. Es gab turkmenische Schnabelschuhe, deren Spitzen sich wie der Rüssel einer Motte aufrollten, bunte Seidengewänder, lange, besticke Borten, die einst ein Nomandenzelt geschmückt hatten, Schalen, mit Quasten geschmückte Satteltaschen, Holzstatuen mit dämonischen Gesichtszügen wie die verbotenen Gottheiten von Nuristan und mythische Tiere aus Stein und Marmor. Eine Vielzahl an Gewehren füllte die Zwischenräume: Dschesa'ils mit langen, sich verjüngenden Läufen, schlanke Hakenbüchsen, deren halbmondförmige Schäfte mit präzisen Perlmuttintarsien verziert waren, britische Offizierspistolen, die immer noch einwandfrei funktionierten, und sogar ein Winchester-Gewehr. Es gab Schwerter – gebogene, gerade, lange, kurze – und Langspieße, Bajonette, Schilde aus Nashornhaut, Trommeln, lautenähnliche Robabs mit Stegen aus Elfenbein, Flöten und Tambure aus Maulbeerholz mit schlanken Hälsen und sogar eine zerbeulte Tuba.

Darüber baumelten die Felle eines Wolfs, eines Bären und eines Schneeleoparden, und überall im Laden war ein breites Sortiment an Schmuckstücken verteilt, Teile zerlegter Uhren, Stifte, Taschenuhren, alte und moderne Münzen und Geldscheine aus Ländern, die nicht mehr existierten – kurz: eine Menge Plunder, aber ich hätte liebend gern den ganzen Laden aufgekauft.

Trotz der schwierigen äußeren Umstände lebten wir geselliger denn je. Unerwartete Einladungen waren an der Tagesordnung. Gemeinsam mit den anderen ausländischen Journalisten wurde ich zur Premiere des ersten Spielfilms eingeladen, der seit dem Fall der Kommunisten in Afghanistan gedreht worden war.

Am späten Nachmittag ließ das Treiben auf den Straßen nach, und schon am frühen Abend waren alle Gassen menschenleer. Nachts wurde es bitter kalt, und Rudel von streunenden Hunden streiften unter traurigem Geheul durch die Straßen. Ich trug meine riesige Wolfsfellmütze und einen langen Kamelhaarmantel, dessen ausgestellte Ärmel bis zu den Knien reichten. Niemand achtete darauf. Kabul war einer der wenigen Orte, an dem man wie ein badachschanischer Hirte aus dem letzten Jahrhundert umherwandern konnte, ohne allzuviel Aufmerksamkeit zu erregen.

Gemeinsam mit einem bunt zusammengewürfelten Freundeskreis nutzte ich den Vorteil, als Ausländer von der Ausgangssperre ausgenommen zu sein, und begab mich abends zu den Einladungen, die wir tagsüber erhalten hatten. Einmal fand in der indonesischen Botschaft eine Party statt. Wir fuhren vor einem Haus vor, das in der Dunkelheit eine absurde Ähnlichkeit mit einer georgianischen Villa aufwies. Ein afghanischer Türwächter nahm uns am Eingang Mützen und Handschuhe ab. Bei unserem Eintritt bot sich uns der ungewohnte Anblick von hohen, mit Teppich ausgelegten Räumen, deren Fenster noch alle unbeschädigt waren. Von den versammelten Gästen vor mir stieg warmes, leises Gemurmel auf. Ein Kellner mit einem weißen Jackett mixte Cocktails hinter einer Bar, während ein anderer mit einem klirrenden Getränkewagen durch den Raum kreiste.

Ich fand Rafiq auf einer Ledercouch mit drei französischen Krankenschwestern. Sie kicherten alle ausgelassen. Ich fragte, was denn so komisch sei, und er erzählte, daß sich vor ein paar Minuten ein stämmiger dunkelhäutiger Mann neben sie gestellt und sie angelächelt habe. Rafiq bat ihn darum, ihm einen Aschenbecher zu bringen, im Glauben, es handle sich um einen afghanischen Kellner, worauf sich der Botschafter äußerst liebenswürdig vorstellte.

Am meisten Beachtung fand der Anblick zweier junger Frauen, die mit Tabletts voller indonesischer Köstlichkeiten zwischen den Räumen hin und her stolzierten. Es waren die Töchter des Botschafters. Elegant, wohlgeformt und hübsch, wie sie waren, betonten sie ihre weiblichen Reize auf äußerst unafghanische Art mittels hautenger Blusen und Hosen aus schwarzem Satin. Sie hatten eine ähnliche Wirkung auf die Versammlung wie der Anblick einer Oase in der Wüste auf einen Verdurstenden – zahlreiche Männer bedienten sich immer wieder von den Tabletts, obwohl sie schon längst keinen Hunger mehr hatten, während andere ihnen sehnsüchtige Blicke zuwarfen oder sich mitten im Gespräch jäh zu ihnen umdrehten.

Ihre Bewunderer versuchten unter den aberwitzigsten Vorwänden, mit ihnen ins Gespräch zu kommen, und als das Essen vorbei war, zog eine Horde Männer räuberische Kreise um die Bar, wo die Töchter wie Paradiesvögel anmutig auf den Barhockern Platz genommen hatten. Einer der Gäste – ich weiß nicht mehr, wer es war – forderte mich scherzhaft auf, sie anzusprechen. Wir waren ziemlich nervös. Ich bahnte mir den Weg durch die Menge und fand mich eher unerwartet plötzlich zwischen den beiden wieder. Sie funkelten wie Juwelen, und ich verspürte den Nervenkitzel eines Goldsuchers, der inmitten wertloser Steine auf einmal einen großen Goldklumpen entdeckt hat. In meiner Vorstellung sah ich sie vor einem mit Palmwedeln geschmückten Haus am korallenroten Strand von Jakarta, wo sie barfuß und in ein türkisfarbenes Batikgewand gehüllt Hand in Hand in den Sonnenuntergang liefen …

Meine Nervosität verbergend stürzte ich mich in eine, wie ich hoffte, ansprechende Wiedergabe der Ereignisse im Pandschir-Tal.

»Wir ritten also hundert Meter über dem Fluß dahin …«, begann ich, in der vagen Vorstellung, nun sicher ein sanftes, orientalisches Seufzen oder ein zurückhaltendes und fasziniertes asiatisches Gurren zu hören. Doch als sie ihre Münder öffneten, dämmerte mir die schmerzliche Erkenntnis, daß eine Jugend in Los Angeles ihnen sämtliche fernöstlichen Wesenszüge erfolgreich ausgetrieben hatte.

»O mein *Gott*!« rief die eine und hob ihre grell lackierten Nägel in einer exaltierten Geste an die Wange.

»… der Pfad war nicht breiter als meine Hand …«

»Das ist ja *soooo cooool*!« quiekte die andere, die Augen groß wie Untertassen.

»Und dann begann das Pferd zu scheuen …«

»Das ist ja der *Wahnsinn*!« kreischten sie im Chor. Dann war ihre Aufmerksamkeit erschöpft, sie sprangen von ihren Stühlen auf und waren verschwunden.

Wieder stieg dieses entmutigende Gefühl in mir hoch.

Die Methoden, die Anspannung der ständigen Gefahr zu mildern, waren im allgemeinen ziemlich unkompliziert und beschränkten sich auf ein gelegentliches Trinkgelage. Es gab jedoch auch einige Ausländer, die ihre ganz eigenen Entspannungstechniken entwickelt hatten. Eines Abends, als ich nicht so recht wußte, was ich mit mir anfangen sollte, und mich zudem nach einer heißen Dusche sehnte, machte ich mich auf den Weg zu Rafiq. Er öffnete mit einem leicht schuldbewußten Gesichtsausdruck – wie ein Schuljunge, der hinter dem Fahrradschuppen erwischt wird. Er führte mich ins Wohnzimmer, wo sein Kollege Rustam vor dem Kamin saß und in einer ledergebundenen Ausgabe von Gobineaus *Versuche über die Ungleichheit der Menschenrassen* blätterte. Er sah auf und bemühte sich nach Kräften, wie ein Unschuldslamm zu wirken.

»Zum Glück bist du es nur«, sagte Rafiq mit einem schelmischen Grinsen. »Weißt du, was wir gerade machen?«

Ich hatte keine Ahnung; ich konnte nur erkennen, daß sie offensichtlich irgend etwas im Schilde führten.

Er warf Rustam einen Blick zu und sagte: »Wir haben gerade – *Geigenunterricht genommen*!« Und beide brachen in schallendes Gelächter aus.

»Also« – er wischte sich die Tränen aus den Augen und beruhigte sich wieder – »ich werde es dir erklären. Hast du schon mal Opium probiert?«

Er ging in eine Zimmerecke und holte einen Paraffinkocher hervor, den er dort bei meinem Klopfen verstaut hatte. Unter seinem Stuhl lag ein verformter Kleiderbügel, und hinter einer Vase auf dem Kaminsims hatte er eine aufgebogene Sicherheitsnadel versteckt. An ihrer Spitze steckte eine erbsengroße Kugel Opium; nun waren wir bereit für das Ritual.

Rafiq hielt den Kleiderbügel in die Flamme des Kochers und zog ihn hin und her, bis ein längeres Stück rot glühte, dann hielt er den erhitzten Teil ganz dicht vor seinen Mund. Rustam, der die Ärmel seines Kaschmirpullovers hochgekrempelt hatte, strich sodann mit der Opiumperle vorsichtig über das erhitzte Metall. Während das Opium schmolz, stieg plötzlich schneeweißer Rauch auf, dessen Geruch mich an Mohn erinnerte.

»Wie bei einer Geige«, kicherte Rafiq, dessen Augen wie gebannt auf den zischenden Krümel unter seiner Nase schielten. Dann sog er den Rauch kräftig ein, der wie eine winzige Schlange in der Öffnung zwischen seinen Lippen verschwand.

»In meinem Land«, sagte er, während er träge ausatmete, »gilt Opium nicht als Droge. Es ist ein traditionelles Heilmittel, wie eine Art ... Medizin.«

Zwar besaß diese Rechtfertigung durchaus einen gewissen Charme, und was er sagte, war nicht völlig falsch. Gleichzeitig mußte ich unwillkürlich daran denken, daß gemahlener Wermut in Afghanistan von jeher zur Behandlung von syphilitischen Geschwüren verwendet wurde und man dennoch keine Männer sah, die nach ihrer Heilung noch mit Breiumschlägen auf ihren Genitalien herumliefen.

Rafiq spürte meine Skepsis.

»Mein Gott, nein!« Er schüttelte den Kopf, während seine Augen seltsam durchsichtig wurden. »Ich würde niemals *echte* Drogen nehmen. Kokain, Heroin – *niemals*!«

Er erklärte weiter, daß das Opium eine »kalte« Wirkung habe und daß es daher wichtig sei, gesüßten Tee dazu zu trinken, weil Zucker »warm« sei. Ohne seine ausgleichende Wirkung könne der Schock des Opiums Übelkeit auslösen; deshalb neigten auch die meisten »Anfänger« dazu, sich heftig zu erbrechen.

Allerdings wollte er seinen Opiumgenuß unter keinen Umständen mit dem verzweifelten und selbstbezogenen Rausch westlicher Drogenkonsumenten verglichen wissen. Selbst Edward Browne, der untadelige Orientalist, habe während seiner Reisen durch den Iran regelmäßig einen Zug genommen. Die Absicht sei, sich zu unterhalten, Musik zu hören und teilzuhaben am ... am ... »am Leben! Ich finde, das Leben ist voller Erfahrungen!«

Dann wandte er sich an seinen Gefährten und sagte: »*N'est-ce pas*, Rustam?«

Rustam hatte eine täuschende Ähnlichkeit mit Salman Rushdie und zitierte nun – passend zu seiner zuvorkommenden und weltmännischen Art – einen französischen Existentialisten über die Bedeutung des Selbstmords. Dann grinste er zufrieden, als habe er eine unersetzliche Kostbarkeit aus dem intellektuellen Schatzkästchen des Westens hervorgezogen.

Rafiq tat die vergeistigte Manier seines Freundes mit einem Vers von Baha'ullah ab. Dann wandten sich die beiden mir zu. Da ich bei solchen Diskussionen meist wenig zu sagen wußte, hatte ich ihr Gespräch bislang schweigend verfolgt. Nun tadelte mich Rafiq für meine Reserviertheit. Ich hatte zuvor meiner Neugier nachgegeben und ebenfalls einen Zug von dem Opium genommen, hätte jedoch nicht sagen können, wie sich Rafiqs Medizin tatsächlich auf mich auswirkte. Ich lauschte nach Kräften, um die Melodie von Coleridges abessinischem Mädchen zu hören, das vom Berg Abora sang, nahm jedoch nur das Knistern der Flammen im Kamin wahr. Ich hatte mir die Lippen verbrannt, und meine Zähne schmerzten von dem vielen gezuckerten Tee, den wir getrunken hatten.

Aber vielleicht zeigte sich ja doch eine Wirkung. Gerade im richtigen Moment stieg unerwartet eine Geschichte in mir hoch. Ich fragte meine beiden Gefährten, ob sie bequem säßen, und fing an zu erzählen …

Ein König wollte herausfinden, wer der frommste Mann in seinem Königreich war, und ihn belohnen. Also schickte er seine Spione und Agenten durchs Land, damit sie sich unter das gewöhnliche Volk mischten und sich überall nach dem frommsten Mann der Gegend erkundigten. Monate vergingen, ehe die Liste der Anwärter schließlich nur noch zwei Männer aufwies: einen Mullah und einen Derwisch.

Da niemand sagen konnte, wer von ihnen der Frömmere war, wurde das Urteil dem König selbst überlassen, der die beiden Männer zu sich rief und sie persönlich befragte.

Zuerst war der Mullah an der Reihe. In seinen Privatgemächern bat ihn der König, sich zu setzen und bei seiner Ehre einige Fragen wahrheitsgetreu zu beantworten.

»Ich habe hier eine Summe Gold«, sagte der König und tätschelte einen kleinen Beutel, »mit dem ich den anständigsten von euch beiden belohnen möchte. Doch zuerst muß ich folgendes wissen: Wenn du diese Belohnung erhalten solltest, würdest du dann einen Teil davon für Wein ausgeben?«

»*Astaghfirullah!*« rief der Mullah sogleich aus. »Gott bewahre!«

»Aber du würdest vielleicht etwas davon für das Glücksspiel ausgeben?«

»*Astaghfirullah!*« rief der Mullah wieder.

»Und was ist mit Frauen?«

»*Astaghfirullah!*« protestierte der Mullah. »Ich würde nicht einmal daran denken.«

»Also gut«, sagte der König. »Ich werde deine Antworten bei meiner Entscheidung bedenken.«

Der Mullah verabschiedete sich ehrerbietig von dem König, der nun den kleinen Derwisch zu sich rief. Und wieder begann der König mit seinen Fragen: »Wenn ich dir dieses Gold geben würde, würdest du es für Wein oder andere verbotene Rauschmittel ausgeben?«

Der Derwisch überlegte eine Weile und antwortete nach einer Pause: »Warum nicht?«

Der König war verblüfft, fragte jedoch weiter.

»Was ist mit Glücksspiel?«

Wieder dachte der Derwisch einen Augenblick nach und sagte dann: »Warum nicht?«

»Und Frauen?«

»Nun«, grübelte der Derwisch wieder, »warum nicht?«

Der verdutzte König entließ den Derwisch, der sich zum Mullah ins Nebenzimmer setzte. Während sie auf das Urteil warteten, erzählten sie sich gegenseitig von ihren Gesprächen mit dem König. Schließlich kam ein Bote aus dem Gemach des Herrschers und verkündete:

»Seine Majestät wünscht bekanntzugeben, daß das Geld … dem Derwisch übergeben wird.«

Der Derwisch verzog keine Miene, aber der Mullah sprang sofort auf und protestierte: »Das muß ein Irrtum sein!«

Er eilte an den Wachen vorbei zum König. »Eure Majestät«, flehte er. »Ich würde es niemals wagen, die Belohnung für die Dinge auszugeben, von denen Ihr gesprochen habt. Aber dieser lasterhafte Derwisch hat selbst zugegeben, daß er das Geld ohne Zögern auf die schändlichste Art und Weise verwenden würde!«

»Zu ebendiesem Schluß bin ich auch gekommen«, erwiderte der König. »Daher braucht er das Geld offensichtlich weitaus dringender als du.«

Rafiq lachte und lachte, und manchmal, nach einer langen Stille, brach er erneut in schallendes Gelächter aus, während er übertrieben den Derwisch imitierte: »*Warum nicht? Warum nicht?*«

Damit hatte ich mein vorheriges Schweigen wiedergutgemacht. Mittlerweile war es schon sehr spät. Rafiq bot mir ein Bett im oberen Stock an. Im Zimmer war es gemütlich warm, und ich versank zwischen den steifen Laken in eine angenehme Träumerei, während ich darüber nachdachte, daß der Charakter eines Ausländers hier leicht auf den Hund kam, da er mit seinem Geld wie ein König leben konnte und isoliert war von den einschränkenden Realitäten des Lebens. Umgekehrt konnte dieser Ort allerdings auch das Beste in einem zum Vorschein bringen. Ich dachte an diejenigen unter meinen Bekannten hier, die sich zu beiden Extremen hingezogen fühlten und entsprechend litten; einige rutschten irgendwann ab, während sich andere wieder nach oben kämpften. Die beiden Gegensätze ließen sich tagtäglich beobachten, und zwar weitaus intensiver als im normalen Leben. Menschen, die nichtsahnend ins Land kamen, fanden sich häufig von der Spannung zwischen diesen Polen unerträglich hin und her gerissen.

Der muslimische Fastenmonat Ramadan hatte begonnen. Dreißig Tage lang durften die Gläubigen tagsüber weder essen noch trinken und mußten sich bemühen, den Kopf von bösen Gedanken zu befreien. Der Ramadan ist ein Monat der Reinigung und Erneuerung, in dem der einzelne neue Vorsätze faßt, um seine Anfälligkeit für die alltäglichen Verlockungen zu bezwingen. Die spirituelle Erfüllung durch das Fasten sowie der gesellschaftliche Zusammenhalt, der damit einhergeht, sind wohlbekannt – aber es ist dennoch eine schwere Prüfung. In diesem Jahr wurde der Ramadan durch einen bitterkalten Winter und einen allgemeinen Mangel an Brennstoff noch zusätzlich erschwert. Trotzdem kochten die afghanischen Mitarbeiter nach wie vor bereitwillig für uns; einmal, als ich den zahnlosen Suleiman sanft dafür tadelte, daß er mich nicht mein eigenes Essen zubereiten ließ, lachte er laut über diesen absurden Gedanken.

»*Wasife-i ma ast!* Es ist doch meine Pflicht!« gluckste er. »Sie sind unser Gast!« Stundenlang saß er allein in der dunklen Küche und werkelte über einem Campingkocher, ehe er durch die eisige Dunkelheit nach Hause radelte.

Kurz nachdem Suleiman das Haus verlassen hatte, schloß dann der *tschaukidar* namens Sultan – ein kleiner Mann mit einem durchtriebenen Gesicht, der wegen seiner finsteren Miene zu Unrecht etwas verschrien war – die Türen mit dem würdevollen Ernst eines Gefängniswärters ab. Wir begegneten uns nicht oft, aber einmal, als ich das Haus verlassen wollte und ihn auf der Treppe traf, zeigte er auf meine Tür. »Schließen Sie Ihr Zimmer ab«, sagte er streng. Vor einem Monat hatte es einen Diebstahl gegeben, und der ehemalige Korrespondent hatte die unangenehme Entscheidung getroffen, seine Mitarbeiter von der Polizei befragen zu lassen. Seitdem hatte die Atmosphäre im Haus etwas gelitten.

»Abschließen ist gut«, entgegnete ich, »aber Vertrauen ist besser.«

Sein Gesicht hellte sich überrascht auf.

»*Bi schakk!* Zweifellos!« lachte er, kam auf mich zu und umarmte mich.

Es war das einzige Mal, daß ich ihn lächeln sah.

Zumindest theoretisch ist der heilige Monat auch eine Zeit der Versöhnung, und so wurden die Kämpfe ausgesetzt. Eine Zeitlang war die Stadt von den Schrecken der unberechenbaren Angriffe erlöst. Mehrere Tage lang wirkte alles seltsam ruhig, wenn man durch die Straßen ging, und man bekam eine Ahnung davon, wie sich Frieden wohl anfühlte. Allerdings war dies eine trügerische Ruhe, und kaum jemand glaubte wirklich daran, daß sie von Dauer sein würde.

Und so war es auch: Die Dynamik des Krieges war einfach zu groß. Nach einer Woche fingen das Donnern und das Krachen von neuem an, und die Stadt wurde zweimal von Kampfflugzeugen angegriffen. Alain filmte den ersten dieser Angriffe gutgelaunt von seinem Dach aus, eine selbstgedrehte Zigarette zwischen den Lippen, während das BBC-Haus von den Explosionen erschüttert wurde.

Beim zweiten Mal befand ich mich gerade im Stadtzentrum, da ich Rafiq beim Teppichkauf zur Seite stand. Wir fuhren in seinem Jeep von Geschäft zu Geschäft, und es kam uns fast wie ein ganz normaler Tag vor. Doch als wir aus einem Laden in der Nähe der Chicken Street kamen, hörten wir ein eigenartiges Knirschen, das immer lauter wurde, bis es schließlich den gesamten Himmel erfüllte und alles um uns herum zum Beben brachte. Die Menschen auf der Straße blieben wie angewurzelt stehen. Dann ertönte von irgendwoher das Donnern eines herannahenden Kampfjets, das sich zu einem ohrenbetäubenden Kreischen steigerte. Mit einem Sprung suchten wir in einer Türöffnung Deckung, während zwei Explosionen fast gleichzeitig den Boden erschütterten. Die Druckwelle traf uns wie ein Schlag.

Das knirschende Geräusch stammte von den Luftabwehrgeschützen und hallte aus allen Richtungen wider. Der Jet flitzte jedoch unversehrt durch den Himmel und hinterließ eine hohe Rauchsäule, die mehrere hundert Meter von uns entfernt aufstieg.

Rafiq schlug die Hände vor das Gesicht und stöhnte angsterfüllt.

»Oh, zum Teufel mit dieser Stadt!« schrie er. »O Gott!«

Ich fragte, ob er mich schnell zu der Stelle fahren könne, wo die Bomben eingeschlagen hatten, aber er schüttelte bedauernd den Kopf und sagte, er könne es nicht riskieren, sich in die Sache hineinziehen zu lassen.

»Du weißt doch«, sagte er, »es könnte kompliziert werden.«

Ich überredete ihn, mich wenigstens ein Stück in die Richtung zu bringen, und legte den Rest zu Fuß im Laufschritt zurück, wobei ich einige Male falsch abbog und mich in einem Gewirr von Seitenstraßen verlief, denen ich in der Hoffnung auf eine Abkürzung gefolgt war. Als ich die Stelle der Detonation endlich erreichte, hatte sich der Rauch verzogen, und der Verkehr auf der Straße nahm schon wieder seinen gewohnten Gang. Zwei Bomben hatten je einen Krater in der Größe eines Autos hinterlassen – und zwar exakt in einer Linie zum Verteidigungsministerium. Es sah so aus, als hätte der Pilot die Bomben einen Sekundenbruchteil zu früh abgeworfen: Eine war am Flußufer hundert Meter vor dem Ministerium gelandet und hatte die umliegenden Häuser mit Schmutz und Splittern bespritzt, die andere war in einem kleinen Wäldchen vor den Toren des Geländes detoniert. Auf der Straße lagen die Scherben einer Windschutzscheibe und ein verbogenes Fahrrad.

Ein Wachposten scheuchte die Männer und Frauen davon, die den schmutzigen Krater umringten. Mehrere Bäume waren umgeknickt, und zerbrochene Äste und Zweige lagen in einem großen Bogen verstreut herum. Erst jetzt merkte ich, daß die Leute nicht wie ich gekommen waren, um die Spuren des Angriffs zu begutachten, sondern um Feuerholz zu sammeln.

Diesen entmutigenden Vorzeichen folgte die Nachricht von einer Blockade im Süden. Die Preise stiegen, und die verderblichen Waren wurden jeden Tag rarer. Fleisch verschwand ganz von unserem Speiseplan, und die Auswahl an Lebensmitteln in den Geschäften und Verkaufsständen wurde merklich geringer.

Wie immer im Krieg kursierten zahlreiche Geschichten in der Stadt, und Berichte über die neuen Nöte, die den Menschen durch die Blockade auferlegt wurden, verbreiteten sich mit einem fast grimmigen Eifer. Eine dieser Legenden wurde fast wortwörtlich von den Journalisten zitiert, die vorübergehend in der Stadt waren. Sie handelte von einer Witwe, die ihr Haus verlassen hatte, um nach Feuerholz zu suchen, und von Mudschaheddin gefangengenommen wurde, die sie mehrere Tage einsperrten und wiederholt vergewaltigten. Als sie endlich wieder freikam, war ihr Haus von einer Rakete zerstört worden, und inmitten der Trümmer lagen die ausgemergelten Leichen ihrer Kinder, die während der Abwesenheit ihrer Mutter langsam verhungert waren.

Ich hatte mir noch nie überlegt, wie eine solche Geschichte wohl entstanden sein könnte, bis mich ein kleiner, aber aufschlußreicher Vorfall zum Nachdenken brachte.

Ich ging wieder zu dem Friseur, der mir schon vor einem Monat die Haare geschnitten hatte. Er begrüßte mich herzlich und sagte, während er den Umhang hinten in meinem Nacken befestigte: »Sie sind weg gewesen.«

Ich war mir nicht sicher, ob dies eine Frage oder eine Feststellung sein sollte.

»Ja«, antwortete ich.

»In Herat.«

»Stimmt.«

Seine Schere arbeitete sich über meinen Kopf, während ich darüber staunte, wie gut er informiert war. Dann fragte er weiter: »Und Sie haben die Grabstätte von Chodscha Ansari aufgesucht?«

»Ja ...«

»Und einige Taliban kamen zur Grabstätte, während Sie dort waren.«

»Ja, aber woher –«

»Und sie lachten und rauchten *tschars*.« Das war der gängige Ausdruck für Cannabis oder Marihuana (*bang* ist meines Wissens nach ein berauschendes Getränk aus Cannabis und *tarjak* die Bezeichnung für Opium). Das Cannabisrauchen war eine zusätzliche Ausschmückung der Geschichte – und eine provozierende noch dazu –, denn während des Ramadan war selbst das Rauchen von Zigaretten verboten. *Tschars* in einem der heiligsten Grabmäler des Landes zu rauchen war daher ein ungeheuerliches Vergehen. Offensichtlich hatte sich die Kunde von meiner Reise bereits wie ein Lauffeuer durch die Stadt verbreitet. Ich fragte den Friseur, woher er das alles wisse.

»Weil ich es heute morgen im Radio gehört habe«, grinste er verschmitzt.

Ich war völlig verblüfft. Gleichzeitig machte ich mir große Sorgen, die Sendung könne auch in Herat ausgestrahlt worden sein und den freundlichen Wächter der Grabstätte, der mich dort hatte übernachten lassen, vielleicht in Schwierigkeiten bringen. Den ganzen Tag über grübelte ich darüber nach, wem ich von meiner Reise nach Herat erzählt hatte, bis ich endlich darauf kam, wer die Geschichte weitergetragen haben konnte. Darauf angesprochen, behauptete derjenige, er habe sie so erzählt, wie er sie von mir gehört hatte, und ich glaubte ihm. Zudem erfuhr ich voller Erleichterung, daß die ganze Geschichte nur im lokalen Sender zu hören gewesen war. Jemand anders in der Kette, einer der Leute vom Radio, mußte die anderen Teile hinzugefügt haben. Es war interessant zu sehen, wie sich solche Geschichten entwickelten und sich den jeweiligen Bedürfnissen anpaßten, indem sie zusätzliche Details aufnahmen. Wie die schlimme Geschichte von der Witwe basierte zwar jedes einzelne Versatzstück auf soliden Fakten, zusammengenommen wurde jedoch ein Spiegelbild von der augenblicklichen Stimmung in der Bevölkerung daraus.

Eines Morgens spürte ich ganz deutlich, daß der Tag meiner Abreise nicht mehr fern war. Ich hatte mein restliches Geld gezählt und dabei festgestellt, daß ich kaum noch genug besaß, um ein paar Abschiedsgeschenke zu kaufen. Von da an hing die bevorstehende Abreise wie ein Schatten über mir, und die verbleibenden Tage schienen mir um so kostbarer. Ich fühlte einen Anflug von Panik angesichts der vielen Dinge, die ich bislang zu tun versäumt hatte – teils aus eigener Schuld, teils aber auch wegen der schwierigen Umstände im Land –, und empfand fast schon Angst bei dem Gedanken, in die komplizierte Welt der Heimat zurückzukehren.

Ich hatte noch nie Kabul von oben gesehen; also stieg ich am folgenden Tag durch ein Gewirr winziger Gassen und zwischen Lehmmauern den Asma'i-Berg hinauf, vorbei an Kindern, die Wasser in Tonkrügen auf dem Kopf trugen, bis ich auf eine Militärstraße stieß, die ebenfalls bergauf führte. Ein Soldat, ein Pandschiri, trat aus seinem Bunker und hielt mich an. Wir plauderten eine Weile, dann sprach er in sein knisterndes Funkgerät und bat um Erlaubnis für mich, weiter nach oben gehen zu dürfen. Weil er keinen Funkkontakt zu seinem Kommandanten bekam, stiegen wir schließlich gemeinsam zwischen den Steinen am Wegesrand hinauf, die dort, wo man Minen gelegt hatte, rot angemalt waren. Er beobachtete mich schweigend, während ich mich auf einen großen Stein stellte und auf die Stadt unter mir blickte.

Am nördlichen Horizont streckte sich das weißzahnige Sägeblatt des Hindukusch hin. Im Nordosten der Stadt erkannte ich das Straßennetz, mit dem ich mittlerweile so vertraut geworden war. Angesichts des riesigen Häusermeers wirkte es verschwindend klein. Es dauerte sicher Jahre, bis man sich richtig in Kabul auskannte, und ich spürte, wie klein der Radius meiner Erkundungsgänge letztlich doch gewesen war.

Mehrere Kilometer entfernt, am Rande der östlichsten Vororte – noch jenseits des sowjetischen Geschwürs Microrayon –, konnte ich drei Umrisse ausmachen, die an falsch plazierte Türme auf einem Schachbrett erinnerten. Unsicher starrte ich eine Weile zu ihnen hinüber, dann gab es keinen Zweifel mehr: Es waren die aus Ziegelsteinen erbauten Brennöfen! Ihr Anblick weckte jäh eine elf Jahre alte Erinnerung in mir. Ich konnte fast fühlen, wie meine Füße wieder durch den Staub unter den Türmen stolperten; ich hörte wieder das Flüstern und das Klirren der Gewehre und das letzte Festzurren der Riemen und der Gurte, das Bellen eines Hundes und dann den Schrei eines Mannes aus einem nahen Gebäude, der mir das Blut in den Adern gefrieren ließ … Und für eine Sekunde war ich wieder dort, bei unserem ersten Eindringen in die Stadt. Zusammen mit Pål und einem Trupp von fünfzig Mudschaheddin hatte ich mich im Schatten der Türme vor dem Mondlicht verborgen, ehe wir zwischen den zerstörten Gebäuden ausschwärmten und die Gewehre zugleich entsicherten. Ich konnte immer noch die Kugeln hören, die gleich darauf kreuz und quer über unsere Köpfe hinwegflogen, und erinnerte mich an Påls grinsendes Gesicht im Mondschein, auf dem Höhepunkt des Angriffs, als er vorschlug, wir könnten doch einen der Männer in die Stadt schicken, um Pizza zu holen.

Ein Kämpfer war zu uns in den Graben gesprungen, weil sein Gewehr Ladehemmung hatte, und Pål gab ihm mit einer eher mißglückten Salve Deckung.

Der Mudschahed eilte mit einem atemlosen und unverständlichen Dank in den Kampf zurück, während wir hinter ihm herriefen: »Meine bitte mit Anchovis … und mit Knoblauch!«

»Und frisches Basilikum nicht vergessen!«

Und wie eine Antwort auf diese Unverfrorenheit hatte auf einmal eine Salve von Leuchtspurgeschossen die Luft über uns zerrissen. Wir duckten uns und lachten und änderten unsere Bestellung.

Es gab sogar eine Art Abschiedsparty für mich. Bislang hatte ich mich bei solchen Ereignissen immer etwas zurückgehalten, weil ich dachte, daß es eine unnatürliche Anstrengung erforderte, sich angemessen begeistert zu zeigen. Doch nun gab ich mich zum ersten Mal einer Art Hemmungslosigkeit hin und fand es unerwartet angenehm.

Die Party war wild und ausgelassen wie üblich, aber gegen Ende des Abends brannte die Unbekümmertheit allmählich nieder – wie ein Feuer, in dem nur noch ein paar hartnäckige Kohlen glühen. Die Möbel und Teppiche waren etwas durcheinandergeraten, und zwar infolge eines improvisierten Rugby-Matchs mit den Engländern auf der einen und den Franzosen auf der anderen Seite, bei dem zwei Dutzend torkelnde Füße über eine zum Spielball erklärte Wassermelone getrampelt waren. Ein paar von uns waren noch geblieben und saßen um einen Tisch herum, auf dem die Reste des Essens standen, ergänzt durch private Vorräte an Zigaretten und Schokolade, die wir in den oberen Zimmern aufgestöbert hatten.

Franco, der italienische Abenteurer, unterhielt mich mit einer seiner außergewöhnlichen Geschichten und erzählte, wie man einmal auf ihn geschossen hatte, als er glücklicherweise rein zufällig eine kugelsichere Weste getragen habe...

Eine halbvolle Whiskeyflasche tauchte auf, und eine erste Runde floß in die Gläser, die ausgelassen erhoben wurden. Jemand schlug vor, die UN abzuziehen und statt dessen eine Übergangsregierung von Ausländern zu wählen, die, da sie nichts über das Land wüßten, alle Argumente der Opposition mit dem Gleichmut des gesunden Menschenverstandes ausräumen würden; Skandinavier seien am besten geeignet, da sie mit dem Winter weniger Probleme hätten. Richard Branson wurde berufen, um die Wirtschaftspolitik in geregelte Bahnen zu lenken, Václav Havel, schlug ein anderer vor, könnte eine neue Verfassung aufsetzen, unter Mithilfe von Bauern, die von den verschiedenen ethnischen Gruppen gewählt wurden.

Als der Whiskey zum zweiten Mal die Runde machte, wurde die verwüstete Hauptstadt von Hekmatjars ehemaligen Anhängern unter Schirmherrschaft von Prinz Charles wiederaufgebaut; das neue Gremium für religiöse Erziehung sollte von Mullah Nasruddin geleitet werden...

Und während die Flasche immer leerer wurde, phantasierten wir uns erstaunliche Taten des Großmuts herbei: Bill Gates hatte sich bereit erklärt, die Zinsen für ein Jahr von seinem Privatvermögen zur Verfügung zu stellen, um damit sämtliche Waffen im Land aufzukaufen – endlich würde Frieden herrschen! Die Premierministerin von Pakistan hatte ihre Villen in England und Amerika veräußert und zahlreiche Schulen für Kinder gegründet, die von Minen verkrüppelt waren, während ihr Mann eine Drachenwerkstatt in der Hauptstadt leitete. Die Saudis gaben ihre Gelder nicht mehr den Taliban, sondern kauften davon Bäume, und jeder Mann, der einst in Waffen gestanden hatte, erklärte sich bereit, hundert Schößlinge zu pflanzen. Die Amerikaner – ein von Natur aus großzügiges Volk, das endlich erkannte, welch großes Elend die niedrigen Ölpreise in seinem Land anderswo verursachten – stimmten zu, ihre Pipeline durch Afghanistan nicht in Pakistan enden zu lassen, sondern in Kabul, wo das billige Öl der frierenden Bevölkerung das Leben rettete. Minenräumkommandos, aufgestellt von reuigen sowjetischen Generälen, wurden von ehemaligen Offizieren der afghanischen Geheimpolizei geleitet, die dafür aus ihren Verstecken in Europa zurückkehrten, und die pauschal als gesundheitsschädlich verdammten britischen Kühe wurden nicht verbrannt, sondern vom Roten Kreuz eingeflogen, um von hungrigen Familien dankbar geschlachtet zu werden.

Die Gläser wurden klirrend auf den Tisch gestellt; die Flasche war leer.

Die ganze Zeit über war ich mir der Anwesenheit einer Frau bewußt, die bei uns saß und unserer Unterhaltung lauschte, bis wir uns irgendwann selbst miteinander bekannt machten. Sie hatte auffallend blaue Augen, und während wir über das Leben in Kabul witzelten, spürte ich plötzlich, daß all die wilden Spekulationen und Sarkasmen, die bei Partys ein harmloses Ventil für unsere Ängste darstellten, im Grunde nichts anderes waren als eine versteckte Form der Sehnsucht. Aber Sehnsucht wonach? Wir kamen im gleichen Moment auf die Antwort: nach Nähe. Nähe zum Leben oder Nähe zu anderen, fragten wir uns daraufhin. Unsere Unterhaltung verselbständigte sich immer mehr. Ob sie glaube, fragte ich, daß Nähe möglich sei, ohne daß sich ihr dämonischer Bruder, das Besitzdenken, dazwischendränge?

»Bestimmt«, sagte sie, »zumindest für manche Menschen.«

Aber das ist eine andere Geschichte.

Auf dem Nachhauseweg, als ich auf Zehenspitzen an den Wachposten bei unserem Haus vorbeischlich, aus Angst, in der Dunkelheit in ein Gewehr zu laufen, hörte ich, wie jemand Flöte spielte. Der *tschaukidar* war dazu übergegangen, im Wohnzimmer zu schlafen, und hatte mich daher nicht klopfen hören. Nach einigen erfolglosen Versuchen, mich bemerkbar zu machen, gelang es mir, einen Baum hinaufzuklettern und mich über die Mauer zu schwingen. Ich ließ mich in den Garten fallen und sah durch das Fenster, wie er neben dem Feuer unter einem Berg Decken schlief. Er sah so friedlich aus, daß ich ihn nicht wecken wollte. An der Regenrinne kraxelte ich zu meinem Fenster hinauf und schob die Plastikplane beiseite. Als ich in mein Bett krabbelte, sprang eine Katze heraus, die dort vorübergehend Zuflucht gesucht hatte. Das Laken war immer noch warm, als ich hineinsank.

Jeder, der einmal eine Zeitlang in ständiger Gefahr verbracht hat, weiß um die schützende Umstellung der Sinne, die noch Jahre später in unerwarteten Momenten wieder aktiv werden kann. Nerven, die einmal einer extremen Anspannung ausgesetzt waren, verlieren ihre ursprüngliche Unschuld für immer. Mit der Zeit werden diese Fluchtreflexe zwar bewußt unterdrückt, doch wenn man im Halbschlaf ist oder sich in einen Tagtraum verliert, erkennt man wieder, wie tief sie sich im Nervensystem verankert haben: Eine Tür schlägt zu, und man rollt mit einer Geschwindigkeit vom Bett, über die man selbst staunt. Bei einem abendlichen Spaziergang veranlaßt einen ein näher kommender Scheinwerfer, hinter einem Dickicht am Wegesrand Schutz zu suchen. Sieht man aus dem Augenwinkel auf der anderen

Seite einer belebten Straße einen Mann unter sein Hemd greifen, so wirbelt man sofort herum, um die Flucht zu ergreifen, dabei kratzt er sich lediglich.

Ich hörte das Auto, als es noch fünfzig Meter von mir entfernt war, und am Geräusch des Motors konnte ich erkennen, daß es langsamer wurde. Als es kurz darauf hinter mir anhielt, rann mir bereits der Schweiß den Rücken hinunter.

Es war Harun, der gutaussehende afghanische Diplomat. Er fragte, ob er mich irgendwohin mitnehmen könne und warum ich so erleichtert seufze. Dankbar stieg ich zu ihm in den Wagen. Er befand sich auf dem Weg zu einem Besuch in seinem einstigen Elternhaus, das gerade umgebaut wurde. Während der Fahrt begann er, in seinen Kleidern herumzusuchen.

»Könnten Sie das einen Moment lang für mich halten?« fragte er. Etwas Schweres glitt in meinen Schoß. Es war eine russische Militärpistole, und sie war geladen. Ich blickte ihn fragend an.

»Man kann nie wissen«, sagte er.

Wir passierten einige ärmliche Straßenverkäufer, die ihre Karren vor sich herschoben oder die Metallgitter vor ihren behelfsmäßigen Verschlägen hinunterzogen.

»Kabul war früher ganz anders«, sagte er gereizt, »und schauen Sie es sich jetzt an.« Er schüttelte den Kopf. Seine Frau war kürzlich aus den Vereinigten Staaten gekommen, und als sie vor ihrem Haus vorgefahren waren, hatte sie auf die von Einschüssen übersäten Wände und die Sandsäcke geblickt und gefragt: »Ist das der am schlimmsten getroffene Teil der Stadt?«

»Nein, Liebling«, hatte er geantwortet, »das ist noch der beste Teil.«

Wir fuhren zu einer ruhigen Straße in Wasir, und als wir aus dem Auto stiegen, steckte er die Pistole in den Gürtel. »Oje«, grinste er, »wenn meine Frau wüßte, daß ich eine Waffe trage, würde sie Zustände kriegen.«

Im Innern des Hauses verlegten einige Handwerker einen neuen Marmorboden und strichen die Fugen aus. »Es ist viel kleiner, als ich es in Erinnerung habe«, sagte er bei einem Blick in sein altes Kinderzimmer. Zwanzig Jahre waren vergangen, seit er mit seinen Eltern geflohen war. Gemeinsam mit seinem Bruder plante er, zusammen mit dem Haus auch sein Heimatgefühl wiederherzustellen. Ich dachte stumm über das schwierige Unterfangen nach, sich nach einem komfortablen Leben in Kalifornien wieder der Lebensweise dieses gebeutelten Landes anzupassen, in das er da nun zurückgekehrt war. Aber er schien wild entschlossen.

»Kommen Sie wieder und bleiben Sie hier«, sagte er, als wir Tee in seinem Garten tranken. Die Sonne schien warm auf unsere Gesichter. »Das Leben ist so einfach. Im Westen dagegen machen wir es uns so schwer.« Er war erst kürzlich von einer Stippvisite in den USA zurückgekehrt, und allein bei der Erinnerung daran schauderte es ihn.

»Ich kann nicht mehr dorthin zurück. Ich werde hier leben, und, so Gott will, auch hier sterben. Hier reden wir miteinander, wir treffen uns, wir beten, wir leben. Es ist so einfach. Ich könnte Ihnen bei Ihrem Anfang hier behilflich sein.«

»Das klingt sehr verlockend«, sagte ich.

»Was wollen Sie mehr?« fragte er.

Ja, was eigentlich? Es stimmte, daß das Leben sich auf verschiedene Grundbedürfnisse verdichtet hatte, und einige meiner Träume hatten an Klarheit gewonnen. Ich spielte ernsthaft mit dem Gedanken, denn Haruns Worte trafen einen Nerv, der durch meinen bevorstehenden Abschied noch empfindlicher geworden war. Mir wurde klar, daß ich mich in dieser heruntergekommenen Hauptstadt so glücklich gefühlt hatte wie seit Jahren nicht mehr; es war nicht das Glück oberflächlicher Vergnügungen gewesen, sondern das tiefe Glück, wirklich zu leben. In diesen Momenten kam mir »zu Hause« wie ein trister und unfreundlicher Zufluchtsort vor, an dem einem niemand ins Gesicht sah. »Zu Hause!« Ich konnte nur an die Autos denken, die sich wie Lemminge auf überfüllten Autobahnen drängten, und an die Aussicht auf unbezahlte Strafzettel.

Wie es das Klischee nun einmal will, waren es die kleinen Dinge, die ich vermissen würde, und die Lebenskraft, die ich aus ihnen zog. Ich würde die Ladenbesitzer vermissen, die aus ihren Geschäften verschwanden, um Süßigkeiten für den Tee zu holen, ich würde den Kebabverkäufer vermissen, an dessen Bude ich an vielen eiskalten Morgen vorbeikam und der mich wortlos heranwinkte, damit ich meine Hände an seinem Feuer wärmte, und den *tschaukidar* beim Roten Kreuz, der darauf bestand, mich mit seiner Laterne hundert Meter die Straße entlang zu begleiten, und ich würde den Buchverkäufer mit seinem schäbigen Karren vermissen, der, wenn die Dinge besonders schlimm standen, seine Hände rieb, die Handflächen zur Sonne drehte und sagte: »*Chuda mehriban ast!* Gott ist gut zu uns!«

Und dann war da noch die einzig sichtbare und unzerstörbare Ikone, die das Land noch besaß: Ich würde das Licht seiner Sonne vermissen.

Kurz vor meiner Abreise wurde ich mit einigen anderen Freunden und zwei europäischen Journalisten auf Besuch zu einem offiziellen Abendessen mit ein paar Regierungsbeamten eingeladen. Unser Kontaktmann zum Verteidigungsministerium, Amrullah, war anwesend, außerdem Harun, seine Frau und sein Bruder sowie drei von Masuds engsten Beratern.

Wir hielten unsere Gastgeber sicher nicht für Heilige – durch solche Anlässe blieben sie über die Einstellung ihrer Gäste auf dem laufenden und fanden geneigte Ohren für ihren eigenen Standpunkt. Doch sie gaben sich stets äußerst zuvorkommend, und es war schwer, sich durch die Tatsache nicht rühren zu lassen, daß sie sich eine Auszeit von ihren Regierungsgeschäften und dem Krieg nahmen, nur um uns mit einem üppigen Mahl zu verwöhnen.

Während die einzelnen Gäste noch eintrafen, bemerkte ich ein ausgedrucktes Dokument in englischer Sprache, das auf dem Tisch lag. Es war der Bericht einer ausländischen Entwicklungsgesellschaft, die kürzlich zu einem vierzehntägigen Besuch im Land gewesen war, »um Afghanistans gegenwärtigen und zukünftigen Hilfsbedarf unter dem Aspekt der angenommenen Entwicklung der politischen Situation und der Sicherheitslage abzuschätzen und eine Vorausplanung zu empfehlen ...«

Die Worte verschwammen vor meinen Augen. »Die Untersuchungsmethodik bediente sich eines allgemeinen Bezugsrahmens aus präzisen Beurteilungskriterien und teilstrukturierten Interviews mit zentralen Informanten ...« Ich fragte mich, ob der Afghane, der neben mir saß, wußte, daß sein Land geprägt war von »einer relativen sozialen Mobilität, einer starken politischen Fluktuation und einer organisatorischen Diversität sowohl auf der Mikro- als auch auf der Makroebene«, und empfand tiefes Mitgefühl für die Männer, die am Wiederaufbau der Regierung arbeiteten.

Die Unterhaltung war freundschaftlich. Doch es war ein Hauch von Frustration zu spüren, als sich das Gespräch den jüngsten Nachrichten zuwandte, denen zufolge Amerika »heimliche« Absichten hegte, das Regime im benachbarten Iran zu schwächen; es war ein altes und empfindliches Thema. Die Afghanen fühlten sich immer noch von ihrem früheren Verbündeten im Stich gelassen, von dem sie geglaubt hatten, er würde nach der Niederlage der Sowjets zurückkehren und ihnen beim Aufbau des zerstörten Landes helfen. Die Nachricht, daß Washington sich nun bereit erklärt hatte, eine benachbarte Regierung zu destabilisieren, wurde als zynische Bestätigung für dieses Gefühl gewertet.

»Wir sehen, wie Amerika denkt«, sagte einer der Anwesenden nachdenklich, »und wir sehen, wie der Iran denkt. Wir unterstützen keinen von beiden. Doch das Vorgehen der Amerikaner ist äußerst offensiv. Es ist so, als würden wir den Amerikanern vorschreiben, wie sie zu leben haben.«

Die versammelten Männer waren politisch ganz und gar nicht unbeleckt, aber das alte Bild von Amerika als einer wohltätigen und freiheitsliebenden Nation hatte tiefe Risse bekommen. Hinter ihrem zweifelnden Tonfall steckte zum Teil das Gefühl, in der Stunde der Not verraten worden zu sein. Selbst die ehemaligen Feinde der afghanischen Regierung in Rußland und dem Iran hatten sich lobend über die Bemühungen von Kabul geäußert, dem Vormarsch der Taliban Einhalt zu gebieten, und ihre Unterstützung angeboten. Doch die Amerikaner hielten sich zurück, und ihr Zögern, die Regierung offiziell anzuerkennen, enttäuschte die Afghanen. Washington hatte es auch unterlassen, sein Mißfallen über die Taliban zum Ausdruck zu bringen; vielmehr hatte ein amerikanischer Kongreßabgeordneter sich sogar in der Öffentlichkeit zu ihren Gunsten geäußert und nahegelegt, sie seien die einzigen Kandidaten für die Führung des Landes.

»Eine positive Unterstützung durch Amerika wäre für die Sicherheit in der Region so wichtig gewesen«, sagte ein anderer. »Es hätte gar nicht erst so weit kommen müssen.«

Der Ton der Unterhaltung war weniger feindselig als vielmehr bekümmert. Nach dem Essen saßen wir um das Kaminfeuer herum. Gelegentlich klirrten die Fenster, wenn das Krachen der Artillerie aus der Ferne herüberdrang. Wir tranken Tee. Die bestimmenden Themen an diesem Abend blieben auch nach dem Essen Religion und Politik.

Ich unterhielt mich kurz mit einem von Masuds engsten Beratern, der ein fließendes, wohlgesetztes Englisch sprach. Manchmal erwachte sein Funkgerät knisternd zum Leben, und er sprach einige Anweisungen hinein, ehe er es wieder auf den Tisch vor sich legte.

Er war erst kürzlich von einem Treffen mit Vertretern des amerikanischen Außenministeriums im Norden des Landes zurückgekehrt, wo man über die Bedingungen verhandelt hatte, unter denen die Amerikaner die Regierung auch offiziell anerkennen würden. Das Ergebnis war zutiefst enttäuschend gewesen, da diese Konditionen unmöglich zu erfüllen waren. Eine Forderung lautete, den ehemaligen König Sahir Schah aus seinem dreißigjährigen Exil in Italien zurückzuholen. Es hatte in Kambodscha funktioniert, sagten die Amerikaner, warum sollte es dann nicht auch in Afghanistan funktionieren?

Masuds Berater stieß einen aufgebrachten Seufzer aus: als hätte das Land im Moment keine wichtigeren Sorgen – was habe der König denn in den letzten dreißig Jahren für sie getan?

Ich fragte, ob er immer noch glaube, daß es möglich sei, die notwendigen Brücken zu schlagen – trotz allem.

»Ja«, entgegnete er, »wir stellen uns schließlich der Realität. Wir wollen Teil der Weltgemeinschaft sein. Aber wir wissen nicht, was wir getan haben, um eine solche Mißachtung zu verdienen. Wenn dies einen Grund haben sollte, den wir nicht kennen, dann werden wir uns gern damit auseinandersetzen. Aber wenn es daran liegt, daß wir zu unabhängig für sie sind – nun, darauf sind wir stolz.«

Dann fügte er mehr für sich hinzu: »Ich frage mich, warum wir das durchmachen müssen. Manchmal wünsche ich mir sogar, die Taliban würden ganz Afghanistan erobern – nur für einen Tag –, um den Amerikanern zu zeigen, wie schlimm es noch kommen könnte.«

Die Lage war bereits schlimm. Ich konnte der ganzen Sache nur etwas Gutes abgewinnen: All die fehlgeschlagenen Versuche von afghanischen Möchtegernherrschern – von denen die Taliban nur die Krönung waren – zeigten, daß das Land sich nicht von einer einzelnen Autorität lenken ließ. Irgendwann mußte es einen Kompromiß geben. Der Krieg konnte nicht länger als lokale Angelegenheit abgetan werden, sondern war Bestandteil einer gewaltsamen Synthese, in die ein beträchtlicher Teil der Menschheit verwickelt war. Und in solchen Momenten schien es möglich, daß die Katastrophen der letzten Jahren das Ergebnis einer Entwicklung waren, die noch unerbittlicher wirkte als der Krieg selbst – eine organische, kulturenübergreifende und letztlich einigende Kraft, die nicht, wie in Yeats' Gedicht, in Richtung Bethlehem kroch, sondern wie ein Elefant durch den Urwald raste, sämtliche Hindernisse gewaltsam niedertrampelte und in ihrem Gefolge neue Kulturstränge zusammenführte wie Stiche über einer Wunde. Vielleicht war das Land ja gar nicht dabei zu sterben, sondern zu heilen.

Während dieser letzten Tage, in denen die Verhältnisse sich sichtlich zum Schlechteren wandelten, neigte ich oft zu spontanen Freudenausbrüchen. Selbst der Anblick von Verkrüppelten und Verwundeten oder die Nachricht von einem besonders tragischen Vorfall besaßen nicht mehr die Macht, den schwer lastenden Mantel der Trauer über mich zu legen, unter dem ich zuvor Zuflucht gesucht hatte. Das Gegenteil war der Fall: Wie schlimm die Dinge auch waren, sie waren trotz allem dazu angetan, mich aufzumuntern. Etwas hatte sich verändert.

Während meiner Reise hatte ich mich lange Zeit auf die positiven Momente konzentriert, um die schwierigen wettzumachen, und um tröstende Erklärungen für schmerzhafte Erlebnisse gekämpft. Aber das eine war ein lästiges, wechselhaftes Gefühl, und das andere führte meist zu nichts. Von Beginn der Reise an hatte ich diese instinktive Sehnsucht verspürt, eine schmerzhafte Erfahrung von mir fernzuhalten, indem ich irgendwie emotional oder intellektuell darauf reagierte. Ich hatte mir persönlich folgende Aufgabe gestellt: den inneren Erfahrungsraum so zu vergrößern, daß das Rohmaterial eines Erlebnisses erst eine Weile ruhte, ehe es auf die übliche Art und Weise verarbeitet wurde. Konnte ein Gefäß geschaffen werden, in dem man die rohen Eindrücke des Lebens auffing wie frisch gepreßte Trauben mit all ihren Schalen und häßlichen Stielen? Ich war mir nicht sicher, was dabei herauskommen würde – vielleicht eine Art von Erweiterung, ein Vertiefen der eigenen Fähigkeit, dem Leben mutig gegenüberzutreten und es so zu nehmen, wie es gerade kam?

Aber nun stellte ich fest, daß die Veränderung schon aus eigenem Antrieb begonnen hatte. Die widersprüchlichen Momente und die extremen Gefühle, die sie hervorgerufen hatten, waren weniger gegensätzlich geworden und die Distanz zwischen ihnen rätselhaft verkürzt. Nun waren die Pole, aus denen sie hervorgingen, nicht länger unvereinbar, sondern ineinander verschlungen wie die Schlangen auf dem Heroldsstab des Merkur. Etwas hatte sich ganz offensichtlich verändert; ich litt nicht länger unter einem Gefühl der Verzweiflung, wie so oft zu Beginn einer Reise, sondern war von einem seltsamen Optimismus erfüllt.

Am nächsten Tag prüfte ich die Liste der Flüge und entdeckte meinen Namen. Der Bus des Roten Kreuzes sollte am folgenden Nachmittag zum Flughafen gehen. Ich entledigte mich meiner Habseligkeiten, verschenkte meine warmen Kleidungsstücke und kaufte rasch einige kleine Geschenke von meinem restlichen Geld. Die Welt schien mit einer erschreckenden Schnelligkeit in sich zusammenzufallen, und ich wollte so schnell wie möglich weg.

Der gerissene Sultan erwischte mich noch an der Tür, als ich ging.

»Ich habe Ihnen etwas hingelegt«, sagte ich.

Seine Augen verengten sich: »Dollar oder Pfund?«

Ich beobachtete, wie die Berge unter mir zurückblieben, als wir Richtung Südosten flogen. Eine halbe Stunde später hatte sich das kleine Flugzeug aus der Umarmung der Sonne wieder befreit und sank allmählich durch die Wolken nach unten.

Am Morgen danach wachte ich in einem geräumigen Schlafzimmer zwischen gebügelten Laken auf, unsicher, ob ich die Geschehnisse der vergangenen Wochen nur geträumt hatte oder ob ich jetzt in einen Traum hinein erwacht war. Ich befand mich in Pakistan. Der Mechaniker des Roten Kreuzes, ein gutmütiger Franzose, hatte mich für die Nacht in seinem Haus untergebracht. Ich erinnerte mich dunkel an ein Abendessen im amerikanischen Club am Abend zuvor, wo ich inmitten der ausländischen Gäste plötzlich lauter bleiche Gesichter vor Augen gehabt hatte, die ebenso bekümmert wirkten wie alte Männer vor einem Wettbüro.

Draußen war es sonnig und feucht; die Luft roch nach exotischen Blumen und Staub und Abgasen – ich war wieder in Peschawar. Der Himmel wirkte trüb und diesig, und zum ersten Mal seit Beginn meiner Reise war es warm. Ich warf meine Jacke über die Schulter und ging eine Weile neben den Gleisen her, wo ich vor mehr als zehn Jahren den ersten afghanischen Flüchtlingen begegnet war und sehnsüchtig den verbotenen Schritt in ihre Welt getan hatte.

Ich hatte ein Gefühl, als sei es Frühling. Hinter den Gleisen standen vereinzelt einige Häuser zwischen Feldern mit hochgewachsenen, grünen Pflanzen, und ein Mann führte ein Kalb mit glänzendem Fell den Pfad entlang. Jemand goß die bunten Blumen in seinem Garten, und die Wassertropfen glitzerten in der Sonne, ehe sie in den Staub perlten.

Ein paar Kinder in farbenfrohen Kleidern spielten in der Nähe. Alles wirkte unglaublich friedlich. Ich spürte, wie mir die Tränen in die Augen stiegen, setzte mich ein Stück entfernt auf die Gleise und weinte.

Danksagung

Mein Dank gilt den vielen Afghanen, die einem lästigen Gast unter den denkbar schwierigsten Bedingungen mit einer solchen Herzlichkeit und Gastfreundschaft begegneten, daß ich es ihnen nicht mit Worten vergelten kann. Dazu zählen auch jene, deren Namen ich geändert habe oder nicht erwähnen konnte.

Ein später, aber aufrichtiger Dank gebührt Peter Stocker und den Mitarbeitern des Roten Kreuzes, die zur Zeit meiner Reise in Afghanistan tätig waren; ferner Tim Johnston und Ropate, meiner Familie, die mir in verschiedener Hinsicht die vielfältigen Herausforderungen beim Schreiben dieses Buches erleichterte, einigen wenigen unverbesserlich treuen Freunden sowie Doris und Peter Lessing und dem verstorbenen Butchkin, die mich zu einem kritischen Zeitpunkt in ihr Haus aufnahmen. Außerdem danke ich den früheren Reisenden, deren Werke mich bestärkten, David Godwin und dem Lektorat bei Picador, insbesondere Peter Straus und Richard Milner.

Und ich danke Claudia, für alles.

Bildnachweis

Julie Harris

Der lange Winter am Ende der Welt

Roman. Aus dem Englischen von Hans-Joachim Maass. 314 Seiten. Serie Piper

Beim Versuch, im Jahr 1926 einen neuen Rekord im Alleinflug aufzustellen, schafft es John Robert Shaw bis Alaska. Doch dann gerät er in einen Sturm und gilt fortan als verschollen. Völlig unvermutet wird John siebzehn Jahre später gefunden – siebzehn Jahre, in denen er mit den Inuit gelebt hat, in einer Einöde aus ewigem Eis und Schnee. Nun sieht er sich gezwungen, zum zweiten Mal ein völlig neues Leben zu beginnen ... Ein bewegender Roman über die Macht der Liebe und den Mut, den eigenen Träumen und Passionen zu folgen.

»Ein großer, berührender Roman über die ureigensten menschlichen Gefühle.«
Ostthüringer Zeitung

05/1519/01/L

Der schimmernde Berg

Überlebensgeschichten von den höchsten Gipfeln. Herausgegeben von Clint Willis. Aus dem Amerikanischen von Wolfgang Rhiel. 436 Seiten mit 16 Fotos. Serie Piper

Die größten Herausforderungen der Natur, denen sich Abenteurer von Maurice Herzog bis Jon Krakauer gestellt haben: Clint Willis versammelt fünfzehn Berichte über legendäre Expeditionen auf die höchsten Gipfel der Welt. So läßt sich jene Sehnsucht verstehen, die Menschen immer wieder in die Gefahr und an die eigenen Grenzen treibt.

»Fünfzehn Erzählungen von Endpunkten der Welt. Unheldenhafte Heldentaten, Gipfelstürmerei ohne Gipfeleuphorie, starke Geschichten.«
Die Welt

05/1517/01/R

SERIE PIPER

Jon Krakauer

In die Wildnis

Allein nach Alaska. Aus dem Amerikanischen von Stephan Steeger. 302 Seiten. Serie Piper

Im August 1992 wurde die Leiche von Chris McCandless im Eis von Alaska gefunden. Wer war dieser junge Mann, und was hat ihn in die gottverlassene Wildnis getrieben? Jon Krakauer hat sein Leben erforscht, seine Reise in den Tod rekonstruiert und ein traurig-schönes Buch geschrieben über die Sehnsucht, die diesen Mann veranlaßte, die Zivilisation hinter sich zu lassen, um tief in die wilde und einsame Schönheit der Natur einzutauchen.

»Ein zutiefst bewegendes, ganz unsentimentales Abenteuerbuch.«
Die Woche

05/1516/01/L

James Hilton

Der verlorene Horizont

Roman. Aus dem Amerikanischen von Herberth E. Herlitschka. 252 Seiten. Serie Piper

James Hiltons weltberühmter Roman entführt uns in die erhabene Ruhe des Himalaya und die Abgeschiedenheit des Lamaklosters Shangri-La. Die Mönche dort halten ihre Gemeinschaft für eine der letzten Oasen, wo es sich im Schutz vor Kriegen und Katastrophen und vor der Hast der technischen Welt leben läßt. Mit einer List wollen sie ihr Kloster vor dem Aussterben bewahren und entführen eine Gruppe von Engländern und Amerikanern in diesen entlegenen Winkel Tibets ... Mehrfach verfilmt und in alle großen Weltsprachen übersetzt, gehört »Der verlorene Horizont« zu den klassischen utopischen Romanen unserer Zeit.

»Hilton hat sich eine Zuflucht erdacht, wo Auserwählte ein dunkles Zeitalter von Krieg und Haß überleben können, bis die Menschheit bereit ist für ein Leben in Frieden.«
Süddeutsche Zeitung

05/1514/01/R

Tim Flannery

Dschungelpfade

Abenteuerliche Reisen durch Papua-Neuguinea. Aus dem australischen Englisch von Thomas Bertram. 397 Seiten mit 31 Farbfotos und 8 Karten. Serie Piper

Ob riesige Pythons, Baumkänguruhs oder Krokodile, Riesenspinnen oder bunt gefiederte Papageien – auf seinen Streifzügen zu Fuß durch den faszinierenden Dschungel von Neuguinea hat der berühmte Zoologe und Abenteurer Tim Flannery jede Menge atemberaubender Begegnungen. Humorvoll und packend schildert er die Erlebnisse auf seiner ungewöhnlichen Reise ins letzte unerforschte Paradies der Erde.

»Flannery ist der Indiana Jones der Wissenschaft.«
Robyn Williams

05/1513/01/L

Rick Ridgeway

Der Himmel über dem Himalaja

Eine junge Frau auf der Suche nach ihrem Vater. 399 Seiten mit 8 Seiten farbigem Bildteil und 7 Schwarzweißbildern im Text. Aus dem Amerikanischen von Karina Of. Serie Piper

Tibet 1980: Eine Lawine erfaßt vier Freunde, die für »National Geographic« im Himalaja unterwegs sind. Einer von ihnen, Jonathan Wright, wird Opfer der tödlichen Schneemassen und findet auf dem Minya Konka seine letzte Ruhestätte. Zwanzig Jahre später macht sich seine Tochter Asia zusammen mit dem Mann, in dessen Armen einst ihr Vater starb, auf, um sein Grab zu suchen. Das ergreifende Abenteuer einer jungen Frau auf der Suche nach einer Beziehung, die ihr verwehrt blieb.

»Die emotionale Gratwanderung berührt buchstäblich auf Schritt und Tritt. Lesenswert.«
Westfälischer Anzeiger

05/1465/01/R

SERIE PIPER

Claus Richter, Bruno Baumann, Bernd Liebner

Die Seidenstraße

Mythos und Gegenwart. Vorwort von Klaus Bresser. 317 Seiten mit 34 Farbfotos. Serie Piper

Abenteuer und Legende eines Handelsweges. Zwei Jahrtausende lang verknüpfte die Seidenstraße die Kulturen Chinas und Zentralasiens mit denen des Abendlandes. Zeitgleich mit den Dreharbeiten zur spektakulären Fernseh-Serie »Die Neue Seidenstraße« haben Claus Richter, Bruno Baumann und Bernd Liebner ein nicht minder spannendes Buch geschrieben. Es verbindet persönliche Erlebnisse und fundierte Informationen zu den historischen Hintergründen der Seidenstraße mit dem aktuellen politischen Konzept eines gigantischen Freihandelskorridors zwischen Ost und West.

05/1173/01/L

Lieve Joris

Die Tore von Damaskus

Eine arabische Reise. Aus dem Niederländischen von Barbara Heller. 301 Seiten. Serie Piper

Wie ein Roman liest sich die Geschichte der jungen syrischen Soziologin Hala, die mit ihrer Tochter Asma allein in Damaskus lebt. Zwölf Jahre zuvor hatte die Geheimpolizei bei einer Razzia Halas Wohnung gestürmt und ihren Mann Ahmed verhaftet – er war Marxist. Halas Leben wird nun bestimmt von der konservativen Familie ihres Mannes, der wechselhaften Tagespolitik und ihrem eigenen Wunsch nach einem selbständigen, unabhängigen Leben. Lieve Joris begleitet sie auf ihren Fahrten kreuz und quer durchs Land, wo sich karge Wüstenlandschaften und üppige Oasen abwechseln, modernste Großstädte und kleine Dörfer. Hinter dieser farbenprächtigen Welt verbirgt sich jedoch Halas Lebenstragödie, denn längst hat sie aufgehört, ihren Mann zu lieben. Nun aber steht eine Amnestie bevor und damit auch die Rückkehr von Ahmed …

05/1071/01/R

SERIE PIPER

Jamie Zeppa

Mein Leben in Bhutan

Als Frau im Land der Götter. Aus dem Englischen von Karina Of. 367 Seiten mit 15 Farbfotos. Serie Piper

Bhutan – das ist das geheimnisvolle »Land des Donnerdrachens« im Himalaja zwischen Tibet, Indien und Sikkim. Aus purer Abenteuerlust beschließt die Kanadierin Jamie als 24jährige, für zwei Jahre in Bhutan Englisch zu unterrichten. Dort begegnet sie einer vom Tourismus noch unberührten Welt. Sie entdeckt die sensationelle, wilde Schönheit der Natur, die faszinierende buddhistische Religion, die traditionsreiche Kultur mit ihren überwältigenden Klosterburgen und uralten mystischen Bräuchen. Mehr und mehr erliegt sie dem Zauber dieses einzigartigen Landes. Jamies tiefe Zuneigung zu den einheimischen Kindern und ihre Liebe zu dem Bhutaner Tshewang führen schließlich dazu, daß sie für immer bleiben möchte – gegen alle Widerstände ... Eine mitreißende Reportage einer mutigen jungen Frau und das bewegende Zeugnis einer großen Liebe zwischen den Kulturen.

05/1079/01/L

Reinhold Messner

Der nackte Berg

Nanga Parbat – Bruder, Tod und Einsamkeit. 320 Seiten mit zahlreichen Farb- und Schwarzweißabbildungen. Serie Piper

Über 8000 Meter ist er hoch, der magische Nanga Parbat. Seine mächtige Rupalwand, die mehr als vier Kilometer in die Tiefe fällt, hat Reinhold Messner als erster durchstiegen. Doch bis heute ruft sie die Erinnerungen an das Jahr 1970 wach, an die dramatischen Geschehnisse, die den Extrembergsteiger nicht loslassen, denn damals mußte er fassungslos und ohnmächtig den schrecklichen Tod seines Bruders durch eine Lawine erleben. Drei Jahrzehnte später erinnert er sich – an den Bruder, an das schreckliche Erlebnis am Nanga Parbat, an eine Tragödie, die am Anfang von Messners Identität als Grenzgänger steht.

»Ein großartiges, sein weitaus bestes Buch. Wer den Mythos Messner verstehen will, muß dieses Buch lesen, und er wird auch etwas vom Menschen Messner verstehen. Und von sich selbst.«
Die Zeit

05/1467/01/R

Deborah Copaken Kogan

Das Abenteuer leben

Mit der Kamera um die Welt. Aus dem Amerikanischen von Andrea Fischer und Antje Kaiser. 397 Seiten mit 26 Fotos. Serie Piper

Deborah Kogan lebt und liebt das Abenteuer. Und so findet sie sich auf der Spur von Wilderern im afrikanischen Dschungel wieder, zwischen brennenden Barrikaden in Moskau oder in Gesellschaft von islamischen Kriegern im Hinterland Afghanistans. Sie ist immer auf der Suche nach dem richtigen Motiv – und der großen Liebe. Leidenschaftlich, selbstironisch und erfrischend direkt erzählt sie von ihren Erfahrungen als Fotojournalistin: von Kriegsverletzungen und Waisenkindern, von Enttäuschungen, aber auch von der Liebe und von ihren Träumen.

»Die faszinierende Reportage einer jungen Frau und ihrer Reisen durch die Minenfelder der Liebe und des Fotojournalismus.«
Time

05/1464/01/L

Bettina Selby

Himalaja

Mit dem Fahrrad durch Nepal, Kaschmir und Sikkim. Aus dem Englischen von Jürg Wahlen. 298 Seiten mit 22 Farbfotos. Serie Piper

Eine Frau um die fünfzig fährt mit ihrem Fahrrad 8000 Kilometer von Karatschi Richtung Himalaja, durch Indien und Nepal bis nach Katmandu. Immerhin, wenigstens das Fahrrad ist eine Spezialanfertigung – zum Nachbauen gibt's die genauen Anweisungen. Das ist aber auch der einzige Luxus auf der fünfmonatigen Tour, die Bettina Selby mitten hineinführt in die Fremde, die sie konfrontiert mit unabwägbaren, manchmal auch gefährlichen Situationen, mit Neugier und Gastfreundschaft, mit Zudringlichkeit und Zuneigung, vor allem aber mit dem intensiven Erleben einer atemberaubenden Landschaft.

05/1062/01/R

Nicolas Vanier

Das Schneekind – Das Album

Eine Familie unterwegs in den Schneewüsten des hohen Nordens. Aus dem Französischen von Reiner Pfleiderer. 177 Seiten mit 150 Farbfotos. Gebunden

Eingemummelt in einen kleinen Biberpelz, an den Füßen Stulpen aus Koyotenfell und Mokassins aus Robbenleder, sitzt Montaine auf dem Hundeschlitten. Gerade zwei Jahre ist sie alt, und nimmt teil am größten Abenteuer ihrer Eltern Nicolas und Diane Vanier. Für ein Jahr lebt die Familie in der einfachen, einsamen und archaischen Welt des hohen Nordens. Ganz allein auf sich gestellt müssen sie in der Wildnis bestehen, was sie brauchen, aus der Natur gewinnen. Überleben heißt hier Einswerden mit der Natur.
Die kleine Montaine lernt fischen und paddeln, hilft Schneehühner rupfen und eine Blockhütte bauen und zu jeder Zeit hat sie die gewaltige Natur vor Augen wie ein grandioses Bilderbuch – mit Bären, Wölfen und Karibus, mit endlosen Schneelandschaften, dunklen Wäldern und glitzernden Seen …

02/1042/02/R